中国舞蹈

编著 刘健 刘水平

图书总书目
上册

ZHONGGUO WUDAO
TUSHU ZONGMU

北京市教委科研基地建设——
科研创新平台项目资助
北京舞蹈学院
科研水平提高经费资助项目
北京舞蹈学院60周年献礼

中央民族大学出版社
China Minzu University Press

图书在版编目（CIP）数据

中国舞蹈图书总目/刘健、刘水平编著．—北京：
中央民族大学出版社，2014.10
ISBN 978-7-5660-0769-8

Ⅰ.①中… Ⅱ.①刘…②刘… Ⅲ.①舞蹈—图书目录—
中国—现代 Ⅳ.①Z88：J722

中国版本图书馆 CIP 数据核字（2014）第 189943 号

中国舞蹈图书总书目

编　　著	刘　健　刘水平
责任编辑	白立元
封面设计	汤建军
出 版 者	中央民族大学出版社
	北京市海淀区中关村南大街 27 号　邮编：100081
	电话：68472815（发行部）传真：68932751（发行部）
	68932218（总编室）　　68932447（办公室）
发 行 者	全国各地新华书店
印 刷 厂	北京宏伟双华印刷有限公司
开　　本	787×1092（毫米）　1/16　印张：89
字　　数	1800 千字
版　　次	2014 年 10 月第 1 版　2014 年 10 月第 1 次印刷
书　　号	ISBN 978-7-5660-0769-8
定　　价	680.00 元（上、中、下）

《中国舞蹈图书总书目》 课题说明

这部《中国舞蹈图书总书目》收录了从 1907 年至 2010 年 12 月我国出版的中文舞蹈图书书目，比较系统、完整、准确地反映了中国近现代至当代几个历史时期中文舞蹈图书的出版状况。以中华人民共和国时期出版图书为主，以"民国"时期出版图书为辅，并包括了一部分香港、澳门、台湾地区出版的中文舞蹈图书。

本书还收录了从 1907 年中国第一部中文舞蹈图书《舞蹈大观》到民国时期出版的中文舞蹈图书，其中主要是上海 20、30、40 年代的中文舞蹈图书。比较客观地反映了那个历史时期西方各种思潮涌入中国对舞蹈艺术领域所产生的影响和传播。从西方交际舞翻译本到以黎锦晖为代表的儿童歌舞剧的创作，在这部舞蹈书目中都可以看到。

1949 年到 2010 年是我国社会发生深刻变革的历史时期，作为一项重要艺术门类的舞蹈艺术，其在各个历史时期的发展通过本书得到了充分的体现。我们从这部按历史年代发展脉络编排的舞蹈书目中，看到了 1949 年建国前后舞蹈艺术作为迎接新中国的诞生所起到的团结人民、教育人民、打击敌人的重要作用，秧歌舞从解放区扭到了全国各个地方；抗美援朝时期出现了歌颂英勇的志愿军战士那些"最可爱的人"的舞蹈图书；在社会主义建设初期出版的舞蹈图书亦反映了当时的工农业生产建设高潮；我们也不无遗憾地看到了"文化大革命"那一特定历史条件下，那种万马齐喑除了八个样板戏以外舞蹈图书处于停滞状态的惨况，以 1971 年来说几乎没有一本中文舞蹈图书问世；在改革开放的年代，我们又欣慰地看到大批舞蹈图书的出版，随着艺术发展进入百花齐放的时期，中文舞蹈图书的出版得到了空前的发展，众多出版社出版了一大批有关舞蹈理论、教学、创作、评论、欣赏、表演、编剧、舞蹈史、舞蹈事业的图书。

本书正文以历史年代为脉络，从中可以清晰地看出中国舞蹈艺术的发展历史。同时附录内容包括北京图书馆编撰的《民国时期总书目》（舞蹈部分）（1907–1949）和中国新闻出版署版本图书馆编撰出版的《全国总书目》（舞蹈部分）（1949.10–2010.12），其目的是与正文相互印证并做到互相补充，力求在中文舞蹈书目上做到准确、权威、有说服力。《分类索引》是以《中国图书馆分类法》（第五版）为依据，为读者按类查找图书提供依据。《书名索引》是方便读者在已知书名的情况下了解该书的详细信息。方便读者进行多角度查询。

外国很早就有舞蹈图书书目和索引，而中文舞蹈图书一直没有系统的书目，为了补充这一空白，我们申请了该课题。经过 2011、2012 年整整两年的辛勤努力，课题组人员克服了课题经费微薄，人员少的困难，牺牲了大量的休息时间，终于得以完成该课题。希望对于舞蹈研究人员有所帮助。

在此，对国家图书馆社科咨询组组长唐晶老师，上海图书馆，浙江图书馆有关老师，北京舞蹈学院图书馆杨怡虹老师以及其他对此课题提供帮助的图书馆界专家和同仁表示衷心的感谢。

编制说明

本书共有舞蹈书目 2337 条，搜集了北京舞蹈学院图书馆、上海图书馆、浙江图书馆和国家图书馆的中文舞蹈图书馆藏书目，并拍摄图书封面（书影）。所列图书绝大部分为正式出版物，也有少量内部资料、内部教材等非正式出版物。全书由正文、《书名索引》、《分类索引》和附录《全国总书目》（舞蹈部分）组成。

1. 本书正文为舞蹈图书书目。按图书出版年代排列。包括新中国成立前至 2010 年出版的中文舞蹈图书。每种图书所包括的信息依次为：书影，分类号，馆藏序号，书名，ISBN，责任者，出版者，出版时间，出版地，丛书名，页数，尺寸，价格，馆藏地址，内容提要。各项信息都尊重图书的本来面目，如题名有错别字均照实录。每个书影旁边的数字是检索号码不是正文页数。

2. 《书名索引》按每种图书题名的拼音字母顺序排列，第一个字的拼音相同时，按第二个的拼音，依次类推。《书名索引》包括图书的书名、在正文中的序号、分类号。

3. 《分类索引》基本按《中国图书馆分类法》（第五版）中"J 艺术类"下所列类目顺序排列，其中绝大部分为"J7 舞蹈类"。由于北京舞蹈学院图书馆曾使用自编《中国图书馆分类法舞蹈类修订表》进行分类，因此，其所使用的分类号与《中国图书馆分类法》（第五版）有所不同，主要不同之处是：在"J711. 3 编舞法"、"J712.2 演员训练"、"J712.3 舞蹈排练"下增加了区分舞蹈种类的下位类，其中 .1、.2、.3、.4、.5、.6、.7、.8、.9 分别表示民间舞蹈、民族舞蹈、儿童舞蹈、古典舞蹈、芭蕾舞蹈、现代舞蹈、歌舞、交际舞、其他舞蹈，如 J712. 25 表示芭蕾舞演员训练；新增了"J719 舞蹈教材、教学"类目《分类索引》包括分类号、题名、在正文中的序号。

4. 附录《全国总书目》（舞蹈部分）是根据历年的《全国总书目》和《民国时期总书目》中的舞蹈类图书目录汇编而成，是全国舞蹈正式出版物的一个汇总，包括题名、责任者、出版信息、载体信息、价格。

目　录

上　册

分类索引 ……………………………………………………… 0001-0063

书名索引 ……………………………………………………… 0064-0120

正文

1907—1949 …………………………………………………… 0001-0017

1950—1959 …………………………………………………… 0017-0196

1960—1969 …………………………………………………… 0197-0263

1970—1979 …………………………………………………… 0264-0325

中　册

1980—1989 …………………………………………………… 0326-0521

1990—1999 …………………………………………………… 0522-0746

下　册

2000—2010 …………………………………………………… 0747-1169

附录：全国总书目（舞蹈部分）和民国时期总书目（舞蹈
　　部分）………………………………………………… 1170-1295

分 类 索 引

艺术作品评论和欣赏

| J120.2 | 实话实说红舞台 | 1835 |

艺术作品综合集（两种以上艺术形式的作品集）

| J121 | 文化艺术卷·音乐志、舞蹈志、杂技志 | 1612 |

中国画现代作品（表现舞蹈的绘画）

J222.7	国画舞蹈	0727
J222.7	胡宁娜外国舞蹈线描集	2143
J222.7	颜梅华舞蹈白描写生	1619

中国油画作品集（表现舞蹈的绘画）

| J223 | 华剑塑，华曼君舞蹈静物画 | 2283 |

中国素描、速写（表现舞蹈的绘画）

| J224 | 李克瑜舞蹈速写 | 0731 |

中国工艺美术图案集（舞蹈人物）

J415	唐·长安乐舞	0839
J522.1	乐舞人物装饰	1616
J522.1	舞蹈人物装饰	0947

中国工艺美术面具艺术等（与舞蹈有关的面具）

| J528.3 | 世界屋脊的面具文化：我国藏区寺庙神舞及藏戏面具研究 | 2103 |

音乐史（与舞蹈有关的音乐史）

J609.2	海南汉族音乐舞蹈	2090
J609.2	音乐舞蹈	1108
J614	曲式与舞蹈音乐分析	2317

民族器乐理论和演奏法（与舞蹈有关）

| J63 | 古艺拾粹 | 1157 |

中国民歌（与舞蹈音乐有关）

J642.2	安徽省第二届音乐舞蹈会演歌曲选集	0238
J642.2	安徽省第一届民间音乐舞蹈会演民歌选集	0237
J642.53	纳鞋底：群众歌舞女声表演唱	0491

舞剧音乐

J643.3	交响舞剧《白鹿原》总谱	2287
J643.3	《白毛女》伴唱歌曲：革命现代芭蕾舞剧	0525
J643.3	芭蕾舞剧《白毛女》歌曲选	0519

民族舞曲

J645.2	第一新疆舞曲：管弦乐总谱	0356
J645.2	民间舞蹈音乐选集	0210
J645.2	民族舞蹈音乐选集	0418
J645.2	音乐舞蹈专辑	0524
J645.2	民间舞曲选集	0206
J645.2	舞蹈曲选	0152

民族器乐曲（与舞蹈音乐有关）

J647	第二届全国民间音乐舞蹈会演优秀器乐曲选	0241

各国民族舞曲

J655.2	巾舞：三个舞曲之三	0072
J657.4	芭蕾舞基本功训练钢琴伴奏曲选	1739

舞蹈总论

J7	跳舞指南	1844
J7	舞蹈	1564
J7	舞蹈	2303
J7	舞蹈：基础版	1938
J7	舞蹈基础知识	2025
J7	舞蹈纪程：1983年	0869
J7	舞蹈学导论	1667
J7	旋转舞台上翱翔—舞蹈艺术解读	1692
J7	有氧舞蹈	2321
J7-05	人体文化：古典舞世界里的中国与西方	0935

舞蹈教育与普及

J7-4	文化视野与舞蹈高等教育研究	2114
J7-4	舞蹈美育原理与教程	1874
J7-4	舞蹈学位论文与写作	2234
J7-4	舞蹈与统整性课程设计：101动作历险记	2235
J7-41	幼儿师范学校：舞蹈教学大纲（试行草案）	0905

J7-43	舞蹈	1212
J7-43	舞蹈基础	1845
J7-43	舞蹈教程．全一册，1~5 年级适用	1772
J7-43	舞蹈赏析	2307
J7-43	舞蹈与戏剧表演	1779
J7-43	中老年舞蹈教程	2047
J7-43：H319.4	舞蹈专业英语快速阅读教程	1708
J7-44	舞蹈艺术人才一般性综合知识 2000 问	1650
J7-49	高考舞蹈强化训练	1978
J7-49	考前舞蹈基础	1661
J7-49	漫游戏剧舞蹈大观园	1553
J7-49	图说世界舞蹈	2204
J7-49	万般风情弄清影	1560
J7-49	舞蹈	1936
J7-49	舞蹈基本知识	0342
J7-49	舞蹈与生活	2031
J7-49	舞蹈总动员：舞蹈入门知识	1851
J7-49	舞动世界的小脚丫	2035
J7-49	一口气读懂舞蹈常识	2310
J7-49	舞蹈：第一集	0059

舞蹈论文集

J7-5	开拓篇：邰大琨舞蹈文集	2320
J7-53	舞蹈编导与创作研究：《北京舞蹈学院学报》论文选集（1992-2004）	1711
J7-53	心随舞动：关于舞蹈编创的思考	2216
J7-53	中国古典舞教学与理论研究—《北京舞蹈学院学报》论文选集（1992-2004）	1726
J7-53	中国民族民间舞研究：《北京舞蹈学院学报》论文选集（1992-2004）	1725
J7-53	浙江省 15 年群众文化理论文选（上下册）	1933

舞蹈年鉴

J7-54	香港舞蹈年鉴：2000-2001	1615

舞蹈丛刊

J7-55	舞蹈副刊	0383
J7-55	舞蹈	0446
J7-55	舞蹈视界，夏	1774

舞蹈工具书（名词术语、词典、百科全书、类书）

J7-61	Oxford Dictionary of Ballet 牛津芭蕾词典	1548
J7-61	芭蕾术语词典	1638
J7-61	芭蕾术语手册	0787

J7-61	芭蕾术语手册	1167
J7-61	芭蕾术语手册	1297
J7-61	芭蕾术语手册（内部使用）	1298
J7-61	当代美学：舞蹈名词	1374
J7-61	蒙古舞蹈美学鉴赏汉蒙双解辞典	2200
J7-61	舞蹈大辞典	1266
J7-61	舞蹈小辞典	0653
J7-61	现代舞术语辞典	1613
J7-61	中国大百科全书，音乐、舞蹈	1005
J7-61	中国舞蹈词典	1244
J7-61	中国舞蹈大辞典	1577
J7-61	中外舞蹈术语汇编	1315
J7-67	音乐舞蹈出版物选题规则（草案）1960-1964	0350

舞蹈理论

J70	当代舞剧（上）	0616
J70	当代舞剧（下）	0617
J70	邓肯论舞蹈	1861
J70	邓肯论舞蹈艺术	0842
J70	邓肯谈艺录	2177
J70	东方舞蹈文化比较研究文集	1746
J70	动感空间	1744
J70	高教舞蹈综论	1751
J70	管他的博士学位跳舞吧	2067
J70	贵州黔东南：歌的海洋 舞的故乡	1827
J70	国际舞蹈会议论文集：舞蹈94北京国际舞蹈院校舞蹈节	1241
J70	湖南舞蹈论文选	0878
J70	流动与凝固：域外建筑与舞蹈采风	2174
J70	论舞蹈艺术	0683
J70	拼贴的"舞蹈概论"	2259
J70	社会舞蹈概论	1263
J70	生命的律动：思想者书系	1264
J70	生命的舞蹈	1225
J70	生命之舞	1028
J70	双江拉祜族打歌七十二套路	2328
J70	世界民间舞蹈研究（第一册、第二册、第三册）	0734
J70	首届中国舞蹈节文论集	1763
J70	说文蹈舞：2008舞蹈的多元风貌Ⅳ	2104
J70	说文道舞：2008-舞蹈学术研讨会：舞蹈艺术与教育的对话	2068
J70	说舞：舞蹈学研究文萃	1897
J70	谈谈舞蹈艺术	1242
J70	图说：中国舞蹈	2161
J70	图说：山西舞蹈史	2326

J70	无声的言说：舞蹈身体语言解读	1562
J70	吴晓邦：舞蹈学研究	0944
J70	吴晓邦谈艺录	0983
J70	吴晓邦舞蹈文集（第一卷）	2026
J70	吴晓邦舞蹈文集（第二卷）	2027
J70	吴晓邦舞蹈文集（第三卷）	2028
J70	吴晓邦舞蹈文集（第四卷）	2029
J70	吴晓邦舞蹈文集（第五卷）	2030
J70	吴晓邦舞蹈艺术思想研究论文集	0904
J70	舞出健康–新观念舞蹈艺术	2146
J70	舞蹈	1235
J70	舞蹈奥秘探求（上卷、下卷）	2153
J70	舞蹈概论	1393
J70	舞蹈概论	1808
J70	舞蹈干部讲习会资料汇编	0790
J70	舞蹈和舞剧书信集	0738
J70	舞蹈基础知识	0269
J70	舞蹈讲座	0329
J70	舞蹈教学论文集	0843
J70	舞蹈论文选	0330
J70	舞蹈论文选	0871
J70	舞蹈文化	2304
J70	舞蹈文论研究方法初探	1980
J70	舞蹈写作教程	1237
J70	舞蹈欣赏与创作	1937
J70	舞蹈新论	0873
J70	舞蹈形态学	1267
J70	舞蹈学研究	1117
J70	舞蹈研究文选	0656
J70	舞蹈艺术	0830
J70	舞蹈艺术概论	2210
J70	舞蹈艺术论	0474
J70	舞蹈艺术论纲：北京舞蹈学院教材	1030
J70	舞蹈艺术浅谈	1579
J70	舞蹈艺术通论	1939
J70	舞蹈艺术简论	0689
J70	舞蹈译丛	0671
J70	舞蹈译丛	0672
J70	舞蹈知识	0526
J70	舞魂	1031
J70	舞剧论文集	0782
J70	舞剧与古典舞蹈	0627
J70	舞论	1476

J70	舞论集	0874
J70	舞论续集	1018
J70	舞坛纵横：冯德舞论、舞评、舞籍精选	2111
J70	舞与神的身体对话（上、下）	2147
J70	戏曲舞蹈创作理念与作品研析	2038
J70	现代芭蕾：20世纪的弥撒	1151
J70	现代舞的理论与实践（第一卷）	1243
J70	小资料（1）	0680
J70	小资料（2）	0681
J70	小资料（3）	0685
J70	小资料（4）	0691
J70	小资料（5）	0758
J70	校园舞蹈教学与创编实践	1870
J70	新舞蹈艺术概论	0035
J70	新舞蹈艺术概论	0745
J70	寻觅舞蹈：吴露生舞蹈艺术文集	1400
J70	艺术欣赏课程教师手册（中学舞蹈篇）	1532
J70	中国世界舞蹈文化	2223
J70	中国舞蹈高等教育30年学术文集，舞蹈学研究	2167
J70	中国舞蹈艺术（第一辑）	1625
J70	中国舞蹈艺术（第二辑）	2226
J70	中国舞蹈意象概论	2075
J70	中国舞蹈意象论	1231
J70	中国学术名著提要，艺术卷	1330
J70	中国舞蹈史	2333
J70	中外舞蹈概览	1193
J70	中西舞蹈比较研究	0781
J70	作家学者武术家：刘峻骧的文艺创作与学术研究	1148
J70	中国的音乐·舞蹈·戏曲	1093
J70	生命的律动—音乐舞蹈卷	1543
J70	楚地拾舞	2322
J70（512）	论民间舞蹈	0207
J70-42	中国舞蹈教学参考资料	1442
J70-43	地域民间舞蹈文化的演变：文化部中等以上教育"十五"重点教材：中国艺术教育大系·中专卷	1745
J70-43	舞蹈（上册）	1470
J70-43	舞蹈（下册）	1471
J70-43	舞蹈文化概论	2134
J70-62	舞蹈知识手册	1475

舞蹈艺术的哲学基础

J70-02	巴渝舞论	1202
J70-02	北京传统节令风俗和歌舞	0895

J70-02	滇舞论坛：云南省首届少数民族舞蹈理论研讨会论文集	1376
J70-02	浪漫的云霞：云南民族舞蹈	1513
J70-02	炼狱与圣殿中的欢笑：傅兆先舞学文选集	1514
J70-02	蒙古部族舞蹈之发展（蒙古文）	1210
J70-02	蒙古舞蹈文化	1081
J70-02	蒙古族舞蹈艺术	1467
J70-02	求索新知：中国古典舞学习笔记	1679
J70-02	三论中国古典舞	0732
J70-02	首届全国社会舞蹈学理论研讨会专辑：社会舞蹈论文集	1063
J70-02	舞蹈与族群：赫章民族舞蹈考察	1397
J70-02	云南地方艺术研究丛书：云南民族舞蹈论集	1053
J70-02	中国民间舞蹈文集	1273
J70-02	中国西部歌舞论	1115
J70-02	中国西南少数民族舞蹈文化	1354
J70-02	中外舞蹈思想教程（精装）	1240
J70-02	中外舞蹈思想概论	1626
J70-02	中原民俗丛书：民间舞蹈	1359

舞蹈艺术与其他科学的关系（舞蹈艺术心理学、舞蹈艺术教育学等）

J70-05	非常爱跳舞：创造性舞蹈的心体验	1586
J70-05	佛教与中国舞蹈	1302
J70-05	绿野探踪：岷山羌、藏族舞蹈采风录	1045
J70-05	苗族舞蹈与巫文化：苗族舞蹈的文化社会学考察	1082
J70-05	民族音乐与舞蹈	1337
J70-05	全国舞蹈教育研讨会文集	1705
J70-05	上海舞蹈艺术（季刊）	0702
J70-05	巫·舞·八卦	1128
J70-05	舞蹈多媒体技术及其应用	1710
J70-05	舞蹈教学心理	1013
J70-05	舞蹈教学与研究	1086
J70-05	舞蹈教育学	1528
J70-05	舞蹈教育战略与发展	1712
J70-05	舞蹈生态学导论	1106
J70-05	舞蹈生态学论丛	1223
J70-05	舞蹈心理学	1709
J70-05	舞蹈艺术教育	1633
J70-05	舞蹈艺术心理学	1776
J70-05	舞蹈资优教育的现况与展望	1775
J70-05	舞学丛书：舞蹈创作心理学	1238
J70-05	中国古典舞袖舞教程	1800
J70-05	中国古典舞与雅士文化	1152
J70-05	中国民间舞蹈文化	0952
J70-05	中国民间舞蹈文化教程	1573

J70-05	中国民间舞与农耕信仰	1153
J70-05	中国神秘文化	1109
J70-05	中国舞蹈审美	1318
J70-05	中国舞考级文论集	1801
J70-05	中国艺术教育大系：中国民间舞蹈文化教程（舞蹈卷）	1538
J70-05	中老年人元极舞参与满意度对身心健康与生活品质	
	相关之研究	2048
J70-05	中央民族大学国家"十五""211 工程"建设项目：	
	中国民族舞蹈教育现状调查与研究	1975
J70-05	宗教与舞蹈	1446

舞蹈美学

J701	不可不知的舞蹈：（共计十册）	1825
J701	当代美学：舞蹈美学	1260
J701	当代美学：舞蹈美学鉴赏	1333
J701	当代美学：舞蹈审美说	1375
J701	当代舞蹈美学	1629
J701	当代西方舞蹈美学（第一卷）	1285
J701	风姿流韵：舞蹈文化与舞蹈审美	1462
J701	吴晓邦美学思想论稿	1099
J701	舞蹈美	1150
J701	舞蹈美学	1395
J701	舞蹈文化与审美	1852
J701	舞蹈艺术审美讲座：舞咏菁华	1846
J701	戏曲舞蹈美学理论资料	0461
J701	戏曲舞蹈美学理论资料	0660
J701	现代西方艺术美学文选：舞蹈美学卷	1073
J701	中国古代舞蹈审美历程	1863
J701-49	动作的旋律：舞蹈美	1660

舞蹈艺术理论的基本问题（舞蹈艺术的民族风格、民族特点、舞蹈与现实生活、舞蹈的内容与形式）

J702	复印报刊专题资料：舞蹈	0516
J702	舞蹈理论基本知识	0355
J702	舞蹈艺术论集	1854

舞蹈工作者（舞蹈工作者的修养、条件、培养、训练舞蹈工作实践体会、对舞蹈工作者综合评论）

J703	边走边舞：姚珠珠从艺五十年（摄影集）	1657
J703	朝鲜舞蹈家　崔承喜	0067
J703	德加：舞影烂漫	1743
J703	东方舞苑花絮	0849
J703	华筠散文	1228
J703	今生另世	2286

J703	特别纪念册：习作结	1432
J703	舞蹈创作法	1848
J703	舞蹈教学	2208
J703	舞蹈散论	0441
J703	舞蹈学习资料：总第 1 辑	0136
J703	舞蹈与旋律的结晶：香港独生女陈婷的成材之路	1268
J703	舞梦录	1072
J703	舞艺·舞理	1436
J703	摇篮情 军旅爱：延安、东北、中南部队艺术学校纪念文集	1287
J703	源远流长：《高原演出六年》续集	1229
J703.31	舞坛采珠：儿童舞蹈教育、创作经验谈	1768

有关舞蹈工作者的医疗、保健等

J703.4	舞蹈保健手册	1307
J703.4	舞蹈者的医疗	0709
J703.4	中国艺术形体损伤诊治学	1190

舞蹈艺术创作方法

| J704 | 从罗丹艺术谈舞蹈创作理论 | 1122 |

舞蹈评论、欣赏（评论、欣赏的理论与方法，多种舞蹈、舞蹈综合分析评论或兼舞蹈工作者）

J7052004	北京国际舞蹈教育发展论坛：论坛文件（1、2）	1738
J705	Dance：我的看舞随身书	1496
J705	芭蕾	1591
J705	芭蕾皇冠	0892
J705	芭蕾舞剧欣赏	1424
J705	芭蕾舞艺术欣赏	1319
J705	芭蕾之梦	1226
J705	北京舞蹈学院编导班讲座：舞蹈欣赏	1859
J705	北京舞蹈学院舞蹈赏析	1459
J705	传统舞蹈与现代舞蹈	1742
J705	大学舞蹈鉴赏	2061
J705	第一届全国民间音乐舞蹈：会演资料	0116
J705	癫狂的秩序：舞蹈艺术纵横谈	1097
J705	发现·启示：漫话舞剧与舞蹈	2136
J705	古典芭蕾舞艺术大观	1509
J705	胡果刚舞蹈论文集	0911
J705	回到身体的家：林秀伟的舞蹈花园	1429
J705	剧学月刊．第二卷，第六期	0006
J705	漫话芭蕾	1119
J705	美的寻觅：全国少儿舞蹈艺术论文集	1515
J705	美国现代舞介绍	1466
J705	美妙的芭蕾	1516

J705	那一舞的风情	1211
J705	你我手拉手：舞蹈艺术 ABC	1518
J705	全国高等院校艺术教育大系：西方现代派舞蹈	2101
J705	群众舞蹈论文集第一辑（浙江专辑）	0920
J705	群众舞蹈论文集第二辑（浙江专辑）	0921
J705	人体的诗–舞蹈美	1067
J705	人体律动的诗篇：舞蹈	1058
J705	人体魔术–舞蹈	1262
J705	认识芭蕾	1101
J705	生命的律动：李澄 王佩权舞坛随笔	1762
J705	史论习作集，第二集	1280
J705	世界芭蕾作品介绍．一	0772
J705	世界芭蕾作品介绍．二	0773
J705	世界杰出芭蕾舞星	1102
J705	世界经典芭蕾舞剧欣赏	1600
J705	世界十大芭蕾舞剧欣赏	0894
J705	世界十大芭蕾舞剧欣赏	1220
J705	唐满城舞蹈文集	1221
J705	土家族舞蹈学术讨论会专辑	0792
J705	外国著名芭蕾舞剧故事	1140
J705	为生命而舞：胡克舞蹈文集	1771
J705	文科知识百万个为什么：舞蹈	1071
J705	文舞相融：北京舞蹈学院中国民族民间舞系教师文选（上册）	
		1713
J705	文舞相融：北京舞蹈学院中国民族民间舞系教师文选（中册）	
		1714
J705	文舞相融：北京舞蹈学院中国民族民间舞系教师文选（下册）	
		1715
J705	舞蹈	1019
J705	舞蹈：流动的旋律	1420
J705	舞蹈编导基础理论与创作实习（第二册）	0706
J705	舞蹈概论	0813
J705	舞蹈家论舞蹈	0797
J705	舞蹈鉴赏	2113
J705	舞蹈鉴赏	2140
J705	舞蹈鉴赏	2158
J705	舞蹈鉴赏	2159
J705	舞蹈鉴赏	2207
J705	舞蹈鉴赏	2209
J705	舞蹈交流	0756
J705	舞蹈论丛	0717
J705	舞蹈女神	0926
J705	舞蹈评论教程	1236

J705	舞蹈评析与身体观	1565
J705	舞蹈入门：审美素质培养丛书	1411
J705	舞蹈世界	0608
J705	舞蹈欣赏	1308
J705	舞蹈欣赏	1611
J705	舞蹈欣赏	2162
J705	舞蹈欣赏	2237
J705	舞蹈学习资料 . 4	0647
J705	舞蹈研究与台湾：新世代的展望；研讨会论文集	1567
J705	舞蹈艺术欣赏：黛尔勃西荷拉遐想	1317
J705	舞蹈艺术欣赏：舞蹈：气质与形体的塑造	1453
J705	舞蹈艺术与实践	1769
J705	舞蹈知识 100 问	1561
J705	舞蹈知识丛书：舞蹈欣赏	1000
J705	舞道：刘绍炉的舞蹈路径与方法	1455
J705	舞动红楼梦	1823
J705	舞书：陶馥兰话舞	1269
J705	舞思：资华筠文论集	2070
J705	舞心集	1278
J705	西方舞蹈鉴赏	1320
J705	现代芭蕾：20 世纪的弥撒	1270
J705	现代舞	1137
J705	现代舞蹈	1131
J705	现代舞欣赏法	1329
J705	香港舞蹈评论集：1976～1996	1399
J705	新世纪高等师范院校教材：艺术鉴赏，音乐舞蹈	1360
J705	新世纪中国舞蹈文化的流变	2037
J705	新艺见＝Taishin arts review. 音乐舞蹈篇 music&dance review&guide	1968
J705	行草：一个舞蹈的诞生	1547
J705	艺术瑰宝—芭蕾	1481
J705	音乐舞蹈戏剧艺术鉴赏	1482
J705	音乐舞蹈中的故事	1671
J705	优美动人的中国舞蹈	1312
J705	云门舞话	0711
J705	云门舞集	0573
J705	云门舞集与我	1617
J705	在美的旋律中健康成长	0961
J705	怎样欣赏芭蕾	1345
J705	中等职业技术学校教材试用本：艺术欣赏：舞蹈	2059
J705	中国革命历史的壮丽画卷—谈革命样板戏的成就和意义	0555
J705	中国古典舞论坛	1802
J705	中国文联晚霞文库：舞论集	1487

J705	中国舞蹈名作赏析：1949-1999	1623
J705	中国舞蹈奇观：中国古代	0968
J705	中国舞蹈艺术鉴赏指南	1572
J705	中外舞蹈鉴赏语言	2123
J705	中外舞剧作品分析与鉴赏	2163
J705	足尖上的精灵：芭蕾的故事	1627
J705	足尖上的梦	0832
J705	足尖上的梦幻：中外芭蕾精品欣赏	1362
J705	舞剧·乌兰诺娃	0153
J705	林怀民舞蹈国际学术研讨会论文集＝Lin Hwai-min international dance conference proceedings：［中英文本］	0183
J705	生命精神的艺术：李炽强舞论选集	1599
J705	舞者断想	1568
J705.1	舞蹈欣赏	1666
J705-43	当代舞蹈精品聚焦	2083
J705-43	舞蹈艺术鉴赏	2260
J705-43	中外舞蹈作品赏析．第一卷，中外芭蕾舞作品赏析	1786
J705-43	中外舞蹈作品赏析．第二卷，中外芭蕾舞作品赏析	1787
J705-43	中外舞蹈作品赏析．第三卷，中外芭蕾舞作品赏析	1788
J705-43	中外舞蹈作品赏析．第四卷，中外芭蕾舞作品赏析	1789
J705-43	中外舞蹈作品赏析．第六卷，中外舞蹈精品赏析	1790
J705-53	中国古典舞教育本科毕业论文集	1407
J705-62	芭蕾普及手册	1500
J705-67	舞蹈评论教学参考资料	1941

舞蹈造型艺术理论（舞蹈生理学、舞蹈解剖学）

J706	芭蕾解剖学	0725
J706	倾听身体之歌：舞蹈治疗的发展与内涵	1554
J706	外国艺术名家论演员的姿态	0752
J706	人体．自然．造型	1664
J706	舞蹈解剖学	0906
J706	舞蹈解剖学初探：谈舞蹈的科学训练	0708
J706	舞蹈解剖学教程	1394
J706	舞蹈选材与训练科学	1474
J706	舞蹈演员的解剖学	0940
J706	舞蹈意象与身体训练：各种舞蹈中舞出巅峰的自我训练法	1989
J706	舞蹈应用生理解剖学	1770
J706	舞韵	2034
J706-43	舞蹈解剖学	1707
J706-43	舞蹈生理学	1777

舞蹈艺术史（中国各民族）

| J709 | 向舞者致敬：世界顶尖舞团的过去、现在与未来 | 2058 |

J709	阿里山土风舞：手风琴曲集	0793
J709	芭蕾的来龙去脉——根据法国塞尔日·李法《芭蕾史》一书节译	0992
J709	芭蕾简介（小资料五）	0794
J709	芭蕾简史	0715
J709	华沙十五天	0170
J709	你不可不知道的世界顶尖舞团及其历史	1884
J709	你不可不知的踢踏舞大明星：他们的故事．（上）	2294
J709	你不可不知的踢踏舞大明星：他们的故事．（下）	2295
J709	人类文明编年纪事（音乐和舞蹈分册）	1145
J709	人类文明史·音乐舞蹈卷·快乐的人类	1541
J709	肉体的叛逆	1519
J709	世界芭蕾史纲	1234
J709	世界顶尖舞团	2297
J709	世界舞蹈史	1136
J709	世界舞蹈史	1555
J709	世界舞蹈剪影	1033
J709	世界艺术史·舞蹈卷	1630
J709	丝绸之路乐舞艺术研究	2198
J709	太极文化与东亚舞蹈文化	1881
J709	跳舞真幸福	1689
J709	外国舞坛名人传	1160
J709	舞蹈家的遗产：芭蕾史话	0669
J709	舞蹈名人录	1396
J709	舞蹈艺术–生命的自由行走	1668
J709	舞蹈摘译：芭蕾简史	0545
J709	舞动人生	1847
J709	西方芭蕾史纲	1569
J709	西方舞蹈文化史	1341
J709	延安文艺丛书．第十四卷，舞蹈、曲艺、杂技卷	0948
J709	中国古代舞蹈	1402
J709	中国历代舞姿	0749
J709	中国舞蹈	1488

舞蹈艺术史（世界）

J709.1	国际舞星闪闪	1286
J709.1	外国舞蹈史及作品鉴赏	2056
J709.1	外国舞蹈文化史略	1653
J709.1	舞蹈的故事	2152
J709.1	歇会儿，天鹅：易学易懂的芭蕾史	1670
J709.1-43	西方现代舞史纲	1716

舞蹈艺术史（中国及各地区）

J709.2	古中国的跳舞与神秘故事：附法国汉学小史	0019

J709.2	2007 南岛乐舞国际学术古研讨会论文集	2060
J709.2	20 世纪中国舞蹈	1164
J709.2	缤纷舞蹈文化之路：董锡玖舞蹈史论课	1903
J709.2	巴渝文化丛书：巴渝戏剧舞乐	1737
J709.2	飙舞：林怀民与云门传奇	1426
J709.2	飙舞人生：施达宗和谢娟娟的双人舞蹈世界	1682
J709.2	不怕我和世界不一样：许芳宜的生命态度	1998
J709.2	朝鲜族舞蹈史	1364
J709.2	城市当代舞蹈丛书：情倾芭蕾	1191
J709.2	敦煌石窟舞乐艺术	1507
J709.2	敦煌舞蹈	1168
J709.2	敦煌学研究丛书：敦煌壁画乐舞研究	1593
J709.2	风华曼舞集	1074
J709.2	古代新疆的音乐舞蹈与古代社会	0897
J709.2	古丝绸之路乐舞文化交流史	1596
J709.2	汉代乐舞百戏艺术研究：修订版	2227
J709.2	汉唐长安的乐舞与百戏	2009
J709.2	汉魏六朝文学与乐舞关系研究	1895
J709.2	甲子归哺—资华筠舞蹈艺术生涯 60 年纪念文集	2268
J709.2	江青的往时往事往思	1124
J709.2	解放军舞蹈史	1387
J709.2	乐舞情韵：音乐舞蹈艺术文粹	1465
J709.2	李彩娥舞蹈学术研讨会论文集	1756
J709.2	李彩娥——永远的宝岛明珠	1757
J709.2	辽代乐舞	1879
J709.2	刘凤学访谈	1430
J709.2	满族舞蹈寻觅	1688
J709.2	南洋恋：中国歌舞剧艺社南洋演出四十周年 纪念（1946—1986）	0889
J709.2	盘鼓舞与汉代登天思想之研究	1831
J709.2	飘逝的红舞鞋	2231
J709.2	齐鲁特色文化丛书，舞蹈	1761
J709.2	曲阜祭孔乐舞	0912
J709.2	如烟往事堪回首	1636
J709.2	少年怀民：云门舞集创办人林怀民的青春少年纪事	1647
J709.2	身体笔记：舞院女生的韵影心香	1816
J709.2	生命的节律—中国舞蹈	1390
J709.2	诗·乐·舞韵	1522
J709.2	十通乐舞章节选	0771
J709.2	世纪风华：表演艺术在台湾	1681
J709.2	说舞	1011
J709.2	丝绸之路乐舞艺术	0865
J709.2	丝绸之路乐舞大观	1391

J709.2	宋辽金西夏舞蹈史	2064
J709.2	台湾舞蹈史．上	1841
J709.2	台湾舞蹈史．下	1842
J709.2	踢踏，舞人生	1602
J709.2	图说中国舞蹈史	1556
J709.2	图说中国舞蹈史	1665
J709.2	我心永舞：汶川废墟上的芭蕾女孩自述	2256
J709.2	舞遍全球：从乡村少年到芭蕾巨星的传奇	2032
J709.2	舞蹈纪程：（一九八四——一九八五）	0870
J709.2	舞蹈艺术史料．风云集	1422
J709.2	舞动新天地：唐雅君的健身王国	1590
J709.2	舞论：王克芬古代乐舞论集	2213
J709.2	舞越濠江：澳门舞蹈	1849
J709.2	西藏舞蹈通史	1309
J709.2	香港舞蹈历史	1530
J709.2	箫管霓裳：敦煌乐舞	2039
J709.2	新世纪百科知识金典：神州舞韵．1	1479
J709.2	新世纪百科知识金典：神州舞韵．2	1480
J709.2	新中国舞蹈的奠基石．上	2077
J709.2	新中国舞蹈的奠基石．下	2078
J709.2	新中国舞蹈事典	1855
J709.2	新中国舞蹈艺术的摇篮	1818
J709.2	雅乐舞的白话文：以乐记为例，探看古乐的身体	1271
J709.2	影响世界的中国乐舞	1631
J709.2	原舞者：一个原住民舞团的成长记录	1439
J709.2	战神的舞踏	1620
J709.2	中古乐舞研究	1871
J709.2	中国传统文化与舞蹈	1885
J709.2	中国宫廷舞蹈艺术，附二十五史"乐志"舞蹈章节集粹	1729
J709.2	中国古代的乐舞	1448
J709.2	中国古代跳舞史	2254
J709.2	中国古代舞蹈	1401
J709.2	中国古代舞蹈家的故事	0779
J709.2	中国古代舞蹈史	0890
J709.2	中国古代舞蹈史长编（初稿）第一册	0492
J709.2	中国古代舞蹈史长编（初稿）第二册	0493
J709.2	中国古代舞蹈史长编（初稿）第三册	0494
J709.2	中国古代舞蹈史长编（初稿）第四册	0495
J709.2	中国古代舞蹈史纲	1094
J709.2	中国古代舞蹈史话	0677
J709.2	中国古代音乐舞蹈史话	1357
J709.2	中国古代乐舞史（上下卷）	2174
J709.2	中国古典舞基本训练教材与教法（中专）	1797

J709.2	中国汉代舞蹈概论	2255
J709.2	中国解放战争时期舞蹈史	1634
J709.2	中国近现代当代舞蹈发展史：1840~1996	1484
J709.2	中国乐妓秘史	1197
J709.2	中国少数民族舞蹈发展史	1622
J709.2	中国少数民族舞蹈史	1440
J709.2	中国社会生活丛书：舞低杨柳楼心月，舞蹈篇	1485
J709.2	中国石窟寺乐舞艺术	2155
J709.2	中国舞蹈	1441
J709.2	中国舞蹈	1489
J709.2	中国舞蹈发展史	0640
J709.2	中国舞蹈发展史	1040
J709.2	中国舞蹈发展史	1133
J709.2	中国舞蹈发展史	1727
J709.2	中国舞蹈发展史：上	1020
J709.2	中国舞蹈发展史：下	1021
J709.2	中国舞蹈史	1348
J709.2	中国舞蹈史	1421
J709.2	中国舞蹈史	1443
J709.2	中国舞蹈史，先秦部分	0780
J709.2	中国舞蹈史，秦，汉，魏，晋，南北朝部分	0822
J709.2	中国舞蹈史，隋·唐、五代部分	0913
J709.2	中国舞蹈史，宋辽金西夏元部分	0823
J709.2	中国舞蹈史，明，清部分	0824
J709.2	中国舞蹈史，上	0603
J709.2	中国舞蹈史，下	0604
J709.2	中国舞蹈史话	1403
J709.2	中国舞蹈史及作品鉴赏	2257
J709.2	中国舞蹈通史：古代文物图录卷	2274
J709.2	中国舞蹈通史：先秦卷	2271
J709.2	中国舞蹈通史：秦汉卷	2312
J709.2	中国舞蹈通史：魏 晋 南北朝卷	2313
J709.2	中国舞蹈通史：隋唐 五代卷	2314
J709.2	中国舞蹈通史：宋 辽 西夏 金 元卷	2315
J709.2	中国舞蹈通史：明清卷	2272
J709.2	中国舞蹈通史："中华民国"卷 上	2273
J709.2	中国舞蹈通史："中华民国"卷 下	2316
J709.2	中国舞蹈武功技巧，舞蹈分卷	1720
J709.2	中国舞蹈艺术的摇篮：中央戏剧学院舞运、舞研班 师生回忆录	1284
J709.2	中国舞蹈艺术史图鉴	1404
J709.2	中国舞蹈这棵树	1795
J709.2	中国现代、当代舞蹈发展概论	1868

J709.2	中国艺术史·舞蹈卷	1959
J709.2	中国优秀传统文化三字经·音乐舞蹈篇	1313
J709.2	中华文化通志第八典·乐舞志	1445
J709.2	中华舞蹈图史	1624
J709.2	中华舞蹈志·河南卷，洛阳篇	1536
J709.2	中国现当代舞剧发展史	1798
J709.2	先秦乐舞戏剧大事年表（第一辑）	1566
J709.2-64	中国舞蹈文物图典	1588
J709.2（22）	河北舞蹈史	2133
J709.2（22）	中华舞蹈志，河北卷	1628
J709.2（25）	中华舞蹈志，山西卷	2171
J709.2（26）	中华舞蹈志，内蒙古卷	1961
J709.2（41）	中华舞蹈志，陕西卷	2172
J709.2（43）	中华舞蹈志，宁夏卷	2173
J709.2（45）	中华舞蹈志，新疆卷	2050
J709.2（51）	中华舞蹈志，上海卷	1537
J709.2（51）	上海舞蹈舞剧志　上海歌剧志	1520
J709.2（53）	中华舞蹈志，江苏卷	2051
J709.2（54）	中华舞蹈志，安徽卷	1535
J709.2（55）	中华舞蹈志，浙江卷	1486
J709.2（56）	中华舞蹈志，江西卷	1578
J709.2（57）	中华舞蹈志，福建卷	1962
J709.2（65）	中华舞蹈志，广东卷	1963
J709.2（67）	中华舞蹈志，广西卷	1805
J709.2（71）	中华舞蹈志，四川卷	2052
J709.2（74）	中华舞蹈志，云南卷，上册	2053
J709.2（74）	中华舞蹈志，云南卷，下册	2054
J709.2（58）	高棪——舞动春风一甲子	1748
J709.2（58）	跟云门去流浪	2282
J709.2（58）	李天民——舞蹈荒原的垦拓者	1755
J709.2（58）	林香芸——妙舞璀璨自飞扬	1754
J709.2（58）	前后：刘振祥的云门影像叙事	2197
J709.2（58）	与自然共舞——台湾原住民舞蹈	1533
J709.2（58）	这些云门舞者：找一个角度，让自己发光	2224
J709.2（61）	安阳市舞蹈志	1542

舞蹈艺术史（中国各时代）

J709.234	汉代乐舞：百戏艺术研究	1118
J709.242	全唐诗中的乐舞资料	0688
J709.242	唐代乐舞新论	1764
J709.242	唐代舞蹈（初稿）	0424
J709.242	唐代舞蹈	0668
J709.242	唐代音乐舞蹈杂技诗选	0959

J709.242	唐代音乐舞蹈杂技诗选释	1103
J709.242	唐诗与舞蹈	1338
J709.244	全宋词中的乐舞资料	1084
J709.244	宋代歌舞剧曲录要元人散曲选	2019
J709.248	明代歌舞研究	2013
J709.249	太平天国时期的江苏舞蹈	0716
J709.249	舞蹈基础理论教材：清代舞蹈的传承与变异	1358
J709.27	爱舞人：王克伟的舞蹈人生	1991
J709.27	半梦：金星自传	1824
J709.27	长久的魅力—怀念舞蹈家苏天祥	1892
J709.27	戴爱莲：我的艺术与生活	1659
J709.27	当代中国舞蹈	1203
J709.27	当代中华舞坛名家传略	1300
J709.27	东方一绝：莫德格玛舞蹈之路	0915
J709.27	豆志飞舞	2000
J709.27	剧苑英华丛书：李承祥舞蹈生涯五十年	1583
J709.27	迈入新世纪的中国文艺：中国文联2001年度文艺评论获奖文集	1598
J709.27	蓦然回首：好一派灿烂阳光	2288
J709.27	生命的咏叹调	2298
J709.27	人世婆娑	1389
J709.27	陶金我的至爱	1524
J709.27	我的爱：中外艺术家的特写	1002
J709.27	我的舞蹈艺术生涯	0736
J709.27	我是从孤儿院来的	0723
J709.27	我在丝绸之路上舞蹈	2131
J709.27	舞蹈和我：资华筠自传	0917
J709.27	舞蹈家：陈爱莲	0739
J709.27	舞蹈圆不完的梦：纪念著名舞蹈活动家邢志汶先生	1608
J709.27	舞魂：赵青传	1129
J709.27	新中国舞蹈史：（1949～2000）	1614
J709.27	一代孔雀舞王：毛相	2121
J709.27	一代舞蹈大师—纪念吴晓邦文集	1321
J709.27	忆往事	2264
J709.27	永不停息的舞者：戴爱莲传	2220
J709.27	云南民族舞蹈史	1957
J709.27	中国当代舞蹈家的故事	0922
J709.27	中国现当代舞蹈史纲	1491

各国舞蹈艺术史（韩国）

J709.312.6	韩国传统舞蹈的沿革与发展	1704

各国舞蹈艺术史（日本）

J709.313	日本歌舞伎艺术	1431

| J709.313 | 松山芭蕾舞白毛女：日中友好之桥 | 0836 |
| J709.313 | 舞痴——来自日本的李惠美 | 1392 |

各国舞蹈艺术史（印度）

| J709.351 | 印度舞蹈通论 | 1717 |
| J709.351 | 印度舞蹈源流——印度舞蹈与中国舞蹈影响研究 | 1971 |

各国舞蹈艺术史（埃及）

| J709.411 | 东方舞后：埃及明星纳吉娃·福阿德传 | 0893 |

各国舞蹈艺术史（俄罗斯）

J709.512	芭蕾女神：乌兰诺娃	1499
J709.512	俄罗斯芭蕾秘史	2181
J709.512	天生舞者：纽瑞耶夫	1433
J709.512	舞蹈之神：尼仁斯基传	1107
J709.512	中外舞蹈文献丛书：苏俄芭蕾舞史	1135
J709.512	苏联舞蹈家瓦冈诺娃	0261
J709.512	乌兰诺娃	0178

各国舞蹈艺术史（德国）

J709.516	碧娜·鲍许：舞蹈．剧场．新美学	1996
J709.516	皮娜·鲍什：为对抗恐惧而舞蹈	2015
J709.516	为世界起舞：碧娜·鲍许	2033
J709.516	相互性的回荡：表现主义绘画、音乐与舞蹈	1858

各国舞蹈艺术史（葡萄牙）

| J709.552 | 舞蹈史—葡萄牙 | 1413 |

各国舞蹈艺术史（英国）

| J709.561 | 玛歌芳婷自传（第一部） | 0654 |
| J709.561 | 玛歌芳婷自传（第二部） | 0655 |

各国舞蹈艺术史（法国）

| J709.565 | 法国，这玩艺！：音乐、舞蹈与戏剧 | 2086 |

各国舞蹈艺术史（美国）

J709.712	巴兰钦：跳吧！现代芭蕾	1995
J709.712	巴兰钦传	1050
J709.712	悲歌与狂舞：叶赛宁与邓肯	1425
J709.712	邓肯的最后岁月	1070
J709.712	邓肯女士自传	1261
J709.712	邓肯与叶赛宁	1027
J709.712	邓肯与叶赛宁：女舞蹈家和诗人	1506
J709.712	邓肯自传	0022

J709.712	邓肯自传	0694
J709.712	邓肯自传	1635
J709.712	玛格·芳登：旋转中的精灵	0918
J709.712	没有讲完的故事：《邓肯自传》补篇	0919
J709.712	美国的舞蹈	0579
J709.712	美国的舞蹈	1006
J709.712	美国舞蹈家邓肯：1877-1927	1388
J709.712	人类历史上最迷人的女性回忆录：邓肯自传	1806
J709.712	世界风流名媛系列之二：伊莎多拉·邓肯	1363
J709.712	我的爱 我的自由	1584
J709.712	我的一生	1450
J709.712	舞者之歌：邓肯自传	1811
J709.712	舞者之歌：伊莎朵拉·邓肯回忆录	1815
J709.712	舞者之歌：伊莎朵拉·邓肯回忆录	1817

舞蹈技术和方法

J71	舞蹈技术课年级考核标准动作范例（中专）	2115
J71	舞蹈演员常识：工具书	0425
J71	舞蹈排练工作与导演应用理论	2183
J71	舞动-舞蹈编创、教学与作品实例之分析	2069
J71	中国舞蹈技巧	1016
J71	群文舞蹈编舞法研究	1675

舞蹈编导学

J711	飞动的点线面—舞蹈构图1000例	2262
J711	苏安莉之编创理念实务分析及接触即兴之探讨	2299
J711	舞蹈基本知识	0398
J711	中国当代舞蹈创作与研究：舞动奇迹三十年	2170
J711	中国舞蹈高等教育30年学术文集：舞蹈编导研究	2168
J711-43	中国双人舞编导教程	1730
J711-43	中国舞蹈编导教程	1723

编舞导演人员（编舞导演人员的修养、条件、培养以及对其评论）

J711.1	学习资料（四）	0721

舞蹈编导基本技术

J711.2	编舞漫谈	0693
J711.2	创作经验介绍	0658
J711.2	从罗丹艺术论谈舞蹈创作理念	1110
J711.2	儿童歌舞创作浅谈	0582
J711.2	关于芭蕾舞剧艺术的报告座谈访问录：苏联国立莫斯科坦尼斯拉夫斯基与聂米罗维奇-丹钦科音乐剧院在中国访问演出期间：布尔梅斯杰尔等访谈	0142
J711.2	贾作光舞蹈艺术文集	1134

J711.2	美国休斯顿芭蕾舞团艺术指导	0841
J711.2	全国舞蹈编导进修班讲话稿：唐满城等讲话稿	0666
J711.2	全国舞蹈创作会议文集	0901
J711.2	谈舞蹈编导创作	0785
J711.2	舞蹈：（创作资料）	0285
J711.2	舞蹈编导概论	2305
J711.2	舞蹈创作艺术	1085
J711.2	舞蹈创作之研究	0796
J711.2	舞蹈舞剧创作经验文集	0872
J711.2	学习资料：向总政访沪歌舞团学习专辑（二）	0675
J711.2	浙江省舞蹈创作讨论会专辑	0788

编舞法

J711.3	编导课讲义（初稿）	0886
J711.3	编导知识介绍	0726
J711.3	舞蹈编导的专业特征（在内蒙古全区舞蹈编导班讲课教材）	0705
J711.3	舞蹈编导基础教程	0938
J711.3	舞蹈编导教学参考资料	1365
J711.3	舞蹈编导课讲义	0707
J711.3	舞蹈编导知识	0812
J711.3	舞蹈创编法	1866
J711.3	舞剧编导笔记（上册）	0941
J711.3	舞剧编导笔记（下册）	0942
J711.3	舞剧编导艺术	0783
J711.3	舞剧编导艺术	0488
J711.3	校园舞蹈：创编与实例	1477
J711.3	新舞蹈艺术初步教程	0032
J711.3	形体训练与舞蹈编导基础	2118
J711.3	综艺性电视舞蹈之研究	1652
J711.3	赞革命样板戏舞蹈设计	0554
J711.33	儿童歌舞创编与实例	1461
J711.33	体态律动课例：达尔克罗兹"和乐动作"50例	1557
J711.36	现代舞蹈动作基本原理的探讨与实例	0786

舞蹈表演学

J712	常用舞蹈动作选	0662
J712	大学生：舞蹈教学指导	0965
J712	蹈舞术	0005
J712	儿童舞蹈训练指南	0925
J712	舞蹈	2214
J712	舞蹈的排练与表演	0714
J712	舞蹈动作选	0737
J712	舞蹈基本训练	0670

J712	舞蹈基础训练	1222
J712	舞蹈入门	0017
J712	舞蹈知识丛书：舞蹈的基本训练	0960
J712	舞蹈资料汇编（一）	0740
J712	舞蹈资料汇编（三）	0741
J712	业余舞蹈基本训练	0444
J712	怎样排练和记录舞蹈	0389
J712	中国舞基训常用动作选：普及版	2065
J712-67	舞蹈表演教学参考资料	1412

舞蹈演员（舞蹈演员的修养、品德、条件、培养、保健以及对其评论）

J712.1	一个芭蕾舞女演员的热情	0987

舞蹈演员训练

J712.2	创造性舞蹈	1121
J712.2	创造性舞蹈宝典：打通九年一贯舞蹈教学之经脉	1993
J712.2	舞蹈基本功与技巧	1563
J712.2	舞蹈基本训练	0110
J712.2	舞蹈基本训练组合大全	1605
J712.2	舞蹈教材	0079
J712.2	舞蹈筋斗基本训练教程	2247
J712.2	舞蹈训练学	2138
J712.2	舞蹈训练学概论	2137
J712.2	舞蹈与形体训练	1604
J712.2	形体舞蹈速成 POP	1649
J712.2	性格舞课程教学大纲	2249
J712.2	音乐舞蹈技能技巧	1570
J712.2-43	舞蹈基本训练教程	1683
J712.21	苏联民间舞蹈基本训练	0260

舞蹈演员训练（民间舞蹈）

J712.21	表演教材（男角）第一辑	0298
J712.21	云南花灯舞蹈基训教材	0443

舞蹈演员训练（民族舞蹈）

J712.22	朝鲜族舞蹈基本动作	0661
J712.22	蒙古族舞蹈基本训练	0587
J712.22	蒙古族舞蹈基本训练教程	0978
J712.22	内蒙古舞蹈基训	0861
J712.22	神秘纤媚印度舞	2021

舞蹈演员训练（儿童舞蹈）

J712.23	儿童歌舞基础知识	1169
J712.23	儿童歌舞及舞蹈基础训练	1427

J712. 23	儿童舞蹈启蒙	1139
J712. 23	儿童舞基训教材	0930
J712. 23	少儿舞蹈基本训练	0902
J712. 23	少儿舞蹈考级教材（1-4 级）	1927
J712. 23	少儿舞蹈考级教材（5-8 级）	1928
J712. 23	少儿舞蹈考级教材（9-12 级）	1929
J712. 23	童舞蹈基训 20 课	1428
J712. 23	幼儿舞蹈—动作艺术基础	1098
J712. 23	幼儿舞蹈训练与幼儿舞蹈创编	1956
J712. 23	幼教技能训练体育舞蹈（试用）	1015
J712. 23	中小学生舞蹈基本训练	0825
J712. 23	小学姿势训练	0021

舞蹈演员训练（古典舞蹈）

J712. 24	敦煌舞蹈训练与表演教程	2135
J712. 24	敦煌舞教程	1592
J712. 24	古典舞基本训练	0404
J712. 24	古典舞训练常识	0361
J712. 24	中国古典舞基训	1061
J712. 24	中国古典舞基训教材大纲	2045
J712. 24	中国汉唐古典舞基训教程	2236

舞蹈演员训练（芭蕾舞蹈）

J712. 25	（苏联）舞蹈学校，音乐节奏训练：教学大纲	0657
J712. 25	芭蕾初阶	0686
J712. 25	芭蕾脚尖基本训练教程	2243
J712. 25	芭蕾—年轻舞蹈者的指南	0971
J712. 25	芭蕾双人舞基本技巧	0784
J712. 25	芭蕾舞蹈参考资料	0553
J712. 25	芭蕾舞参考资料（第二册）	0609
J712. 25	芭蕾舞参考资料（第三册）	0610
J712. 25	芭蕾舞蹈参考资料（第四册）	0621
J712. 25	芭蕾舞蹈参考资料（第一辑）	0471
J712. 25	芭蕾舞蹈参考资料（第二辑）	0472
J712. 25	芭蕾舞蹈参考资料（第三辑）	0475
J712. 25	芭蕾舞蹈参考资料（第四期）	0481
J712. 25	芭蕾舞蹈基本训练足尖教材	0538
J712. 25	芭蕾形体训练教程	2244
J712. 25	初级古典芭蕾	0759
J712. 25	大剧院六堂课	0652
J712. 25	古典芭蕾：关于动作的流畅	0639
J712. 25	古典芭蕾：基本技巧和术语	0643
J712. 25	古典芭蕾：男子表演教程	0633

J712.25	古典芭蕾 100 堂课	0720
J712.25	古典芭蕾基本技巧和术语	1828
J712.25	古典芭蕾基本训练	1451
J712.25	古典芭蕾基本训练（下）	0718
J712.25	古典芭蕾基础	1508
J712.25	古典芭蕾双人舞	0644
J712.25	古典芭蕾双人舞	0851
J712.25	古典芭蕾双人舞	1055
J712.25	古典芭蕾双人舞教学法	0473
J712.25	古典芭蕾舞蹈教学	0634
J712.25	古典芭蕾舞基本训练教程	2245
J712.25	古典舞蹈基础（芭蕾）	0436
J712.25	切凯蒂体系：古典芭蕾	0690
J712.25	斯图加特芭蕾舞校的教学	1056
J712.25	新芭蕾形体雕塑	2057
J712.25	形体芭蕾	1654

舞蹈演员训练（现代舞蹈）

| J712.26 | 现代舞教学课程 | 2250 |

舞蹈演员训练（其他舞蹈）

| J712.29 | 日本舞蹈的基础 | 1589 |
| J712.29 | 舞蹈与健美操 | 1529 |

舞蹈排练

J712.3	舞蹈丛刊（第一辑）	0228
J712.35	芭蕾排练室内幕	0760
J712.35	时尚形体芭蕾	1676

舞台美术、舞台技术

J714.2	家具与乐舞	1597
J714.4	大歌舞灯光特技资料	0500
J714.4	东方红，音乐舞蹈史诗：灯光工作资料	0476
J714.4	林克华的设计与沉思：舞台光景	1646
J714.4	十五周年国庆大型歌舞：灯具制作资料	0478
J714.4	椰林怒火、刚果河在怒吼：灯光资料	0498

舞蹈化妆、服装、服饰

J717	幻羽舞影：时尚顽童高堤耶与编舞家萧毕诺舞台服装展	2284
J717	舞蹈服饰论	1853
J717.2	民族服装针织布料（芭蕾舞练功服装）	1759
J717.2	中国舞蹈服饰设计师	2126
J717.2	中国舞蹈服装设计精选	1141
J717.2	舞台服装	0026

J717.2-43	舞蹈服装设计教程 上册	1734
J717.2-43	舞蹈服装设计教程 下册	1735
J717.3	舞台舞蹈头饰造型艺术	1398

舞蹈教材、教学

J719	北京舞蹈学院教学计划与教学大纲	1812
J719	全国职业院校学前教育专业教材：舞蹈	1969
J719	三年制中等师范学校选修课本：形体教程	1112
J719	舞蹈（上）	1651
J719	舞蹈（提高版）	1901
J719	舞蹈基本功教材（广西艺术学院艺术师范系试用）	0521
J719	舞蹈基本功训练教程：舞蹈学专业·身韵部分	1697
J719	舞蹈基本技术训练课教学法	1472
J719	舞蹈基础：师范院校舞蹈教材	1473
J719	舞蹈教材（中级班）	0154
J719	舞蹈训练与编创	1609
J719	中国民族民间舞：初级教程	1784
J719	中国民族民间舞教学法	1792
J719	中国民族民间舞教学组合编排法	1698
J719	中国艺术教育大系．中专卷；文化部中等艺术 教育"十五"重点教材：中国民族民间舞	1785
J719（312.6）	韩国传统舞蹈教程	1752
J719（313）	日本传统舞蹈教程	1696
J719（351）	印度婆罗多舞蹈教程	1718

舞蹈教材、教学（民间舞蹈）

J719.1	内蒙地区民间舞蹈教材	0288
J719.1	中国汉族民间舞教程	1731
J719.1	中国民间舞（男班笔记）	0445
J719.1	中国民间舞教材	0289
J719.1	中国民间舞教材及教学法	1576
J719.1	中国民间舞教材及教学法（附册）	0964
J719.1	中国民间舞教材及教学法（上册）	0956
J719.1	中国民间舞教材及教学法（下册）	0957
J719.1	中国民族民间舞基本功训练教程	1722

舞蹈教材、教学（民族舞蹈）

J719.2	民族舞韵	1517
J719.2	中国少数民族民间舞教程	1719
J719.214	藏族锅庄 弦子 踢踏舞舞蹈教材（初稿、教材之二）	0139
J719.215	维吾尔族民间舞教材：中国民间新疆代表舞蹈	0141
J719.219	朝鲜舞蹈教材	0287
J719.219	朝鲜族舞蹈教材（初稿）	0140
J719.253	傣族舞蹈教程	1505

舞蹈教材、教学（儿童舞蹈）

J719.3	0 岁方案，2-3 岁	1414
J719.3	0 岁方案，3-4 岁	1415
J719.3	0 岁方案，4-5 岁 上学期	1416
J719.3	0 岁方案，4-5 岁 下学期	1417
J719.3	0 岁方案，5-6 岁 上学期	1418
J719.3	0 岁方案，5-6 岁 下学期	1419
J719.3	北京舞蹈学院中国舞海外分级考试课：第四级	0993
J719.3	北京舞蹈学院中国舞海外分级考试课：第五级	0994
J719.3	北京舞蹈学院中国舞海外分级考试课：儿童课程第一至二级，教学大纲	0995
J719.3	北京舞蹈学院中国舞海外分级考试课：儿童课程第三至四级，教学大纲	0996
J719.3	儿童舞教程	1919
J719.3	舞蹈	1288
J719.3	舞蹈基础教程	1979
J719.3	舞蹈教材	0025
J719.3	舞蹈教材	0097
J719.3	小学生课外活动教程：舞蹈	1246
J719.3	小学舞蹈教学参考书	0777
J719.3	学校舞蹈教材	0018
J719.3	幼儿歌舞创编实用教程	2040
J719.3	幼儿情趣歌舞	1819
J719.3	幼儿师范学校课本：舞蹈，全一册	0879
J719.3	幼儿舞蹈教材	1091
J719.3	幼儿舞蹈教学指导	1068
J719.3	幼儿园歌舞教材	1290
J719.3	幼儿园教师进修教材 舞蹈	0939
J719.3	职业高中幼师专业教材：舞蹈．上	1007
J719.3	职业高中幼师专业教材：舞蹈．下	1008
J719.3	中等职业学校幼儿教育专业实验教材：舞蹈	1571
J719.3	中国古典舞基训示范教材	1574
J719.3	中国舞等级考试教材：第三级（幼儿）	1821
J719.3	中国舞等级考试教材：第一级（幼儿）	1534
J719.3	中国舞等级考试教材：第二级（幼儿）	1685
J719.3	中国舞等级考试教材：第三级（幼儿）	1494
J719.3	中国舞等级考试教材：第四级（儿童）	1637
J719.3	中国舞等级考试教材：第五级（儿童）	1545
J719.3	中国舞等级考试教材：第六级（儿童）	1582
J719.3	中国舞等级考试教材：第七级（儿童）	1655
J719.3	中国舞等级考试教材：第十二级（青年）	2176
J719.3	中国舞等级考试教材：第十一级（青年）	2142

J719.3	中国舞等级考试教材：第1-3级（少年）	2049
J719.3	中国舞分级考试教材：（第六级 少年2）	1350
J719.3	中国舞分级考试教材：（第七级 少年）	1444
J719.3	中国舞分级考试教材：（第五级 少年1）	1349
J719.3	中国舞分级考试教材：（第一、二级儿童）	1176
J719.3	中国舞分级考试教材：（启蒙、初级课）	1189
J719.3	中国舞分级考试教材伴奏曲：（第一、二级儿童）	1177
J719.3	中国舞分级考试教材伴奏曲：（第三、四级儿童）	1239
J719.3	中国舞分级考试教材伴奏曲：（第三、四级儿童）	1275
J719.3	中国舞分级考试教材伴奏曲：（第五级 少年2）	1351
J719.3	中国舞分级考试教材伴奏曲：（第六级 少年1）	1352
J719.3	中国舞分级考试教材伴奏曲：（启蒙、初级课）	1182

舞蹈教材、教学（古典舞蹈）

J719.4	古典舞教学法初稿	0156
J719.4	教学法	0859
J719.4	团扇舞韵	1732
J719.4	中国古代舞蹈史教程	1799
J719.4	中国古典舞	0346
J719.4	中国古典舞：教学法（初稿）	0160
J719.4	中国古典舞基本功教材教学法	1886
J719.4	中国古典舞基本功训练教程	1684
J719.4	中国古典舞基本功训练教程	1728
J719.4	中国古典舞基本功训练教学法：（中专女班）	1794
J719.4	中国古典舞教材新编：技巧·剑舞·长袖	1575
J719.4	中国古典舞教学	1272
J719.4	中国古典舞教学法	0399
J719.4	中国古典舞教学体系创建发展史	1721
J719.4	中国古典舞身韵	1132
J719.4	中国古典舞身韵教学法	1724
J719.4	中国古典舞袖舞教程	1793
J719.4	中国古典舞中专教材，一年级（女班）示例课程	2124
J719.4	中国古典舞中专教材，四年级（女班）示例课程	2125
J719.4	中国武术理论与舞蹈实践	1791
J719.4	中国舞蹈技巧课教材	1423
J719.4	中国舞蹈武功教材（上）	1324
J719.4	中国舞蹈武功教材（下）	1325
J719.4	中国舞蹈武功教学	1490
J719.4	中国舞精选教材	1674
J719.4	中国艺术教育大系·中专卷：文化部中等艺术教育"十五"重点教材：中国古典舞	1803

舞蹈教材、教学（芭蕾舞蹈）

J719.5	1977年苏联舞蹈学校：统一教学大纲	0605

J719.5	芭蕾基础教程	1194
J719.5	芭蕾课：二、三、四、五、六年级过渡时期：教学大纲	0155
J719.5	芭蕾舞：院外1、2级，分级考试教程	1501
J719.5	芭蕾舞及教学论研究	1977
J719.5	芭蕾舞教学法	0567
J719.5	芭蕾舞教学法	1904
J719.5	芭蕾专业：七年制教学大纲	0846
J719.5	北京舞蹈学院芭蕾舞分级考试教程，第3级	1502
J719.5	北京舞蹈学院芭蕾舞分级考试教程，第4级	1503
J719.5	北京舞蹈学院芭蕾舞分级考试教程，第6级	1504
J719.5	丹麦布农维尔学派芭蕾课程教案	1258
J719.5	丹麦布农维尔学派芭蕾课程教案Ⅱ，钢琴伴奏谱	1259
J719.5	俄罗斯学派之古典芭蕾教学法典	2160
J719.5	古典芭蕾（男班教材）. 上编	0697
J719.5	古典芭蕾基础	1316
J719.5	古典芭蕾教学法	1749
J719.5	古典芭蕾教学法笔记	1921
J719.5	古典芭蕾教学法讲义	1377
J719.5	古典芭蕾舞基本功训练教程	1750
J719.5	古典芭蕾舞剧变奏选集	1248
J719.5	舞蹈等级考试与展示教程：男女生，二级	2110
J719.5	舞蹈学习（内部资料）.1	0467
J719.5	舞蹈学习（内部资料）.2	0468
J719.5	性格舞蹈教程	1781
J719.5	性格舞教学法	1987
J719.5	匈牙利舞蹈学校：九年制大纲教材，教学笔记	0427
J719.5	一年级芭蕾舞教学法	0618
J719.5	英国皇家舞蹈学院芭蕾教材（一）	0762
J719.5	英国皇家舞蹈学院芭蕾教材（二）	0763
J719.5	英国皇家舞蹈学院芭蕾教材（三）	0764
J719.5	英国皇家舞蹈学院芭蕾教材（四）	0765
J719.5	英国皇家舞蹈学院舞蹈等级考试与展示课程：男女生，一级	2120
J719.5	英国皇家舞蹈学院舞蹈等级考试与展示课程： 　　男女生，启蒙级	2119
J719.5	张旭教授芭蕾舞课教学笔记	0748
J719.5	中国艺术大系·中专卷：文化部中等艺术教育"十五" 　　重点教材：芭蕾舞	1804
J719.5	中级古典芭蕾	0909
J719.5	中级古典芭蕾：四、五年级芭蕾教学法	1782

舞蹈教材、教学（交际舞蹈）

J719.8	健美操 体育舞蹈	1878
J719.8	体操 健美 舞蹈	1899

舞蹈教材、教学（其他舞蹈）

J719.99　　　　　　　流行舞：Hip Hop　　　　　　　　　　　　1663

舞蹈图谱（各代舞谱：如敦煌舞谱、东巴舞谱、傩舞谱、定位法舞谱等）

J721　　　　　　芭蕾舞儿童画册—和少年儿童谈谈芭蕾舞　　　　0641
J721　　　　　　大漠孤烟直：刘凤学作品第115号舞蹈交响诗（卷一）　1640
J721　　　　　　大漠孤烟直：刘凤学作品第115号舞蹈交响诗（卷二）　1641
J721　　　　　　大漠孤烟直：刘凤学作品第115号舞蹈交响诗（卷三）　1642
J721　　　　　　大漠孤烟直：刘凤学作品第115号舞蹈交响诗（卷四）　1643
J721　　　　　　敦煌的手（上卷）　　　　　　　　　　　　　1198
J721　　　　　　敦煌的手（中卷）　　　　　　　　　　　　　1199
J721　　　　　　敦煌的手（下卷）　　　　　　　　　　　　　1224
J721　　　　　　敦煌舞蹈　　　　　　　　　　　　　　　　1215
J721　　　　　　敦煌舞乐线描集史　　　　　　　　　　　　　1999
J721　　　　　　江城：戏剧舞蹈人物速写　　　　　　　　　　1512
J721　　　　　　旧京社戏图（复原图＋书）　　　　　　　　　2011
J721　　　　　　内蒙古歌舞团舞蹈服装集（汉、蒙文）　　　　0397
J721　　　　　　水墨舞蹈人物画法　　　　　　　　　　　　　1834
J721　　　　　　外国艺术家访华演出速写专辑　　　　　　　　0833
J721　　　　　　舞蹈画典　　　　　　　　　　　　　　　　0632
J721　　　　　　舞蹈速写　　　　　　　　　　　　　　　　0432
J721　　　　　　叶浅予画舞　　　　　　　　　　　　　　　0676
J721　　　　　　叶浅予舞蹈画册　　　　　　　　　　　　　　0746
J721　　　　　　中国民间舞蹈图片选集　　　　　　　　　　　0268
J721　　　　　　中国民族舞蹈国画集［中英文本］　　　　　　1783
J721　　　　　　中国舞蹈艺术　　　　　　　　　　　　　　0684
J721　　　　　　中国舞蹈艺术（1942－1992）　　　　　　　1138
J721　　　　　　中国新文艺大系：1949～1966，舞蹈集　　　　1673
J721　　　　　　中国新文艺大系：1976～1982，舞蹈集　　　　1178
J721　　　　　　著名舞蹈家崔美善　　　　　　　　　　　　　1355

古代舞蹈图谱

J721.1　　　　　东巴神系与东巴舞谱　　　　　　　　　　　1158
J721.1　　　　　敦煌：天上人间舞蹁跹　　　　　　　　　　1972
J721.1　　　　　敦煌舞姿　　　　　　　　　　　　　　　　0696
J721.1　　　　　古代舞谱（本书是从古籍《御制律吕正义》中摘录下来
　　　　　　　　　　复印的古代舞谱）　　　　　　　　　　0027
J721.1　　　　　古丝路音乐暨敦煌舞谱研究　　　　　　　　　1156
J721.1　　　　　中国汉代画像舞姿　　　　　　　　　　　　　1276
J721.1　　　　　中国纳西族东巴舞谱研究：兼论巫与舞、舞蹈与舞谱　1988

现代舞蹈图谱

J721.7　　　　　定位法舞谱　　　　　　　　　　　　　　　0924

J721.7	革命现代舞剧《沂蒙颂》：场面调度	0558
J721.7	怎样记和看舞蹈场记	0591
J721.7	怎样记录舞蹈	0778
J721.7	中国舞谱：国舞的基本动作	0750

中国各种舞蹈（理论、方法及作品等。）

J722	龙狮文化与龙狮运动	2335
J722	舞蹈作品选	0674
J722	舞蹈新选	0040
J722	民族舞蹈文论	2323
J722	优秀舞蹈选集（上）	1047
J722	优秀舞蹈选集.下	1089
J722	闽台民间舞蹈研究	2337
J722	云南文山州民族民间舞蹈探源	2324
J722	中国古典舞袖舞技法教程	2325
J722	《农业学大寨》舞蹈选集	0615
J722	作为艺术的舞蹈：舞蹈美学引论	1875
J722	"千手观音"台前幕后的故事	1832
J722	景颇族目瑙纵歌简介及舞步图谱	2332
J722	山西民间舞蹈	2329
J722	陕西民间鼓舞博览	2330
J722	献礼（舞蹈）	0312
J722	神川热巴：人神感应的古老艺术	1669
J722	黑龙江花棍舞	1820

中国集体舞

J722.1	"八一"歌舞	0039
J722.1	唱起来，跳起来：1949-1984集体舞选	0791
J722.1	大家来跳舞	0115
J722.1	大家跳	0180
J722.1	大家跳（第一本）	0161
J722.1	大家跳（第二本）	0162
J722.1	大家跳（第三本）	0189
J722.1	大家跳（第四本）	0191
J722.1	大家跳（第五本）	0230
J722.1	大家跳（第六本）	0277
J722.1	大家跳（第七本）	0281
J722.1	大揪什锦汤：歌舞表演剧	0291
J722.1	读报组老人们：舞蹈	0504
J722.1	飞奔吧，小火车：集体舞	0358
J722.1	丰收歌（歌舞）	0497
J722.1	丰收舞	0343
J722.1	风雪采油工：双人舞	0619

J722.1	格斗：双人舞	0607
J722.1	工人舞蹈选	0144
J722.1	公社女民兵（舞蹈）	0596
J722.1	国庆集体舞：1959	0348
J722.1	国庆集体舞专辑：大家跳，第八本	0283
J722.1	国庆三十五周年晚会集体舞专辑	0405
J722.1	红旗飘飘：集体舞	0411
J722.1	红五月集体舞	0363
J722.1	红云：舞蹈	0637
J722.1	欢乐的食堂：舞蹈	0341
J722.1	火车飞来大凉山：舞蹈	0593
J722.1	集体舞	0093
J722.1	集体舞	0104
J722.1	集体舞	0157
J722.1	集体舞	0293
J722.1	集体舞	0344
J722.1	集体舞	0729
J722.1	集体舞蹈	0163
J722.1	集体舞选	0353
J722.1	集体舞选	0412
J722.1	集体舞选	0518
J722.1	集体舞选（一）	0393
J722.1	集体舞选（二）	0336
J722.1	艰苦岁月：舞蹈	0622
J722.1	交城山：集体舞选	0613
J722.1	街舞：时尚健身导航	1864
J722.1	节日集体舞	0317
J722.1	金色种子（三人舞）主旋律谱	0572
J722.1	快马加鞭：集体舞选	0318
J722.1	聋哑妹上学了：双人舞	0592
J722.1	美好的心愿：舞蹈	0623
J722.1	青春的舞姿——新编集体舞	0789
J722.1	青年歌舞．第二辑	0073
J722.1	青年集体舞	0182
J722.1	青年集体舞	0638
J722.1	青年集体舞：国际舞蹈丛书	0158
J722.1	青年集体舞·交谊舞	0863
J722.1	群众艺术丛书之一：集体舞集	0164
J722.1	人民公社真正好：集体舞	0378
J722.1	实用最新集体舞	0050
J722.1	水乡送粮：舞蹈	0626
J722.1	送粮路上（舞蹈）	0551
J722.1	伟大战士：双人舞	0614

J722.1	我们走在大路上：集体舞	0511
J722.1	舞蹈（第一集）	0149
J722.1	舞蹈（第二集）	0143
J722.1	舞蹈（第三册）	0265
J722.1	舞蹈（做军鞋）	0628
J722.1	舞蹈丛刊（第二辑）	0266
J722.1	舞蹈丛刊（第三辑）	0267
J722.1	舞蹈丛刊（第四辑）	0273
J722.1	舞蹈集（第一集）	0062
J722.1	舞蹈集（第二集）	0063
J722.1	喜送粮（舞蹈）	0630
J722.1	校园集体舞	1955
J722.1	新集体舞	0058
J722.1	新年大歌舞	0046
J722.1	行军路上：小型歌剧（舞蹈）	0387
J722.1	学生集体舞创作选	0272
J722.1	跃进集体舞	0430
J722.1	跃进舞（舞蹈）	0469
J722.1	怎样跳集体舞	0818
J722.1	摘杨桃：舞蹈	0390
J722.1	支农船歌：舞蹈	0574
J722.1	中朝人民胜利舞	0082
J722.1	中国舞蹈丛书：中国集体舞．第二集	0108
J722.1	舞蹈研究（第1期）	0811

中国民间舞蹈、民族舞蹈

J722.2	阿细跳乐（云南民族民间舞蹈之一）	0256
J722.2	安徽花鼓灯：中国传统民间舞蹈选	0845
J722.2	楚雄市民族民间舞蹈	1282
J722.2	大地之舞：中国民族民间舞蹈作品赏析	1917
J722.2	傣族舞蹈	2278
J722.2	东北秧歌．男班	2279
J722.2	东北秧歌．女班	2280
J722.2	二人转舞蹈：中国传统民间舞蹈选	0850
J722.2	广西民族民间舞蹈史料汇编［1］，祭祀舞蹈部分	0931
J722.2	辽宁民族民间舞蹈集成·营口卷	1171
J722.2	蒙古族舞蹈．男班	2291
J722.2	蒙古族舞蹈．女班	2290
J722.2	民间表演灯彩选集	0860
J722.2	民间舞蹈资料汇编（浙江代表团演出畲族定情舞资料）	0195
J722.2	民族民间舞	2189
J722.2	民族民间舞蹈研究，一九八五．第1辑	0827
J722.2	民族民间舞蹈研究（1986第1辑）	0877

J722.2	民族民间舞蹈研究（1985 第 2 辑）	0838
J722.2	民族民间舞蹈研究：北方秧歌学术讨论会论文专辑（第3-4辑）	0885
J722.2	民族舞蹈基本动作	0933
J722.2	民族舞蹈技术技巧	2191
J722.2	群众文艺：节目脚本（二）	0340
J722.2	山东海阳秧歌	2301
J722.2	山东胶州秧歌	2300
J722.2	维吾尔族舞蹈	2302
J722.2	舞蹈基本训练	0078
J722.2	云南民族舞蹈研究	2269
J722.2	浙江省民族民间舞蹈集成：宁波市卷	1092
J722.2	中国民舞	2258
J722.2	中国民族民间舞传统、典型组合：渊源与分析	2242
J722.2	中国民族民间舞蹈集成，上海市松江县分卷	1041
J722.2	中国民族民间舞蹈论文集	1872
J722.2	中国少数民族民间舞蹈选介	0927
J722.2	中国少数民族民间舞蹈选介：续编	1213
J722.2	中国社会生活丛书，舞蹈篇：舞低杨柳楼心月	1230
J722.2	中国舞蹈高等教育30年学术文集，中国民族民间舞研究	2169
J722.2	中国原生态舞蹈文化（1）	2318
J722.2	中国原生态舞蹈文化（2）	2319
J722.2	中国浙江民族民间舞蹈词典	1232
J722.2	追寻的历程	1890

中国舞蹈集成

J722.2（1）	中国民族民间舞蹈集成，北京卷	1161
J722.2（1）	中国民族民间舞蹈集成，天津卷	1064
J722.2（22）	中国民族民间舞蹈集成，河北卷	1032
J722.2（25）	中国民族民间舞蹈集成，山西卷（上）	1180
J722.2（25）	中国民族民间舞蹈集成，山西卷（下）	1181
J722.2（26）	中国民族民间舞蹈集成，内蒙古卷	1250
J722.2（31）	中国民族民间舞蹈集成，辽宁卷	1408
J722.2（34）	中国民族民间舞蹈集成，吉林卷	1366
J722.2（35）	中国民族民间舞蹈集成，黑龙江卷	1322
J722.2（42）	中国民族民间舞蹈集成，甘肃卷	1347
J722.2（43）	中国民族民间舞蹈集成，宁夏卷	1323
J722.2（44）	中国民族民间舞蹈集成，青海卷	1540
J722.2（45）	中国民族民间舞蹈集成，新疆卷	1410
J722.2（51）	中国民族民间舞蹈集成，上海卷	1251
J722.2（52）	中国民族民间舞蹈集成，山东卷	1409
J722.2（53）	中国民族民间舞蹈集成，江苏卷（上）	0962
J722.2（53）	中国民族民间舞蹈集成，江苏卷（下）	0963

J722.2（53）	中国民族民间舞蹈集成．江苏卷（第一分册）	1296
J722.2（54）	中国民族民间舞蹈集成，安徽卷（上）	1291
J722.2（54）	中国民族民间舞蹈集成，安徽卷（下）	1292
J722.2（55）	中国民族民间舞蹈集成，浙江卷	1065
J722.2（56）	中国民族民间舞蹈集成，江西卷（上）	1154
J722.2（56）	中国民族民间舞蹈集成，江西卷（下）	1155
J722.2（57）	中国民族民间舞蹈集成，福建卷	1331
J722.2（58）	台湾山胞（原住民）舞蹈集成：泰雅族．赛夏族．鲁凯族	1245
J722.2（58）	台湾山胞（原住民）舞蹈集成：阿美族、布农族、卑南族	1195
J722.2（61）	中国民族民间舞蹈集成河南卷（上）	1200
J722.2（61）	中国民族民间舞蹈集成河南卷（下）	1201
J722.2（63）	中国民族民间舞蹈集成，湖北卷（上）	1293
J722.2（63）	中国民族民间舞蹈集成，湖北卷（下）	1294
J722.2（64）	《中国民族民间舞蹈集成》（湖南卷）	1295
J722.2（64）	湖南民族民间舞蹈集成，怀化地区资料卷	0799
J722.2（64）	湖南民族民间舞蹈集成，零陵地区资料卷（上）	0804
J722.2（64）	湖南民族民间舞蹈集成，零陵地区资料卷（下）	0805
J722.2（64）	湖南民族民间舞蹈集成，湘西土家族苗族自治州资料卷	1116
J722.2（65）	中国民族民间舞蹈集成，广东卷	1332
J722.2（67）	中国民族民间舞蹈集成，广西卷（上）	1162
J722.2（67）	中国民族民间舞蹈集成，广西卷（下）	1163
J722.2（71）	中国民族民间舞蹈集成，四川卷（上）	1208
J722.2（71）	中国民族民间舞蹈集成，四川卷（下）	1209
J722.2（73）	中国民族民间舞蹈集成，贵州卷	1539
J722.2（74）	湖南民族民间舞蹈集成，云南卷（上）	1456
J722.2（74）	湖南民族民间舞蹈集成，云南卷（下）	1457
J722.2（75）	中国民族民间舞蹈集成，西藏卷	1495

中国民间舞蹈

J722.21	安徽花鼓灯：北京舞蹈学院民间舞蹈研究资料	1693
J722.21	草笠舞：歌舞	0484
J722.21	东北民间歌舞：瞧情郎	0188
J722.21	动物狂欢—广东动物舞蹈	2267
J722.21	石岩底下牡丹开	0301
J722.21	鄂东南民间舞蹈歌诀100首	2076
J722.21	迎春：民间歌舞	0239
J722.21	恩施土家族苗族自治州民间舞蹈集（上、下集）	1918
J722.21	放风筝舞	0200
J722.21	奉贤县民间舞蹈集成	1017
J722.21	观花：民间歌舞	0245
J722.21	广西民间舞蹈	0306
J722.21	广西舞蹈选：1958～1978	0620
J722.21	汉族民间舞蹈介绍	0699

J722.21	河南省第三届民间音乐舞蹈观摩会演得奖节目（3）：	
	对花灯板凳龙	0308
J722.21	红绸舞	0111
J722.21	红绸舞	0120
J722.21	红绸舞	0249
J722.21	红绸舞	0692
	湖北民间舞蹈集：湖北省一九五五年群众戏剧、	
	音乐、舞蹈会演节目选辑之二	0202
J722.21	湖北民间舞蹈素材组合汇编	0645
	湖南省 1956 年农村群众艺术观摩会演优秀节目：	
	伴嫁舞——民间歌舞	0250
J722.21	花伞舞	0455
J722.21	花扇舞	0366
J722.21	花扇舞：歌舞	0367
J722.21	拣棉花：歌舞	0315
J722.21	建筑工人舞：表演舞	0369
J722.21	剑舞	0275
J722.21	接龙舞：（民间舞蹈）	0225
J722.21	九莲灯	0352
J722.21	康乐活动丛书：土风舞	1170
J722.21	腊花舞	0319
J722.21	论中国民间舞艺术：中国民间舞毕业生论文集（2）	1544
J722.21	门头沟民间花会舞蹈集锦	1760
J722.21	民间歌舞	0194
J722.21	民间歌舞	2130
J722.21	民间舞蹈：倒花篮	0452
J722.21	民俗文化：民间舞蹈	1694
J722.21	闽南民间舞蹈教程	2055
J722.21	傩舞资料	0450
J722.21	扑蝶舞：东北民间舞蹈	0226
J722.21	捶布舞	0253
J722.21	黔南民间舞蹈选集	0757
J722.21	抢手绢：花鼓灯中小花场	0254
J722.21	青年活动编导丛书第二辑：土风舞选	0496
J722.21	全国首届商河鼓子秧歌研讨会：文集	1144
J722.21	泉州民间舞蹈	1873
J722.21	群众舞蹈材料	0211
J722.21	人民公社十支花：民间歌舞	0377
J722.21	山东民间舞选介	0667
J722.21	山西省第三次民间音乐舞蹈会演会刊	0258
J722.21	陕西民间舞蹈概览	1639
J722.21	上海民间舞蹈	1025
J722.21	狮子舞	0213

J722.21	苏皖风格民间舞教材与教法	2246
J722.21	苏州民间舞蹈志	1691
J722.21	我送情哥去炼铁：小歌舞	0382
J722.21	五女观灯	0264
J722.21	舞蹈资料 1.	0185
J722.21	舞狮	2072
J722.21	喜烛舞（舞蹈）	0223
J722.21	湘西民间舞蹈选	0384
J722.21	信阳民间舞蹈	2309
J722.21	绣荷包：民间歌舞	0331
J722.21	绣花舞	0339
J722.21	浙江省非物质文化遗产代表作丛书：余杭滚灯	2156
J722.21	中国传统民间舞蹈选：二人台舞蹈	0821
J722.21	中国民间歌舞	0233
J722.21	中国民间文化丛书：中国民间舞蹈	1069
J722.21	中国民间舞蹈文化	1876
J722.21	中国民间舞蹈选集	0137
J722.21	中国民间舞艺术：中国民间舞教育专业毕业生论文集	1361
J722.21	中国民族民间舞蹈集成云南卷丛书：兰坪民间舞蹈	1274
J722.21	中国舞蹈丛书：莲湘	0092
J722.21	走雨	0459
J722.21	广西省参加全国专业音乐舞蹈会演：舞蹈资料	0186
J722.21	舞蹈选集	0209

秧歌舞

J722.211	伴你迷你：秧歌舞速成	1369
J722.211	灯彩与秧歌	1460
J722.211	定县秧歌选（第一辑）	0532
J722.211	定县秧歌选（第二辑）	0533
J722.211	定县秧歌选（第三辑）	0534
J722.211	定县秧歌选（第四辑）	0535
J722.211	东北大秧歌：辽宁民间舞蹈	0695
J722.211	韩城秧歌	1217
J722.211	冀东地秧歌	0730
J722.211	冀东地秧歌资料	0651
J722.211	胶州大秧歌	1159
J722.211	胶州秧	1386
J722.211	胶州秧歌	0316
J722.211	锯缸	0193
J722.211	民族大秧歌	1328
J722.211	闹节：山东三大秧歌的仪式性与反仪式性	2196
J722.211	扭秧歌	2100
J722.211	山东鼓子秧歌	0770

J722. 211	秧歌舞	0028
J722. 211	秧歌舞初步	0031
J722. 211	秧歌舞剧	0029
J722. 211	仪式、歌舞与文化展演：陕北·晋西的"伞头秧歌"研究	1958
J722. 211	怎样扭秧歌	0037
J722. 211	中国国粹艺术读本：秧歌	2074

花鼓舞、花灯舞

J722. 212	安徽地区民间舞蹈教材	0286
J722. 212	安徽花鼓灯教程	2238
J722. 212	安徽花鼓灯艺术研究文集：鼓舞流韵	1992
J722. 212	地花鼓：湖南民间舞蹈	0642
J722. 212	独山花灯	0663
J722. 212	花钹大鼓	0310
J722. 212	花灯舞蹈	0916
J722. 212	花鼓舞彝山：解读峨山彝族花鼓舞	2010
J722. 212	花鼓：秧歌剧	0030
J722. 212	花鼓灯	0462
J722. 212	花鼓灯：安徽民间舞蹈	0665
J722. 212	花鼓灯舞蹈艺术资料（上集）	0451
J722. 212	花鼓灯舞蹈艺术资料（下集）	0460
J722. 212	花篮灯舞	0365
J722. 212	牵驴花鼓：舞蹈	0401
J722. 212	十大姐	0176
J722. 212	四川民间舞蹈：秀山花灯	0834
J722. 212	万盏红灯：花灯歌舞	0431
J722. 212	围灯舞 莲花灯：河南省第三届民间音乐舞蹈观摩 会演得奖节目（2）	0327
J722. 212	文娱演唱材料：闹元宵	0439
J722. 212	舞蹈：鼓会	0421
J722. 212	舞蹈：绣球灯	0422
J722. 212	舞蹈类：耍龙灯	0218
J722. 212	学跳安徽花鼓灯	1822
J722. 212	花灯	2117
J722. 212	赠金钗：民间歌舞	0335
J722. 212	中国非物质文化遗产代表作：花鼓灯	1960
J722. 212	中国花鼓灯艺术	1095
J722. 212	左权小花戏	0479

高跷舞

J722. 213	高跷技艺研究	1829

龙舞

J722. 214	长兴百叶龙	2141

J722.214	段龙：舞蹈	0279
J722.214	龙舞在天：中山醉龙舞	2188
J722.214	民间舞龙舞狮	2292
J722.214	舞龙	2116
J722.214	舞龙	2308
J722.214	舞龙舞狮	2211
J722.214	舞龙运动	1773
J722.214	舞龙运动教程	2112
J722.214	中国龙舞	1621
J722.214	中华民俗体育：舞龙：理论篇 实际篇 研究篇	1314
J722.214	古镇寨英	1865

狮子舞

J722.215	临海黄沙狮子	2151
J722.215	马桥手狮灯舞	2194
J722.215	耍狮灯：舞蹈类	0214
J722.215	舞狮	1778
J722.215	舞狮技艺活动之研究（上册）	1606
J722.215	舞狮技艺活动之研究（下册）	1607
J722.215	舞狮运动教程	1935
J722.215	中国狮舞之艺术	2225
J722.215	中国舞狮	2043

腰鼓舞

J722.216	安塞腰鼓	1255
J722.216	秧歌与腰鼓	0047
J722.216	腰鼓	2073
J722.216	怎样打腰鼓	0048

中国民族舞蹈

J722.22	1958 年：少数民族文艺调查资料汇编选	0296
J722.22	昂扬愉快的歌舞	0453
J722.22	从舞蹈王国中走来：云南少数民族舞蹈探奇	1043
J722.22	广东省第一届：少数民族艺术观摩会演，舞蹈资料集	0234
J722.22	贵州民族民间舞蹈教程（苗族部分）	2182
J722.22	民族舞蹈研究文集《民族舞蹈研究文集》	2195
J722.22	丝路乐舞之旅：新疆少数民族音乐舞蹈	1523
J722.22	"台湾"原住民歌谣与舞蹈	1765
J722.22	"台湾"原住民族：邵族乐舞教材	1930
J722.22	"台湾"原住民族：太鲁阁族乐舞教材	1931
J722.22	"台湾"原住民族噶玛兰族乐舞教材	1891
J722.22	舞蹈王国再探：少数民族舞蹈论文选	1850
J722.22	新疆民族舞蹈	1054
J722.22	云南民族舞蹈：幼儿教材	1966

J722. 22	云南少数民族传统乐舞	2221
J722. 22	中国区域性少数民族民俗舞蹈	2222
J722. 22	中国少数民族民间音乐舞蹈鉴赏	2046
J722. 22	中国少数民族舞蹈	0891
J722. 22	中国少数民族舞蹈	1889
J722. 22	中国少数民族舞蹈的采集、保护与传播—20世纪80年代 初期的一项社会人类学调研	2270
J722. 22	少数民族舞蹈画册	0322
J722. 22-53	民族舞蹈文化传承发展论纲	2289

中国民族舞蹈（维吾尔族）

J722. 221. 5	丝路乐舞故事	1172
J722. 221. 5	维吾尔族民间舞蹈	0704

中国民族舞蹈（蒙古族）

J722. 221. 2	鄂尔多斯舞	0243
J722. 221. 2	筷子舞	0354
J722. 221. 2	蒙古族青少年舞蹈	1037
J722. 221. 2	群众演唱材料：擀毡舞	0257
J722. 221. 2	深度狂欢：土尔扈特歌舞	2145
J722. 221. 2	安代舞	1179
J722. 221. 2	"呼图克沁"—蒙古族村落仪式表演	2331

中国民族舞蹈（藏族）

J722. 221. 4	奔子栏藏族锅庄歌舞	2179
J722. 221. 4	藏族民间舞蹈概论	0631
J722. 221. 4	丰富多采的藏族歌	0201
J722. 221. 4	体育视角下的藏族锅庄	2105
J722. 221. 4	西藏古典歌舞–囊玛	0394
J722. 221. 4	西藏舞蹈概说	0955
J722. 221. 4	学跳藏族舞	2241
J722. 221. 4	友谊舞	0235
722. 221. 4	西藏神舞戏剧及面具艺术	1087

中国民族舞蹈（苗族）

J722. 221. 6	图像人类学视野中的贵州苗族舞蹈	1900
J722. 221. 6	湘西苗族民歌与鼓舞	2263

中国民族舞蹈（彝族）

J722. 221. 7	阿细跳月：月亮舞	0236
J722. 221. 7	石屏七十二套彝族烟盒舞	1888
J722. 221. 7	四川凉山彝族传统舞蹈研究	1807
J722. 221. 7	通灵古韵：双柏彝山原始舞蹈	1559
J722. 221. 7	彝族舞	0334

J722.221.7　　彝族舞蹈　　　　　　　　　　　　　0816
J722.2217　　快乐的罗苏　　　　　　　　　　　　0456

中国民族舞蹈（壮族）

J722.221.8　　壮族舞蹈研究　　　　　　　　　　　0970

中国民族舞蹈（朝鲜族）

J722.221.9　　朝鲜族音乐"长短"与舞蹈　　　　　1550
J722.221.9　　顶水姑娘：朝鲜族舞蹈　　　　　　　0357
J722.221.9　　扇舞　　　　　　　　　　　　　　　0323
J722.221.9　　中国朝鲜族舞蹈论稿　　　　　　　　1346

中国民族舞蹈（蒙古族）

J722.2212　　内蒙古舞蹈选集.　　　　　　　　　 0508
J722.2212　　乌兰牧骑之歌　　　　　　　　　　　 0510

中国民族舞蹈（满族）

J722.222.1　　满族舞蹈发展史　　　　　　　　　　2193
J722.222.1　　清文化丛书：关东乐舞　　　　　　　1695

中国民族舞蹈（瑶族）

J722.225.1　　广东瑶族舞蹈与音乐艺术　　　　　　2088
J722.225.1　　桂东瑶舞探秘　　　　　　　　　　　1143
J722.225.1　　湖南瑶族舞蹈　　　　　　　　　　　0728

中国民族舞蹈（白族）

J722.225.2　　白族民间舞蹈．上册　　　　　　　　1256
J722.225.2　　白族民间舞蹈．下册　　　　　　　　1257

中国民族舞蹈（傣族）

J722.225.3　　傣族嘎秧　　　　　　　　　　　　　0928
J722.225.3　　傣族舞蹈教程　　　　　　　　　　　1747
J722.225.3　　傣族舞蹈史　　　　　　　　　　　　2265
J722.225.3　　孔雀舞　　　　　　　　　　　　　　0414
J722.225.3　　孔雀舞　　　　　　　　　　　　　　0713
J722.225.3　　云南民族民间舞蹈丛书：傣族舞蹈　　0712
J722.225.3　　泼水节之歌：傣族舞、唱词　　　　　0487
J722.225.3　　傣族舞蹈艺术　　　　　　　　　　　1434

中国民族舞蹈（哈尼族）

J722.225.4　　哈尼族布朗族基诺族舞蹈　　　　　　1464
J722.225.4　　哈尼族民间舞蹈　　　　　　　　　　1552
J722.225.4　　云南省思茅地区：江城哈尼族彝族自治县：
　　　　　　　　民族民间舞蹈普查（试记稿）　　　2266

中国民族舞蹈（佤族）

| J722.225.5 | 佤族景颇族舞蹈 | 1265 |

中国民族舞蹈（纳西族）

| J722.225.7 | 东巴舞蹈传人—习阿牛 阿明东奇 | 2002 |
| J722.225.7 | 纳西族古代舞蹈和舞谱 | 1049 |

中国民族舞蹈（拉祜族）

| J722.225.8 | 拉祜族民间舞蹈 | 1219 |

中国民族舞蹈（仡佬族）

| J722.227.1 | 踩姑娘 | 0299 |

中国民族舞蹈（土家族）

| J722.227.3 | 长阳巴山舞 | 1658 |

中国民族舞蹈（基诺族）

| J722.227.8 | 基诺族民族民间舞蹈（试记稿） | 0313 |

中国民族舞蹈（黎族）

J722.228.1	半边裙子	0297
J722.228.1	打盅盘	0197
J722.228.1	三月三，黎族舞	0349

中国其他（舞蹈）

J722.29	江西南丰傩文化，上	1644
J722.29	江西南丰傩文化，下	1645
J722.29	人神共舞：青海宗教祭祀舞蹈考察与研究	1833
J722.29	台湾土著祭仪及歌舞民俗活动之研究	0914
J722.29	萨满教舞蹈及其象征	1580

中国儿童舞蹈

J722.3	爱劳动（幼儿歌舞）	0536
J722.3	拔萝卜	0221
J722.3	宝塔山上育新苗：歌舞	0556
J722.3	北京有个金太阳：儿童歌舞	0503
J722.3	鞭炮舞	0454
J722.3	彩色的河流	1026
J722.3	草原红小兵：舞蹈	0539
J722.3	草原小姐妹：儿童歌舞	0687
J722.3	长大我也造卫星：幼儿舞蹈	0649
J722.3	长大要把祖国保：儿童歌舞	0571
J722.3	春天的快乐：少女歌舞剧本	0011

J722. 3	大森林中的小故事	0923
J722. 3	大院盛开向阳花：儿童歌舞	0581
J722. 3	低幼儿童唱游课指导	0997
J722. 3	儿童歌舞（1）	0881
J722. 3	儿童歌舞（2）	0882
J722. 3	儿童歌舞 1982-1	0724
J722. 3	儿童歌舞论文选	0798
J722. 3	儿童歌舞选集	0802
J722. 3	儿童集体舞	0722
J722. 3	儿童集体舞	0753
J722. 3	儿童集体舞选	0803
J722. 3	儿童节日	1216
J722. 3	儿童民族舞蹈	1192
J722. 3	儿童民族舞蹈组合选，一	1326
J722. 3	儿童民族舞蹈组合选，二	1327
J722. 3	儿童少年歌舞选．第一辑	0754
J722. 3	儿童少年歌舞选．第二辑	0755
J722. 3	儿童舞蹈	1594
J722. 3	儿童舞蹈	2128
J722. 3	儿童舞蹈 24 则	1301
J722. 3	儿童舞和辅导	0896
J722. 3	丰收乐	0434
J722. 3	风雪小红花，红小兵歌舞	0541
J722. 3	风雨上学：儿童歌舞	0568
J722. 3	歌舞：颗粒归仓	0557
J722. 3	哈达献给解放军叔叔：儿童歌舞	0507
J722. 3	好孩子歌舞．第一册	0406
J722. 3	好孩子歌舞．第二册	0407
J722. 3	好孩子歌舞．第三册	0408
J722. 3	好孩子歌舞．第四册	0409
J722. 3	红小兵歌舞：海防线上	0585
J722. 3	欢庆人民公社舞	0368
J722. 3	火车向着韶山跑（红小兵歌舞）	0540
J722. 3	吉庆有余：儿童民间舞蹈	0351
J722. 3	看画报：幼儿歌舞	0559
J722. 3	可爱的熊猫：表演舞蹈集	0767
J722. 3	课间游戏与舞蹈	0147
J722. 3	黎锦晖儿童歌舞剧选	0768
J722. 3	绿化：儿童舞蹈	0374
J722. 3	苗苗歌舞	0946
J722. 3	牧鹅跳皮筋：儿童舞蹈	0701
J722. 3	拍手舞	0172
J722. 3	葡萄仙子：独幕歌剧	0012

J722.3	前沿小八路：小舞剧	0624
J722.3	赛跑：（红小兵歌舞）	0552
J722.3	扫雪：（幼儿歌舞）	0565
J722.3	上山下乡就是好：幼儿歌舞	0561
J722.3	少儿歌舞游戏新编	1521
J722.3	少儿歌舞游戏新编	2296
J722.3	少儿舞蹈	1601
J722.3	少年儿童集体舞选	0646
J722.3	少年儿童民间舞组合集	1149
J722.3	少年少年祖国的春天：1981年全国少年儿童推荐歌舞作品	0703
J722.3	少年舞蹈：第一册	0074
J722.3	少先队员游戏舞	0181
J722.3	沈阳市朝鲜族舞蹈：积肥舞	0549
J722.3	生产歌舞：儿童歌舞表演	0036
J722.3	识字牌舞	0324
J722.3	世界儿童唱和跳精选	1125
J722.3	手舞足蹈：儿童舞蹈教学（平装）	1836
J722.3	水莲 咱为铁牛洗个澡：红小兵歌舞	0599
J722.3	送饲料：红小兵歌舞	0544
J722.3	太平鼓	0232
J722.3	踢球舞	0326
J722.3	跳吧！小伙伴	0774
J722.3	童谣舞蹈：幼儿舞蹈基本训练新教程4-6岁	1840
J722.3	童谣舞蹈：儿童舞蹈基本训练新教程6-8岁	1839
J722.3	我们是小骑兵	0550
J722.3	五朵小红花	0179
J722.3	舞蹈活动新设计	1610
J722.3	舞蹈游戏	0002
J722.3	舞蹈组合	2306
J722.3	律动与律动组合	1493
J722.3	献给祖国好妈妈：幼儿歌舞专辑	1012
J722.3	献桃舞：儿童表演舞	0426
J722.3	小歌舞	0888
J722.3	小伙伴的舞	0386
J722.3	小金凤：广西幼儿民族歌舞	0815
J722.3	小马灯舞	0271
J722.3	小民兵：儿童歌舞	0512
J722.3	小炮兵：歌舞表演	0537
J722.3	小社员：儿童歌舞	0513
J722.3	小司机（儿歌表演）	0883
J722.3	小小画家：儿童歌舞剧	0231
J722.3	小熊过桥：幼儿歌舞专集	0776
J722.3	小学体育课音伴与舞蹈	0907

J722.3	新文娱丛书：新舞蹈	0101
J722.3	信儿捎给台湾小朋友：红小兵歌舞	0588
J722.3	学与教的心理探秘幼儿园集体音乐舞蹈教学指南	1990
J722.3	迎着太阳做早操：儿童小歌舞	0547
J722.3	幼儿歌舞	1618
J722.3	幼儿歌舞：打乒乓	0563
J722.3	幼儿歌舞：让工人叔叔阿姨好好休息	0564
J722.3	幼儿律动与舞蹈	1147
J722.3	幼儿舞蹈	0747
J722.3	幼儿舞蹈	1090
J722.3	幼儿舞蹈	1438
J722.3	幼儿舞蹈创编	1672
J722.3	幼儿园教材：歌曲、音乐、游戏和舞蹈	0388
J722.3	幼儿园舞蹈和歌曲	0988
J722.3	鱼儿献给解放军：红小兵歌舞	0602
J722.3	织纲舞	0391
J722.3	走马灯	0392
J722.3	儿童舞蹈教程	1279

中国古典舞蹈

J722.4	《白毛女》在日本	1997
J722.4	长绸舞：飞天	0240
J722.4	大武舞考	1546
J722.4	敦煌舞谱、早期文人词及其文化背景的研究	1880
J722.4	敦煌心语：敦煌舞教学研究集	2127
J722.4	汉唐古典舞师生文选	2129
J722.4	吉林省五十年文艺作品选：1949-1999.14，舞蹈杂技卷	1511
J722.4	剑舞	0204
J722.4	剑舞	0347
J722.4	节日欢乐舞	0413
J722.4	谈戏曲的舞蹈艺术	0381
J722.4	中国 100 种民间戏曲歌舞	1483
J722.4	万年青：舞蹈	0420
J722.4	中国古典舞参考资料（内部试用）	0531
J722.4	中国古典舞评说集	1883
J722.4	中国舞蹈高等教育 30 年学术文集，中国古典舞研究	2132

中国芭蕾舞

J722.5	芭坛寻梦	2275
J722.5	优雅形体芭蕾	2041
J722.5	中国舞蹈高等教育 30 年学术文集，芭蕾舞研究	2044

中国现当代舞

| J722.6 | 阿妹上大学：舞蹈 | 0575 |

J722.6	部分省、市、自治区文艺调演：舞蹈	0566
J722.6	草原女民兵：舞蹈	0542
J722.6	打靶	0449
J722.6	动感的舞蹈	1916
J722.6	纺织机旁炼红心：舞蹈	0595
J722.6	丰收舞	0501
J722.6	钢铁舞	0345
J722.6	歌舞：公社好姑娘	0486
J722.6	歌舞：装卸号子	0506
J722.6	工农兵歌舞：抢扁担（舞蹈）	0611
J722.6	工农兵歌舞：战"三秋"	0543
J722.6	公社的早晨	0403
J722.6	红色保钢宣传队：舞蹈	0309
J722.6	挤奶员舞	0203
J722.6	江西群众舞蹈创作选集	0205
J722.6	进军舞	0038
J722.6	军舰上的联欢	0229
J722.6	军鞋曲：三人舞	0589
J722.6	看庄稼	0483
J722.6	抗旱歌	0560
J722.6	拉木歌：舞蹈	0586
J722.6	老矿工登讲台：独舞	0597
J722.6	老两口比干劲	0370
J722.6	妈妈就要回来了（舞蹈）	0580
J722.6	女锻工：舞蹈	0598
J722.6	披毡献给毛主席：舞蹈集	0457
J722.6	葡萄架下（舞蹈）	0659
J722.6	七姊妹游花园	0015
J722.6	青春之舞	0769
J722.6	青少年体育活动大全——体育舞蹈	1468
J722.6	全民皆兵：舞蹈	0321
J722.6	群众文艺创作丛书：抢扁担（舞蹈）	0416
J722.6	群众文艺创作丛书：献礼	0294
J722.6	群众演唱：鱼水情深（舞蹈）	0625
J722.6	三蝴蝶：独幕歌舞剧本	0013
J722.6	台湾同胞我的骨肉兄弟（独舞）	0594
J722.6	台湾同胞我的骨肉兄弟（双人舞）	0578
J722.6	文娱演唱材料：下乡裁衣	0440
J722.6	我爱这一行：独舞	0600
J722.6	我为祖国采油忙：独舞	0629
J722.6	五千吨海轮乘风破浪（舞蹈）	0337
J722.6	舞蹈：去民校的路上	0338
J722.6	舞蹈：向阳花	0502

J722.6	舞蹈：渔民乐	0423
J722.6	舞蹈作品简介	0569
J722.6	洗衣歌	0499
J722.6	洗衣舞	0442
J722.6	喜晒战备粮：舞蹈	0546
J722.6	现代歌舞集（1）	0080
J722.6	小车舞	0173
J722.6	新舞蹈（第二册）	0132
J722.6	幸福光：彝族双人舞	0606
J722.6	绣花舞	0332
J722.6	养猪姑娘：独舞	0601
J722.6	永不下岗：三人舞	0590
J722.6	渔民号子：表演舞	0490
J722.6	月明之夜：独幕歌舞剧	0009
J722.6	在果园里：舞蹈	0447
J722.6	炸碉堡	0280
J722.6	战马嘶鸣：舞蹈	0678
J722.6	中国舞蹈：八段锦舞	0014

中国歌舞

J722.7	1960 年全国职工文艺会演舞蹈选	0448
J722.7	板车号子：演唱选集	0146
J722.7	参加第二届全国民间音乐舞蹈会演：广东省演出节目资料	0224
J722.7	茶花担	0300
J722.7	潮阳英歌舞	1142
J722.7	歌舞文化	1920
J722.7	大茶山：花灯剧	0198
J722.7	福建省第五届农村业余文艺会演节目选：崇武民兵：歌舞选集之二	0485
J722.7	高歌欢舞颂苗岭：歌舞集	0402
J722.7	古典乐舞诗赏析	0973
J722.7	贵州省第一届工农业余艺术会演民间艺术部份节目资料汇刊	0246
J722.7	贵州省第一届工农业余艺术会演得奖优秀节目：音乐舞蹈选集	0227
J722.7	贵州省民间艺术代表团演出节目	0247
J722.7	参加全国少数民族群众业余艺术观摩演出会节目资料	0477
J722.7	花儿与少年	0311
J722.7	黄河歌舞艺术论	1510
J722.7	黄河水长流：大型舞蹈诗剧	1384
J722.7	江苏省代表团参加 1957 年全国专业歌舞会演艺术资料	0192
J722.7	历代音乐舞蹈诗选	1080
J722.7	民间音乐汇集	0177
J722.7	茉莉花（河北民间歌舞）	0395

J722.7	青年歌舞：第三辑	0123
J722.7	庆祝黔南布依族苗族自治州成立文艺会演：民族戏剧音乐舞蹈，资料搜集	0184
J722.7	庆祝中国人民解放军"八一"建军节二十五周年：火线歌舞集	0087
J722.7	娶新娘：（民间风俗歌舞）	0255
J722.7	胜利进军舞	0075
J722.7	四季花儿开：民间歌舞	0276
J722.7	送货下乡：小歌舞剧	0480
J722.7	送咱队长上北京（民间舞蹈）	0520
J722.7	唐代音乐舞蹈杂技诗选释	1127
J722.7	文茶灯（民间歌舞）	0328
J722.7	向山垅田进军：歌舞选集之一	0489
J722.7	幸福水：畲族歌舞	0648
J722.7	秧歌剧：红苗	0514
J722.7	英歌舞研究	1088
J722.7	跃进歌舞	0295
J722.7	云南代表团参加全国少数民族群众业余艺术观摩演出会：节目资料	0482
J722.7	云南花灯"十大姐"	0174
J722.7	中央民族歌舞团参加全国专业团体业余舞蹈会演资料：少数民族民间音乐舞蹈	0222
J722.7	新疆维吾尔歌舞赛乃姆	0710
J722.7	新木卡姆（乌夏克）大歌舞：人民公社好（第六稿）	0570

中国交际舞（交谊舞）

J722.8	当代交谊舞花样 100 种．第一册：华尔兹、蝴蝶布鲁斯、随心吉特帕	1372
J722.8	跟我学拉丁舞	1463
J722.8	广西民族民间舞蹈史料汇编．2，舞蹈概况部分	0974
J722.8	国际交谊舞	0119
J722.8	爱跳肚皮舞＝ Belly Dance	2154
J722.8	交际舞现代舞速成	1336
J722.8	交谊舞	0112
J722.8	流行交谊舞大全	1887
J722.8	世界交际舞大全	0936
J722.8	体育舞蹈：国际标准交际舞	1340
J722.8	体育舞蹈：当代国际标准交谊舞	1339
J722.8	体育舞蹈的理论与实践	1469
J722.8	体育舞蹈与健身操	2206
J722.8	跳舞指南	1558
J722.8	舞蹈健美	1527
J722.8	艺术体操体育舞蹈健美体育绘图	1311

| J722.8 | 最新标准式交际舞 | 0026 |
| J722.82 | Salsa 舞风情 | 2079 |

其他舞蹈

J722.9	Hip Hop 健身街舞	1814
J722.9	不羁的灵魂：街舞必读之全档案	1860
J722.9	大众迪斯科健身舞	1371
J722.9	大众健美操与舞蹈健身	1826
J722.9	大众健身舞	1062
J722.9	独舞风骚：辣妹型男动感飙舞	2180
J722.9	肚皮舞翩跹	2001
J722.9	锻炼小组舞	0166
J722.9	健美操图解	0806
J722.9	街舞理论与实践	2095
J722.9	街舞运动教程	2093
J722.9	晋舞19：最时尚的太极·最夯的舞	2091
J722.9	马华健美操	1304
J722.9	曼妙肚皮舞	2192
J722.9	霹雳·柔姿·交谊舞·模特儿步	1057
J722.9	形体舞蹈	1867
J722.9	青春的呼唤：中老年健身舞	1060
J722.9	太极健身舞	1044
J722.9	太极健身舞新编	2205
J722.9	踢踏舞时尚健美操	1766
J722.9	我爱肚皮舞	2261
J722.9	舞光魅影——性感肚皮拉丁有氧	2036
J722.9	新潮舞	1004
J722.9	新潮韵律舞	0943
J722.9	学校体育课舞蹈艺术体操实用组合80例	0986
J722.9	韵律舞入门	0989
J722.9	中老年迪斯科舞图解	0953
J722.9	中老年健身舞教学指导	1206
J722.9	中老年舞蹈	1233
J722.9	音乐舞蹈气功	1100
J72-26	广东省舞蹈家协会五十五年：1950/2005	1862

中国各种舞剧（理论方法及作品）

J723	当代中国十大舞剧赏析	2071
J723	国家舞台艺术精品工程：2002-2003年精品剧目集粹	1656
J723	台湾后来好所在：中美断交及《薪传》首演20周年纪	1449
J723	舞坛寻梦：王世琦舞剧创作文集	1994
J723	中国舞剧	1353

中国民族舞剧

J723.1	2008第十三届明日之星闪亮公演明日之星精编全版中国	
	民间舞剧：牛郎织女典藏剧册：典藏剧册	2085
J723.1	不朽的战士：独幕舞剧	0464
J723.1	北京舞蹈学院教学实践成果系列展演之一：大型中国古典	
	舞剧《铜雀伎》	2148
J723.1	乘风破浪解放海南：六幕八场歌舞剧	0068
J723.1	东郭先生：古典舞蹈剧	0242
J723.1	风雨共伞：小型歌舞剧	0303
J723.1	妇女运输兵：歌舞剧	0359
J723.1	刚果河在怒吼歌曲集：六场舞剧	0517
J723.1	给新县长献礼去：庆祝台江苗族自治区成立：歌舞剧	0118
J723.1	姑嫂鸟：小型舞剧	0305
J723.1	孤独的小马驹：舞蹈剧	0244
J723.1	红桔缘：歌舞剧	0410
J723.1	红缨（舞剧）	0635
J723.1	花仙-卓瓦桑姆：藏族神话舞剧	0719
J723.1	解放年：农村春节娱乐材料	0041
J723.1	金凤花开：小舞剧	0612
J723.1	兰花花：民间歌舞剧	0700
J723.1	莲花湾探亲：歌舞剧	0372
J723.1	两个女红军：十四场歌舞剧	0373
J723.1	刘三姐	0437
J723.1	刘三姐：七场歌舞剧	0400
J723.1	刘三姐：七场歌舞剧	0415
J723.1	柳叶儿青青：歌舞剧	0320
J723.1	苗族神话舞剧：灯花，资料集	0809
J723.1	摸花轿：歌舞剧	0466
J723.1	抢亲	0433
J723.1	青草坡：歌舞剧	0208
J723.1	双送粮：湖南地方歌舞剧	0126
J723.1	四姊妹夸夫：歌舞剧	0325
J723.1	五朵红云：四幕七场舞剧	0463
J723.1	舞动《白蛇传》	1680
J723.1	舞剧：丝路花雨	0673
J723.1	舞剧·一把酸枣解读	1810
J723.1	椰林怒火：四场歌舞	0515
J723.1	夜练：小舞剧	0577
J723.1	夜战莲花江：歌舞剧	0429
J723.1	英雄背后出英雄：歌舞剧	0081
J723.1	鱼水情（小舞剧）	0548
J723.1	婆媳之间：歌剧	0252

J723.1　　　黑心狼：歌舞　　　　　　　　　　　　　　0071

中国古典舞剧

J723.2　　　大渡江：小型歌舞剧　　　　　　　　　　　0199
J723.2　　　赶河湾：歌舞剧　　　　　　　　　　　　　0292
J723.2　　　姑嫂送砖：歌舞剧　　　　　　　　　　　　0360
J723.2　　　河堤的早晨：歌舞剧　　　　　　　　　　　0362
J723.2　　　湖上歌声：歌舞剧　　　　　　　　　　　　0364
J723.2　　　民间歌舞剧：卖杂货　　　　　　　　　　　0375
J723.2　　　三个饲养员：歌舞剧集　　　　　　　　　　0380
J723.2　　　社日：小型歌舞剧　　　　　　　　　　　　0419
J723.2　　　双送礼：小歌舞剧　　　　　　　　　　　　0509
J723.2　　　小歌舞剧：双喜临门　　　　　　　　　　　0151
J723.2　　　治山舞　　　　　　　　　　　　　　　　　0284
J723.2　　　一把洋镐：歌舞剧　　　　　　　　　　　　0134
J723.2　　　哑姑泉：四场歌舞剧　　　　　　　　　　　0428
J723.2　　　哑姑泉：四场歌舞剧：简谱本　　　　　　　0458

中国儿童舞剧

J723.3　　　打麻雀：儿童歌舞剧　　　　　　　　　　　0196
J723.3　　　对花：歌舞剧《打猪草》曲选　　　　　　　0274
J723.3　　　儿童歌舞剧集　　　　　　　　　　　　　　0070
J723.3　　　儿童歌舞剧选：第1集　　　　　　　　　　0302
J723.3　　　歌剧舞剧资料汇编　　　　　　　　　　　　0698
J723.3　　　公鸡会生蛋吗　　　　　　　　　　　　　　0435
J723.3　　　公社一少年：舞剧　　　　　　　　　　　　0505
J723.3　　　花儿朵朵开：独幕童话歌舞剧　　　　　　　0168
J723.3　　　花姑学舌：昆曲小歌舞剧　　　　　　　　　0169
J723.3　　　鲤鱼妈妈：儿童歌舞剧集　　　　　　　　　0396
J723.3　　　鲤鱼上山：儿童歌舞剧集　　　　　　　　　0371
J723.3　　　麻雀与小孩：儿童歌舞剧 曾名（一名觉悟少年）　0004
J723.3　　　牛司令和猪公主：儿童歌舞剧　　　　　　　0376
J723.3　　　秋收歌舞：儿童歌舞剧集　　　　　　　　　0042
J723.3　　　群雁高飞：童话小舞剧　　　　　　　　　　0636
J723.3　　　群众演唱小丛书：讲卫生：小型舞剧　　　　0417
J723.3　　　三个饲养员：小歌舞剧　　　　　　　　　　0379
J723.3　　　森林里的宴会：儿童歌舞剧集　　　　　　　0212
J723.3　　　少年儿童歌舞剧　　　　　　　　　　　　　0043
J723.3　　　神仙妹妹（歌舞剧本）　　　　　　　　　　0008
J723.3　　　时间之歌：儿童芭蕾舞剧　　　　　　　　　0682
J723.3　　　喜鹊和寒鸟：童话歌舞剧　　　　　　　　　0150
J723.3　　　喜鹊与小孩：儿童歌舞剧　　　　　　　　　0270
J723.3　　　小公鸡：儿童歌舞剧　　　　　　　　　　　0385

J723.3	小孩与时间：歌舞剧：儿童剧	0033
J723.3	小红帽脱险记：童话歌舞剧	0045
J723.3	小羊救母（小小歌舞剧）	0016
J723.3	一粒棉花子	0051
J723.3	友谊船：小歌舞剧	0470
J723.3	最好的东西：儿童歌舞剧	0220
J723.3/	打狼：歌舞剧	0034

中国芭蕾舞剧

| J723.4 | 芭蕾舞剧《白毛女》创作史话 | 2277 |
| J723.4 | 与《白毛女》相伴的日子 | 2251 |

中国现代芭蕾舞剧

J723.47	白毛女	0522
J723.47	革命现代芭蕾舞剧《沂蒙颂》	0576
J723.47	革命现代舞剧：草原儿女	0583
J723.47	革命现代舞剧《红色娘子军》评论集	0527
J723.47	红色娘子军（革命现代舞剧）	0523
J723.47	红色娘子军（革命现代舞剧）（上）	0528
J723.47	红色娘子军（革命现代舞剧）（下）	0529
J723.47	红色娘子军（革命现代舞剧）	0530
J723.47	足尖上的茉莉花香	2252

中国其他舞剧

J723.9	复兴之路：庆祝中华人民共和国成立六十周年大型音乐舞蹈史诗纪实	2165
J723.9	激扬文字：大型音乐舞蹈史诗《复兴之路》评论集	2228
J723.9	舞动《长恨歌》的前世今生	2175

各国舞蹈、舞剧、图谱

J73	欧美流行舞蹈简述	2336
J731	动作分析与记录之研究	1452
J731	创造才是生命：图集	1299
J731	拉班舞谱.1	0808
J731	拉班舞谱.2	1023
J731	拉班舞谱.3	1024
J731	拉班舞谱教材：初级班（二）	0751
J731	西洋古典舞蹈应用语法	1437

世界各种舞蹈

J732	芭蕾	2334
J732	东方歌舞话芳菲	0801
J732	舞蹈	0007
J732	银色的维也纳：曼妙的华尔兹和轻歌剧	2327

J732（512）	新俄的演剧运动与跳舞	0010
J732（512）	苏联的舞蹈艺术	0127

各国集体舞

J732.1	第一套全国中小学校园集体舞教师指导手册	2003
J732.1	集体舞套路百例汇编	1497
J732.1	各国集体舞	0117
J732.1	接待波兰军队歌舞团参考资料	0171
J732.1（512）	1956年全国青年集体舞创作比赛：得奖集体舞选集	0187
J732.1（512）	采棉舞	0113
J732.1（512）	六人舞	0122
J732.1（512）	青年舞选集	0124
J732.1（512）	神箭手舞	0125
J732.1（512）	苏联集体舞	0128
J732.1（512）	苏联体操舞	0088
J732.1（512）	苏联舞蹈小丛书：17：六人舞	0131
J732.1（512）	苏联舞蹈小丛书：俄罗斯舞1	0096
J732.1（512）	苏联舞蹈选	0215
J732.1（512）	晚会集体舞（第二册）	0216
J732.1（512）	文娱活动的新材料：苏联舞蹈选	0084
J732.1（512）	学生舞	0091
J732.1（512）	晚会集体舞（第一册）	0217
J732.1（512）	现代青年舞	0219
J732.1（515）	国际舞蹈丛书：匈牙利集体舞	0085
J732.1（542）	罗马尼亚舞	0086

各国民族、民间舞蹈

J732.2	保加利亚的音乐舞蹈	0165
J732.2	表演舞专辑	0766
J732.2	大众土风舞	0800
J732.2	第一批陕西非物质文化遗产图录．第三辑，民间舞蹈类	2084
J732.2	国际民俗舞蹈儿童教材（第一辑）	2089
J732.2	国际舞蹈丛书：青春舞与桔梗舞	0138
J732.2	回族舞蹈艺术论集	1922
J732.2	烈焰情挑：佛拉明哥	1753
J732.2	欧美土风舞	0023
J732.2	世界土风舞	0049
J732.2	世界土风舞	0826
J732.2	世界土风舞大典序列：波兰土风舞	0735
J732.2	体育丛书：舞蹈新教本（中小学教师及体育学校适用）	0061
J732.2	土风舞全集（上）	0867
J732.2	土风舞全集（下）	0868
J732.2	文化交流资料丛刊，25：南斯拉夫的民间歌舞	0159

J732.2	新土风舞大全（上）	0742
J732.2	新土风舞大全（中）	0743
J732.2	新土风舞大全（下）	0744
J732.2	休闲育乐小品：土风舞大全	1344
J732.2	音乐游戏及舞会游戏	0817
J732.2	喀山鞑鞑舞	0167
J732.2（311）	牧人舞：（蒙古人民共和国舞蹈）	0251
J732.2（312）	朝鲜民间舞	0114
J732.2（361）	哈萨克民间舞蹈	0248
J732.2（4）	非洲舞蹈	2087
J732.2（512）	阿塞拜疆、立陶宛民间舞蹈	0290
J732.2（512）	俄罗斯民间舞蹈	0190
J732.2（512）	格鲁吉亚民间舞蹈	0304
J732.2（512）	国际舞蹈丛书：苏联舞蹈集	0135
J732.2（512）	吉尔吉斯、塔吉克民间舞蹈	0314
J732.2（512）	摩尔达维亚、拉脱维亚民间舞蹈	0278
J732.2（512）	庆农收舞	0175
J732.2（512）	苏联歌舞艺术	0107
J732.2（512）	苏联国立民间舞蹈团	0148
J732.2（512）	苏联红军歌舞团	0044
J732.2（512）	苏联民间舞蹈（第2集）	0053
J732.2（512）	苏联民间舞蹈（第3集）	0060
J732.2（512）	苏联民间舞蹈（第4集）	0065
J732.2（512）	苏联民间舞蹈（第5集）	0066
J732.2（512）	苏联民间舞蹈与舞蹈基本知识．第1集	0052
J732.2（512）	苏联舞蹈	0105
J732.2（512）	苏联舞蹈小丛书2：乌克兰舞：（柯洛米卡）	0055
J732.2（512）	苏联舞蹈小丛书3：乌拉尔舞	0056
J732.2（512）	苏联舞蹈小丛书6：双人舞	0064
J732.2（512）	苏联舞蹈小丛书12：乌兹别克舞	0090
J732.2（512）	苏联舞蹈小丛书14：农女舞	0057
J732.2（512）	苏联舞蹈小丛书16：卡查赫舞	0106
J732.2（512）	苏联舞蹈小丛书第十五种：俄罗斯男舞	0077
J732.2（512）	土库曼、爱沙尼亚、卡累利民间舞蹈	0438
J732.2（512）	乌克兰、白俄罗斯民间舞蹈	0262
J732.2（512）	乌兹别克民间舞蹈	0263
J732.2（512）	新舞蹈小丛书：骑士舞	0089
J732.2（512）	最新民间舞	0109
J732.29（512）	苏联舞蹈丛书之五：苏联民间舞	0095
J732.2（512）	亚美尼亚民间舞蹈	0333

各国儿童舞蹈

| J732.3 | 明天幼儿教育指导丛书：幼儿游戏活动指导 | 1758 |

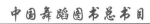

J732.3	外国儿童歌舞选	0966
J732.3	音乐舞蹈史诗：献给爸爸元帅的光荣之歌（儿童史诗）	0562
J732.3	幼儿园舞蹈课程：2-3 岁	2217
J732.3	幼儿园舞蹈课程：3-4 岁	2218
J732.3	幼儿园舞蹈课程：4-5 岁	2219
J732.3	音乐舞蹈	0584
J732.3（512）	苏联儿童舞蹈	0100

各国古典舞蹈

J732.4（512）	简明新舞蹈（第一集）	0121
J732.4（512）	简明新舞蹈（第二集）	0099

各国芭蕾舞

J732.5	芭蕾舞入门	2276
J732.5	芭蕾舞蹈艺术	2190
J732.5	开始爱上芭蕾：从 0 开始的芭蕾入门	2187
J732.5	图说芭蕾：邮票上的经典记忆 迷恋芭蕾的一种方式	1932
J732.5	西方芭蕾舞与现代舞简史	2139
J732.5	走进芭蕾王国	2164

各国现代舞

J732.6	街舞	2092
J732.6	街舞	2285
J732.6	日本暗黑舞踏：前现代化与后现代化对闇暗舞蹈的影响	1974
J732.6	时尚钢管纤体舞	2201
J732.6	时尚爵士舞	2202
J732.6	现代舞入门与鉴赏	2215
J732.6（512）	苏联舞蹈小丛书之 3：红巾舞	0129
J732.6（512）	苏联舞蹈小丛书之 4：水手舞	0076
J732.6（512）	苏联舞蹈小丛书之 5：花环舞	0130
J732.6（512）	新舞蹈小丛书之 7：集体农庄舞	0133
J732.6（512）	新舞蹈小丛书之 8：牧童舞	0094
J732.6（512）	苏联舞蹈小丛书 9：绸舞	0083

各国交际舞

J732.8	《现代舞厅舞》讲座辅导教材：现代舞厅舞	0844
J732.8	90 年代流行交谊舞	1207
J732.8	Dancing for sexy—刘真的三美主义	1736
J732.8	OK. 舞会舞：当代流行舞蹈实用教材	1277
J732.8	伴你迷你：交谊舞速成	1214
J732.8	大学体育舞蹈教程	2082
J732.8	大众交谊舞 . 1，吉特巴 & 伦巴	2239
J732.8	大众交谊舞 . 2，慢三 & 快四	2240
J732.8	当代国际标准交际舞教程 . 第二集，拉丁舞	1096

J732.8	当代国际标准交际舞教程．第一集，现代舞	1048
J732.8	当代交谊舞花样 100 种 第二册：伦巴舞基本步：	
	伦巴舞花样；探戈	1373
J732.8	当代交谊舞花样荟萃：国际标准交谊舞	1247
J732.8	当代流行拉丁舞	1104
J732.8	当代舞厅舞	1334
J732.8	歌舞海洋	1964
J732.8	古巴伦巴之技巧	1123
J732.8	国际标准交际舞、拉丁舞大全	1204
J732.8	国际标准交谊舞	0852
J732.8	国际标准交谊舞	1059
J732.8	国际标准交谊舞：初级教程	1113
J732.8	国际标准交谊舞简明教程：彩图本	1551
J732.8	国际标准交谊舞指南	1066
J732.8	国际标准交谊舞指南，拉丁舞．第六册，仑巴	1378
J732.8	国际标准交谊舞指南，拉丁舞．第七册，恰恰恰	1379
J732.8	国际标准交谊舞指南，拉丁舞．第八册，桑巴	1380
J732.8	国际标准交谊舞指南，拉丁舞．第九册，帕索多布里	1381
J732.8	国际标准交谊舞指南，拉丁舞．第十册，伽依夫	1382
J732.8	国际标准交谊舞指南．第一册，现代舞	1183
J732.8	国际标准交谊舞指南．第二册，探戈	1184
J732.8	国际标准交谊舞指南．第三册，现代舞	1185
J732.8	国际标准交谊舞指南．第四册，快步	1186
J732.8	国际标准交谊舞指南．第五册，维也纳华尔兹	1187
J732.8	国际标准摩登舞：典雅华尔兹	1983
J732.8	国际标准摩登舞：动感快步	1982
J732.8	国际标准摩登舞：燃烧探戈	1984
J732.8	国际标准摩登舞：优美狐步	1985
J732.8	国际标准舞：摩登舞基本教材	1010
J732.8	国际标准舞 ISTD 指定步型摩登舞 MODERN 考级教程：	
	华尔兹（1）	1075
J732.8	国际标准舞 ISTD 指定步型摩登舞 MODERN 考级教程：	
	探戈（2）	1076
J732.8	国际标准舞 ISTD 指定步型摩登舞 MODERN 考级教程弧步（3）	
		1077
J732.8	国际标准舞 ISTD 指定步型摩登舞 MODERN 考级教程快步（4）	
		1078
J732.8	国际标准舞 ISTD 指定步型摩登舞 MODERN 考级教程：	
	维也纳华尔兹（5）	1079
J732.8	国际标准舞技法规范，现代舞	1252
J732.8	国际标准舞拉丁舞基本教材	1335
J732.8	国际标准舞理论．实践．技巧修订，摩登系列，狐步 1	2005
J732.8	国际标准舞理论．实践．技巧修订，摩登系列，狐步 2	2006

J732.8	国际标准舞理论．实践．技巧修订，摩登系列，狐步 3	2007
J732.8	国际标准舞理论．实践．技巧修订，摩登系列，快步	2008
J732.8	国际标准舞摩登舞技法教程	1923
J732.8	国际流行社交舞十日通	1383
J732.8	国际社交舞	1035
J732.8	国际体育舞蹈教程	1986
J732.8	国际舞蹈丛书：晚会舞（第二集）	0098
J732.8	华尔兹	1687
J732.8	华尔兹史话	1924
J732.8	华尔兹之技巧	1036
J732.8	健身交谊舞教程	2150
J732.8	交际舞	1303
J732.8	交际舞大全	2253
J732.8	交际舞入门与鉴赏	2186
J732.8	交际舞与舞会指南	0932
J732.8	交谊舞	0898
J732.8	交谊舞	2094
J732.8	交谊舞 ABC，附舞曲五十首	0837
J732.8	交谊舞的精粹：北京平四舞花样 100 种（第一册）	1385
J732.8	交谊舞技巧与花样	1111
J732.8	交谊舞趣谈	1632
J732.8	交谊舞入门	0854
J732.8	交谊舞入门	0855
J732.8	交谊舞手册	0856
J732.8	交谊舞速成	0807
J732.8	交谊舞新花：北京平四舞指南	1218
J732.8	交谊舞一周速成	0857
J732.8	交谊舞与新潮舞速成	0835
J732.8	交谊舞之恋	2012
J732.8	交谊舞指南	0884
J732.8	教你学交际舞	2144
J732.8	拉丁秀身舞，斗牛与牛仔	2099
J732.8	拉丁秀身舞，伦巴	2096
J732.8	拉丁秀身舞，恰恰	2098
J732.8	拉丁秀身舞，桑巴	2097
J732.8	历史生活舞蹈	0761
J732.8	流行交际舞大全	1896
J732.8	流行舞艺速成：邦您叩开速成舞艺之门	0950
J732.8	伦巴舞	2229
J732.8	美人拉丁	1733
J732.8	摩登舞：摩登舞者的圣经	1970
J732.8	牛仔舞	2230
J732.8	起舞飞扬：宜川中学体育舞蹈操	2017

J732.8	恰、恰、恰之技巧	0934
J732.8	恰恰恰舞够轻松：完全彩图分解动作	2149
J732.8	恰恰舞	2232
J732.8	青年友谊舞	0810
J732.8	轻松跳出恰恰恰	2016
J732.8	热力塑身明星舞	1926
J732.8	热力塑身莎莎舞	2018
J732.8	社交舞步图解：人人会跳的最新舞步自习法	1305
J732.8	社交舞步图解：人人会跳的最新舞步自习法（精装）	1306
J732.8	社交舞步图解：一学即会的舞蹈自习法	1837
J732.8	社交舞入门	1146
J732.8	社交舞与健康	2020
J732.8	实验舞蹈全豹	0003
J732.8	实用交际舞入门	0903
J732.8	世界流行交谊舞	0828
J732.8	四方舞	0829
J732.8	速成社交舞	1126
J732.8	塑身拉丁舞	2203
J732.8	探戈花样集	0866
J732.8	探戈舞	2233
J732.8	探戈之技巧	0937
J732.8	体育舞蹈	1367
J732.8	体育舞蹈	1603
J732.8	体育舞蹈	1648
J732.8	体育舞蹈	1706
J732.8	体育舞蹈	1843
J732.8	体育舞蹈	2107
J732.8	体育舞蹈	2108
J732.8	体育舞蹈（摩登舞）基础教程	1690
J732.8	体育舞蹈（张清澍等编）	1368
J732.8	体育舞蹈：普通高校体育选项课教材	2023
J732.8	体育舞蹈读本	1898
J732.8	体育舞蹈基础教程	2022
J732.8	体育舞蹈教程	1525
J732.8	体育舞蹈教程	1526
J732.8	体育舞蹈双语教程	2109
J732.8	体育舞蹈与流行交谊舞	2024
J732.8	图解国际标准舞	1356
J732.8	图解交际舞速成	1767
J732.8	舞蹈：体育舞蹈	1882
J732.8	舞蹈与健康美	1435
J732.8	舞林大会．Ⅱ，袁鸣	1951
J732.8	舞林大会．1，曹可凡、陈佩英	1943

J732.8	舞林大会.1，陈辰	1942
J732.8	舞林大会.1，豆豆、陈佩英	1944
J732.8	舞林大会.1，吉雪萍、陈佩英	1945
J732.8	舞林大会.1，娄一晨、陈佩英	1946
J732.8	舞林大会.1，朱桢、陈佩英	1947
J732.8	舞林大会.Ⅱ，陈蓉、陈佩英	1950
J732.8	舞林大会.Ⅱ，马杰、陈佩英	1948
J732.8	舞林大会.Ⅱ，倪琳	1953
J732.8	舞林大会.Ⅱ，陶淳、陈佩英	1949
J732.8	舞林大会.Ⅱ，夏磊、陈佩英	1952
J732.8	舞厅交谊舞入门	1281
J732.8	舞中之王：现代探戈舞	1249
J732.8	现代标准交谊舞最新教程（初、中、高级）	1205
J732.8	现代国际流行交谊舞入门	1342
J732.8	现代家政百科：舞艺	1052
J732.8	现代交际舞	1130
J732.8	现代交际舞	1174
J732.8	现代交际舞大全	0831
J732.8	现代交际舞大全	1014
J732.8	现代交际舞大全（再版）	1587
J732.8	现代交际舞范本	1343
J732.8	现代交谊舞精粹集锦：国际标准舞与中国式舞厅舞	1289
J732.8	现代流行舞迪斯科伦巴探戈	0875
J732.8	现代舞大全	0910
J732.8	新编现代国际交谊舞大全	1310
J732.8	新潮交谊舞	1165
J732.8	新世纪交谊舞国标舞	1585
J732.8	学跳国际标准交谊舞	1188
J732.8	学跳交谊舞	1531
J732.8	学校适用：舞蹈大观	0001
J732.8	英国皇家式交谊舞	0908
J732.8	怎样跳好交谊舞	1175
J732.8	怎样跳交际舞	0054
J732.8	怎样跳交际舞	0819
J732.8	怎样跳交谊舞	0876
J732.8	怎样跳交谊舞	0795
J732.8	怎样跳舞	0820
J732.8	中国艺术百科全书：交际舞	1796
J732.8	中国最新流行交谊舞速成	1405
J732.8	专家教你跳标准社交舞	1856
J732.8	最新国际社交舞，舞厅舞	1447
J732.8	最新现代交际舞教程	1406
J732.8	实用交谊舞入门：实践与提高	1196

J732.8	现代交际舞教程	1492
J732.81	社交跳舞术	0020
J732.8-43	国际标准舞：系列教材（1）拉丁舞	1699
J732.8-43	国际标准舞：系列教材（2）摩登舞运动原理与技术描述	1700
J732.8-43	国际标准舞：系列教材（3）拉丁舞运动原理与技术描述	1701
J732.8-43	国际标准舞：系列教材（4）德国舞蹈教师联合会（ADTV）为舞蹈教师提供的进修课程	1702
J732.8-43	国际标准舞：系列教材（5）如何成为服务行业中的成功者	170
J732.8-62	当代流行拉丁舞指南	1581

各国其他舞蹈

J732.9	28天肚皮舞瘦身计划	2178
J732.9	埃及纤体肚皮舞	2080
J732.9	百分魔体肚皮舞	2081
J732.9	狄斯可舞步大全	0664
J732.9	迪斯科	0848
J732.9	迪斯科·交谊舞	0864
J732.9	迪斯科动作50例	0880
J732.9	迪斯科健身舞	1034
J732.9	迪斯科入门	0847
J732.9	迪斯科舞蹈入门	0929
J732.9	迪斯科舞霹雳舞跳法	0967
J732.9	迪斯科舞与健美操	1022
J732.9	迪斯可与交际舞	0972
J732.9	动感舞蹈	1677
J732.9	肚皮舞：东方舞艺术	2281
J732.9	各国舞蹈新选	0024
J732.9	各级学校有氧舞蹈课程教材选	2004
J732.9	国际流行交际舞	0853
J732.9	华丽的节奏：舞工厂、纽约踢踏地图	1877
J732.9	华夏中老年迪斯科乐乐	0945
J732.9	活力街舞	2184
J732.9	时尚健康街舞	1838
J732.9	激情钢管舞	2185
J732.9	健身流行风：动感街舞	1678
J732.9	交谊舞组合技巧	0899
J732.9	教你跳迪斯科	0858
J732.9	街舞	2157
J732.9	街舞传说	1813
J732.9	街舞入门教程	1809
J732.9	街舞圣经	2066
J732.9	劲歌：迪斯科简史	1869
J732.9	爵士·迪斯科	1105

J732.9	爵士舞韵律体操	0976
J732.9	老年迪斯科舞	0977
J732.9	美国霹雳舞	0954
J732.9	魅力魔体肚皮舞	2014
J732.9	霹雳：霹雳舞大全	0998
J732.9	霹雳舞	0949
J732.9	霹雳舞	0979
J732.9	霹雳舞	1001
J732.9	霹雳舞·柔姿舞·交谊舞·模特儿步	1083
J732.9	霹雳舞精英	0980
J732.9	霹雳舞入门	1046
J732.9	霹雳舞速成	0981
J732.9	霹雳舞图解	1038
J732.9	霹雳舞与迪斯科	0999
J732.9	霹雳舞在中国	1039
J732.9	青春霹雳舞速成	0862
J732.9	热舞瘦身小品	2102
J732.9	上海中老年迪斯科	0982
J732.9	踢踏舞功：入门30招	1857
J732.9	踢踏舞入门	2106
J732.9	踢踏游猎好莱坞	1976
J732.9	外国大、中、小学生健美舞蹈	1029
J732.9	舞动治疗	2212
J732.9	现代国际标准舞厅舞	1114
J732.9	现代流行舞新花样	1003
J732.9	新编中老年健美迪斯科	0985
J732.9	新潮有氧舞蹈入门	1478
J732.9	性格舞蹈基础	2062
J732.9	有氧舞蹈	2042
J732.9	中老年迪斯科集锦	1009
J732.9	中老年迪斯科健身舞	0958
J732.9	中老年迪斯科健身舞	1042
J732.9	中老年健身迪斯科	0969
J732.9	中老年迪斯科	0990
J732.9	中老年运动迪斯科	0991
J732.9	大众健美操与舞蹈健身	1821
J732.9	花式交谊舞	0840
J733.4（512）	巴黎圣母院：三幕八场舞剧	0145

各国舞剧

J733（512）	什么是舞剧	0259

各国芭蕾舞剧

J733.4	芭蕾舞的舞与画	1120

J733.4（512）	阿萨菲耶夫的舞剧"巴黎的火焰"和"喷泉"	0282
J733.42	柴可夫斯基·芭蕾音乐	1283
J733.42	胡桃夹子	0975
J733.42	舞剧资料	0814
J733.42（512）	柴科夫斯基的舞剧	0465
J733.47	现代芭蕾	0984
J733.47（512）	哈恰图良的舞剧《斯巴达克》	0307

世界舞蹈组织、机构

J791.3	歌舞剧院	1595
J791.3	舞过群山	1051

世界舞蹈比赛、舞蹈节

J791.7	国际青年舞蹈节	1454

中国舞蹈事业

J792	澳门舞蹈发展二十年：公元一九八零至二零零零年	1549

中国舞蹈组织、机构

J792.3	北京舞蹈学院：中国民族民间舞系 1987-2007	1981
J792.3	北京舞蹈学院 1954-2004	1740
J792.3	北京舞蹈学院本科教学管理文件汇编	1973
J792.3	北京舞蹈学院本科课程教学大纲（2006 版）芭蕾舞系 社会舞蹈系音乐剧系	1914
J792.3	北京舞蹈学院本科课程教学大纲（2006 版）公共基础部	1915
J792.3	北京舞蹈学院本科课程教学大纲（2006 版）五，舞蹈编导系	1894
J792.3	北京舞蹈学院本科课程教学大纲（2006 版）舞蹈学系	1911
J792.3	北京舞蹈学院本科课程教学大纲（2006 版）艺术传播系	1913
J792.3	北京舞蹈学院本科课程教学大纲（2006 版）艺术设计系	1912
J792.3	北京舞蹈学院本科课程教学大纲（2006 版） 中国古典舞系（上册）	1907
J792.3	北京舞蹈学院本科课程教学大纲（2006 版） 中国古典舞系（下册）	1908
J792.3	北京舞蹈学院本科课程教学大纲（2006 版） 中国民族民间舞系（上册）	1909
J792.3	北京舞蹈学院本科课程教学大纲（2006 版） 中国民族民间舞系（下册）	1910
J792.3	北京舞蹈学院本科课程教学评价标准	1905
J792.3	北京舞蹈学院本科专业培养方案（2006 版）	1906
J792.3	北京舞蹈学院附属中等舞蹈学校：国家级重点中专	1458
J792.3	北京舞蹈学院十年历程（1993-2003）	1741
J792.3	北京舞蹈学院校友录	1227
J792.3	北京舞蹈学院学生手册	1893
J792.3	北京舞蹈学院志：1954—1992	1370

J792.3	梦想的印迹：北京舞蹈学院艺术设计系 02 级学生作品	1925
J792.3	梦想的印迹：北京舞蹈学院艺术设计系 2004 级舞台服装设计/ 服装表演专业：作品集	2063
J792.3	梦想的印迹—北京舞蹈学院艺术设计系 2006 级舞台美术 设计专业/舞台服装设计专业/服饰表演专业	2293
J792.3	梦想的印迹作品集：北京舞蹈学院艺术设计系 2003 级舞台 设计专业/舞台服装设计专业/服饰表演专业	1662
J792.3	舞苑春秋：上海舞蹈家的摇篮	2248
J792.3	与舞蹈的 12 种相遇	2122
J792.3	浙江省舞蹈家协会：第三次会员代表大会专辑	1253
J792.3	中国舞蹈家协会第四次会员代表大会资料汇编	0650
J792.3	中国舞蹈家协会第五次会员代表大会资料汇编	0887
J792.3	中国舞蹈家协会广东分会第二次会员代表大会：资料汇编	0679
J792.3	舞蹈资料文献集	1173
J792.3	舞蹈家的摇篮	1686

中国舞蹈团和演出

J792.4	文化交流资料：中国古典舞剧团在北欧五国	0183
J792.4	舞出我天地：中山大学舞蹈团文集	2166
J792.4	长歌彩袖绘蓝天-空政歌舞团史话 1950-1966	1498
J792.4-64	上海歌舞团建团三十周年	2199

中国海报、节目单

| J792.49 | 第一届全国民间音乐舞蹈会大会-演出节目说明 | 0103 |

中国舞蹈通讯录

| J792.5 | 心若芷兰：03 级汉唐古典舞 | 1965 |

中国舞蹈对外交流

| J792.6 | 用生命感悟非洲 | 2311 |

中国舞蹈比赛

J792.7	山东省第一届舞蹈比赛：部分优秀作品选	0733
J792.7	桃李芬芳：桃李杯舞蹈比赛全记录 1985.8-2006.8	1934
J792.7	文华艺术院校奖第八届"桃李杯"舞蹈比赛	1954

各国舞蹈事业（匈牙利）

| J795.15（515） | 匈牙利：国家人民文工团 | 0102 |

舞台艺术

| J81 | 上海舞台艺术说明书集锦：珍藏版，1985-2005 | 1967 |
| J81 | 五彩缤纷的山东舞台艺术 | 1940 |

导演基本技术

| J811.2 | 舞台速度节奏 | 0775 |

表演学

J812   60个戏剧舞台表演入门实用训练   1902

J812.2（512） 俄罗斯演员论舞台艺术   0069

舞台美术

J813-64   20世纪中国戏曲舞台美术图录   1254

中国戏剧等

J82   20世纪中国戏剧舞台   1166

中国表演艺术

J821.2   戏曲舞蹈艺术   0951

中国歌舞剧艺术

J823   幕后珍闻：音乐舞蹈史诗《中国革命之歌》诞生记 0900

说明：

  这部分类法索引是根据《中国图书馆分类法》第五版为依据编排的。但考虑到要把上海图书馆、浙江图书馆、北京舞蹈学院图书馆的分类目录整合在一起是有困难的，因为在图书分类上每个馆在不同的历史时期，对图书的分类角度的看法是不一样的。很难统一起来。我们上述三个馆的馆藏经过了从《中国图书馆分类法》第一版到第五版的历史修订过程，因为历史的原因对每一本书的分类原则存在差异，所以这里面肯定存在着很多差错和不尽如人意的地方。如用现在的《中国图书馆分类法》第五版的角度看过去图书的分类不免会产生很多不同的看法。就是一个馆的图书因为各个时期上的原因、编目规则的修改、变动也会产生很多歧义，为了方便广大读者对图书文献检索的需要我们采取了尊重现有馆藏图书的在架原始面貌。不对图书分类进行改动。我们尽量保留了上海图书馆和浙江图书馆的原有分类习惯，但为了在原则上基本达到统一，只在这次分类上统一了各大类原则。对于可能给读者造成的检索问题，敬请谅解。

书 名 索 引

符号、数字、字母

（苏联）舞蹈学校，音乐节奏训练：教学大纲	0657	J712.25
"八一"歌舞	0039	J722.1
"千手观音"台前幕后的故事	1832	J722
"呼图克沁"—蒙古族村落仪式表演	2331	J722.221.2
《白毛女》伴唱歌曲：革命现代芭蕾舞剧	0525	J643.3
《白毛女》在日本	1997	J722.4
《现代舞厅舞》讲座辅导教材：现代舞厅舞	0844	J732.8
《中国民族民间舞蹈集成》（湖南卷）	1295	J722.2（64）
《农业学大寨》舞蹈选集	0615	J722
0 岁方案，2-3 岁	1414	J719.3
0 岁方案，3-4 岁	1415	J719.3
0 岁方案，4-5 岁 上学期	1416	J719.3
0 岁方案，4-5 岁 下学期	1417	J719.3
0 岁方案，5-6 岁 上学期	1418	J719.3
0 岁方案，5-6 岁 下学期	1419	J719.3
1956 年全国青年集体舞创作比赛：得奖集体舞选集	0187	J732.1（512）
1958 年少数民族文艺调查资料汇编选	0296	J722.22
1960 年全国职工文艺会演舞蹈选	0448	J722.7
1977 年苏联舞蹈学校：统一教学大纲	0605	J719.5
2004 北京国际舞蹈教育发展论坛：论坛文件（1）（2）	1738	J705
2007 南岛乐舞国际学术古研讨会论文集	2060	J709.2
2008 第十三届明日之星闪亮公演明日之星精编全版中国民间		
舞剧：牛郎织女典藏剧册：典藏剧册	2085	J723.1
20 世纪中国舞蹈	1164	J709.2
20 世纪中国戏剧舞台	1166	J82
20 世纪中国戏曲舞台美术图录	1254	J813-64
28 天肚皮舞瘦身计划	2178	J732.9
60 个戏剧舞台表演入门实用训练	1902	J812
90 年代流行交谊舞	1207	J732.8
Dance：我的看舞随身书	1496	J705
Dancing for sexy—刘真的三美主义	1736	J732.8
Oxford Dictionary of Ballet 牛津芭蕾词典	1548	J7-61

Hip Hop 健身街舞	1814	J722.9
OK. 舞会舞：当代流行舞蹈实用教材	1277	J732.8
Salsa 舞风情	2079	J722.82

汉语拼音

A

阿里山土风舞：手风琴曲集	0793	J709
阿妹上大学：舞蹈	0575	J722.6
阿萨菲耶夫的舞剧" 巴黎的火焰" 和" 喷泉	0282	J733.4（512）
阿塞拜疆、立陶宛民间舞蹈	0290	J732.2（512）
阿细跳月：月亮舞	0236	J722.221.7
阿细跳乐（云南民族民间舞蹈之一）	0256	J722.2
埃及纤体肚皮舞	2080	J732.9
爱劳动（幼儿歌舞）	0536	J722.3
爱舞人：王克伟的舞蹈人生	1991	J709.27
爱跳肚皮舞= Belly Dance	2154	J722.8
安代舞	1179	J722.221.2
安徽地区民间舞蹈教材	0286	J722.212
安徽花鼓灯：北京舞蹈学院民间舞蹈研究资料	1693	J722.21
安徽花鼓灯：中国传统民间舞蹈选	0845	J722.2
安徽花鼓灯教程	2238	J722.212
安徽花鼓灯艺术研究文集：鼓舞流韵	1992	J722.212
安徽省第二届音乐舞蹈会演歌曲选集	0238	J642.2
安徽省第一届民间音乐舞蹈会演民歌选集	0237	J642.2
安塞腰鼓	1255	J722.216
安阳市舞蹈志	1542	J709.2（61）
昂扬愉快的歌舞	0453	J722.22
澳门舞蹈发展二十年：公元一九八零至二零零零年	1549	J792

B

巴兰钦：跳吧！现代芭蕾	1995	J709.712
巴兰钦传	1050	J709.712
巴黎圣母院：三幕八场舞剧	0145	J733.4（512）
巴渝文化丛书：巴渝戏剧舞乐	1737	J709.2
巴渝舞论	1202	J70-02
芭蕾	1591	J705
芭蕾	2334	J732
芭蕾初阶	0686	J712.25
芭蕾的来龙去脉		
——根据法国塞尔日．李法《芭蕾史》一书节译	0992	J709
芭蕾皇冠	0892	J705
芭蕾基础教程	1194	J719.5
芭蕾简介（小资料五）	0794	J709
芭蕾简史	0715	J709

芭蕾脚尖基本训练教程	2243	J712.25
芭蕾解剖学	0725	J706
芭蕾课：二、三、四、五、六年级过渡时期：教学大纲	0155	J719.5
芭蕾—年轻舞蹈者的指南	0971	J712.25
芭蕾女神：乌兰诺娃	1499	J709.512
芭蕾排练室内幕	0760	J712.35
芭蕾普及手册	1500	J705-62
芭蕾术语词典	1638	J7-61
芭蕾术语手册	0787	J7-61
芭蕾术语手册	1167	J7-61
芭蕾术语手册	1297	J7-61
芭蕾术语手册（内部使用）	1298	J7-61
芭蕾双人舞基本技巧	0784	J712.25
芭蕾舞：院外1.2级，分级考试教程	1501	J719.5
芭蕾舞参考资料	0553	J712.25
芭蕾舞参考资料（第二册）	0609	J712.25
芭蕾舞参考资料（第三册）	0610	J712.25
芭蕾舞参考资料（第四册）	0621	J712.25
芭蕾舞基本功训练钢琴伴奏曲选	1739	J657.4
芭蕾舞蹈参考资料（第一辑）	0471	J712.25
芭蕾舞蹈参考资料（第二辑）	0472	J712.25
芭蕾舞蹈参考资料（第三辑）	0475	J712.25
芭蕾舞蹈参考资料（第四期）	0481	J712.25
芭蕾舞蹈基本训练足尖教材	0538	J712.25
芭蕾舞蹈艺术	2190	J732.5
芭蕾舞的舞与画	1120	J733.4
芭蕾舞儿童画册—和少年儿童谈谈芭蕾舞	0641	J721
芭蕾舞及教学论研究	1977	J719.5
芭蕾舞教学法	0567	J719.5
芭蕾舞教学法	1904	J719.5
芭蕾舞剧《白毛女》创作史话	2277	J723.4
芭蕾舞剧《白毛女》歌曲选	0519	J643.3
芭蕾舞剧欣赏	1424	J705
芭蕾舞入门	2276	J732.5
芭蕾舞艺术欣赏	1319	J705
芭蕾形体训练教程	2244	J712.25
芭蕾之梦	1226	J705
芭蕾专业：七年制教学大纲	0846	J719.5
芭坛寻梦	2275	J722.5
拔萝卜	0221	J722.3
白毛女	0522	J723.47
白族民间舞蹈（上册）	1256	J722.225.2
白族民间舞蹈（下册）	1257	J722.225.2

百分魔体肚皮舞	2081	J732.9
板车号子：演唱选集	0146	J722.7
半边裙子	0297	J722.228.1
半梦：金星自传	1824	J709.27
伴你迷你：交谊舞速成	1214	J732.8
伴你迷你：秧歌舞速成	1369	J722.211
宝塔山上育新苗：歌舞	0556	J722.3
保加利亚的音乐舞蹈	0165	J732.2
悲歌与狂舞：叶赛宁与邓肯	1425	J709.712
北京传统节令风俗和歌舞	0895	J70-02
北京舞蹈学院：中国民族民间舞系 1987-2007	1981	J792.3
北京舞蹈学院 1954-2004	1740	J792.3
北京舞蹈学院芭蕾舞分级考试教程，第3级	1502	J719.5
北京舞蹈学院芭蕾舞分级考试教程，第4级	1503	J719.5
北京舞蹈学院芭蕾舞分级考试教程，第6级	1504	J719.5
北京舞蹈学院本科教学管理文件汇编	1973	J792.3
北京舞蹈学院本科课程教学大纲（2006版）芭蕾舞系 社会舞蹈系 音乐剧系	1914	J792.3
北京舞蹈学院本科课程教学大纲（2006版）公共基础部	1915	J792.3
北京舞蹈学院本科课程教学大纲（2006版）五，舞蹈编导系	1894	J792.3
北京舞蹈学院本科课程教学大纲（2006版）舞蹈学系	1911	J792.3
北京舞蹈学院本科课程教学大纲（2006版）艺术传播系	1913	J792.3
北京舞蹈学院本科课程教学大纲（2006版）艺术设计系	1912	J792.3
北京舞蹈学院本科课程教学大纲（2006版）中国古典舞系（上册）	1907	J792.3
北京舞蹈学院本科课程教学大纲（2006版）中国古典舞系（下册）	1908	J792.3
北京舞蹈学院本科课程教学大纲（2006版）中国民族民间舞系（上册）	1909	J792.3
北京舞蹈学院本科课程教学大纲（2006版）中国民族民间舞系（下册）	1910	J792.3
北京舞蹈学院本科课程教学评价标准	1905	J792.3
北京舞蹈学院本科专业培养方案（2006版）	1906	J792.3
北京舞蹈学院编导班讲座：舞蹈欣赏	1859	J705
北京舞蹈学院附属中等舞蹈学校：国家级重点中专	1458	J792.3
北京舞蹈学院教学计划与教学大纲	1812	J719
北京舞蹈学院教学实践成果系列展演之一 大型中国古典舞剧《铜雀伎》	2148	J723.1
北京舞蹈学院十年历程（1993-2003）	1741	J792.3
北京舞蹈学院舞蹈赏析	1459	J705
北京舞蹈学院校友录	1227	J792.3
北京舞蹈学院学生手册	1893	J792.3
北京舞蹈学院志：1954—1992	1370	J792.3

北京舞蹈学院中国舞海外分级考试课：第四级	0993	J719.3
北京舞蹈学院中国舞海外分级考试课：第五级	0994	J719.3
北京舞蹈学院中国舞海外分级考试课： 　　儿童课程第一至二级，教学大纲	0995	J719.3
北京舞蹈学院中国舞海外分级考试课： 　　儿童课程 第三至四级，教学大纲	0996	J719.3
北京有个金太阳：儿童歌舞	0503	J722.3
奔子栏藏族锅庄歌舞	2179	J722.221.4
碧娜．鲍许：舞蹈剧场·新美学	1996	J709.516
边走边舞：姚珠珠从艺五十年（摄影集）	1657	J703
编导课讲义（初稿）	0886	J711.3
编导知识介绍	0726	J711.3
编舞漫谈	0693	J711.2
鞭炮舞	0454	J722.3
飘舞：林怀民与云门传奇	1426	J709.2
飘舞人生：施达宗和谢娟娟的双人舞蹈世界	1682	J709.2
表演教材（男角）第一辑	0298	J712.21
表演舞专辑	0766	J732.2
缤纷舞蹈文化之路：董锡玖舞蹈史论集	1903	J7-53
不羁的灵魂：街舞必读之全档案	1860	J722.9
不可不知的舞蹈：（共计十册）	1825	J701
不怕我和世界不一样：许芳宜的生命态度	1998	J709.2
不朽的战士：独幕舞剧	0464	J723.1
部分省、市、自治区文艺调演：舞蹈	0566	J722.6

C

采棉舞	0113	J732.1（512）
彩色的河流	1026	J722.3
踩姑娘	0299	J722.227.1
参加第二届全国民间音乐舞蹈会演：广东省演出节目资料	0224	J722.7
藏族锅庄 弦子 踢踏舞舞蹈教材（初稿）（教材之二）	0139	J719.214
藏族民间舞蹈概论	0631	J722.221.4
草笠舞：歌舞	0484	J722.21
草原红小兵：舞蹈	0539	J722.3
草原女民兵：舞蹈	0542	J722.6
草原小姐妹：儿童歌舞	0687	J722.3
捶布舞	0253	J722.21
茶花担	0300	J722.7
柴科夫斯基的舞剧	0465	J733.42（512）
柴可夫斯基·芭蕾音乐	1283	J733.42
长绸舞：飞天	0240	J722.4
长大我也造卫星：幼儿舞蹈	0649	J722.3
长大要把祖国保：儿童歌舞	0571	J722.3
长歌彩袖绘蓝天-空政歌舞团史话 1950-1966	1498	J794.2

长久的魅力—怀念舞蹈家苏天祥	1892	J709.27
长兴百叶龙	2141	J722.214
长阳巴山舞	1658	J722.227.3
常用舞蹈动作选	0662	J712
唱起来，跳起来：1949-1984集体舞选	0791	J722.1
朝鲜民间舞	0114	J732.2（312）
朝鲜舞蹈家：崔承喜	0067	J703
朝鲜舞蹈教材	0287	J719.219
朝鲜族舞蹈基本动作	0661	J712.22
朝鲜族舞蹈教材（初稿）	0140	J719.219
朝鲜族舞蹈史	1364	J709.2
朝鲜族音乐"长短"与舞蹈	1550	J722.221.9
潮阳英歌舞	1142	J722.7
城市当代舞蹈丛书：情倾芭蕾	1191	J709.2
乘风破浪解放海南：六幕八场歌舞剧	0068	J723.1
初级古典芭蕾	0759	J712.25
楚雄市民族民间舞蹈	1282	J722.2
楚地拾舞	2322	J70
传统舞蹈与现代舞蹈	1742	J705
创造才是生命（图集）	1299	J731
创造性舞蹈	1121	J712.2
创造性舞蹈宝典：打通九年一贯舞蹈教学之经脉	1993	J712.2
创作经验介绍	0658	J711.2
春天的快乐：少女歌舞剧本	0011	J722.3
从罗丹艺术论谈舞蹈创作理念	1110	J711.2
从罗丹艺术谈舞蹈创作理论	1122	J704
从舞蹈王国中走来：云南少数民族舞蹈探奇	1043	J722.22

D

打靶	0449	J722.6
打狼：歌舞剧	0034	J723.3/
打麻雀：儿童歌舞剧	0196	J723.3
打盅盘	0197	J722.228.1
大茶山：花灯剧	0198	J722.7
大地之舞：中国民族民间舞蹈作品赏析	1917	J722.2
大渡江：小型歌舞剧	0199	J723.2
大歌舞灯光特技资料	0500	J714.4
大家来跳舞	0115	J722.1
大家跳	0180	J722.1
大家跳（第一本）	0161	J722.1
大家跳（第二本）	0162	J722.1
大家跳（第三本）	0189	J722.1
大家跳（第四本）	0191	J722.1
大家跳（第五本）	0230	J722.1

大家跳（第六本）	0277	J722.1
大家跳（第七本）	0281	J722.1
大揪什锦汤：歌舞表演剧	0291	J722.1
大剧院六堂课	0652	J712.25
大漠孤烟直：刘凤学作品第115号舞蹈交响诗（卷二）	1641	J721
大漠孤烟直：刘凤学作品第115号舞蹈交响诗（卷三）	1642	J721
大漠孤烟直：刘凤学作品第115号舞蹈交响诗（卷四）	1643	J721
大漠孤烟直：刘凤学作品第115号舞蹈交响诗（卷一）	1640	J721
大森林中的小故事	0923	J722.3
大武舞考	1546	J722.4
大学生：舞蹈教学指导	0965	J712
大学体育舞蹈教程	2082	J732.8
大学舞蹈鉴赏	2061	J705
大院盛开向阳花：儿童歌舞	0581	J722.3
大众迪斯科健身舞	1371	J722.9
大众健美操与舞蹈健身	1826	J722.9
大众健身舞	1062	J722.9
大众交谊舞.1，吉特巴＆伦巴	2239	J732.8
大众交谊舞.2，慢三＆快四	2240	J732.8
大众土风舞	0800	J732.2
大众健美操与舞蹈健身	1821	J732.9
傣族嘎秧	0928	J722.225.3
傣族舞蹈	2278	J722.2
傣族舞蹈教程	1505	J719.253
傣族舞蹈教程	1747	J722.225.3
傣族舞蹈史	2265	J722.225.3
傣族舞蹈艺术	1434	J722.225.3
戴爱莲：我的艺术与生活	1659	J709.27
丹麦布农维尔学派芭蕾课程教案	1258	J719.5
丹麦布农维尔学派芭蕾课程教案.II，钢琴伴奏谱	1259	J719.5
当代国际标准交际舞教程.第一集，现代舞	1048	J732.8
当代国际标准交际舞教程.第二集，拉丁舞	1096	J732.8
当代交谊舞花样100种.第一册：华尔兹、蝴蝶布鲁斯、随心吉特帕	1372	J722.8
当代交谊舞花样100种.第二册：伦巴舞基本步：伦巴舞花样；探戈	1373	J732.8
当代交谊舞花样荟萃：国际标准交谊舞	1247	J732.8
当代流行拉丁舞	1104	J732.8
当代流行拉丁舞指南	1581	J732.8-62
当代美学：舞蹈美学	1260	J701
当代美学：舞蹈美学鉴赏	1333	J701
当代美学：舞蹈名词	1374	J7-61
当代美学：舞蹈审美说	1375	J701

当代舞蹈精品聚焦	2083	J705-43
当代舞蹈美学	1629	J701
当代舞剧（上）	0616	J70
当代舞剧（下）	0617	J70
当代舞厅舞	1334	J732.8
当代西方舞蹈美学（第一卷）	1285	J701
当代中国十大舞剧赏析	2071	J723
当代中国舞蹈	1203	J709.27
当代中华舞坛名家传略	1300	J709.27
蹈舞术	0005	J712
德加舞影烂漫	1743	J703
灯彩与秧歌	1460	J722.211
邓肯的最后岁月	1070	J709.712
邓肯论舞蹈	1861	J70
邓肯论舞蹈艺术	0842	J70
邓肯女士自传	1261	J709.712
邓肯谈艺录	2177	J70
邓肯与叶赛宁	1027	J709.712
邓肯与叶赛宁：女舞蹈家和诗人	1506	J709.712
邓肯自传	0022	J709.712
邓肯自传	0694	J709.712
邓肯自传	1635	J709.712
低幼儿童唱游课指导	0997	J722.3
狄斯可舞步大全	0664	J732.9
迪斯科	0848	J732.9
迪斯科动作50例	0880	J732.9
迪斯科·交谊舞	0864	J732.9
迪斯科健身舞	1034	J732.9
迪斯科入门	0847	J732.9
迪斯科舞蹈入门	0929	J732.9
迪斯科舞霹雳舞跳法	0967	J732.9
迪斯科舞与健美操	1022	J732.9
迪斯可与交际舞	0972	J732.9
地花鼓：湖南民间舞蹈	0642	J722.212
地域民间舞蹈文化的演变： 　　文化部中等以上教育"十五"重点教材； 　　中国艺术教育大系.中专卷	1745	J70-43
第二届全国民间音乐舞蹈会演：优秀歌曲选集	0525	J642.2
第二届全国民间音乐舞蹈会演优秀器乐曲选	0241	J647
第一届全国民间音乐舞蹈：会演资料	0116	J705
第一届全国民间音乐舞蹈会大会-演出节目说明	0103	J792.49
第一批陕西非物质文化遗产图录.第三辑，民间舞蹈类	2084	J732.2
第一套全国中小学校园集体舞教师指导手册	2003	J732.1

第一新疆舞曲：管弦乐总谱	0356	J645.2
滇舞论坛：云南省首届少数民族舞蹈理论研讨会论文集	1376	J70-02
癫狂的秩序：舞蹈艺术纵横谈	1097	J705
顶水姑娘：朝鲜族舞蹈	0357	J722.221.9
定位法舞谱	0924	J721.7
定县秧歌选（第一辑）	0532	J722.211
定县秧歌选（第二辑）	0533	J722.211
定县秧歌选（第三辑）	0534	J722.211
定县秧歌选（第四辑）	0535	J722.211
东巴神系与东巴舞谱	1158	J721.1
东巴舞蹈传人—习阿牛 阿明东奇	2002	J722.225.7
东北大秧歌：辽宁民间舞蹈	0695	J722.211
东北民间歌舞：瞧情郎	0188	J722.21
东北秧歌．男班	2279	J722.2
东北秧歌．女班	2280	J722.2
东方歌舞话芳菲	0801	J732
东方红，音乐舞蹈史诗：灯光工作资料	0476	J714.4
东方舞蹈文化比较研究文集	1746	J70
东方舞后：埃及明星纳吉娃·福阿德传	0893	J709.411
东方舞苑花絮	0849	J703
东方一绝：莫德格玛舞蹈之路	0915	J709.27
东郭先生：古典舞蹈剧	0242	J723.1
动感的舞蹈	1916	J722.6
动感空间	1744	J70
动感舞蹈	1677	J732.9
动物狂欢—广东动物舞蹈	2267	J722.21
动作的旋律：舞蹈美	1660	J701-49
动作分析与记录之研究	1452	J731
豆志飞舞	2000	J709.27
读报组老人们：舞蹈	0504	J722.1
独山花灯	0663	J722.212
独舞风骚：辣妹型男动感飙舞	2180	J722.9
肚皮舞：东方舞艺术	2281	J732.9
肚皮舞翩跹	2001	J722.9
段龙：舞蹈	0279	J722.214
锻炼小组舞	0166	J722.9
对花：歌舞剧《打猪草》曲选	0274	J723.3
敦煌：天上人间舞翩跹	1972	J721.1
敦煌的手（上卷）	1198	J721
敦煌的手（中卷）	1199	J721
敦煌的手（下卷）	1224	J721
敦煌石窟舞乐艺术	1507	J709.2
敦煌舞蹈	1168	J709.2

敦煌舞蹈	1215	J721
敦煌舞蹈训练与表演教程	2135	J712. 24
敦煌舞教程	1592	J712. 24
敦煌舞乐线描集史	1999	J721
敦煌舞谱、早期文人词及其文化背景的研究	1880	J722. 4
敦煌舞姿	0696	J721. 1
敦煌心语：敦煌舞教学研究集	2127	J722. 4
敦煌学研究丛书：敦煌壁画乐舞研究	1593	J709. 2

E

俄罗斯芭蕾秘史	2181	J709. 512
俄罗斯民间舞蹈	0190	J732. 2（512）
俄罗斯学派之古典芭蕾教学法典	2160	J719. 5
俄罗斯演员论舞台艺术	0069	J812. 2（512）
鄂东南民间舞蹈歌诀 100 首	2076	J722. 21
鄂尔多斯舞	0243	J722. 221. 2
恩施土家族苗族自治州民间舞蹈集（上、下集）	1918	J722. 21
儿童歌舞（1）	0881	J722. 3
儿童歌舞（2）	0882	J722. 3
儿童歌舞 1982-1	0724	J722. 3
儿童歌舞创编与实例	1461	J711. 33
儿童歌舞创作浅谈	0582	J711. 2
儿童歌舞基础知识	1169	J712. 23
儿童歌舞及舞蹈基础训练	1427	J712. 23
儿童歌舞剧集	0070	J723. 3
儿童歌舞剧选（第 1 集）	0302	J723. 3
儿童歌舞论文选	0798	J722. 3
儿童歌舞选集	0802	J722. 3
儿童集体舞	0722	J722. 3
儿童集体舞	0753	J722. 3
儿童集体舞选	0803	J722. 3
儿童节日	1216	J722. 3
儿童民族舞蹈	1192	J722. 3
儿童民族舞蹈组合选（一）	1326	J722. 3
儿童民族舞蹈组合选（二）	1327	J722. 3
儿童少年歌舞选（第一辑）	0754	J722. 3
儿童少年歌舞选（第二辑）	0755	J722. 3
儿童舞蹈	1594	J722. 3
儿童舞蹈	2128	J722. 3
儿童舞蹈 24 则	1301	J722. 3
儿童舞蹈教程	1279	J722. 3
儿童舞蹈启蒙	1139	J712. 23
儿童舞蹈训练指南	0925	J712
儿童舞和辅导	0896	J722. 3

儿童舞基训教材	0930	J712. 23
儿童舞教程	1919	J719. 3
二人转舞蹈：中国传统民间舞蹈选	0850	J722. 2

F

发现·启示：漫话舞剧与舞蹈	2136	J705
法国，这玩艺！：音乐、舞蹈与戏剧	2086	J709. 565
纺织机旁炼红心：舞蹈	0595	J722. 6
放风筝舞	0200	J722. 21
飞奔吧，小火车：集体舞	0358	J722. 1
飞动的点线面—舞蹈构图 1000 例	2262	J711
非常爱跳舞：创造性舞蹈的心体验	1586	J70-05
非洲舞蹈	2087	J732. 2（4）
丰富多采的藏族歌舞	0201	J722. 221. 4
丰收歌（歌舞）	0497	J722. 1
丰收乐	0434	J722. 3
丰收舞	0343	J722. 1
丰收舞	0501	J722. 6
风华曼舞集	1074	J709. 2
风雪采油工：双人舞	0619	J722. 1
风雪小红花，红小兵歌舞	0541	J722. 3
风雨共伞：小型歌舞剧	0303	J723. 1
风雨上学：儿童歌舞	0568	J722. 3
风姿流韵：舞蹈文化与舞蹈审美	1462	J701
奉贤县民间舞蹈集成	1017	J722. 21
佛教与中国舞蹈	1302	J70-05
福建省第五届农村业余文艺会演节目选：		
崇武民兵：歌舞选集之二	0485	J722. 7
妇女运输兵：歌舞剧	0359	J723. 1
复兴之路：庆祝中华人民共和国成立六十周年		
大型音乐舞蹈史诗纪实	2165	J723. 9
复印报刊专题资料：舞蹈	0516	J702

G

赶河湾：歌舞剧	0292	J723. 2
刚果河在怒吼歌曲集：六场舞剧	0517	J723. 1
钢铁舞	0345	J722. 6
高歌欢舞颂苗岭：歌舞集	0402	J722. 7
高教舞蹈综论	1751	J70
高考舞蹈强化训练	1978	J7-49
高跷技艺研究	1829	J722. 213
高椿——舞动春风一甲子	1748	J709. 2（58）
歌剧舞剧资料汇编	0698	J723. 3
歌舞：公社好姑娘	0486	J722. 6
歌舞：颗粒归仓	0557	J722. 3

歌舞：装卸号子	0506	J722.6
歌舞海洋	1964	J732.8
歌舞剧院	1595	J791.3
歌舞青春·东高中传奇.1，乐团大对决= High school musical stories from east high. 1, Battle of the bands	2183	J732.7
歌舞文化	1920	J722.7
革命现代芭蕾舞剧《沂蒙颂》	0576	J723.47
革命现代舞剧：草原儿女	0583	J723.47
革命现代舞剧《沂蒙颂》：场面调度	0558	J721.7
革命现代舞剧《红色娘子军》评论集	0527	J723.47
格斗：双人舞	0607	J722.1
格鲁吉亚民间舞蹈	0304	J732.2（512）
各国集体舞	0117	J732.1
各国舞蹈新选	0024	J732.9
各级学校有氧舞蹈课程教材选	2004	J732.9
给新县长献礼去：庆祝台江苗族自治区成立：歌舞剧	0118	J723.1
跟我学拉丁舞	1463	J722.8
跟云门去流浪	2282	J709.2（58）
工农兵歌舞：抢扁担（舞蹈）	0611	J722.6
工农兵歌舞：战"三秋"	0543	J722.6
工人舞蹈选	0144	J722.1
公鸡会生蛋吗	0435	J723.3
公社的早晨	0403	J722.6
公社女民兵（舞蹈）	0596	J722.1
公社一少年：舞剧	0505	J723.3
姑嫂鸟：小型舞剧	0305	J723.1
姑嫂送砖：歌舞剧	0360	J723.2
孤独的小马驹：舞蹈剧	0244	J723.1
古巴伦巴之技巧	1123	J732.8
古代舞谱（本书是从古籍《御制律吕正义》中摘录下来复印的古代舞谱）	0027	J721.1
古代新疆的音乐舞蹈与古代社会	0897	J709.2
古典芭蕾（男班教材）（上编）	0697	J719.5
古典芭蕾：关于动作的流畅	0639	J712.25
古典芭蕾：基本技巧和术语	0643	J712.25
古典芭蕾：男子表演教程	0633	J712.25
古典芭蕾100堂课	0720	J712.25
古典芭蕾基本技巧和术语	1828	J712.25
古典芭蕾基本训练	1451	J712.25
古典芭蕾基本训练（下）	0718	J712.25
古典芭蕾基础	1508	J712.25
古典芭蕾基础	1316	J719.5

古典芭蕾教学法	1749	J719.5
古典芭蕾教学法笔记	1921	J719.5
古典芭蕾教学法讲义	1377	J719.5
古典芭蕾双人舞	0644	J712.25
古典芭蕾双人舞	0851	J712.25
古典芭蕾双人舞	1055	J712.25
古典芭蕾双人舞教学法	0473	J712.25
古典芭蕾舞蹈教学	0634	J712.25
古典芭蕾舞基本功训练教程	1750	J719.5
古典芭蕾舞基本训练教程	2245	J712.25
古典芭蕾舞剧变奏选集	1248	J719.5
古典芭蕾舞艺术大观	1509	J705
古典乐舞诗赏析	0973	J722.7
古典舞蹈基础（芭蕾）	0436	J712.25
古典舞基本训练	0404	J712.24
古典舞教学法初稿	0156	J719.4
古典舞训练常识	0361	J712.24
古丝绸之路乐舞文化交流史	1596	J709.2
古丝路音乐暨敦煌舞谱研究	1156	J721.1
古艺拾粹	1157	J63
古镇寨英	1865	J722.214
古中国的跳舞与神秘故事：附法国汉学小史	0019	J709.2
关于芭蕾舞剧艺术的报告座谈访问录： 　　苏联国立莫斯科坦尼斯拉夫斯基与聂米罗维奇-丹钦科音乐剧院 　　在中国访问演出期间：布尔梅斯杰尔等访谈	0142	J711.2
观花：民间歌舞	0245	J722.21
管他的博士学位跳舞吧	2067	J70
广东省第一届：少数民族艺术观摩会演，舞蹈资料集	0234	J722.22
广东省舞蹈家协会五十五年：1950—2005	1862	J72-26
广东瑶族舞蹈与音乐艺术	2088	J722.225.1
广西民间舞蹈	0306	J722.21
广西民族民间舞蹈史料汇编．[1]，祭祀舞蹈部分	0931	J722.2
广西民族民间舞蹈史料汇编．[2]，舞蹈概况部分	0974	J722.8
广西舞蹈选：1958～1978	0620	J722.21
贵州民族民间舞蹈教程（苗族部分）	2182	J722.22
贵州黔东南：歌的海洋 舞的故乡	1827	J70
贵州省第一届工农业余艺术会演民间艺术部份节目资料汇刊	0246	J722.7
贵州省第一届工农业余艺术会演得奖优秀节目： 　　音乐舞蹈选集	0227	J722.7
贵州省民间艺术代表团演出节目	0247	J722.7
桂东瑶舞探秘	1143	J722.225.1
广西省参加全国专业音乐舞蹈会演：舞蹈资料	0186	J722.21
国画舞蹈	0727	J222.7

国际标准交谊舞 0852 J732.8

国际标准交谊舞 1059 J732.8

国际标准交谊舞：初级教程 1113 J732.8

国际标准交际舞、拉丁舞大全 1204 J732.8

国际标准交谊舞简明教程：彩图本 1551 J732.8

国际标准交谊舞指南 1066 J732.8

国际标准交谊舞指南．第一册，现代舞 1183 J732.8

国际标准交谊舞指南．第二册，探戈 1184 J732.8

国际标准交谊舞指南．第三册，现代舞 1185 J732.8

国际标准交谊舞指南．第四册，快步 1186 J732.8

国际标准交谊舞指南．第五册，维也纳华尔兹 1187 J732.8

国际标准交谊舞指南，拉丁舞．第六册，仑巴 1378 J732.8

国际标准交谊舞指南，拉丁舞．第七册，恰恰恰 1379 J732.8

国际标准交谊舞指南，拉丁舞．第八册，桑巴 1380 J732.8

国际标准交谊舞指南，拉丁舞．第九册，帕索多布里 1381 J732.8

国际标准交谊舞指南，拉丁舞．第十册，伽依夫 1382 J732.8

国际标准摩登舞：典雅华尔兹 1983 J732.8

国际标准摩登舞：动感快步 1982 J732.8

国际标准摩登舞：燃烧探戈 1984 J732.8

国际标准摩登舞：优美狐步 1985 J732.8

国际标准舞：摩登舞基本教材 1010 J732.8

国际标准舞：系列教材（1）拉丁舞 1699 J732.8-43

国际标准舞：系列教材（2）摩登舞运动原理与技术描述 1700 J732.8-43

国际标准舞：系列教材（3）拉丁舞运动原理与技术描述 1701 J732.8-43

国际标准舞：系列教材（4）德国舞蹈教师联合会（ADTV）
　　为舞蹈教师提供的进修课程 1702 J732.8-43

国际标准舞：系列教材（5）如何成为服务行业中的成功者 1703 J732.8-43

国际标准舞 ISTD 指定步型摩登舞 MODERN 考级教程：
　　华尔兹（1） 1075 J732.8

国际标准舞 ISTD 指定步型摩登舞 MODERN 考级教程：
　　探戈（2） 1076 J732.8

国际标准舞 ISTD 指定步型摩登舞 MODERN 考级教程：
　　弧步（3） 1077 J732.8

国际标准舞 ISTD 指定步型摩登舞 MODERN 考级教程：
　　快步（4） 1078 J732.8

国际标准舞 ISTD 指定步型摩登舞 MODERN 考级教程：
　　维也纳华尔兹（5） 1079 J732.8

国际标准舞技法规范，现代舞 1252 J732.8

国际标准舞拉丁舞基本教材 1335 J732.8

国际标准舞理论·实践·技巧修订，摩登系列，狐步1 2005 J732.8

国际标准舞理论·实践·技巧修订，摩登系列，狐步2 2006 J732.8

国际标准舞理论·实践·技巧修订，摩登系列，狐步3 2007 J732.8

国际标准舞理论·实践·技巧修订，摩登系列，快步 2008 J732.8

国际标准舞摩登舞技法教程	1923	J732.8
国际交谊舞	0119	J722.8
国际流行交际舞	0853	J732.9
国际流行社交舞十日通	1383	J732.8
国际民俗舞蹈儿童教材（第一辑）	2089	J732.2
国际青年舞蹈节	1454	J791.7
国际社交舞	1035	J732.8
国际体育舞蹈教程	1986	J732.8
国际舞蹈丛书：青春舞与桔梗舞	0138	J732.2
国际舞蹈丛书：苏联舞蹈集	0135	J732.2（512）
国际舞蹈丛书：晚会舞 第二集	0098	J732.8
国际舞蹈丛书：匈牙利集体舞	0085	J732.1（515）
国际舞蹈会议论文集：舞蹈94北京国际舞蹈院校舞蹈节	1241	J70
国际舞星闪闪	1286	J709.1
国家舞台艺术精品工程：2002-2003年精品剧目集粹	1656	J723
国庆集体舞：1959	0348	J722.1
国庆集体舞专辑：大家跳，第八本	0283	J722.1
国庆三十五周年晚会集体舞专辑	0405	J722.1

H

哈达献给解放军叔叔：儿童歌舞	0507	J722.3
哈尼族布朗族基诺族舞蹈	1464	J722.225.4
哈尼族民间舞蹈	1552	J722.225.4
哈恰图良的舞剧《斯巴达克》	0307	J733.47（512）
哈萨克民间舞蹈	0248	J732.2（361）
海南汉族音乐舞蹈	2090	J609.2
韩城秧歌	1217	J722.211
韩国传统舞蹈的沿革与发展	1704	J709.312.6
韩国传统舞蹈教程	1752	J719（312.6）
汉代乐舞：百戏艺术研究	1118	J709.234
汉代乐舞百戏艺术研究：修订版	2227	J709.2
汉唐长安的乐舞与百戏	2009	J709.2
汉唐古典舞师生文选	2129	J722.4
汉魏六朝文学与乐舞关系研究	1895	J709.2
汉族民间舞蹈介绍	0699	J722.21
好孩子歌舞（第一册）	0406	J722.3
好孩子歌舞（第二册）	0407	J722.3
好孩子歌舞（第三册）	0408	J722.3
好孩子歌舞（第四册）	0409	J722.3
河北舞蹈史	2133	J709.2（22）
河堤的早晨：歌舞剧	0362	J723.2
河南省第三届民间音乐舞蹈观摩会演得奖节目（3）： 　　对花灯 板凳龙	0308	J722.21
黑龙江花棍舞	1820	J722

黑心狼：歌舞	0071	J723.1
红绸舞	0111	J722.21
红绸舞	0120	J722.21
红绸舞	0249	J722.21
红绸舞	0692	J722.21
红桔缘：歌舞剧	0410	J723.1
红旗飘飘：集体舞	0411	J722.1
红色保钢宣传队：舞蹈	0309	J722.6
红色娘子军（革命现代舞剧）	0523	J723.47
红色娘子军（革命现代舞剧）（上）	0528	J723.47
红色娘子军（革命现代舞剧）（下）	0529	J723.47
红色娘子军（革命现代舞剧）	0530	J723.47
红五月集体舞	0363	J722.1
红小兵歌舞：海防线上	0585	J722.3
红缨（舞剧）	0635	J723.1
红云：舞蹈	0637	J722.1
胡果刚舞蹈论文集	0911	J705
胡宁娜外国舞蹈线描集	2143	J222.7
胡桃夹子	0975	J733.42
湖北民间舞蹈集：湖北省一九五五年群众戏剧、音乐、舞蹈会演节目选辑之二	0202	J722.21
湖北民间舞蹈素材组合汇编	0645	J722.21
湖南代表团参加全国少数民族群众业余艺术观摩演出会节目资料	0477	J722.7
湖南民族民间舞蹈集成·怀化地区资料卷	0799	J722.2（64）
湖南民族民间舞蹈集成·零陵地区资料卷（上）	0804	J722.2（64）
湖南民族民间舞蹈集成·零陵地区资料卷（下）	0805	J722.2（64）
湖南民族民间舞蹈集成·湘西土家族苗族自治州资料卷	1116	J722.2（64）
湖南民族民间舞蹈集成·云南卷（上）	1456	J722.2（74）
湖南民族民间舞蹈集成·云南卷（下）	1457	J722.2（74）
湖南省1956年农村群众艺术观摩会演优秀节目；伴嫁舞：民间歌舞	0250	J722.21
湖南瑶族舞蹈	0728	J722.225.1
湖南舞蹈论文选	0878	J70
湖上歌声：歌舞剧	0364	J723.2
花钹大鼓	0310	J722.212
花灯	2117	J722.212
花灯舞蹈	0916	J722.212
花儿朵朵开：独幕童话歌舞剧	0168	J723.3
花儿与少年	0311	J722.7
花姑学舌：昆曲小歌舞剧	0169	J723.3
花鼓：秧歌剧	0030	J722.212
花鼓灯	0462	J722.212

花鼓灯：安徽民间舞蹈   0665   J722.212
花鼓灯舞蹈艺术资料（上集）   0451   J722.212
花鼓灯舞蹈艺术资料（下集）   0460   J722.212
花鼓舞彝山：解读峨山彝族花鼓舞   2010   J722.212
花篮灯舞   0365   J722.212
花式交谊舞   0840   J732.9
花伞舞   0455   J722.21
花扇舞   0366   J722.21
花扇舞：歌舞   0367   J722.21
花仙-卓瓦桑姆：藏族神话舞剧   0719   J723.1
华尔兹   1687   J732.8
华尔兹史话   1924   J732.8
华尔兹之技巧   1036   J732.8
华剑堃，华曼君舞蹈静物画   2283   J223
华筠散文   1228   J703
华丽的节奏：舞工厂、纽约踢踏地图   1877   J732.9
华沙十五天   0170   J709
华夏中老年迪斯科乐乐   0945   J732.9
欢乐的食堂：舞蹈   0341   J722.1
欢庆人民公社舞   0368   J722.3
幻羽舞影：时尚顽童高堤耶与编舞家萧毕诺舞台服装展 2284   J717
黄河歌舞艺术论   1510   J722.7
黄河水长流：大型舞蹈诗剧   1384   J722.7
回到身体的家：林秀伟的舞蹈花园   1429   J705
回族舞蹈艺术论集   1922   J732.2
活力街舞   2184   J732.9
火车飞来大凉山：舞蹈   0593   J722.1
火车向着韶山跑（红小兵歌舞）   0540   J722.3

J

基诺族民族民间舞蹈（试记稿）   0313   J722.227.8
激情钢管舞   2185   J732.9
激扬文字：大型音乐舞蹈史诗《复兴之路》评论集 2228   J723.9
吉尔吉斯、塔吉克民间舞蹈   0314   J732.2（512）
吉林省五十年文艺作品选：1949-1999.14，舞蹈杂技卷 1511   J722.4
吉庆有余：儿童民间舞蹈   0351   J722.3
集体舞   0093   J722.1
集体舞   0104   J722.1
集体舞   0157   J722.1
集体舞   0293   J722.1
集体舞   0344   J722.1
集体舞   0729   J722.1
集体舞蹈   0163   J722.1
集体舞套路百例汇编   1497   J732.1

集体舞选	0353	J722.1
集体舞选	0412	J722.1
集体舞选	0518	J722.1
集体舞选（一）	0393	J722.1
集体舞选（二）	0336	J722.1
挤奶员舞	0203	J722.6
冀东地秧歌	0730	J722.211
冀东地秧歌资料	0651	J722.211
家具与乐舞	1597	J714.2
甲子归哺—资华筠舞蹈艺术生涯 60 年纪念文集	2268	J709.2
贾作光舞蹈艺术文集	1134	J711.2
艰苦岁月：舞蹈	0622	J722.1
拣棉花：歌舞	0315	J722.21
简明新舞蹈（第一集）	0121	J732.4（512）
简明新舞蹈（第二集）	0099	J732.4（512）
建筑工人舞：表演舞	0369	J722.21
剑舞	0275	J722.21
剑舞	0204	J722.4
剑舞	0347	J722.4
健美操 体育舞蹈	1878	J719.8
健美操图解	0806	J722.9
健身交谊舞教程	2150	J732.8
健身流行风：动感街舞	1678	J732.9
江城：戏剧舞蹈人物速写	1512	J721
江青的往时往事往思	1124	J709.2
江苏省代表团参加 1957 年全国专业歌舞会演艺术资料	0192	J722.7
江西南丰傩文化（上）	1644	J722.29
江西南丰傩文化（下）	1645	J722.29
江西群众舞蹈创作选集	0205	J722.6
交城山：集体舞选	0613	J722.1
交际舞	1303	J732.8
交际舞大全	2253	J732.8
交际舞入门与鉴赏	2186	J732.8
交际舞现代舞速成	1336	J722.8
交际舞与舞会指南	0932	J732.8
交响舞剧《白鹿原》总谱	2287	J643.3
交谊舞	0112	J722.8
交谊舞	0898	J732.8
交谊舞	2094	J732.8
交谊舞 ABC，附舞曲五十首	0837	J732.8
交谊舞的精粹：北京平四舞花样 100 种（第一册）	1385	J732.8
交谊舞技巧与花样	1111	J732.8
交谊舞趣谈	1632	J732.8

交谊舞入门	0854	J732.8
交谊舞入门	0855	J732.8
交谊舞手册	0856	J732.8
交谊舞速成	0807	J732.8
交谊舞新花：北京平四舞指南	1218	J732.8
交谊舞一周速成	0857	J732.8
交谊舞与新潮舞速成	0835	J732.8
交谊舞之恋	2012	J732.8
交谊舞指南	0884	J732.8
交谊舞组合技巧	0899	J732.9
胶州大秧歌	1159	J722.211
胶州秧	1386	J722.211
胶州秧歌	0316	J722.211
教你跳迪斯科	0858	J732.9
教你学交际舞	2144	J732.8
教学法	0859	J719.4
接待波兰军队歌舞团参考资料	0171	J732.1
接龙舞：（民间舞蹈）	0225	J722.21
街舞	2092	J732.6
街舞	2285	J732.6
街舞	2157	J732.9
街舞：时尚健身导航	1864	J722.1
街舞传说	1813	J732.9
街舞理论与实践	2095	J722.9
街舞入门教程	1809	J732.9
街舞圣经	2066	J732.9
街舞运动教程	2093	J722.9
节日欢乐舞	0413	J722.4
节日集体舞	0317	J722.1
解放军舞蹈史	1387	J709.2
解放年：农村春节娱乐材料	0041	J723.1
巾舞：三个舞曲之三	0072	J655.2
今生另世	2286	J703
金凤花开：小舞剧	0612	J723.1
金色种子（三人舞）主旋律谱	0572	J722.1
劲歌：迪斯科简史	1869	J732.9
景颇族目瑙纵歌简介及舞步图谱	2332	J722
进军舞	0038	J722.6
晋舞19：最时尚的太极·最夯的舞	2091	J722.9
九莲灯	0352	J722.21
旧京社戏图（复原图+书）	2011	J721
剧学月刊（第二卷，第六期）	0006	J705
剧苑英华丛书：李承祥舞蹈生涯五十年	1583	J709.27

锯缸	0193	J722.211
爵士·迪斯科	1105	J732.9
爵士舞韵律体操	0976	J732.9
军舰上的联欢	0229	J722.6
军鞋曲：三人舞	0589	J722.6

K

喀山鞑靼舞	0167	J732.2
开始爱上芭蕾：从0开始的芭蕾入门	2187	J732.5
开拓篇：郜大琨舞蹈文集	2320	J7-5
看画报：幼儿歌舞	0559	J722.3
看庄稼	0483	J722.6
康乐活动丛书：土风舞	1170	J722.21
抗旱歌	0560	J722.6
考前舞蹈基础	1661	J7-49
可爱的熊猫：表演舞蹈集	0767	J722.3
课间游戏与舞蹈	0147	J722.3
孔雀舞	0414	J722.225.3
孔雀舞	0713	J722.225.3
快乐的罗苏	0456	J722.2217
快马加鞭：集体舞选	0318	J722.1
筷子舞	0354	J722.221.2

L

拉班舞谱（1）	0808	J731
拉班舞谱（2）	1023	J731
拉班舞谱（3）	1024	J731
拉班舞谱教材：初级班（二）	0751	J731
拉丁秀身舞，斗牛与牛仔	2099	J732.8
拉丁秀身舞，伦巴	2096	J732.8
拉丁秀身舞，恰恰	2098	J732.8
拉丁秀身舞，桑巴	2097	J732.8
拉祜族民间舞蹈	1219	J722.225.8
拉木歌：舞蹈	0586	J722.6
腊花舞	0319	J722.21
兰花花：民间歌舞剧	0700	J723.1
浪漫的云霞：云南民族舞蹈	1513	J70-02
老矿工登讲台：独舞	0597	J722.6
老两口比干劲	0370	J722.6
老年迪斯科舞	0977	J732.9
乐舞情韵：音乐舞蹈艺术文粹	1465	J709.2
乐舞人物装饰	1616	J522.1
黎锦晖儿童歌舞剧选	0768	J722.3
李彩娥舞蹈学术研讨会论文集	1756	J709.2
李彩娥——永远的宝岛明珠	1757	J709.2

李克瑜舞蹈速写 0731 J224

李天民——舞蹈荒原的垦拓者 1755 J709.2（58）

鲤鱼妈妈：儿童歌舞剧集 0396 J723.3

鲤鱼上山：儿童歌舞剧集 0371 J723.3

历代音乐舞蹈诗选 1080 J722.7

历史生活舞蹈 0761 J732.8

莲花湾探亲：歌舞剧 0372 J723.1

炼狱与圣殿中的欢笑：傅兆先舞学文选集 1514 J70-02

两个女红军：十四场歌舞剧 0373 J723.1

辽代乐舞 1879 J709.2

辽宁民族民间舞蹈集成·营口卷 1171 J722.2

烈焰情挑：佛拉明哥 1753 J732.2

林怀民舞蹈国际学术研讨会论文集＝

    Lin Hwai-min international dance conference proceedings：

    ［中英文本］ 1830 J705

林克华的设计与沉思：舞台光景 1646 J714.4

林香芸——妙舞璀璨自飞扬 1754 J709.2（58）

临海黄沙狮子 2151 J722.215

刘凤学访谈 1430 J709.2

刘三姐：八场歌舞剧 0437 J723.1

刘三姐：七场歌舞剧 0400 J723.1

刘三姐：七场歌舞剧 0415 J723.1

流行交际舞大全 1896 J732.8

流行交谊舞大全 1887 J722.8

流行舞艺速成：邦您叩开速成舞艺之门 0950 J732.8

流行舞：Hip Hop 1663 J719.99

柳叶儿青青：歌舞剧 0320 J723.1

六人舞 0122 J732.1（512）

龙舞在天：中山醉龙舞 2188 J722.214

龙狮文化与龙狮运动 2335 J722

聋哑妹上学了：双人舞 0592 J722.1

律动与律动组合 1493 J722.3

绿化：儿童舞蹈 0374 J722.3

绿野探踪：岷山羌、藏族舞蹈采风录 1045 J70-05

伦巴舞 2229 J732.8

论民间舞蹈 0207 J70

论舞蹈艺术 0683 J70

论中国民间舞艺术：中国民间舞毕业生论文集（2） 1544 J722.21

罗马尼亚舞 0086 J732.1（542）

M

妈妈就要回来了（舞蹈） 0580 J722.6

麻雀与小孩：儿童歌舞剧 曾名（一名觉悟少年） 0004 J723.3

马华健美操 1304 J722.9

马桥手狮灯舞	2194	J722.215
玛歌芳婷自传（第一部）	0654	J709.561
玛歌芳婷自传（第二部）	0655	J709.561
玛格·芳登：旋转中的精灵	0918	J709.712
迈入新世纪的中国文艺：中国文联2001年度文艺评论奖获奖文集	1598	J709.27
满族舞蹈发展史	2193	J722.222.1
满族舞蹈寻觅	1688	J709.2
曼妙肚皮舞	2192	J722.9
漫话芭蕾	1119	J705
漫游戏剧舞蹈大观园	1553	J7-49
没有讲完的故事：《邓肯自传》补篇	0919	J709.712
美的寻觅：全国少儿舞蹈艺术论文集	1515	J705
美国的舞蹈	0579	J709.712
美国的舞蹈	1006	J709.712
美国霹雳舞	0954	J732.9
美国舞蹈家邓肯：1877-1927	1388	J709.712
美国现代舞介绍	1466	J705
美国休斯顿芭蕾舞团艺术指导	0841	J711.2
美好的心愿：舞蹈	0623	J722.1
美妙的芭蕾	1516	J705
美人拉丁	1733	J732.8
魅力魔体肚皮舞	2014	J732.9
门头沟民间花会舞蹈集锦	1760	J722.21
蒙古部族舞蹈之发展（蒙古文）	1210	J70-02
蒙古舞蹈文化	1081	J70-02
蒙古舞蹈美学鉴赏汉蒙双解辞典	2200	J7-61
蒙古族青少年舞蹈	1037	J722.221.2
蒙古族舞蹈.男班	2291	J722.2
蒙古族舞蹈.女班	2290	J722.2
蒙古族舞蹈基本训练	0587	J712.22
蒙古族舞蹈基本训练教程	0978	J712.22
蒙古族舞蹈艺术	1467	J70-02
梦想的印迹：北京舞蹈学院艺术设计系02级学生作品	1925	J792.3
梦想的印迹：北京舞蹈学院艺术设计系2004级舞台服装设计/服装表演专业：作品集	2063	J792.3
梦想的印迹—北京舞蹈学院艺术设计系2006级舞台美术设计专业/舞台服装设计专业/服饰表演专业	2293	J792.3
梦想的印迹作品集：北京舞蹈学院艺术设计系2003级舞台设计专业/舞台服装设计专业/服饰表演专业	1662	J792.3
苗苗歌舞	0946	J722.3
苗族神话舞剧：灯花，资料集	0809	J723.1
苗族舞蹈与巫文化：苗族舞蹈的文化社会学考察	1082	J70-05

民间表演灯彩选集	0860	J722.2
民间歌舞	0194	J722.21
民间歌舞	2130	J722.21
民间歌舞剧：卖杂货	0375	J723.2
民间舞蹈：倒花篮	0452	J722.21
民间舞蹈音乐选集	0210	J645.2
民间舞蹈资料汇编（浙江代表团演出畲族定情舞资料）	0195	J722.2
民间舞龙舞狮	2292	J722.214
民间舞曲选集	0206	J645.2
民间音乐汇集	0177	J722.7
民俗文化：民间舞蹈	1694	J722.21
民族大秧歌	1328	J722.211
民族服装针织布料（芭蕾舞练功服装）	1759	J717.2
民族民间舞	2189	J722.2
民族民间舞蹈研究（1985 第 1 辑）	0827	J722.2
民族民间舞蹈研究（1986 第 1 辑）	0877	J722.2
民族民间舞蹈研究（1985 第 2 辑）	0838	J722.2
民族民间舞蹈研究：北方秧歌学术讨论会论文专辑， 　　第 3－4 辑	0885	J722.2
民族舞蹈基本动作	0933	J722.2
民族舞蹈技术技巧	2191	J722.2
民族舞蹈文化传承发展论纲	2289	J722.22-53
民族舞蹈文论	2323	J722
民族舞蹈研究文集	2195	J722.22
民族舞蹈音乐选集	0418	J645.2
民族舞韵	1517	J719.2
民族音乐与舞蹈	1337	J70-05
闽南民间舞蹈教程	2055	J722.21
闽台民间舞蹈研究	2337	J722
明代歌舞研究	2013	J709.248
明天幼儿教育指导丛书：幼儿游戏活动指导	1758	J732.3
摸花轿：歌舞剧	0466	J723.1
摩登舞：摩登舞者的圣经	1970	J732.8
摩尔达维亚、拉脱维亚民间舞蹈	0278	J732.2（512）
茉莉花（河北民间歌舞）	0395	J722.7
蓦然回首：好一派灿烂阳光	2288	J709.27
牧鹅跳皮筋：儿童舞蹈	0701	J722.3
牧人舞：（蒙古人民共和国舞蹈）	0251	J732.2（311）
幕后珍闻：音乐舞蹈史诗《中国革命之歌》诞生记	0900	J709.27

N

内蒙地区民间舞蹈教材	0288	J719.1
内蒙古歌舞团舞蹈服装集（汉、蒙文）	0397	J721
内蒙古舞蹈基训	0861	J712.22

内蒙古舞蹈选集 .	0508	J722.2212
那一舞的风情	1211	J705
纳鞋底：群众歌舞女声表演唱	0491	J642.53
纳西族古代舞蹈和舞谱	1049	J722.225.7
南洋恋：中国歌舞剧艺社南洋演出四十周年纪念		
（1946—1986）	0889	J709.2
闹节：山东三大秧歌的仪式性与反仪式性	2196	J722.211
你不可不知道的世界顶尖舞团及其历史	1884	J709
你不可不知的踢踏舞大明星：他们的故事（上）	2294	J709
你不可不知的踢踏舞大明星：他们的故事（下）	2295	J709
你我手拉手：舞蹈艺术ABC	1518	J705
牛司令和猪公主：儿童歌舞剧	0376	J723.3
牛仔舞	2230	J732.8
扭秧歌	2100	J722.211
女锻工：舞蹈	0598	J722.6
傩舞资料	0450	J722.21

O

欧美土风舞	0023	J732.2
欧美流行舞蹈简述	2336	J73

P

拍手舞	0172	J722.3
盘鼓舞与汉代登天思想之研究	1831	J709.2
披毡献给毛主席：舞蹈集	0457	J722.6
霹雳·柔姿·交谊舞·模特儿步	1057	J722.9
霹雳：霹雳舞大全	0998	J732.9
霹雳舞	0949	J732.9
霹雳舞	0979	J732.9
霹雳舞	1001	J732.9
霹雳舞·柔姿舞·交谊舞·模特儿步	1083	J732.9
霹雳舞精英	0980	J732.9
霹雳舞入门	1046	J732.9
霹雳舞速成	0981	J732.9
霹雳舞图解	1038	J732.9
霹雳舞与迪斯科	0999	J732.9
霹雳舞在中国	1039	J732.9
皮娜·鲍什：为对抗恐惧而舞蹈	2015	J709.516
飘逝的红舞鞋	2231	J709.2
拼贴的"舞蹈概论"	2259	J70
泼水节之歌：傣族舞、唱词	0487	J722.2274
婆媳之间：歌剧	0252	J723.1
扑蝶舞：东北民间舞蹈	0226	J722.21
葡萄架下（舞蹈）	0659	J722.6
葡萄仙子：独幕歌剧	0012	J722.3

Q

七姊妹游花园	0015	J722.6
齐鲁特色文化丛书，舞蹈	1761	J709.2
起舞飞扬：宜川中学体育舞蹈操	2017	J732.8
恰、恰、恰之技巧	0934	J732.8
恰恰恰舞够轻松：完全彩图分解动作	2149	J732.8
恰恰舞	2232	J732.8
牵驴花鼓：舞蹈	0401	J722.212
前后：刘振祥的云门影像叙事	2197	J709.2（58）
前沿小八路：小舞剧	0624	J722.3
黔南民间舞蹈选集	0757	J722.21
抢亲	0433	J723.1
抢手绢：花鼓灯中小花场	0254	J722.21
切凯蒂体系：古典芭蕾	0690	J712.25
青草坡：歌舞剧	0208	J723.1
青春的呼唤：中老年健身舞	1060	J722.9
青春的舞姿——新编集体舞	0789	J722.1
青春霹雳舞速成	0862	J732.9
青春之舞	0769	J722.6
青年歌舞（第二辑）	0073	J722.1
青年歌舞（第三辑）	0123	J722.7
青年活动编导丛书第二辑：土风舞选	0496	J722.21
青年集体舞	0182	J722.1
青年集体舞	0638	J722.1
青年集体舞：国际舞蹈丛书	0158	J722.1
青年集体舞·交谊舞	0863	J722.1
青年舞选集	0124	J732.1（512）
青年友谊舞	0810	J732.8
青少年体育活动大全—体育舞蹈	1468	J722.6
青少年文化艺术修养入门：怎样欣赏舞蹈	1865	J7-41
轻松跳出恰恰恰	2016	J732.8
倾听身体之歌：舞蹈治疗的发展与内涵	1554	J706
清文化丛书：关东乐舞	1695	J722.222.1
庆农收舞	0175	J732.2（512）
庆祝黔南布依族苗族自治州成立文艺会演： 　　民族戏剧音乐舞蹈，资料搜集	0184	J722.7
庆祝中国人民解放军"八一"建军节二十五周年： 　　火线歌舞集	0087	J722.7
秋收歌舞：儿童歌舞剧集	0042	J723.3
求索新知：中国古典舞学习笔记	1679	J70-02
曲阜祭孔乐舞	0912	J709.2
曲式与舞蹈音乐分析	2317	J614
娶新娘：（民间风俗歌舞）	0255	J722.7

全国高等院校艺术教育大系：西方现代派舞蹈	2101	J705
全国首届商河鼓子秧歌研讨会：文集	1144	J722.21
全国舞蹈编导进修班讲话稿：唐满城等讲话稿	0666	J711.2
全国舞蹈创作会议文集	0901	J711.2
全国舞蹈教育研讨会文集	1705	J70-05
全国职业院校学前教育专业教材：舞蹈	1969	J719
全民皆兵：舞蹈	0321	J722.6
全宋词中的乐舞资料	1084	J709.2-44
全唐诗中的乐舞资料	0688	J709.242
泉州民间舞蹈	1873	J722.21
群文舞蹈编舞法研究	1675	J71
群雁高飞：童话小舞剧	0636	J723.3
群众文艺：节目脚本（二）	0340	J722.2
群众文艺创作丛书：抢扁担（舞蹈）	0416	J722.6
群众文艺创作丛书：献礼	0294	J722.6
群众舞蹈材料	0211	J722.21
群众舞蹈论文集（第一辑，浙江专辑）	0920	J705
群众舞蹈论文集（第二辑，浙江专辑）	0921	J705
群众演唱：鱼水情深：（舞蹈）	0625	J722.6
群众演唱材料：擀毡舞	0257	J722.221.2
群众演唱小丛书：讲卫生：小型舞剧	0417	J723.3
群众艺术丛书之一：集体舞集	0164	J722.1

R

热力塑身明星舞	1926	J732.8
热力塑身莎莎舞	2018	J732.8
热舞瘦身小品	2102	J732.9
人类历史上最迷人的女性回忆录：邓肯自传	1806	J709.712
人类文明编年纪事（音乐和舞蹈分册）	1145	J709
人类文明史．音乐舞蹈卷．快乐的人类	1541	J709
人民公社十支花：民间歌舞	0377	J722.21
人民公社真正好：集体舞	0378	J722.1
人神共舞：青海宗教祭祀舞蹈考察与研究	1833	J722.29
人体．自然．造型	1664	J706
人体的诗-舞蹈美	1067	J705
人体律动的诗篇：舞蹈	1058	J705
人体魔术-舞蹈	1262	J705
人体文化：古典舞世界里的中国与西方	0935	J7-05
人世婆娑	1389	J709.27
认识芭蕾	1101	J705
日本暗黑舞踏：前现代化与后现代化对闇暗舞蹈的影响	1974	J732.6
日本传统舞蹈教程	1696	J719（313）
日本歌舞伎艺术	1431	J709.313
日本舞蹈的基础	1589	J712.29

肉体的叛逆	1519	J709
如烟往事堪回首	1636	J709.2

S

赛跑：（红小兵歌舞）	0552	J722.3
萨满教舞蹈及其象征	1580	J722.29
三个饲养员：小歌舞剧	0379	J723.3
三个饲养员：歌舞剧集	0380	J723.2
三蝴蝶：独幕歌舞剧本	0013	J722.6
三论中国古典舞	0732	J70-02
三年制中等师范学校选修课本：形体教程	1112	J719
三月三，黎族舞	0349	J722.228.1
扫雪：（幼儿歌舞）	0565	J722.3
森林里的宴会：儿童歌舞剧集	0212	J723.3
山东鼓子秧歌	0770	J722.211
山东海阳秧歌	2301	J722.2
山东胶州秧歌	2300	J722.2
山东民间舞选介	0667	J722.21
山东省第一届舞蹈比赛：部分优秀作品选	0733	J792.7
山西民间舞蹈	2329	J722
山西省第三次民间音乐舞蹈会演会刊	0258	J722.21
陕西民间舞蹈概览	1639	J722.21
陕西民间鼓舞博览	2330	J722
扇舞	0323	J722.221.9
上海歌舞团建团三十周年	2199	J792.4-64
上海民间舞蹈	1025	J722.21
上海舞蹈舞剧志·上海歌剧志	1520	J709.2（51）
上海舞蹈艺术（季刊）	0702	J70-05
上海舞台艺术说明书集锦：珍藏版，1985-2005	1967	J81
上海中老年迪斯科	0982	J732.9
上山下乡就是好：幼儿歌舞	0561	J722.3
少儿歌舞游戏新编	1521	J722.3
少儿歌舞游戏新编	2296	J722.3
少儿舞蹈	1601	J722.3
少儿舞蹈基本训练	0902	J712.23
少儿舞蹈考级教材（5-8）	1928	J712.23
少儿舞蹈考级教材（9-12）	1929	J712.23
少儿舞蹈考级教材（1-4级）	1927	J712.23
少年儿童歌舞剧	0043	J723.3
少年儿童集体舞选	0646	J722.3
少年儿童民间舞组合集	1149	J722.3
少年怀民：云门舞集创办人林怀民的青春少年纪事	1647	J709.2
少年少年祖国的春天：1981年全国少年儿童推荐歌舞作品	0703	J722.3
少年舞蹈（第一册）	0074	J722.3

少先队员游戏舞	0181	J722.3
少数民族舞蹈画册	0322	J722.22
社会舞蹈概论	1263	J70
社交跳舞术	0020	J732.81
社交舞步图解：人人会跳的最新舞步自习法	1305	J732.8
社交舞步图解：人人会跳的最新舞步自习法（精装）	1306	J732.8
社交舞步图解：一学即会的舞蹈自习法	1837	J732.8
社交舞入门	1146	J732.8
社交舞与健康	2020	J732.8
社日：小型歌舞剧	0419	J723.2
身体笔记：舞院女生的韵影心香	1816	J709.2
深度狂欢：土尔扈特歌舞	2145	J722.221.2
神川热巴：人神感应的古老艺术	1669	J722
神箭手舞	0125	J732.1（512）
神秘纤媚印度舞	2021	J712.22
神仙妹妹（歌舞剧本）	0008	J723.3
沈阳市朝鲜族舞蹈：积肥舞	0549	J722.3
生产歌舞：儿童歌舞表演	0036	J722.3
生命的节律—中国舞蹈	1390	J709.2
生命的律动：李澄 王佩权舞坛随笔	1762	J705
生命的律动：思想者书系	1264	J70
生命的律动—音乐舞蹈卷	1543	J70
生命的舞蹈	1225	J70
生命的咏叹调	2298	J709.27
生命精神的艺术：李炽强舞论选集	1599	J705
生命之舞	1028	J70
胜利进军舞	0075	J722.7
诗·乐·舞韵	1522	J709.2
狮子舞	0213	J722.21
十大姐	0176	J722.212
十通乐舞章节选	0771	J709.2
十五周年国庆大型歌舞：灯具制作资料	0478	J714.4
什么是舞剧	0259	J733（512）
石岩底下牡丹开（云南花灯舞蹈）	0301	J722.21
石屏七十二套彝族烟盒舞	1888	J722.221.7
时间之歌：儿童芭蕾舞剧	0682	J723.3
时尚钢管纤体舞	2201	J732.6
时尚健康街舞	1838	J732.9
时尚爵士舞	2202	J732.6
时尚形体芭蕾	1676	J712.35
识字牌舞	0324	J722.3
实话实说红舞台	1835	J120.2
实验舞蹈全豹	0003	J732.8

实用交际舞入门	0903	J732.8
实用交谊舞入门：实践与提高	1196	J732.8
实用最新集体舞	0050	J722.1
史论系习作集（第二集）	1280	J705
世纪风华：表演艺术在台湾	1681	J709.2
世界芭蕾史纲	1234	J709
世界芭蕾作品介绍（一）	0772	J705
世界芭蕾作品介绍（二）	0773	J705
世界顶尖舞团	2297	J709
世界儿童唱和跳精选	1125	J722.3
世界风流名媛系列之二：伊莎多拉·邓肯	1363	J709.712
世界交际舞大全	0936	J722.8
世界杰出芭蕾舞星	1102	J705
世界经典芭蕾舞剧欣赏	1600	J705
世界流行交谊舞	0828	J732.8
世界民间舞蹈研究（第一册、第二册、第三册）	0734	J70
世界十大芭蕾舞剧欣赏	0894	J705
世界十大芭蕾舞剧欣赏	1220	J705
世界土风舞	0049	J732.2
世界土风舞	0826	J732.2
世界土风舞大典序列：波兰土风舞	0735	J732.2
世界屋脊的面具文化：我国藏区寺庙神舞及藏戏面具研究	2103	J528.3
世界舞蹈史	1136	J709
世界舞蹈史	1555	J709
世界舞蹈剪影	1033	J709
世界艺术史·舞蹈卷	1630	J709
手舞足蹈：儿童舞蹈教学（平装）	1836	J722.3
首届全国社会舞蹈学理论研讨会专辑：社会舞蹈论文集	1063	J70-02
首届中国舞蹈节文论集	1763	J70
耍狮灯：舞蹈类	0214	J722.215
双送礼：小歌舞剧	0509	J723.2
双送粮：湖南地方歌舞剧	0126	J723.1
双江拉祜族打歌七十二套路	2328	J70
水莲 咱为铁牛洗个澡：红小兵歌舞	0599	J722.3
水墨舞蹈人物画法	1834	J721
水乡送粮：舞蹈	0626	J722.1
说文蹈舞：2008 舞蹈的多元风貌Ⅳ	2104	J70
说文道舞：2008-舞蹈学术研讨会：舞蹈艺术与教育的对话	2068	J70
说舞	1011	J709.2
说舞：舞蹈学研究文萃	1897	J70
丝绸之路乐舞艺术	0865	J709.2
丝绸之路乐舞大观	1391	J709.2
丝绸之路乐舞艺术研究	2198	J709

丝路乐舞故事	1172	J722.221.5
丝路乐舞之旅：新疆少数民族音乐舞蹈	1523	J722.22
斯图加特芭蕾舞校的教学	1056	J712.25
四川凉山彝族传统舞蹈研究	1807	J722.221.7
四川民间舞蹈：秀山花灯	0834	J722.212
四方舞	0829	J732.8
四季花儿开：民间歌舞	0276	J722.7
四姊妹夸夫：歌舞剧	0325	J723.1
松山芭蕾舞白毛女：日中友好之桥	0836	J709.313
宋代歌舞剧曲录要元人散曲选	2019	J709.2-44
宋辽金西夏舞蹈史	2064	J709.2
送货下乡：小歌舞剧	0480	J722.7
送粮路上（舞蹈）	0551	J722.1
送饲料：红小兵歌舞	0544	J722.3
送咱队长上北京（民间舞蹈）	0520	J722.7
苏安莉之编创理念实务分析及接触即兴之探讨	2299	J711
苏联的舞蹈艺术	0127	J732（512）
苏联儿童舞蹈	0100	J732.3（512）
苏联歌舞艺术	0107	J732.2（512）
苏联国立民间舞蹈团	0148	J732.2（512）
苏联红军歌舞团	0044	J732.2（512）
苏联集体舞	0128	J732.1（512）
苏联民间舞蹈（第2集）	0053	J732.2（512）
苏联民间舞蹈（第3集）	0060	J732.2（512）
苏联民间舞蹈（第4集）	0065	J732.2（512）
苏联民间舞蹈（第5集）	0066	J732.2（512）
苏联民间舞蹈基本训练	0260	J712.21（512）
苏联民间舞蹈与舞蹈基本知识（第1集）	0052	J732.2（512）
苏联体操舞	0088	J732.1（512）
苏联舞蹈	0105	J732.2（512）
苏联舞蹈丛书之五：苏联民间舞	0095	J732.29512）
苏联舞蹈家瓦冈诺娃	0261	J709.512
苏联舞蹈小丛书：1：俄罗斯舞	0096	J732.1（512）
苏联舞蹈小丛书2：乌克兰舞：(柯洛米卡)	0055	J732.2（512）
苏联舞蹈小丛书3：乌拉尔舞	0056	J732.2（512）
苏联舞蹈小丛书4：水手舞	0076	J732.6（512）
苏联舞蹈小丛书6：双人舞	0064	J732.2（512）
苏联舞蹈小丛书9：绸舞	0083	J732.6（512）
苏联舞蹈小丛书12：乌兹别克舞	0090	J732.2（512）
苏联舞蹈小丛书14：农女舞	0057	J732.2（512）
苏联舞蹈小丛书：15：俄罗斯男舞	0077	J732.2（512）
苏联舞蹈小丛书16：卡查赫舞	0106	J732.2（512）
苏联舞蹈小丛书：17：六人舞	0131	J732.1（512）

苏联舞蹈小丛书之，3：红巾舞	0129	J732.6（512）
苏联舞蹈小丛书之5：花环舞	0130	J732.6（512）
苏联舞蹈选	0215	J732.1（512）
苏皖风格民间舞教材与教法	2246	J722.21
苏州民间舞蹈志	1691	J722.21
速成社交舞	1126	J732.8
塑身拉丁舞	2203	J732.8

T

台湾后来好所在：中美断交及《薪传》首演20周年纪	1449	J723
台湾山胞（原住民）舞蹈集成：泰雅族、赛夏族、鲁凯族	1245	J722.2（58）
台湾山胞（原住民）舞蹈集成：阿美族、布农族、卑南族	1195	J722.2（58）
台湾同胞我的骨肉兄弟（独舞）	0594	J722.6
台湾同胞我的骨肉兄弟（双人舞）	0578	J722.6
台湾土著祭仪及歌舞民俗活动之研究	0914	J722.29
台湾舞蹈史（上）	1841	J709.2
台湾舞蹈史（下）	1842	J709.2
"台湾"原住民歌谣与舞蹈	1765	J722.22
"台湾"原住民族：邵族乐舞教材	1930	J722.22
"台湾"原住民族：太鲁阁族乐舞教材	1931	J722.22
"台湾"原住民族噶玛兰族乐舞教材	1891	J722.22
太极健身舞	1044	J722.9
太极健身舞新编	2205	J722.9
太极文化与东亚舞蹈文化	1881	J709
太平鼓	0232	J722.3
太平天国时期的江苏舞蹈	0716	J709.249
谈谈舞蹈艺术	1242	J70
谈舞蹈编导创作	0785	J711.2
谈戏曲的舞蹈艺术	0381	J722.4
探戈花样集	0866	J732.8
探戈舞	2233	J732.8
探戈之技巧	0937	J732.8
唐·长安乐舞	0839	J415
唐代乐舞新论	1764	J709.242
唐代舞蹈（初稿）	0424	J709.242
唐代舞蹈	0668	J709.242
唐代音乐舞蹈杂技诗选	0959	J709.242
唐代音乐舞蹈杂技诗选释	1103	J709.242
唐代音乐舞蹈杂技诗选释	1127	J722.7
唐满城舞蹈文集	1221	J705
唐诗与舞蹈	1338	J709.242
桃李芬芳：桃李杯舞蹈比赛全记录1985.8-2006.8	1934	J792.7
陶金我的至爱	1524	J709.27
特别纪念册：习作结	1432	J703

踢球舞	0326	J722.3
踢踏，舞人生	1602	J709.2
踢踏舞功：入门30招	1857	J732.9
踢踏舞入门	2106	J732.9
踢踏舞时尚健美操	1766	J722.9
踢踏游猎好莱坞	1976	J732.9
体操 健美 舞蹈	1899	J719.8
体态律动课例：达尔克罗兹"和乐动作"50例	1557	J711.33
体育丛书：舞蹈新教本（中小学教师及体育学校适用）	0061	J732.2
体育视角下的藏族锅庄	2105	J722.221.4
体育舞蹈	1367	J732.8
体育舞蹈	1603	J732.8
体育舞蹈	1648	J732.8
体育舞蹈	1706	J732.8
体育舞蹈	1843	J732.8
体育舞蹈	2107	J732.8
体育舞蹈	2108	J732.8
体育舞蹈	1368	J732.8
体育舞蹈：国际标准交际舞	1340	J722.8
体育舞蹈（摩登舞）基础教程	1690	J732.8
体育舞蹈：当代国际标准交谊舞	1339	J722.8
体育舞蹈：普通高校体育选项课教材	2023	J732.8
体育舞蹈的理论与实践	1469	J722.8
体育舞蹈读本	1898	J732.8
体育舞蹈基础教程	2022	J732.8
体育舞蹈教程	1525	J732.8
体育舞蹈教程	1526	J732.8
体育舞蹈双语教程	2109	J732.8
体育舞蹈与健身操	2206	J722.8
体育舞蹈与流行交谊舞	2024	J732.8
天生舞者：纽瑞耶夫	1433	J709.512
跳吧！小伙伴	0774	J722.3
跳舞真幸福	1689	J709
跳舞指南	1844	J7
跳舞指南	1558	J722.8
通灵古韵：双柏彝山原始舞蹈	1559	J722.221.7
童舞蹈基训20课	1428	J712.23
童谣舞蹈：儿童舞蹈基本训练新教程（6-8岁）	1839	J722.3
童谣舞蹈：幼儿舞蹈基本训练新教程（4-6岁）	1840	J722.3
图解国际标准舞	1356	J732.8
图解交际舞速成	1767	J732.8
图说芭蕾：邮票上的经典记忆 迷恋芭蕾的一种方式	1932	J732.5
图说世界舞蹈	2204	J7-49

图说中国舞蹈	2161	J70
图说中国舞蹈史	1556	J709.2
图说中国舞蹈史	1665	J709.2
图说山西舞蹈史	2326	J70
图像人类学视野中的贵州苗族舞蹈	1900	J722.221.6
土风舞全集（上）	0867	J732.2
土风舞全集（下）	0868	J732.2
土家族舞蹈学术讨论会专辑	0792	J705
土库曼、爱沙尼亚、卡累利民间舞蹈	0438	J732.2（512）
团扇舞韵	1732	J719.4

W

佤族景颇族舞蹈	1265	J722.225.5
外国大、中、小学生健美舞蹈	1029	J732.9
外国儿童歌舞选	0966	J732.3
外国舞蹈史及作品鉴赏	2056	J709.1
外国舞蹈文化史略	1653	J709.1
外国舞坛名人传	1160	J709
外国艺术家访华演出速写专辑	0833	J721
外国艺术名家论演员的姿态	0752	J706
外国著名芭蕾舞剧故事	1140	J705
晚会集体舞（第二册）	0216	J732.1（512）
晚会集体舞（第一册）	0217	J722.1（512）
万般风情弄清影	1560	J7-49
万年青：舞蹈	0420	J722.4
万盏红灯：花灯歌舞	0431	J722.212
为生命而舞：胡克舞蹈文集	1771	J705
为世界起舞：碧娜·鲍许	2033	J709.516
围灯舞 莲花灯：河南省第三届民间音乐 　　舞蹈观摩会演得奖节目（2）	0327	J722.212
维吾尔族民间舞蹈	0704	J722.221.5
维吾尔族民间舞教材：中国民间新疆代表舞蹈	0141	J719.215
维吾尔族舞蹈	2302	J722.2
伟大战士：双人舞	0614	J722.1
文茶灯（民间歌舞）	0328	J722.7
文华艺术院校奖第八届"桃李杯"舞蹈比赛	1954	J792.7
文化交流资料丛刊，25：南斯拉夫的民间歌舞	0159	J732.2
文化交流资料：中国古典舞剧团在北欧五国	0183	J792.4
文化视野与舞蹈高等教育研究	2114	J7-4
文化艺术卷·音乐志·舞蹈志·杂技志	1612	J121
文科知识百万个为什么：舞蹈	1071	J705
文舞相融：北京舞蹈学院中国民族民间舞系教师文选，上册	1713	J705
文舞相融：北京舞蹈学院中国民族民间舞系教师文选，下册	1715	J705
文舞相融：北京舞蹈学院中国民族民间舞系教师文选，中册	1714	J705

文娱活动的新材料：苏联舞蹈选 0084 J732.1（512）

文娱演唱材料：闹元宵 0439 J722.212

文娱演唱材料：下乡裁衣 0440 J722.6

我爱肚皮舞 2261 J722.9

我爱这一行：独舞 0600 J722.6

我的爱 我的自由 1584 J709.712

我的爱：中外艺术家的特写 1002 J709.27

我的舞蹈艺术生涯 0736 J709.27

我的一生 1450 J709.712

我们是小骑兵 0550 J722.3

我们走在大路上：集体舞 0511 J722.1

我是从孤儿院来的 0723 J709.27

我送情哥去炼铁：小歌舞 0382 J722.21

我为祖国采油忙：独舞 0629 J722.6

我心永舞：汶川废墟上的芭蕾女孩自述 2256 J709.2

我在丝绸之路上舞蹈 2131 J709.27

乌克兰、白俄罗斯民间舞蹈 0262 J732.2（512）

乌兰牧骑之歌 0510 J722.2212

乌兰诺娃 0178 J709.512

乌兹别克民间舞蹈 0263 J732.2（512）

巫·舞·八卦 1128 J70-05

无声的言说：舞蹈身体语言解读 1562 J70

吴晓邦：舞蹈学研究 0944 J70

吴晓邦美学思想论稿 1099 J701

吴晓邦谈艺录 0983 J70

吴晓邦舞蹈文集（第一卷） 2026 J70

吴晓邦舞蹈文集（第二卷） 2027 J70

吴晓邦舞蹈文集（第三卷） 2028 J70

吴晓邦舞蹈文集（第四卷） 2029 J70

吴晓邦舞蹈文集（第五卷） 2030 J70

吴晓邦舞蹈艺术思想研究论文集 0904 J70

五彩缤纷的山东舞台艺术 1940 J81

五朵红云：四幕七场舞剧 0463 J723.1

五朵小红花 0179 J722.3

五女观灯：山西人民出版社 0264 J722.21

五千吨海轮乘风破浪（舞蹈） 0337 J722.6

舞遍全球：从乡村少年到芭蕾巨星的传奇 2032 J709.2

舞痴——来自日本的李惠美 1392 J709.313

舞出健康——新观念舞蹈艺术 2146 J70

舞出我天地：中山大学舞蹈团文集 2166 J792.4

舞蹈 1564 J7

舞蹈 2303 J7

舞蹈 1235 J70

舞蹈	1019	J705
舞蹈	1288	J719.3
舞蹈（第一集）	0149	J722.1
舞蹈（第二集）	0143	J722.1
舞蹈	0007	J732
舞蹈	1212	J7-43
舞蹈	1936	J7-49
舞蹈	0446	J7-55
舞蹈	2214	J712
舞蹈（上）	1651	J719
舞蹈（上册）	1470	J70-43
舞蹈（下册）	1471	J70-43
舞蹈（提高版）	1901	J719
舞蹈：（创作资料）	0285	J711.2
舞蹈（第一集）	0059	J7-49
舞蹈（第三集）	0265	J722.1
舞蹈：鼓会	0421	J722.212
舞蹈：基础版	1938	J7
舞蹈：流动的旋律	1420	J705
舞蹈：去民校的路上	0338	J722.6
舞蹈：体育舞蹈	1882	J732.8
舞蹈：向阳花	0502	J722.6
舞蹈：绣球灯	0422	J722.212
舞蹈：渔民乐	0423	J722.6
舞蹈：做军鞋	0628	J722.1
舞蹈奥秘探求（上卷、下卷）	2153	J70
舞蹈保健手册	1307	J703.4
舞蹈编导的专业特征（在内蒙古全区舞蹈编导班讲课教材）	0705	J711.3
舞蹈编导概论	2305	J711.2
舞蹈编导基础教程	0938	J711.3
舞蹈编导基础理论与创作实习（第二册）	0706	J705
舞蹈编导教学参考资料	1365	J711.3
舞蹈编导课讲义	0707	J711.3
舞蹈编导与创作研究：《北京舞蹈学院学报》论文选集（1992-2004）	1711	J7-53
舞蹈编导知识	0812	J711.3
舞蹈表演教学参考资料	1412	J712-67
舞蹈创编法	1866	J711.3
舞蹈创作法	1848	J703
舞蹈创作艺术	1085	J711.2
舞蹈创作之研究	0796	J711.2
舞蹈丛刊（第一辑）	0228	J712.3
舞蹈丛刊（第二辑）	0266	J722.1

舞蹈丛刊（第三辑）	0267	J722.1
舞蹈丛刊（第四辑）	0273	J722.1
舞蹈大辞典	1266	J7-61
舞蹈的故事	2152	J709.1
舞蹈的排练与表演	0714	J712
舞蹈等级考试与展示教程：男女生，二级	2110	J719.5
舞蹈动作选	0737	J712
舞蹈多媒体技术及其应用	1710	J70-05
舞蹈服饰论	1853	J717
舞蹈服装设计教程（上册）	1734	J717.2-43
舞蹈服装设计教程（下册）	1735	J717.2-43
舞蹈副刊	0383	J7-55
舞蹈概论	1393	J70
舞蹈概论	1808	J70
舞蹈概论	0813	J705
舞蹈干部讲习会资料汇编	0790	J70
舞蹈和我：资华筠自传	0917	J709.27
舞蹈和舞剧书信集	0738	J70
舞蹈画典	0632	J721
舞蹈活动新设计	1610	J722.3
舞蹈基本功教材（广西艺术学院艺术师范系试用）	0521	J719
舞蹈基本功训练教程：舞蹈学专业·身韵部分	1697	J719
舞蹈基本功与技巧	1563	J712.2
舞蹈基本技术训练课教学法	1472	J719
舞蹈基本训练	0670	J712
舞蹈基本训练	0110	J712.2
舞蹈基本训练	0078	J722.2
舞蹈基本训练教程	1683	J712.2-43
舞蹈基本训练组合大全	1605	J712.2
舞蹈基本知识	0398	J711
舞蹈基本知识	0342	J7-49
舞蹈基础	1845	J7-43
舞蹈基础：师范院校舞蹈教材	1473	J719
舞蹈基础教程	1979	J719.3
舞蹈基础理论教材：清代舞蹈的传承与变异	1358	J709.249
舞蹈基础训练	1222	J712
舞蹈基础知识	2025	J7
舞蹈基础知识	0269	J70
舞蹈集（第一集）	0062	J722.1
舞蹈集（第二集）	0063	J722.1
舞蹈纪程：（一九八三）	0869	J7
舞蹈纪程：（一九八四——一九八五）	0870	J709.2
舞蹈技术课年级考核标准动作范例（中专）	2115	J71

舞蹈家：陈爱莲	0739	J709.27
舞蹈家的遗产：芭蕾史话	0669	J709
舞蹈家的摇篮	1686	J792.3
舞蹈家论舞蹈	0797	J705
舞蹈健美	1527	J722.8
舞蹈鉴赏	2113	J705
舞蹈鉴赏	2140	J705
舞蹈鉴赏	2158	J705
舞蹈鉴赏	2159	J705
舞蹈鉴赏	2207	J705
舞蹈鉴赏	2209	J705
舞蹈讲座	0329	J70
舞蹈交流	0756	J705
舞蹈教材	0079	J712.2
舞蹈教材	0025	J719.3
舞蹈教材	0097	J719.3
舞蹈教材（中级班）	0154	J719
舞蹈教程（全一册，1~5年级适用）	1772	J7-43
舞蹈教学	2208	J703
舞蹈教学论文集	0843	J70
舞蹈教学心理	1013	J70-05
舞蹈教学与研究（1990/1）	1086	J70-05
舞蹈教育学	1528	J70-05
舞蹈教育战略与发展	1712	J70-05
舞蹈解剖学	0906	J706
舞蹈解剖学	1707	J706-43
舞蹈解剖学初探：谈舞蹈的科学训练	0708	J706
舞蹈解剖学教程	1394	J706
舞蹈筋斗基本训练教程	2247	J712.2
舞蹈类：耍龙灯	0218	J722.212
舞蹈理论基本知识	0355	J702
舞蹈论丛	0717	J705
舞蹈论文选	0330	J70
舞蹈论文选	0871	J70
舞蹈美	1150	J701
舞蹈美学	1395	J701
舞蹈美育原理与教程	1874	J7-4
舞蹈名人录	1396	J709
舞蹈女神	0926	J705
舞蹈评论教程	1236	J705
舞蹈评论教学参考资料	1941	J705-67
舞蹈评析与身体观	1565	J705
舞蹈排练工作与导演应用理论	2183	J71

舞蹈曲选	0152	J645.2
舞蹈人物装饰	0947	J522.1
舞蹈入门：审美素质培养丛书	1411	J705
舞蹈入门	0017	J712
舞蹈散论	0441	J703
舞蹈赏析	2307	J7-43
舞蹈生理学	1777	J706-43
舞蹈生态学导论	1106	J70-05
舞蹈生态学论丛	1223	J70-05
舞蹈史—葡萄牙	1413	J709.552
舞蹈世界	0608	J705
舞蹈世界	0615	J705
舞蹈视界，夏	1774	J7-55
舞蹈速写	0432	J721
舞蹈王国再探：少数民族舞蹈论文选	1850	J722.22
舞蹈文化	2304	J70
舞蹈文化概论	2134	J70-43
舞蹈文化与审美	1852	J701
舞蹈文论研究方法初探	1980	J70
舞蹈舞剧创作经验文集	0872	J711.2
舞蹈小辞典	0653	J7-61
舞蹈新选	0040	J722
舞蹈写作教程	1237	J70
舞蹈心理学	1709	J70-05
舞蹈欣赏	1308	J705
舞蹈欣赏	1611	J705
舞蹈欣赏	1666	J705.1
舞蹈欣赏	2162	J705
舞蹈欣赏	2237	J705
舞蹈欣赏与创作	1937	J70
舞蹈新论	0873	J70
舞蹈形态学	1267	J70
舞蹈选材与训练科学	1474	J706
舞蹈选集	0209	J722.21
舞蹈学导论	1667	J7
舞蹈学位论文与写作	2234	J7-4
舞蹈学习（内部资料）（1）	0467	J719.5
舞蹈学习（内部资料）（2）	0468	J719.5
舞蹈学习资料（4）	0647	J705
舞蹈学习资料（总第1辑）	0136	J703
舞蹈学研究	1117	J70
舞蹈训练学	2138	J712.2
舞蹈训练学概论	2137	J712.2

舞蹈训练与编创	1609	J719
舞蹈研究（第1期）	0811	J722.1
舞蹈研究文选	0656	J70
舞蹈研究与台湾：新世代的展望；研讨会论文集	1567	J705
舞蹈演员常识：工具书	0425	J71
舞蹈演员的解剖学	0940	J706
舞蹈艺术	0830	J70
舞蹈艺术概论	2210	J70
舞蹈艺术鉴赏	2260	J705-43
舞蹈艺术教育	1633	J70-05
舞蹈艺术论	0474	J70
舞蹈艺术论纲：北京舞蹈学院教材	1030	J70
舞蹈艺术论集	1854	J702
舞蹈艺术浅谈	1579	J70
舞蹈艺术简论	0689	J70
舞蹈艺术人才一般性综合知识2000问	1650	J7-44
舞蹈艺术审美讲座：舞咏菁华	1846	J701
舞蹈艺术-生命的自由行走	1668	J709
舞蹈艺术史料．风云集	1422	J709.2
舞蹈艺术通论	1939	J70
舞蹈艺术心理学	1776	J70-05
舞蹈艺术欣赏：黛尔勃西荷拉遐想	1317	J705
舞蹈艺术欣赏：舞蹈：气质与形体的塑造	1453	J705
舞蹈艺术与实践	1769	J705
舞蹈译丛（1）	0671	J70
舞蹈译丛（2）	0672	J70
舞蹈意象与身体训练：各种舞蹈中舞出巅峰的自我训练法	1989	J706
舞蹈应用生理解剖学	1770	J706
舞蹈游戏	0002	J722.3
舞蹈与健康美	1435	J732.8
舞蹈与健美操	1529	J712.29
舞蹈与生活	2031	J7-49
舞蹈与统整性课程设计：101动作历险记	2235	J7-4
舞蹈与戏剧表演	1779	J7-43
舞蹈与形体训练	1604	J712.2
舞蹈与旋律的结晶：香港独生女陈婷的成材之路	1268	J703
舞蹈与族群：赫章民族舞蹈考察	1397	J70-02
舞蹈圆不完的梦：纪念著名舞蹈活动家邢志汶先生	1608	J709.27
舞蹈摘译：芭蕾简史	0545	J709
舞蹈者的医疗	0709	J703.4
舞蹈之神：尼仁斯基传	1107	J709.512
舞蹈知识	0526	J70
舞蹈知识100问	1561	J705

舞蹈知识丛书：舞蹈的基本训练	0960	J712
舞蹈知识丛书：舞蹈欣赏	1000	J705
舞蹈知识手册	1475	J70-62
舞蹈专业英语快速阅读教程	1708	J7-43：H319.4
舞蹈资料（1）	0185	J722.21
舞蹈资料汇编（三）	0741	J712
舞蹈资料汇编（一）	0740	J712
舞蹈资料文献集	1173	J792-40
舞蹈资优教育的现况与展望	1775	J70-05
舞蹈总动员：舞蹈入门知识	1851	J7-49
舞蹈组合	2306	J722.3
舞蹈作品简介	0569	J722.6
舞蹈作品选	0674	J722
舞道：刘绍炉的舞蹈路径与方法	1455	J705
舞动《白蛇传》	1680	J723.1
舞动《长恨歌》的前世今生	2175	J723.9
舞动红楼梦	1823	J705
舞动人生	1847	J709
舞动世界的小脚丫	2035	J7-49
舞动-舞蹈编创、教学与作品实例之分析	2069	J71
舞动新天地：唐雅君的健身王国	1590	J709.2
舞动治疗	2212	J732.9
舞光魅影——性感肚皮拉丁有氧	2036	J722.9
舞过群山	1051	J791.3
舞魂	1031	J70
舞魂：赵青传	1129	J709.27
舞剧：丝路花雨	0673	J723.1
舞剧·一把酸枣解读	1810	J723.1
舞剧·乌兰诺娃	0153	J705
舞剧编导笔记（上册）	0941	J711.3
舞剧编导笔记（下册）	0942	J711.3
舞剧编导艺术	0783	J711.3
舞剧编导艺术	0488	J711.3
舞剧论文集	0782	J70
舞剧与古典舞蹈	0627	J70
舞剧资料	0814	J733.42
舞林大会．Ⅱ，袁鸣	1951	J732.8
舞林大会．1，曹可凡、陈佩英	1943	J732.8
舞林大会．1，陈辰	1942	J732.8
舞林大会．1，豆豆、陈佩英	1944	J732.8
舞林大会．1，吉雪萍、陈佩英	1945	J732.8
舞林大会．1，娄一晨、陈佩英	1946	J732.8
舞林大会．1，朱桢、陈佩英	1947	J732.8

舞林大会．Ⅱ，陈蓉、陈佩英	1950	J732.8
舞林大会．Ⅱ，马杰、陈佩英	1948	J732.8
舞林大会．Ⅱ，倪琳	1953	J732.8
舞林大会．Ⅱ，陶淳、陈佩英	1949	J732.8
舞林大会．Ⅱ，夏磊、陈佩英	1952	J732.8
舞龙	2116	J722.214
舞龙	2308	J722.214
舞龙舞狮	2211	J722.214
舞龙运动	1773	J722.214
舞龙运动教程	2112	J722.214
舞论	1476	J70
舞论：王克芬古代乐舞论集	2213	J709.2
舞论集	0874	J70
舞论续集	1018	J70
舞梦录	1072	J703
舞狮	2072	J722.21
舞狮	1778	J722.215
舞狮技艺活动之研究（上册）	1606	J722.215
舞狮技艺活动之研究（下册）	1607	J722.215
舞狮运动教程	1935	J722.215
舞书：陶馥兰话舞	1269	J705
舞思：资华筠文论集	2070	J705
舞台速度节奏	0775	J811.2
舞台舞蹈头饰造型艺术	1398	J717.3
舞坛采珠：儿童舞蹈教育、创作经验谈	1768	J703.31
舞坛寻梦：王世琦舞剧创作文集	1994	J723
舞坛纵横：冯德舞论、舞评、舞籍精选	2111	J70
舞厅交谊舞入门	1281	J732.8
舞心集	1278	J705
舞学丛书：舞蹈创作心理学	1238	J70-05
舞艺·舞理	1436	J703
舞与神的身体对话（上、下）	2147	J70
舞苑春秋：上海舞蹈家的摇篮	2248	J792.3
舞越濠江：澳门舞蹈	1849	J709.2
舞韵	2034	J706
舞者断想	1568	J705
舞者之歌：邓肯自传	1811	J709.712
舞者之歌：伊莎朵拉·邓肯回忆录	1815	J709.712
舞者之歌：伊莎朵拉·邓肯回忆录	1817	J709.712
舞中之王：现代探戈舞	1249	J732.8

X

西藏古典歌舞-囊玛	0394	J722.221.4
西藏神舞戏剧及面具艺术	1087	J722.221.4

西藏舞蹈概说	0955	J722.221.4
西藏舞蹈通史	1309	J709.2
西方芭蕾史纲	1569	J709
西方芭蕾舞与现代舞简史	2139	J732.5
西方舞蹈鉴赏	1320	J705
西方舞蹈文化史	1341	J709
西方现代舞史纲	1716	J709.1-43
西洋古典舞蹈应用语法	1437	J731
洗衣歌	0499	J722.6
洗衣舞	0442	J722.6
喜鹊和寒鸟：童话歌舞剧	0150	J723.3
喜鹊与小孩：儿童歌舞剧	0270	J723.3
喜晒战备粮：舞蹈	0546	J722.6
喜送粮：舞蹈	0630	J722.1
喜烛舞（舞蹈）	0223	J722.21
戏曲舞蹈创作理念与作品研析	2038	J70
戏曲舞蹈美学理论资料	0461	J701
戏曲舞蹈美学理论资料	0660	J701
戏曲舞蹈艺术	0951	J821.2
现代芭蕾	0984	J733.47
现代芭蕾：20世纪的弥撒	1151	J70
现代芭蕾：20世纪的弥撒	1270	J705
现代标准交谊舞最新教程（初、中、高级）	1205	J732.8
现代歌舞集（1）	0080	J722.6
现代国际标准舞厅舞	1114	J732.9
现代国际流行交谊舞入门	1342	J732.8
现代家政百科：舞艺	1052	J732.8
现代交际舞	1130	J732.8
现代交际舞	1174	J732.8
现代交际舞大全	0831	J732.8
现代交际舞大全	1014	J732.8
现代交际舞大全（再版）	1587	J732.8
现代交际舞范本	1343	J732.8
现代交际舞教程	1492	J732.8
现代交谊舞精粹集锦：国际标准舞与中国式舞厅舞	1289	J732.8
现代流行舞迪斯科伦巴探戈	0875	J732.8
现代流行舞新花样	1003	J732.9
现代青年舞	0219	J722.1（512）
现代舞	1137	J705
现代舞大全	0910	J732.8
现代舞蹈	1131	J705
现代舞蹈的身体语言	1780	J70-43
现代舞蹈动作基本原理的探讨与实例	0786	J711.36

现代舞的理论与实践（第一卷）	1243	J70
现代舞教学课程	2250	J712.26
现代舞入门与鉴赏	2215	J732.6
现代舞术语辞典	1613	J7-61
现代舞欣赏法	1329	J705
现代西方艺术美学文选：舞蹈美学卷	1073	J701
献给祖国好妈妈：幼儿歌舞专辑	1012	J722.3
献桃舞：儿童表演舞	0426	J722.3
献礼（舞蹈）	0312	J722
先秦乐舞戏剧大事年表（第一辑）	1566	J709.2
相互性的回荡：表现主义绘画、音乐与舞蹈	1858	J709.516
香港舞蹈历史	1530	J709.2
香港舞蹈年鉴：2000-2001	1615	J7-54
香港舞蹈评论集：1976~1996	1399	J705
湘西苗族民歌与鼓舞	2263	J722.221.6
湘西民间舞蹈选	0384	J722.21
向山垅田进军：歌舞选集之一	0489	J722.7
向舞者致敬：世界顶尖舞团的过去、现在与未来	2058	J709
箫管霓裳：敦煌乐舞	2039	J709.2
小车舞	0173	J722.6
小歌舞	0888	J722.3
小歌舞剧：双喜临门	0151	J723.2
小公鸡：儿童歌舞剧	0385	J723.3
小孩与时间：歌舞剧：儿童剧	0033	J723.3
小红帽脱险记：童话歌舞剧	0045	J723.3
小伙伴的舞	0386	J722.3
小金凤：广西幼儿民族歌舞	0815	J722.3
小马灯舞	0271	J722.3
小民兵：儿童歌舞	0512	J722.3
小炮兵：歌舞表演	0537	J722.3
小社员：儿童歌舞	0513	J722.3
小司机（儿歌表演）	0883	J722.3
小小画家：儿童歌舞剧	0231	J722.3
小熊过桥：幼儿歌舞专集	0776	J722.3
小学生课外活动教程：舞蹈	1246	J719.3
小学体育课音伴与舞蹈	0907	J722.3
小学舞蹈教学参考书	0777	J719.3
小学姿势训练	0021	J712.23/
小羊救母（小小歌舞剧）	0016	J723.3
小资料（1）	0680	J70
小资料（2）	0681	J70
小资料（3）	0685	J70
小资料（4）	0691	J70

小资料（5）	0758	J70
校园集体舞	1955	J722.1
校园舞蹈：创编与实例	1477	J711.3
校园舞蹈教学与创编实践	1870	J70
歇会儿，天鹅：易学易懂的芭蕾史	1670	J709.1
旋转舞台上翱翔—舞蹈艺术解读	1692	J7
心若芷兰：03级汉唐古典舞	1965	J792.5
心随舞动：关于舞蹈编创的思考	2216	J7-53
新芭蕾形体雕塑	2057	J712.25
新编现代国际交谊舞大全	1310	J732.8
新编中老年健美迪斯科	0985	J732.9
新潮交谊舞	1165	J732.8
新潮舞	1004	J722.9
新潮有氧舞蹈入门	1478	J732.9
新潮韵律舞	0943	J722.9
新俄的演剧运动与跳舞	0010	J732（512）
新集体舞	0058	J722.1
新疆民族舞蹈	1054	J722.22
新疆维吾尔歌舞：赛乃姆	0710	J722.7
新木卡姆（乌夏克）大歌舞：人民公社好（第六稿）	0570	J722.7
新年大歌舞	0046	J722.1
新世纪百科知识金典：神州舞韵（1）	1479	J709.2
新世纪百科知识金典：神州舞韵（2）	1480	J709.2
新世纪高等师范院校教材：艺术鉴赏，音乐舞蹈	1360	J705
新世纪交谊舞国标舞	1585	J732.8
新世纪中国舞蹈文化的流变	2037	J705
新土风舞大全（上	0742	J732.2
新土风舞大全（中）	0743	J732.2
新土风舞大全（下）	0744	J732.2
新文娱丛书：新舞蹈	0101	J722.3
新舞蹈：第二册	0132	J722.6
新舞蹈小丛书：骑士舞	0089	J732.2（512）
新舞蹈小丛书之7：集体农庄舞	0133	J732.6（512）
新舞蹈小丛书之8：牧童舞	0094	J732.6（512）
新舞蹈艺术初步教程	0032	J711.3
新舞蹈艺术概论	0035	J70
新舞蹈艺术概论	0745	J70
新艺见＝Taishin arts review. 音乐舞蹈篇 music&dance review & guide	1968	J705
新中国舞蹈的奠基石（上）	2077	J709.2
新中国舞蹈的奠基石（下）	2078	J709.2
新中国舞蹈史：（1949~2000）	1614	J709.27
新中国舞蹈事典	1855	J709.2

新中国舞蹈艺术的摇篮	1818	J709.2
信儿捎给台湾小朋友：红小兵歌舞	0588	J722.3
信阳民间舞蹈	2309	J722.21
行草：一个舞蹈的诞生	1547	J705
行军路上：小型歌剧（舞蹈）	0387	J722.1
形体芭蕾	1654	J712.25
形体舞蹈	1867	J722.9
形体舞蹈速成 POP	1649	J712.2
形体训练与舞蹈编导基础	2118	J711.3
幸福光：彝族双人舞	0606	J722.6
幸福水：畲族歌舞	0648	J722.7
性格舞蹈基础	2062	J732.9
性格舞蹈教程	1781	J719.5
性格舞教学法	1987	J719.5
性格舞课程教学大纲	2249	J712.2
匈牙利：国家人民文工团	0102	J795.15（515）
匈牙利舞蹈学校：九年制大纲教材，教学笔记	0427	J719.5
休闲育乐小品：土风舞大全	1344	J732.2
绣荷包：民间歌舞	0331	J722.21
绣花舞	0339	J722.21
绣花舞	0332	J722.6
学生集体舞创作选	0272	J722.1
学生舞	0091	J732.1（512）
学跳安徽花鼓灯	1822	J722.212
学跳藏族舞	2241	J722.221.4
学跳国际标准交谊舞	1188	J732.8
学跳交谊舞	1531	J732.8
学习资料（四）	0721	J711.1
学习资料：向总政访沪歌舞团学习专辑（二）	0675	J711.2
学校适用：舞蹈大观	0001	J732.8
学校体育课舞蹈艺术体操实用组合 80 例	0986	J722.9
学校舞蹈教材	0018	J719.3
学与教的心理探秘幼儿园集体音乐舞蹈教学指南	1990	J722.3
寻觅舞蹈：吴露生舞蹈艺术文集	1400	J70

Y

哑姑泉：四场歌舞剧	0428	J723.2
哑姑泉：四场歌舞剧：简谱本	0458	J723.2
雅乐舞的白话文：以乐记为例，探看古乐的身体	1271	J709.2
亚美尼亚民间舞蹈	0333	J722.21（512）
延安文艺丛书．第十四卷，舞蹈、曲艺、杂技卷	0948	J709
颜梅华舞蹈白描写生	1619	J222.7
秧歌剧：红苗	0514	J722.7
秧歌舞	0028	J722.211

秧歌舞初步	0031	J722.211
秧歌舞剧	0029	J722.211
秧歌与腰鼓	0047	J722.216
养猪姑娘：独舞	0601	J722.6
腰鼓	2073	J722.216
摇篮情 军旅爱：延安、东北、中南部队艺术学校纪念文集	1287	J703
椰林怒火、刚果河在怒吼：灯光资料	0498	J714.4
椰林怒火：四场歌舞	0515	J723.1
业余舞蹈基本训练	0444	J712
叶浅予画舞	0676	J721
叶浅予舞蹈画册	0746	J721
夜练：小舞剧	0577	J723.1
夜战莲花江：歌舞剧	0429	J723.1
一把洋镐：歌舞剧	0134	J723.2
一代孔雀舞王：毛相	2121	J709.27
一代舞蹈大师-纪念吴晓邦文集	1321	J709.27
一个芭蕾舞女演员的热情	0987	J712.1
一口气读懂舞蹈常识	2310	J7-49
一粒棉花子	0051	J723.3
一年级芭蕾舞教学法	0618	J719.5
仪式、歌舞与文化展演：陕北·晋西的"伞头秧歌"研究	1958	J722.211
彝族舞	0334	J722.221.7
彝族舞蹈	0816	J722.221.7
忆往事	2264	J709.27
艺术瑰宝—芭蕾	1481	J705
艺术体操体育舞蹈健美体育绘图	1311	J722.8
艺术欣赏课程教师手册，中学舞蹈篇	1532	J70
音乐舞蹈	0584	J732.3
音乐舞蹈	1108	J609.2
音乐舞蹈专辑	0524	J645.2
音乐舞蹈出版物选题规则（草案）1960-1964	0350	J7-67
音乐舞蹈技能技巧	1570	J712.2
音乐舞蹈气功	1100	J722.9
音乐舞蹈史诗：献给爸爸元帅的光荣之歌（儿童史诗）	0562	J732.3
音乐舞蹈戏剧艺术鉴赏	1482	J705
音乐舞蹈中的故事	1671	J705
音乐游戏及舞会游戏	0817	J732.2
银色的维也纳：曼妙的华尔兹和轻歌剧	2327	J732
印度婆罗多舞蹈教程	1718	J719（351）
印度舞蹈通论	1717	J709.351
印度舞蹈源流——印度舞蹈与中国舞蹈影响研究	1971	J709.351
英歌舞研究	1088	J722.7
英国皇家式交谊舞	0908	J732.8

英国皇家舞蹈学院芭蕾教材（一）	0762	J719.5
英国皇家舞蹈学院芭蕾教材（二）	0763	J719.5
英国皇家舞蹈学院芭蕾教材（三）	0764	J719.5
英国皇家舞蹈学院芭蕾教材（四）	0765	J719.5
英国皇家舞蹈学院舞蹈等级考试与展示课程：男女生，一级	2120	J719.5
英国皇家舞蹈学院舞蹈等级考试与展示课程：男女生，启蒙级—初级	2119	J719.5
英雄背后出英雄：歌舞剧	0081	J723.1
迎着太阳做早操：儿童小歌舞	0547	J722.3
迎春：民间歌舞	0239	J722.21
影响世界的中国乐舞	1631	J709.2
永不停息的舞者：戴爱莲传	2220	J709.27
永不下岗：三人舞	0590	J722.6
用生命感悟非洲	2311	J792.6
优美动人的中国舞蹈	1312	J705
优秀舞蹈选集（上）	1047	J722
优秀舞蹈选集（下）	1089	J722
优雅形体芭蕾	2041	J722.5
友谊船：小歌舞剧	0470	J723.3
友谊舞	0235	J722.221.4
有氧舞蹈	2042	J732.9
有氧舞蹈	2321	J7
幼儿歌舞	1618	J722.3
幼儿歌舞：打乒乓	0563	J722.3
幼儿歌舞：让工人叔叔阿姨好好休息	0564	J722.3
幼儿歌舞创编实用教程	2040	J719.3
幼儿律动与舞蹈	1147	J722.3
幼儿情趣歌舞	1819	J719.3
幼儿师范学校课本：舞蹈，全一册	0879	J719.3
幼儿舞蹈	0747	J722.3
幼儿舞蹈	1090	J722.3
幼儿舞蹈	1438	J722.3
幼儿舞蹈创编	1672	J722.3
幼儿舞蹈—动作艺术基础	1098	J712.23
幼儿舞蹈教材	1091	J719.3
幼儿舞蹈教学指导	1068	J719.3
幼儿舞蹈训练与幼儿舞蹈创编	1956	J712.23
幼儿园歌舞教材	1290	J719.3
幼儿园教材：歌曲、音乐、游戏和舞蹈	0388	J722.3
幼儿园教师进修教材 舞蹈	0939	J719.3
幼儿园舞蹈和歌曲	0988	J722.3
幼儿园舞蹈课程：2-3岁	2217	J732.3
幼儿园舞蹈课程：3-4岁	2218	J732.3

幼儿园舞蹈课程：4-5岁 2219 J732.3

幼儿师范学校：舞蹈教学大纲：试行草案 0905 J7-41

幼教技能训练体育舞蹈（试用） 1015 J712.23

鱼儿献给解放军：红小兵歌舞 0602 J722.3

鱼水情（小舞剧） 0548 J723.1

渔民号子：表演舞 0490 J722.6

与《白毛女》相伴的日子 2251 J723.4

与舞蹈的12种相遇 2122 J792.3

与自然共舞——"台湾"原住民舞蹈 1533 J709.2（58）

原舞者：一个原住民舞团的成长记录 1439 J709.2

源远流长：《高原演出六年》续集 1229 J703

月明之夜：独幕歌舞剧 0009 J722.6

跃进歌舞 0295 J722.7

跃进集体舞 0430 J722.1

跃进舞（舞蹈） 0469 J722.1

云门舞话 0711 J705

云门舞集 0573 J705

云门舞集与我 1617 J705

云南代表团参加全国少数民族群众业余艺术观摩演出会：
　　节目资料 0482 J722.7

云南地方艺术研究丛书：云南民族舞蹈论集 1053 J70-02

云南花灯"十大姐" 0174 J722.7

云南花灯舞蹈基训教材 0443 J712.21

云南民族民间舞蹈丛书：傣族舞蹈 0712 J722.225.3

云南民族舞蹈：幼儿教材 1966 J722.22

云南民族舞蹈史 1957 J709.27

云南民族舞蹈研究 2269 J722.2

云南文山州民族民间舞蹈探源 2324 J722

云南少数民族传统乐舞 2221 J722.22

云南省思茅地区：江城哈尼族彝族自治县：
　　民族民间舞蹈普查（试记稿） 2266 J722.225.4

韵律舞入门 0989 J722.9

Z

在果园里：舞蹈 0447 J722.6

在美的旋律中健康成长 0961 J705

怎样打腰鼓 0048 J722.216

怎样记和看舞蹈场记 0591 J721.7

怎样记录舞蹈 0778 J721.7

怎样扭秧歌 0037 J722.211

怎样排练和记录舞蹈 0389 J712

怎样跳好交谊舞 1175 J732.8

怎样跳集体舞 0818 J722.1

怎样跳交际舞 0054 J732.8

怎样跳交际舞	0819	J732.8
怎样跳交谊舞	0795	J732.8
怎样跳交谊舞	0876	J73
怎样跳舞	0820	J732.8
怎样欣赏芭蕾	1345	J705
赠金钗：民间歌舞	0335	J722.212
炸碉堡	0280	J722.6
摘杨桃：舞蹈	0390	J722.1
战马嘶鸣：舞蹈	0678	J722.6
战神的舞踏	1620	J709.2
张旭教授芭蕾舞课教学笔记	0748	J719.5
这些云门舞者：找一个角度，让自己发光	2224	J709.2（58）
浙江省非物质文化遗产代表作丛书：余杭滚灯	2156	J722.21
浙江省民族民间舞蹈集成：宁波市卷	1092	J722.2
浙江省舞蹈创作讨论会专辑	0788	J711.2
浙江省舞蹈家协会：第三次会员代表大会专辑	1253	J792.3
浙江省15年群众文化理论文选	1933	J7-53
支农船歌：舞蹈	0574	J722.1
织纲舞	0391	J722.3
职业高中幼师专业教材：舞蹈（上）	1007	J719.3
职业高中幼师专业教材：舞蹈（下）	1008	J719.3
治山舞	0284	J723.2
中朝人民胜利舞	0082	J722.1
中等职业技术学校教材试用本：艺术欣赏：舞蹈	2059	J705
中等职业学校幼儿教育专业实验教材：舞蹈	1571	J719.3
中古乐舞研究	1871	J709.2
中国100种民间戏曲歌舞	1483	J722.4
中国朝鲜族舞蹈论稿	1346	J722.221.9
中国传统民间舞蹈选：二人台舞蹈	0821	J722.21
中国传统文化与舞蹈	1885	J709.2
中国大百科全书，音乐、舞蹈	1005	J7-61
中国当代舞蹈创作与研究：舞动奇迹三十年	2170	J711
中国当代舞蹈家的故事	0922	J709.27
中国的音乐．舞蹈．戏曲	1093	J70
中国非物质文化遗产代表作：花鼓灯	1960	J722.212
中国革命历史的壮丽画卷—谈革命样板戏的成就和意义	0555	J705
中国宫廷舞蹈艺术，附二十五史"乐志"舞蹈章节集粹	1729	J709.2
中国古代的乐舞	1448	J709.2
中国古代跳舞史	2254	J709.2
中国古代舞蹈	1401	J709.2
中国古代舞蹈	1402	J709
中国古代舞蹈家的故事	0779	J709.2
中国古代舞蹈审美历程	1863	J701

中国古代舞蹈史	0890	J709.2
中国古代舞蹈史长编（初稿，第一册）	0492	J709.2
中国古代舞蹈史长编（初稿，第二册）	0493	J709.2
中国古代舞蹈史长编（初稿，第三册）	0494	J709.2
中国古代舞蹈史长编（初稿，第四册）	0495	J709.2
中国古代舞蹈史纲	1094	J709.2
中国古代舞蹈史话	0677	J709.2
中国古代舞蹈史教程	1799	J719.4
中国古代音乐舞蹈史话	1357	J709.2
中国古代乐舞史（上、下卷）	2174	J709.2
中国古典舞	0346	J719.4
中国古典舞：教学法（初稿）	0160	J719.4
中国古典舞参考资料（内部试用）	0531	J722.4
中国古典舞基本功教材教学法	1886	J719.4
中国古典舞基本功训练教程	1684	J719.4
中国古典舞基本功训练教程	1728	J719.4
中国古典舞基本功训练教学法：（中专女班）	1794	J719.4
中国古典舞基本训练教材与教法：（中专）	1797	J709.2
中国古典舞基训	1061	J712.24
中国古典舞基训教材大纲	2045	J712.24
中国古典舞基训示范教材	1574	J719.3
中国古典舞教材新编：技巧·剑舞·长袖	1575	J719.4
中国古典舞教学	1272	J719.4
中国古典舞教学法	0399	J719.4
中国古典舞教学体系创建发展史	1721	J719.4
中国古典舞教学与理论研究—《北京舞蹈学院学报》 论文选集（1992-2004）	1726	J7-53
中国古典舞教育本科毕业论文集	1407	J705-53
中国古典舞论坛	1802	J705
中国古典舞评说集	1883	J722.4
中国古典舞身韵	1132	J719.4
中国古典舞身韵教学法	1724	J719.4
中国古典舞袖舞教程	1793	J719.4
中国古典舞袖舞教程	1800	J70-05
中国古典舞袖舞技法教程	2325	J722
中国古典舞与雅士文化	1152	J70-05
中国古典舞中专教材，四年级（女班）示例课程	2125	J719.4
中国古典舞中专教材，一年级（女班）示例课程	2124	J719.4
中国国粹艺术读本：秧歌	2074	J722.211
中国汉代舞蹈概论	2255	J709.2
中国汉唐古典舞基训教程	2236	J712.24
中国汉族民间舞教程	1731	J719.1
中国花鼓灯艺术	1095	J722.212

中国解放战争时期舞蹈史	1634	J709.2
中国近现代当代舞蹈发展史：1840～1996	1484	J709.2
中国乐妓秘史	1197	J709.2
中国历代舞姿	0749	J709
中国龙舞	1621	J722.214
中国民间歌舞	0233	J722.21
中国民间文化丛书：中国民间舞蹈	1069	J722.21
中国民间舞（男班笔记）	0445	J719.1
中国民间舞蹈图片选集	0268	J721
中国民间舞蹈文化	0952	J70-05
中国民间舞蹈文化	1876	J722.21
中国民间舞蹈文化教程	1573	J70-05
中国民间舞蹈文集	1273	J70-02
中国民间舞蹈选集	0137	J722.21
中国民间舞教材	0289	J719.1
中国民间舞教材及教学法	1576	J719.1
中国民间舞教材及教学法（附册）	0964	J719.1
中国民间舞教材及教学法（上册）	0956	J719.1
中国民间舞教材及教学法（下册）	0957	J719.1
中国民间舞艺术：中国民间舞教育专业毕业生论文集	1361	J722.21
中国民间舞与农耕信仰	1153	J70-05
中国民舞	2258	J722.2
中国民族民间舞：初级教程	1784	J719
中国民族民间舞传统、典型组合：渊源与分析	2242	J722.2
中国民族民间舞蹈集成，上海市松江县分卷	1041	J722.2
中国民族民间舞蹈集成，安徽卷（上）	1291	J722.2（54）
中国民族民间舞蹈集成，安徽卷（下）	1292	J722.2（54）
中国民族民间舞蹈集成，北京卷	1161	J722.2（1）
中国民族民间舞蹈集成，福建卷	1331	J722.2（57）
中国民族民间舞蹈集成，甘肃卷	1347	J722.2（42）
中国民族民间舞蹈集成，广东卷	1332	J722.2（65）
中国民族民间舞蹈集成，广西卷（上）	1162	J722.2（67）
中国民族民间舞蹈集成，广西卷（下）	1163	J722.2（67）
中国民族民间舞蹈集成，贵州卷	1539	J722.2（73）
中国民族民间舞蹈集成，河北卷	1032	J722.2（22）
中国民族民间舞蹈集成，河南卷（上）	1200	J722.2（61）
中国民族民间舞蹈集成，河南卷（下）	1201	J722.2（61）
中国民族民间舞蹈集成，黑龙江卷	1322	J722.2（35）
中国民族民间舞蹈集成，湖北卷（上）	1293	J722.2（63）
中国民族民间舞蹈集成，湖北卷（下）	1294	J722.2（63）
中国民族民间舞蹈集成，吉林卷	1366	J722.2（34）
中国民族民间舞蹈集成，江苏卷（第一分册）	1296	J722.2（53）
中国民族民间舞蹈集成，江苏卷（上）	0962	J722.2（53）

中国民族民间舞蹈集成，江苏卷（下）	0963	J722.2（53）
中国民族民间舞蹈集成，江西卷（上）	1154	J722.2（56）
中国民族民间舞蹈集成，江西卷（下）	1155	J722.2（56）
中国民族民间舞蹈集成，辽宁卷	1408	J722.2（31）
中国民族民间舞蹈集成，内蒙古卷	1250	J722.2（26）
中国民族民间舞蹈集成，宁夏卷	1323	J722.2（43）
中国民族民间舞蹈集成，青海卷	1540	J722.2（44）
中国民族民间舞蹈集成，山东卷	1409	J722.2（52）
中国民族民间舞蹈集成，山西卷（上）	1180	J722.2（25）
中国民族民间舞蹈集成，山西卷（下）	1181	J722.2（25）
中国民族民间舞蹈集成，上海卷	1251	J722.2（51）
中国民族民间舞蹈集成，四川卷（上）	1208	J722.2（71）
中国民族民间舞蹈集成，四川卷（下）	1209	J722.2（71）
中国民族民间舞蹈集成，天津卷	1064	J722.2（1）
中国民族民间舞蹈集成，西藏卷	1495	J722.2（75）
中国民族民间舞蹈集成，新疆卷	1410	J722.2（45）
中国民族民间舞蹈集成，浙江卷	1065	J722.2（55）
中国民族民间舞蹈集成云南卷丛书：兰坪民间舞蹈	1274	J722.21
中国民族民间舞蹈论文集	1872	J722.2
中国民族民间舞基本功训练教程	1722	J719.1
中国民族民间舞教学法	1792	J719
中国民族民间舞教学组合编排法	1698	J719
中国民族民间舞研究：《北京舞蹈学院学报》 　　论文选集（1992-2004）	1725	J7-53
中国民族舞蹈国画集（中英文本）	1783	J721
中国纳西族东巴舞谱研究：兼论巫与舞、舞蹈与舞谱	1988	J721.1
中国区域性少数民族民俗舞蹈	2222	J722.22
中国少数民族民间舞蹈选介	0927	J722.2
中国少数民族民间舞蹈选介：续编	1213	J722.2
中国少数民族民间舞教程	1719	J719.2
中国少数民族民间音乐舞蹈鉴赏	2046	J722.22
中国少数民族舞蹈	0891	J722.22
中国少数民族舞蹈	1889	J722.22
中国少数民族舞蹈的采集、保护与传播 　　——20世纪80年代初期的一项社会人类学调研	2270	J722.22
中国少数民族舞蹈发展史	1622	J709.2
中国少数民族舞蹈史	1440	J709.2
中国社会生活丛书，舞蹈篇：舞低杨柳楼心月	1230	J722.2
中国社会生活丛书：舞低杨柳楼心月，舞蹈篇	1485	J709.2
中国神秘文化	1109	J70-05
中国狮舞之艺术	2225	J722.215
中国石窟寺乐舞艺术	2155	J709.2
中国世界舞蹈文化	2223	J70

中国双人舞编导教程	1730	J711-43
中国文联晚霞文库：舞论集	1487	J705
中国武术理论与舞蹈实践	1791	J719.4
中国舞蹈	1488	J709
中国舞蹈	1441	J709.2
中国舞蹈	1489	J709.2
中国舞蹈：八段锦舞	0014	J722.6
中国舞蹈编导教程	1723	J711-43
中国舞蹈词典	1244	J7-61
中国舞蹈丛书：莲湘	0092	J722.21
中国舞蹈丛书：中国集体舞（第二集）	0108	J722.1
中国舞蹈大辞典	1577	J7-61
中国舞蹈发展史	0640	J709.2
中国舞蹈发展史	1040	J709.2
中国舞蹈发展史	1133	J709.2
中国舞蹈发展史	1727	J709.2
中国舞蹈发展史（上）	1020	J709.2
中国舞蹈发展史（下）	1021	J709.2
中国舞蹈服饰设计师	2126	J717.2
中国舞蹈服装设计精选	1141	J717.2
中国舞蹈高等教育30年学术文集，芭蕾舞研究	2044	J722.5
中国舞蹈高等教育30年学术文集，舞蹈学研究	2167	J70
中国舞蹈高等教育30年学术文集，中国古典舞研究	2132	J722.4
中国舞蹈高等教育30年学术文集，中国民族民间舞研究	2169	J722.2
中国舞蹈高等教育30年学术文集：舞蹈编导研究	2168	J711
中国舞蹈技巧	1016	J71
中国舞蹈技巧课教材	1423	J719.4
中国舞蹈家协会第四次会员代表大会资料汇编	0650	J792.3
中国舞蹈家协会第五次会员代表大会资料汇编	0887	J792.3
中国舞蹈家协会广东分会第二次会员代表大会：资料汇编	0679	J792.3
中国舞蹈教学参考资料	1442	J70-42
中国舞蹈名作赏析：1949-1999	1623	J705
中国舞蹈奇观：中国古代	0968	J705
中国舞蹈审美	1318	J70-05
中国舞蹈史	1348	J709.2
中国舞蹈史	1421	J709.2
中国舞蹈史	1443	J709.2
中国舞蹈史	2333	J70
中国舞蹈史，秦、汉、魏、晋、南北朝部分	0822	J709.2
中国舞蹈史，明、清部分	0824	J709.2
中国舞蹈史，上	0603	J709.2
中国舞蹈史，下	0604	J709.2
中国舞蹈史，宋辽金西夏元部分	0823	J709.2

中国舞蹈史，先秦部分	0780	J709.2
中国舞蹈史，隋、唐、五代部分	0913	J709.2
中国舞蹈史话	1403	J709.2
中国舞蹈史及作品鉴赏	2257	J709.2
中国舞蹈通史：古代文物图录卷	2274	J709.2
中国舞蹈通史：明清卷	2272	J709.2
中国舞蹈通史：秦汉卷	2312	J709.2
中国舞蹈通史：宋 辽 西夏 金 元卷	2315	J709.2
中国舞蹈通史：隋唐 五代卷	2314	J709.2
中国舞蹈通史：魏 晋 南北朝卷	2313	J709.2
中国舞蹈通史：先秦卷	2271	J709.2
中国舞蹈通史："中华民国"卷 上	2273	J709.2
中国舞蹈通史："中华民国"卷 下	2316	J709.2
中国舞蹈文物图典	1588	J709.2-64
中国舞蹈武功技巧·舞蹈分卷	1720	J709.2
中国舞蹈武功教材（上）	1324	J719.4
中国舞蹈武功教材（下）	1325	J719.4
中国舞蹈武功教学	1490	J719.4
中国舞蹈艺术	0684	J721
中国舞蹈艺术（1942-1992）	1138	J721
中国舞蹈艺术（第一辑）	1625	J70
中国舞蹈艺术（第二辑）	2226	J70
中国舞蹈艺术的摇篮：中央戏剧学院舞运、		
舞研班师生回忆录	1284	J709.2
中国舞蹈艺术鉴赏指南	1572	J705
中国舞蹈艺术史图鉴	1404	J709.2
中国舞蹈意象概论	2075	J70
中国舞蹈意象论	1231	J70
中国舞蹈这棵树	1795	J709.2
中国舞等级考试教材．第一级（幼儿）	1534	J719.3
中国舞等级考试教材：第二级（幼儿）	1685	J719.3
中国舞等级考试教材．第三级（幼儿）	1494	J719.3
中国舞等级考试教材：第四级（儿童）	1637	J719.3
中国舞等级考试教材：第五级（儿童）	1545	J719.3
中国舞等级考试教材：第六级（儿童）	1582	J719.3
中国舞等级考试教材：第七级（儿童）	1655	J719.3
中国舞等级考试教材：第十一级（青年）	2142	J719.3
中国舞等级考试教材：第十二级（青年）	2176	J719.3
中国舞等级考试教材：第十级（少年）	2049	J719.3
中国舞分级考试教材（第五级 少年1）	1349	J719.3
中国舞分级考试教材（第六级 少年2）	1350	J719.3
中国舞分级考试教材（第七级 少年）	1444	J719.3
中国舞分级考试教材（第一、二级儿童）	1176	J719.3

中国舞分级考试教材（启蒙、初级课）　　　　1189　　　　　J719.3
中国舞分级考试教材伴奏曲（第六级 少年1）　　1352　　　　　J719.3
中国舞分级考试教材伴奏曲（第一、二级儿童）　1177　　　　　J719.3
中国舞分级考试教材伴奏曲（第三、四级儿童）　1239　　　　　J719.3
中国舞分级考试教材伴奏曲（第三、四级儿童）　1275　　　　　J719.3
中国舞分级考试教材伴奏曲（第五级 少年2）　　1351　　　　　J719.3
中国舞分级考试教材伴奏曲（启蒙、初级课）　　1182　　　　　J719.3
中国舞基训常用动作选：普及版　　　　　　　　2065　　　　　J712
中国舞精选教材　　　　　　　　　　　　　　　1674　　　　　J719.4
中国舞剧　　　　　　　　　　　　　　　　　　1353　　　　　J723
中国舞考级文论集　　　　　　　　　　　　　　1801　　　　　J70-05
中国舞谱：国舞的基本动作　　　　　　　　　　0750　　　　　J721.7
中国舞狮　　　　　　　　　　　　　　　　　　2043　　　　　J722.215
中国西部歌舞论　　　　　　　　　　　　　　　1115　　　　　J70-02
中国西南少数民族舞蹈文化　　　　　　　　　　1354　　　　　J70-02
中国现代、当代舞蹈发展概论　　　　　　　　　1868　　　　　J709.2
中国现当代舞蹈史纲　　　　　　　　　　　　　1491　　　　　J709.27
中国现当代舞剧发展史　　　　　　　　　　　　1798　　　　　J709.2-43
中国新文艺大系：1949～1966，舞蹈集　　　　　1673　　　　　J721
中国新文艺大系：1976～1982，舞蹈集　　　　　1178　　　　　J721
中国学术名著提要，艺术卷　　　　　　　　　　1330　　　　　J70
中国艺术百科全书：交际舞　　　　　　　　　　1796　　　　　J732.8
中国艺术大系．中专卷：文化部中等艺术教育
　　"十五"重点教材：芭蕾舞　　　　　　　　　1804　　　　　J719.5
中国艺术教育大系．中专卷：文化部中等艺术教育
　　"十五"重点教材：中国古典舞　　　　　　　1803　　　　　J719.4
中国艺术教育大系．中专卷；文化部中等艺术教育
　　"十五"重点教材：中国民族民间舞　　　　　1785　　　　　J719
中国艺术教育大系：中国民间舞蹈文化教程（舞蹈卷）　1538　　J70-05
中国艺术史：舞蹈卷　　　　　　　　　　　　　1959　　　　　J709.2
中国艺术形体损伤诊治学　　　　　　　　　　　1190　　　　　J703.4
中国优秀传统文化三字经，音乐舞蹈篇　　　　　1313　　　　　J709.2
中国原生态舞蹈文化（1）　　　　　　　　　　2318　　　　　J722.2
中国原生态舞蹈文化（2）　　　　　　　　　　2319　　　　　J722.2
中国浙江民族民间舞蹈词典　　　　　　　　　　1232　　　　　J722.2
中国汉代画像舞姿　　　　　　　　　　　　　　1276　　　　　J721.1
中国最新流行交谊舞速成　　　　　　　　　　　1405　　　　　J732.8
中华民俗体育：舞龙：理论篇、实际篇、研究篇　1314　　　　　J722.214
中华文化通志第八典：乐舞志　　　　　　　　　1445　　　　　J709.2
中华舞蹈图史　　　　　　　　　　　　　　　　1624　　　　　J709.2
中华舞蹈志，河南卷，洛阳篇　　　　　　　　　1536　　　　　J709.2
中华舞蹈志，安徽卷　　　　　　　　　　　　　1535　　　　　J709.2（54）
中华舞蹈志，福建卷　　　　　　　　　　　　　1962　　　　　J709.2（57）

中华舞蹈志，广东卷	1963	J709.2（65）
中华舞蹈志，广西卷	1805	J709.2（67）
中华舞蹈志，河北卷	1628	J709.2（22）
中华舞蹈志，江苏卷	2051	J709.2（53）
中华舞蹈志，江西卷	1578	J709.2（56）
中华舞蹈志，内蒙古卷	1961	J709.2（26）
中华舞蹈志，陕西卷	2172	J709.2（41）
中华舞蹈志，宁夏卷	2173	J709.2（43）
中华舞蹈志，山西卷	2171	J709.2（25）
中华舞蹈志，上海卷	1537	J709.2（51）
中华舞蹈志，四川卷	2052	J709.2（71）
中华舞蹈志，新疆卷	2050	J709.2（45）
中华舞蹈志，云南卷（上册）	2053	J709.2（74）
中华舞蹈志，云南卷（下册）	2054	J709.2（74）
中华舞蹈志，浙江卷	1486	J709.2（55）
中级古典芭蕾	0909	J719.5
中级古典芭蕾：四、五年级芭蕾教学法	1782	J719.5
中老年迪斯科集锦	1009	J732.9
中老年迪斯科健身舞	0958	J732.9
中老年迪斯科健身舞	1042	J732.9
中老年迪斯科舞图解	0953	J722.9
中老年健身迪斯科	0969	J732.9
中老年健身舞教学指导	1206	J722.9
中老年迪斯科	0990	J732.9
中老年人元极舞参与满意度对身心健康与 生活品质相关之研究	2048	J70-05
中老年舞蹈	1233	J722.9
中老年舞蹈教程	2047	J7-43
中老年运动迪斯科	0991	J732.9
中外舞蹈概览	1193	J70
中外舞蹈鉴赏语言	2123	J705
中外舞蹈术语汇编	1315	J7-61
中外舞蹈思想教程	1240	J70-02
中外舞蹈思想概论	1626	J70-02
中外舞蹈文献丛书：苏俄芭蕾舞史	1135	J709.512
中外舞蹈作品赏析．第一卷，中外芭蕾舞作品赏析	1786	J705-43
中外舞蹈作品赏析．第二卷，中外芭蕾舞作品赏析	1787	J705-43
中外舞蹈作品赏析．第三卷，中外芭蕾舞作品赏析	1788	J705-43
中外舞蹈作品赏析．第四卷，中外芭蕾舞作品赏析	1789	J705-43
中外舞蹈作品赏析．第六卷，中外舞蹈精品赏析	1790	J705-43
中外舞剧作品分析与鉴赏	2163	J705
中西舞蹈比较研究	0781	J70
中小学生舞蹈基本训练	0825	J712.23

中央民族大学国家"十五""211工程"建设项目：

  中国民族舞蹈教育现状调查与研究   1975   J70-05

中央民族歌舞团参加全国专业团体业余舞蹈会演资料：

  少数民族民间音乐舞蹈   0222   J722.7

中原民俗丛书：民间舞蹈   1359   J70-02

著名舞蹈家崔美善   1355   J721

专家教你跳标准社交舞   1856   J732.8

壮族舞蹈研究   0970   J722.221.8

追寻的历程   1890   J722.2

赞革命样板戏舞蹈设计   0554   J711.3

宗教与舞蹈   1446   J70-05

综艺性电视舞蹈之研究   1652   J711.3

走进芭蕾王国   2164   J732.5

走马灯   0392   J722.3

走雨   0459   J722.21

足尖上的精灵：芭蕾的故事   1627   J705

足尖上的梦   0832   J705

足尖上的梦幻：中外芭蕾精品欣赏   1362   J705

足尖上的茉莉花香   2252   J723.47

最好的东西：儿童歌舞剧   0220   J723.3

最新标准式交际舞   0026   J722.8

最新国际社交舞，舞厅舞   1447   J732.8

最新民间舞   0109   J732.2（512）

最新现代交际舞教程   1406   J732.8

左权小花戏   0479   J722.212

作家学者武术家：刘峻骧的文艺创作与学术研究 1148   J70

作为艺术的舞蹈：舞蹈美学引论   1875   J722

中图法分类：（索书号）J732.8/35
题　　　名：学校适用：舞蹈大观（影印本）
责　任　者：王季梁、孙模、黄家瑞编译
出　版　者：上海均益图书公司
出版时间：1907.9［清光绪三十三年］
出　版　地：上海
页　　　数：1册
尺　　　寸：20cm
价　　　格：不详
馆藏地址：北京舞蹈学院图书馆

内容提要：本书内容分为圆舞、列舞、环舞、方舞；对其舞蹈的基本跳法和队列等内容进行了比较详细的说明。此书是上海最早的舞蹈出版物。此书出版时间1907年9月。此书是上海最早的舞蹈出版物。本书1907年王季良、孙模、黄家瑞编译的《舞蹈大观》由上海均益图书公司出版、上海商务印书馆编辑的《舞蹈游戏》。这两种书也是我国最早的舞蹈出版物。这两部我国最早的舞蹈教科书，都是译自日本的舞蹈教科书，其中都介绍和讲解了方舞、园舞、列舞和环舞。我们不难看出这些都是欧美土风舞和土风舞基础上形成的欧美宫廷舞舞会舞的典型形式。

中图法分类：（索书号）J722.3/13
题　　　名：舞蹈游戏（影印本）
责　任　者：王季梁、孙棪编译
出　版　者：上海商务印书馆印行
出版时间：1907.4初版、［清光绪三十三年］1913.4版（"民国"二年）
出　版　地：上海
页　　　数：82页：图
尺　　　寸：20cm
价　　　格：不详
馆藏地址：北京舞蹈学院图书馆

内容提要：本书介绍了舞蹈表演中各种舞的队形和配置、舞蹈的预备姿势和方法、舞蹈的种类和跳法等。介绍舞蹈的基本动作。本书和1907年王季梁、孙棪、黄家瑞编译的《舞蹈大观》是中国最早的舞蹈出版物这一。上海商务印书馆1907年4月初版，82页有图32开包括上、下卷。上卷介绍舞蹈前的准备等，下卷介绍各种舞蹈的跳法。节前有舞蹈一般之注意、舞蹈术语一览表、舞蹈术语详解等。这两部我国最早的舞蹈教科书，都是译自日本的舞蹈教科书，其中都介绍和讲解了方舞、园舞、列舞和环舞。我们不难看出这些都是欧美土风舞和土风舞基础上形成的欧美宫廷舞舞会舞的典型形式。

0003

中图法分类：（索书号）J732.8/63
题　　名：实验舞蹈全豹（影印本）
责 任 者：徐傅霖编辑
出 版 者：中国图书公司编辑印行
出版时间：1909［清宣统元年］
出 版 地：上海
页　　数：116 页
尺　　寸：20cm
价　　格：不详
馆藏地址：北京舞蹈学院图书馆
内容提要：由徐傅霖编辑，中国图书公司印行的《实验舞蹈全豹》一书介绍了欧美各国的舞蹈。本书收集了欧美最流行的舞蹈。分为方舞、对舞、圆舞、列舞、环舞五种舞蹈，对这五种舞蹈的舞步、基本动作等内容进行了比较详细的说明。并详细介绍了欧美各国的舞蹈。编者在书中写到"本书所载之舞蹈，编者曾于上海体操游戏传习所、龙门师范学校、务本女塾、中国体操学校及内地各讲习会、实地实验，较少空谈之弊"从这些资料中我们可以看出，舞蹈已经被不少学堂作为体育课堂的教学内容被广泛接受。

0004

中图法分类：（索书号）J723.3/3
题　　名：麻雀与小孩：儿童歌舞剧 曾名
　　　　　（一名觉悟少年）（影印本）
责 任 者：黎锦晖编
出 版 者：上海中华书局
出版时间：1922［"民国"十一年］
出 版 地：上海
页　　数：56 页
尺　　寸：18cm
价　　格：不详
馆藏地址：北京舞蹈学院图书馆
内容提要：本书对儿童歌舞剧——麻雀与小孩歌舞剧的布景种类、登场人物的装饰、曲调的源流、剧本的脚本进行说明。《麻雀与小孩》是黎锦晖写作最早、修订时间最长的一部儿童歌舞剧，表现了一个顽童出于好奇心将一只活泼可爱的麻雀诱骗到家中，关进了笼子。小麻雀的妈妈前来寻找孩子，拳拳的母爱之心感动了小孩，他认识到自己行为的错误，遂放掉了麻雀。该剧歌词全部采用口语之声，动作由模仿生活常态而来，将儿童道德品质的培养隐含在生动感人的寓言式故事里，易于演出和吸引小观众。其中作品采用旧曲填词的方法，引用了《苏武牧羊》、《银绞丝》等民间曲调，"飞飞舞"则配合歌曲形象，准确地表达了作品主题，传唱久远。该剧被称作是黎锦晖的代表作之一。也是李锦晖儿童歌舞剧的处女作。

中图法分类：（索书号）J712/8
题　　　名：蹈舞术（影印本）
责　任　者：泗泾张英著
出　版　者：新民图书馆兄弟公司
出版时间：1922.2［"民国"十一年］
出　版　地：上海
页　　　数：1册
尺　　　寸：20cm
价　　　格：1.20（大洋）
馆藏地址：北京舞蹈学院图书馆
内容提要：本书介绍了一步舞、复步舞、狐走舞、踏月舞、龙婉舞、西班牙之丝葛脱舞、凌波舞的形式、舞步和步伐。

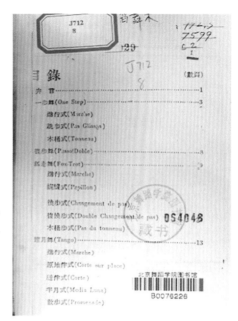

中图法分类：（索书号）J705/48
题　　　名：剧学月刊. 第二卷 第六期（影印本）
责　任　者：南京戏剧音乐院编
出　版　者：北平分院研究所
出版时间：1933.6［"民国"二十二年］
出　版　地：北京（北平）
页　　　数：1册
尺　　　寸：26cm
价　　　格：不详
馆藏地址：北京舞蹈学院图书馆
内容提要：本刊内容包括戏剧角色得名之研究、清代乐舞考、清宫秘谱零忆、曲调流源考、说行头、独角剧的初步研究等文章。1932年由南京戏曲音乐院北平分院研究所创办的，该刊主任为金仲荪，副主任为程砚秋，主编为徐凌霄。1932年元月创刊，至1936年6月《剧学月刊》出至第54期停刊。共发行5卷，民国时期是京剧发展的鼎盛时期，当时出版了大量京剧期刊，为京剧研究保存了一大批弥足珍贵的史料文献。在这其中，最有民族风格特色、最具学术价值、最有专业影响，同时又持续了较长时间的，首推《剧学月刊》。（其中1933年第2卷第7、第8期；1936年第5卷第3、第4期为合刊），撰文者的阵容颇齐整，不但有精于创作的剧作家、精通"场上"的研究家、顾曲家，甚至还笼络了几位硕果仅存的老伶工。如徐凌霄、陈墨香、刘守鹤、曹心泉、王泊生、邵茗生、杜颖陶、金悔庐、程砚秋、王瑶青（卿）等。

0007

中图法分类：（索书号）J732/2
题　　　名：舞蹈（影印本）
责 任 者：沈明珍编
出 版 者：上海爱国女学出版部
出 版 时 间：1925.7［"民国"十四年］
出 版 地：上海
页　　　数：74 页
尺　　　寸：20cm
价　　　格：0.80（大洋）
馆 藏 地 址：北京舞蹈学院图书馆
内 容 提 要：本书主要介绍了土风舞和优秀舞两种舞蹈基本动作。1925 年由上海爱国女校出版部出版《舞蹈》，沈明珍编，其内容包括土风舞、优秀舞两种。

0008

中图法分类：（索书号）J723.3/4
题　　　名：神仙妹妹（歌舞剧本）（影印本）
责 任 者：黎锦晖编
出 版 者：上海中华书局印行
出 版 时 间：1926［"民国"十五年］
出 版 地：上海
页　　　数：65 页
尺　　　寸：18cm
价　　　格：0.15（大洋）
馆 藏 地 址：北京舞蹈学院图书馆
内 容 提 要：本书对儿童歌舞剧——神仙妹妹歌舞剧的故事、布景种类、登场人物的装饰、布景略记、道具略记、曲调的源流、剧本的脚本进行说明。独幕 4 场儿童歌舞剧。黎锦晖民国 14 年（1925 年）在原作"神仙姐姐"基础上根据孙中山三民主义思想改编创作。此剧表现神仙妹妹指挥 3 个孩子，搭救并团结弱小的小羊、鸽子、螃蟹去抵抗豺狼、老鹰、猛虎等，最终取得了胜利。将抗暴虐、求平等、寻和平、爱快乐的道理形象生动而含蓄地表现出来。

中图法分类：（索书号）J722.6/43
题　　　名：月明之夜（歌舞剧本）（影印本）
责　任　者：黎锦晖著
出　版　者：中华书局
出版时间：1926［"民国"十五年］
出　版　地：上海
页　　　数：60页
尺　　　寸：20cm
价　　　格：0.15（大洋）
馆藏地址：北京舞蹈学院图书馆
内容提要：儿童歌舞剧《月明之夜》，独幕7场歌舞剧。"民国"12年（1923）黎锦晖创作，黎明晖编舞及导演。主演：黎莉莉、王人美等。这部作品是著名的音乐歌舞家黎锦晖的早期创作。在《月明之夜》里通过"嫦娥下凡"的故事宣传了人间生活要比神仙世界更加

幸福美好，从而反对了封建迷信，歌颂了"人间之爱"。全剧以4叙事表意，以舞抒情渲染。剧中的歌与舞采用化洋为中以及中洋结合的方法，该剧是20年代风行之作，是明月歌舞团的保留节目，并在各地广为流传。剧本刊登于《小朋友》周刊，民国15年3月上海中华书局出版，7个月发行6版，民国36年又数次再版。

中图法分类：（索书号）J732（512）/1
题　　　名：新俄的演剧运动与跳舞
责　任　者：（日）昇曙华著 画室译
出　版　者：北新书局
出版时间：1927.5初版［"民国"十六年］
出　版　地：北京
页　　　数：172页
尺　　　寸：20cm
价　　　格：0.45（大洋）
馆藏地址：北京舞蹈学院图书馆
内容提要：译著通称：冯雪峰。译自《革命时期的演剧与跳舞》《无产阶级剧与映画及音乐》两种书，内收《革命期的俄国演剧》、《演剧革命的回顾》（路纳却尔司基），《新剧运动的三权威》、《无产阶级演剧运动》、《舞台装置的革命》、《俄国最近的跳舞》、《最近的二种跳舞剧》、《革命艺术与社会主义艺术》（特罗茨基）等8篇。

0009

0010

0011

中图法分类：（索书号）J722.3/64
题　　　名：春天的快乐：增订歌舞剧本（影印本）
责　任　者：黎锦晖著
出　版　者：中华书局
出　版时间：1928［"民国"十七年］
出　版　地：上海
页　　　数：57页
尺　　　寸：20cm
价　　　格：0.15（大洋）
馆藏地址：北京舞蹈学院图书馆
内容提要：本书介绍了《春天的快乐》的剧目大纲、引子和剧本内容。本剧共八场，场次的顺序是：1. 桃李迎春、2. 闲愁、3. 蜂蝶喜春、4. 惊燕赞春、5. 幽燕、6. 姐弟游春、7. 殷勤的慰问、8. 最后的觉悟，其中还有各场次音乐总谱和唱词。这是一本珍贵的歌舞剧史料。

0012

中图法分类：（索书号）J722.3/73
题　　　名：葡萄仙子：增订歌舞剧本（影印本）
责　任　者：黎锦晖编著
出　版　者：中华书局
出　版时间：1928［"民国"十七年］第25版
出　版　地：上海
页　　　数：60页 图，乐谱
尺　　　寸：19cm
价　　　格：0.15（大洋）
馆藏地址：北京舞蹈学院图书馆
内容提要：本书介绍了歌舞剧"葡萄仙子"的情节内容、人物关系图、登场人物表、曲谱目录表、舞法目录、化妆种类目录、布景种类目录、歌舞剧本正文。

中图法分类：（索书号）J722.6/41
题　　　名：三蝴蝶：独幕歌舞剧本（影印本）
责　任　者：黎锦晖著
出　版　者：中华书局印行
出版时间：1931 ["民国"二十年]
出　版　地：上海
页　　　数：59页，[2]页图版，乐谱
尺　　　寸：19cm
价　　　格：0.15（大洋）
馆藏地址：北京舞蹈学院图书馆
内容提要：本书主要内容包括：编制三蝴蝶故事、前奏曲、登场人物、歌曲、舞曲目录、三蝴蝶脚本等内容。大型童话歌舞剧《三蝴蝶》的情节源于小学课本的一篇课文，但能为幼儿理解接受。它写三只彩蝶飞舞戏玩于花丛，十分快乐。突然，风儿吹，云儿飞，雨纷纷，电掣雷奔。三只舞蝶请求红花张开花瓣，让她们躲一躲，可红花只愿接受与自己同颜色的红蝴蝶；她们又去找白花、黄花，但白花只愿接纳白蝴蝶、黄花只愿接纳黄蝴蝶。三只蝴蝶不愿分离，她们在风雨中一起飞行，直至云消雨散，太阳放光。作品既讴歌蝴蝶们不畏艰难险阻团结抗争的精神，也礼赞了太阳那种无偏无私，把光辉洒满大地的爱。

0013

中图法分类：（索书号）J722.6/49
题　　　名：中国舞蹈：八段锦舞（影印本）
责　任　者：王怀琪著
出　版　者：商务印书馆
出版时间：1929.8 ["民国"十八年]
出　版　地：上海
页　　　数：42页：图解
尺　　　寸：19cm
价　　　格：不详
馆藏地址：北京舞蹈学院图书馆
内容提要：本书共分6个部分内容，主要介绍了舞蹈的动作和基本步法，以图解的形式分别对身体各部分肢体动作做了比较详细的说明。此书提名是从"八段锦"健身体操改成的舞蹈，有图解等。

0014

0015

中图法分类：（索书号）J722.6/53
题　　　名：歌舞剧本：七姊妹游花园（影印本）
责　任　者：黎锦晖著
出　版　者：上海中华书局
出　版　时　间：1929［"民国"十八年］
出　版　地：上海
页　　　数：81页
尺　　　寸：18cm
价　　　格：0.20（大洋）
馆藏地址：北京舞蹈学院图书馆
内　容　提　要：本书是歌舞剧本。本剧完全以
"美"为主，人美、服装美、布景美、歌声美、
乐声美、资态美、动作美收集了七场舞剧的曲
谱。此剧被批为唯美主义的代表作。内容目
录：旨趣，故事，正文，第一场　大姐姐的花
园、第二场　二姐姐的花园、第三场　三姐姐的
花园、第四场　四姐姐的花园、第五场　五姐姐的花园、第六场　六姐姐的花园、第七场　七
妹妹的花园。

0016

中图法分类：（索书号）J723.3/6
题　　　名：小羊救母（小小歌舞剧）（影印本）
责　任　者：黎锦晖编著
出　版　者：上海中华书局
出　版　时　间：1930.2［"民国"十九年］
出　版　地：上海
页　　　数：64页
尺　　　寸：18cm
价　　　格：不详
馆藏地址：北京舞蹈学院图书馆
内　容　提　要：本书对儿童歌舞剧小羊救母的故
事、布景种类、登场人物的装饰、台上的布置
和光线、曲中人物简称、剧本的曲谱等进行了
说明。小羊救母6场儿童歌舞剧。黎锦晖创
作，由中华歌舞专科学校首演。剧情表现羊妈
妈带着3只小羊在草地上遇狼，羊大郎与羊母
因受骗，处境危险，羊二郎找救兵施妙计刺死恶狼，救出母兄。此剧旨在教育儿童以勇
敢机智战胜敌人。音乐用轮唱和两部合唱等形式，舞蹈则吸收外国歌舞片中的动作，
如：划腿、跳跃、旋转、滑步、碎步等来叙事抒情。该剧演员仅5人，剧长15～20分
钟，是一部普及性、简易性的小型歌舞剧。该歌舞剧本于"民国"十九年二月由上海中
华书局出版，两年后再版。

中图法分类：（索书号）J712/9
题　　　名：舞蹈入门（影印本）
责　任　者：沈明珍著
出　版　者：勤奋书局
出版时间：1931.5版 ["民国"二十年]
出　版　地：上海
页　　　数：96页，[1]叶图版
尺　　　寸：19cm
价　　　格：不详
馆藏地址：北京舞蹈学院图书馆
内容提要：本书列举了学习舞蹈的基本姿势、动作和步式，包括屈膝、滑步、低踏步、高踏步、交转舞、立足、平衡步、雀跃、盘旋式、换腿式、白利舞、倍司克舞等，每种步式含有四种要素，意义、音乐时间、演奏动作和旨意等。介绍舞蹈的基本动作，如姿势，步颠趾、屈膝、滑步等，共42种，附图解。书前有沈嗣良的序言、沈明珍的"责任者言"。

0017

中图法分类：（索书号）J719.3/7
题　　　名：学校舞蹈教材（影印本）
责　任　者：高少是编译
出　版　者：中华书局
出版时间：1933.2 ["民国"二十二年]
出　版　地：上海
页　　　数：1册
尺　　　寸：20cm
价　　　格：0.50（大洋）
馆藏地址：北京舞蹈学院图书馆
内容提要：本书内容包括舞蹈的分类，学校舞蹈史，学校舞蹈教育的价值，小学一至六年级各年级适用的教材等。

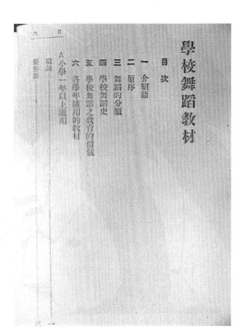

0018

0019

中图法分类：（索书号）J709.2
（I207.73/1）（311157）

题　　　名：古中国的跳舞与神秘故事 附法国汉学小史

责　任　者：（法）格拉勒著，李璜译述

出　版　者：上海中华书局

出版时间：1931.2［"民国"二十年］

出　版　地：上海

页　　　数：142 页

尺　　　寸：19cm

价　　　格：0.45（大洋）

馆藏地址：上海图书馆

内容提要：本书是作者：［法］马尔塞尔·格拉勒（葛兰言）著，李璜译自 1933 年的书。作者在书中讲述了古代中国与祭祀有关的跳舞与神秘的故事。他说："杀人以祭本不算最初最野蛮的办法。在图腾部落的初期，是迷信同类不能伤害的。这是到第二期，要与神相通，然后才开始用同类以祭。到了第三期，神的看待完全人间化了（就是信者想象神与人的生活一样，完全没有鬼怪禽兽的感想了），然后杀人以祭的仪式才盛行的。所以杀人以祭的宗教仪式至少在春秋时代还应该是盛行的"这是一部研究古代发展史中跳舞和神秘问题的专著。

0020

中图法分类：（索书号）J732.81/255
（291084）

题　　　名：社交跳舞术（全一册）

责　任　者：凌琴如编

出　版　者：中华书局

出版时间：1933［"民国"二十二年］

出　版　地：上海

页　　　数：168 页

尺　　　寸：19cm

价　　　格：0.60（大洋）

馆藏地址：上海图书馆

内容提要：本书包括总论、跳舞概论、跳舞分论等 3 编。前两编讲述什么是社交跳舞、社交跳舞的种类、要领与技巧、正确的步法、跳舞的基本练习等注意事项与知识；最后一编介绍狐步舞、卡尔斯顿、回旋舞、探戈舞等 9 种舞式。有附录及参考书目录。

中图法分类：（索书号）J712.23/1
题　　　名：小学姿势训练（各级适用）
责　任　者：项翔高编著（影印本）
出　版　者：上海勤奋书局
出版时间：1933［"民国"二十二年］
出　版　地：上海
页　　　数：60页
丛　　　书：体育丛书
尺　　　寸：19cm
价　　　格：0.35（大洋）
馆藏地址：北京舞蹈学院图书馆
内容提要：本书内容包括为什么要有姿势训练，姿势训练的目的，姿势训练与儿童，什么是好姿势，什么是坏姿势，坏姿势的由来，避免坏姿势的发生，低级、中级、高级儿童姿势的训练等。

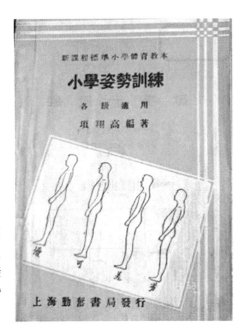

0021

中图法分类：（索书号）J709.712/8
题　　　名：天才舞女：邓肯自传（影印本）
责　任　者：邓肯著，孙洵侯编译
出　版　者：上海生活书店
出版时间：1934.4［"民国"二十三年］
出　版　地：上海
页　　　数：107页
尺　　　寸：20cm
价　　　格：0.40（大洋）
馆藏地址：北京舞蹈学院图书馆
内容提要：本书记录了邓肯从童年至去苏联创作、教学现代舞期间的生平事迹和舞蹈生涯。

0022

0023

中图法分类：（索书号）J732.2/3

题　　　名：欧美土风舞（影印本）

责　任　者：沈明珍编著（爱国女学舞蹈教授）

出　版　者：上海勤奋书局

出版时间：1934［"民国"二十三年］

出　版　地：上海

页　　　数：48页：图像

丛　　　书：体育丛书

尺　　　寸：26cm

价　　　格：1.20（大洋）

馆藏地址：北京舞蹈学院图书馆

内容提要：包括《佛及尼亚舞》（美国），《丹麦苏第士舞》（丹麦），《犹太人舞》、《海员舞》（英国），《娴都婆娑》（法国），《唐林舞》（意大利），《开平舞》、《俄国维麻舞》（俄国）、《纺织舞》、《脱兰加立斯舞》（瑞典）

等12个土风舞，书中有舞曲（五线谱）和插图。书前有编责任者的序言。

0024

中图法分类：（索书号）J732.9
　　　　　　　（J995.1/8741）

题　　　名：各国舞蹈新选

责　任　者：金陵女子文理学院体育系编

出　版　者：上海勤奋书局

出版时间：1935.8（"民国"二十四年）

出　版　地：上海

页　　　数：106页

尺　　　寸：18cm

价　　　格：1.60（大洋）

馆藏地址：上海图书馆

内容提要：本书内容：第一章练习韵律之基本步法，第二章练习舞（studies）第三章步法，第四章舞蹈等。本书各节是从欧美各国舞蹈中采取富于兴趣而适合国情者节译之。其内容性质，有和缓而悠闲者，有温文尔雅者，委婉顺从，圆滑而随俗，所需时间，有长有短，

所用步法，有简有繁；且每一舞蹈，均经同人充分研究，学生实地练习，大家认为满意适合的话，请选择。

中图法分类：（索书号）J719.3/5
题　　名：舞蹈教材（影印本）
责　任　者：冯柳溪 编纂
出　版　者：商务印书馆
出版时间：1935.11 ［"民国"二十四年］
出　版　地：上海
页　　数：153 页
尺　　寸：20cm
价　　格：0.30（大洋）
馆藏地址：北京舞蹈学院图书馆
内容提要：本书分为上下两卷，上卷叙述了舞蹈的预备，包括舞蹈理论、队形的排列、手臂的预备和姿势、步法和行进法。下卷主要是舞蹈教材，包括方舞、对舞、圆舞的节拍、步法和节奏等。

0025

中图法分类：（索书号）J722.8
题　　名：最新标准式交际舞
责　任　者：钱宗廉著
出　版　者：艺林舞所，上海民友印刷公司
出版时间：1938.10 ［"民国"二十七年］初版
出　版　地：上海
页　　数：186 页
尺　　寸：19cm
价　　格：8000 元（旧币）
馆藏地址：上海图书馆
内容提要：本书由上海民友公司 1938 年 10月初版（附舞姿图示 72 幅），此书着重介绍了当时流行于上海的交际舞的跳法，书中有舞步详解图，并附照片舞姿图示 72 幅，是了解交际舞从国外流传至上海的珍贵交际舞史料。

0026

0027

中图法分类：（索书号）J721.1/3
题　　　名：古代舞谱（注：本书是从古籍《御制律吕正义》中摘录下来复印的古代舞谱编撰而成。书名本馆命名）（影印本）
责　任　者：康熙 乾隆 敕撰
出　版　者：商务印书馆
出版时间：1936［"民国"二十五年］
出　版　地：上海
页　　　数：1函五册
尺　　　寸：28×22cm
价　　　格：不详
馆藏地址：北京舞蹈学院图书馆
内容提要：本书以图解的方式记录了《御制律吕正义》中的关帝庙舞谱、关帝庙亚献舞谱、关帝庙终献舞谱。《律吕正义》分上、下、续、后四编，前三编为康熙敕撰，成书于康熙五十二年（1713年），上下编共四卷，论乐律、管弦律制、乐器制造要点等；续编一卷，记述葡萄牙人徐日升与意大利人德理格（Theodorico. Pedrini）所传专论西洋乐理、五线谱、音阶唱名等；后编一百二十卷，乾隆敕撰，成书于乾隆十一年（1746年），记述各种典礼音乐、录有舞谱、曲谱甚多。

0028

中图法分类：（索书号）J722.211（J995.22/3134）
题　　　名：秧歌舞
责　任　者：教育生活社
出　版　者：明理书店
出版时间：1945.7［"民国"三十四年］
出　版　地：宁波
页　　　数：60页
尺　　　寸：19cm
价　　　格：6元（新抗币，解放区）
馆藏地址：上海图书馆
内容提要：本书包括两大部分：第一部分，有关秧歌舞的讲话，第二部分，扭秧歌舞剧本。"秧歌舞讲话"，收录什么是秧歌舞、队形变化、谈演出、怎样才跳得好等章；"扭秧歌剧本"，收《扭秧歌》、《新年团圆舞》、《慰劳抗属》、《永远跟着毛泽东》、《王大嫂翻身》等10个剧本。

中图法分类：（索书号） J722.211/1
题　　　名： 秧歌舞剧（影印本）
责　任　者： 夏侯魁著
出　版　者： 韬奋书店；淮南路东戏剧协会编
时　　　间： 1945.12 ["民国"三十四年]
出　版　地： 安徽淮南地区（解放区出版）
页　　　数： 34 页
尺　　　寸： 22cm
价　　　格： 0.07
馆藏地址： 北京舞蹈学院图书馆
内容提要： 本书记录了秧歌短剧"毕老四造谣"、秧歌剧"扭秧歌"、独幕剧"冲家送命上扬州"的剧本、对白和曲谱，并叙述了什么是秧歌舞、秧歌舞的跳法、队形变化和演出技巧等。

0029

中图法分类：（索书号） J722.212/12
题　　　名： 花鼓：秧歌剧（影印本）
责　任　者： 王卓，萧汀著
出　版　者： 东北书店
出版时间： 1949.2 ["民国"三十八年]
出　版　地： 沈阳
页　　　数： 18 页
尺　　　寸： 22cm
价　　　格： 0.08
馆藏地址： 北京舞蹈学院图书馆
内容提要： 本书是秧歌剧"花鼓"的剧本，并附有相应的曲谱等。东北书店是由当时东北解放区中共中央东北局宣传部领导的出版发行机构。1945 年 11 月 7 日在沈阳成立。因国民党军队进犯东北，书店随人民解放军撤离，在佳木斯建总店，在哈尔滨、齐齐哈尔、北安、牡丹江等城市设分店，后又迁回沈阳。

0030

0031

中图法分类：（索书号）J722.211/1
题　　　名：秧歌舞初步
责　任　者：陈锦清
出　版　者：大连大众书店
出版时间：1949.2 ［"民国"三十八年］
出　版　地：大连
页　　　数：26 页
尺　　　寸：18cm
价　　　格：0.60
馆藏地址：北京舞蹈学院图书馆
内容提要：这本书是北京舞蹈学院前老院长陈锦清同志的专著。写作年代适逢新中国建立前夜。陈锦清同志光荣地参加了为了新中国解放而奋斗的历史进程中。这本书积极地贯彻了毛泽东《在延安文艺座谈会讲话》的精神。文艺为工农兵服务的方针，重点介绍秧歌舞。书中主要讲述了北方秧歌舞的特点，着重介绍了陕甘宁革命根据地和东北解放区的秧歌舞。时代气息非常浓厚。此书是一本论述革命时期舞蹈的珍贵历史资料。包括介绍几个地域的秧歌舞、怎样学习和练习、提高和创意、服装和道具等 4 章。节前有责任者前言。

0032

中图法分类：（索书号）J711.3/14
题　　　名：新舞蹈艺术初步教程（影印本）
责　任　者：吴晓邦撰
出　版　者：华中新华书店（解放区出版）
出版时间：1949.12
出　版　地：江苏
页　　　数：74 页
尺　　　寸：18cm
价　　　格：不详
馆藏地址：北京舞蹈学院图书馆
内容提要：本书内容包括怎样去认识舞蹈技术，新舞蹈艺术上基本技术的理论，人体基本技术训练上关节的迟缓和硬直的练习，基本步法组织上的理论，自由创作和表情的练习，怎样编制二人舞、三人舞、五人舞及群舞等。本书是舞蹈理论家吴晓邦同志 1949 年的专著。

中图法分类：（索书号）J723.3
　　　　　　　（859.8/9248）
题　　　名：小孩与时间（歌舞剧）
责 任 者：肖贲
出 版 者：东北新华书店
出 版 时 间：1949
出 版 地：沈阳
丛　　　书：儿童丛书
页　　　数：25 页 曲谱
尺　　　寸：11cm
价　　　格：65.00（旧币）
馆 藏 地 址：上海图书馆
主 题 标 目：歌舞剧—剧本—中国—当代
内 容 提 要：本书是作者肖贲于 1949 年编创的一部儿童歌舞剧。本书是当时在沈阳解放区东北新华书店出版的儿童丛书之一。

中图法分类：（索书号）J723.3
　　　　　　　（859.8/4310-01）
题　　　名：打狼：歌舞剧
责 任 者：志一，宁森合编
出 版 者：中南新华书店
出 版 时 间：1950.4
出 版 地：武汉
页　　　数：23 页
尺　　　寸：11cm
价　　　格：7000.00（旧币）
馆 藏 地 址：上海图书馆
内 容 提 要：本书是由中南新华书店出版的歌舞剧：打狼，作者志一，宁森合著。此书由武汉中南新华书店发行，丛编项：儿童丛书。

0035

中图法分类：J70/12

题　　名：新舞蹈艺术概论

责任者：吴晓邦

出版者：三联书店

出版时间：1950.5（第三版）

出版地：上海

页　　数：269 页

尺　　寸：18cm

价　　格：9000.00（旧币）

馆藏地址：北京舞蹈学院图书馆

内容提要：本书分为 8 章表述了作者对五四运动以后新舞蹈艺术的理论分析和动作教程。分为：论新舞蹈的方法，舞蹈美和舞蹈思想，舞蹈和其他各艺术的关系，舞蹈艺术的三大要素，新舞蹈的创作问题，组织创作运动中的经验，新舞蹈艺术的初步技术教程，中国舞蹈艺术发展简史。全书理论观点鲜明，结合实际，十分注意对舞蹈创作经验、创作方法、舞蹈训练教材的整理和叙述，具有独特的理论性和实践性。书中对中国舞蹈史的发展做了简要概述。

0036

中图法分类：（索书号）J722.3（J914/7142）

题　　名：生产歌舞：儿童歌舞表演

责任者：刘薇词，唐诃作曲

出版者：大众书店

出版时间：1950.5

出版地：上海

页　　数：17 页

尺　　寸：18cm

价　　格：1100.00（旧币）

馆藏地址：上海图书馆

内容提要：本书是由刚解放时大众书店出版的，刘薇词，唐诃作曲，书名：儿童歌舞表演：生产歌舞。其中有配合生产歌舞的舞曲，第一舞曲、第二舞曲、第三舞曲等。还有儿童舞曲：锄草等。

中图法分类：（索书号）J722.211/14
题　　　名：怎样扭秧歌（影印本）
责　任　者：丁帆，于夫著
出　版　者：大众书店
时　　　间：1950.7
出　版　地：上海
页　　　数：42页
尺　　　寸：21cm
价　　　格：2250.00（旧币）
馆藏地址：北京舞蹈学院图书馆
内容提要：本书叙述了秧歌的起源和发展，旧秧歌和新秧歌的区别，秧歌的地方化，如何组织秧歌队，秧歌的步法、转法、锣鼓点、队形，秧歌舞的化装、服装和道具，秧歌舞的表情和动作，秧歌舞中的音乐，秧歌舞的创作与提高等。

中图法分类：（索书号）J722.6/34
题　　　名：进军舞（影印本）
责　任　者：吴晓邦等著
出　版　者：新华书店华东总分店
出版时间：1950.8
出　版　地：上海
页　　　数：57页
尺　　　寸：26cm
价　　　格：4500.00（旧币）
馆藏地址：北京舞蹈学院图书馆
内容提要：本书主要对进军舞的创作及演出的总结、进军舞音乐的创作、进军舞的总谱、场记等内容进行了详细的说明。

0039

中图法分类：（索书号）J722.1（914/3131）
题　　　名："八一"歌舞
责　任　者：江波 彦军
出　版　者：新华书店华东总分店
出版时间：1950.7
出　版　地：上海
页　　　数：43 页
尺　　　寸：18cm
价　　　格：不详
馆藏地址：上海图书馆
内容提要：本书以全景式的叙述方法回顾了中国人民解放军所走过的光辉历程。内容分为：前奏曲第一节 红军的成长，第二节 五次围攻，第三节 两万五千里长征，第四节 八年抗战，第五节 自卫战争。

0040

中图法分类：（索书号）J722
题　　　名：舞蹈新选
责　任　者：马凤阁编
出　版　者：生活·读者·新知三联书店
出版时间：1950.8.1
出　版　地：上海
页　　　数：22 页
尺　　　寸：21cm
价　　　格：1700.00（旧币）
馆藏地址：上海图书馆
内容提要：本书作者 1916 年生，河南南阳人，回族哈吉、教授。毕业于西北联大师院体育系。历任社会部重庆康乐部总干事、中华全国体育协进会干事、"国立"体专讲师、上海师专体育主任、第二军医大学副教授等职。本书有舞蹈简谱及简明动作介绍，是 50 年代学习通俗舞蹈不可多得的教材。

中 图 法 分 类：（索书号）J723.1
（854.51/6211）
题　　　　名：歌舞剧：解放年（农村春节娱乐
材料）
责 任 者：严正编剧，程云作曲，
出 版 者：东北新华书店
出 版 时 间：1950
出 版 地：沈阳
页　　　　数：91 页
尺　　　　寸：17cm
价　　　　格：不详
馆 藏 地 址：上海图书馆
主 题 词：群众文化—文艺演唱—作品综合
集—当代
内 容 提 要：本书内容：1. 家庭会 2. 挑年画
3. 提高警惕 4. 战胜灾荒 5. 锯大缸 6. 解放年
反映了当时解放区人民欢庆解放的热情。

中 图 法 分 类：（索书号）J723.3
（859.8/7304）
题　　　　名：秋收歌舞：儿童歌舞剧集
责 任 者：洛海安、文默波，华中文工团
出 版 者：上海杂志公司
出 版 时 间：1950
出 版 地：上海
丛　　　　书：华中文工团文艺丛书
页　　　　数：146 页：曲谱
尺　　　　寸：19cm
价　　　　格：不详
馆 藏 地 址：上海图书馆
主 题 标 目：儿童剧：歌舞剧—剧本—中国—
当代—选集
内 容 提 要：本书记载了"秋收歌舞""地雷
阵"等歌舞。其中的音乐谱在演出时由农民和
儿童团员演唱。

0043

中图法分类：（索书号）J723.3
　　　　　　（859.8/560737）
题　　　名：少年儿童歌舞剧
责　任　者：中国新民主主义青年团沈阳市委
　　　　　　会少年儿童部编
出　版　者：东北新华书店
出版时间：1950
出　版　地：沈阳
丛　　　书：儿童丛书
页　　　数：37 页：曲谱
尺　　　寸：15cm
价　　　格：7500.00（旧币）
馆藏地址：上海图书馆
主题标目：儿童剧；歌舞剧—剧本—中国—
　　　　　　当代
内容提要：本书介绍了三部儿童小歌舞剧。

0044

中图法分类：（索书号）J732.2（512）/24
题　　　名：苏联红军歌舞团
责　任　者：夏立民译
出　版　者：万叶书店
出版时间：1950
出　版　地：上海
页　　　数：44 页
尺　　　寸：19cm
价　　　格：2800.00（旧币）
馆藏地址：北京舞蹈学院图书馆
内容提要：本书主要对苏联歌舞团的历史、
歌舞团的人物、歌舞团的节目、歌舞团的创
作、歌舞团报纸的评论等六个部分进行了
概述。

中图法分类：（索书号）J723.3
　　　　　　　（859.8/4943　859.8/4943：2）
题　　　名：小红帽脱险记：童话歌舞剧
责 任 者：梅志原著，洛曹、唐江、唐河
　　　　　　编剧
出 版 者：大众书店
出版时间：1950
出 版 地：上海
页　　　数：44 页：曲谱
尺　　　寸：18cm
价　　　格：3.30
馆藏地址：上海图书馆
主题标目：儿童剧：歌舞剧—剧本—中国—
　　　　　　当代

内容提要：此书作者梅志，胡风夫人。20 世
纪 30 年代，她以我国新生的左翼文艺阵营普
通一员的身份走上文艺道路，写了《小面人求
仙记》、《小红帽脱险记》、《小青蛙苦斗记》等讲给孩子们的故事。20 世纪 80 年代，那
些曾引起广泛影响的童话故事结集为《梅志童话诗集》、《梅志童话选集》出版发行。
此书就是她的儿童作品之一。故事内容：小红帽去看望奶奶，却一不小心被大灰狼给吞
了。怎么办呢？幸亏有神勇的小红帽爸爸！《小红帽脱险记》二个版本：1951 年 7 月上
海华东书店版、1952 年 5 月新文艺出版社版。此书是根据此改编的童话歌舞剧。

中图法分类：（索书号）J722.1
　　　　　　　（854.53/5687）
题　　　名：新年大歌舞
责 任 者：中国人民大学文工团编
出 版 者：生活·读者·新知三联书店
出版时间：1950
出 版 地：上海
丛　　　书：工农兵文艺丛书
页　　　数：27 页：图，乐谱
尺　　　寸：15cm
价　　　格：不详
馆藏地址：上海图书馆
主题标目：歌舞剧—剧本—中国—当代
内容提要：工农兵文艺丛书：新年大歌舞
（内有大量舞蹈曲谱）。反映了解放了的人民对
新生政权的拥护。此书由从解放区来的新组建
的中国人民大学文工团编写。

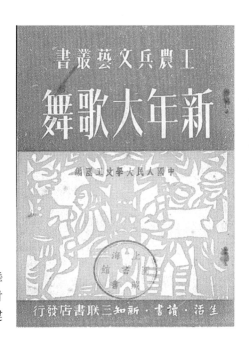

0047

中图法分类：（索书号）J722.216/1
题　　名：秧歌与腰鼓（影印本）
责 任 者：顾也文著
出 版 者：文娱出版社
出 版 时 间：1950
出 版 地：上海
页　　数：48 页
尺　　寸：18cm
价　　格：2500.00（旧币）
馆 藏 地 址：北京舞蹈学院图书馆
内 容 提 要：秧歌舞具有自己的风格特色，一般由舞队十多人至百人组成，扮成历史故事、神话传说和现实生活中的人物边舞边走，随着鼓声节奏，善于变换各种队形，再加上舞姿丰富多彩，深受广大观众的欢迎。本书叙述了这一舞蹈形式的特点。

0048

中图法分类：（索书号）J722.216/2
题　　名：怎样打腰鼓（影印本）
责 任 者：张思恺撰
出 版 者：正风出版社
出 版 时 间：1950
出 版 地：上海
丛　　书：江南文艺丛书
页　　数：89 页
尺　　寸：18cm
价　　格：4000.00（旧币）
馆 藏 地 址：北京舞蹈学院图书馆
内 容 提 要：本书作者叙述了怎样打腰鼓方法上的一些具体问题，作者又试图把自己的经验上升到理论的高度。作者详细论述了打腰鼓的一些基本方法和套路。把腰鼓艺术进行了高度升华。

中图法分类：（索书号）J732.2
　　　　　　（J995.1/8741）
题　　　名：世界土风舞
责　任　者：沈明珍著（爱国女中舞蹈教授）
出　版　者：上海勤奋书局
出 版 时 间：1951.8
出　版　地：上海
丛　　　书：勤奋体育丛书
页　　　数：48 页
尺　　　寸：26cm
价　　　格：9000.00（旧币）
馆藏地址：上海图书馆
内 容 提 要：本书共汇总了世界七个国家的土风舞。其中重点介绍了包括苏联"开平舞"、"苏联维麻舞"，美国的"佛及尼亚舞"，丹麦的"苏第士舞"、"犹太人舞"、英国的"海员舞"，法国的"娴都婆娑"，意大利的"唐林舞"，瑞典的"纺织舞"、"脱兰加立斯舞"等各国土风舞。基本反映了世界土风舞的特色和风格。

中图法分类：（索书号）J722.1/5658
题　　　名：实用最新集体舞
责　任　者：张伯清编撰
出　版　者：天津人民书店
出 版 时 间：1951.4
出　版　地：天津
丛　　　书：体育丛书
页　　　数：50 页
尺　　　寸：18cm
价　　　格：不详
馆藏地址：上海图书馆
内 容 提 要：本书介绍了当时流行的最新集体舞的跳法，以及舞蹈步法等图谱。此书迎合了刚解放时流行跳集体舞的风气。

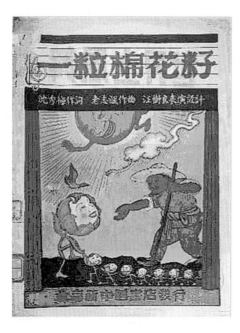

0051

中图法分类：（索书号）J723.3/2
题　　名：一粒棉花子（儿童歌舞短剧）
　　　　　　（影印本）
责　任　者：沈秀梅作词　老志诚作曲　汪树良
　　　　　　表演设计
出　版　者：北京新中国书店
出版时间：1951.4
出　版　地：北京
页　　数：26页
尺　　寸：26cm
价　　格：4000.00（旧币）
馆藏地址：北京舞蹈学院图书馆
内容提要：本书主要对儿童歌舞短剧——
《一粒棉花子》的剧情、设计、表演及其动作
作了比较详细的说明。

0052

中图法分类：（索书号）J732.2（512）/16：1
题　　名：苏联民间舞蹈与舞蹈基本知识.
　　　　　　第1集
责　任　者：波加柯娃等编作，郑硕人等编译
出　版　者：文娱出版社
出版时间：1951.6
出　版　地：上海
页　　数：72页
尺　　寸：21cm
价　　格：9000.00（旧币）
馆藏地址：北京舞蹈学院图书馆
内容提要：本书主要对苏联民间舞蹈的基本
知识进行详细的说明，并对游戏舞、克鲁姆
贝、洛戈日娜、莱金卡、拉脱维亚舞、军刀舞
六种舞蹈的基本动作的做了详尽的描述。

中图法分类：（索书号）J732.2
　　　　　　　（512）/16/：2
题　　　名：苏联民间舞蹈. 第2集
责 任 者：C. 霍耳斐娜等编作，郑硕人、
　　　　　　顾乃晴编译
出 版 者：文娱出版社
出 版 时 间：1951.6
出 版 地：上海
页　　　数：96 页
尺　　　寸：21cm
价　　　格：9800.00（旧币）
馆 藏 地 址：北京舞蹈学院图书馆
内 容 提 要：本书主要对乌克兰舞、爱沙尼亚
舞、幽莉亚、林中幽谷、集体三人舞、别洛露
西亚波莉卡舞、廻旋舞等十种舞蹈的基本动作
和音乐做比较详细的说明。

中图法分类：（索书号）J732.8/26
题　　　名：怎样跳交际舞（影印本）
责 任 者：谈有时著
出 版 者：民智书店
出 版 时 间：1951.7
出 版 地：北京
页　　　数：116 页
尺　　　寸：18cm
价　　　格：9000.00（旧币）
馆 藏 地 址：北京舞蹈学院图书馆
内 容 提 要：本书主要收集了一些交际舞的精
华，配合实际、将各种舞类分组编号，排成进
度表，以适合不同学习者，并对交际舞理论知
识进行比较详细的说明。

0055

中图法分类：（索书号）J732.2（512）
　　　　　　　（J995.1948/221733）
题　　　名：乌克兰舞
责 任 者：［苏］伊瓦尼欣演出；［苏］杰
　　　　　尼索夫记录；顾乃晴译
出 版 者：文娱出版社
出 版 时 间：1951.7
出 版 地：上海
丛　　　书：苏联舞蹈小丛书2
页　　　数：26页
尺　　　寸：15cm
价　　　格：1800.00（旧币）
馆 藏 地 址：
内 容 提 要：此苏联舞蹈小丛书2 乌克兰舞
（柯洛米卡），详细描述了乌克兰民族风格的民
间舞蹈。

0056

中图法分类：（索书号）J732.2（512）/17
题　　　名：乌拉尔舞（影印本）
演　　　出：［苏］克尔雅捷娃演出；波加柯
　　　　　娃 马尔戈里斯 记录
责 任 者：特·乌斯基诺娃编作，顾乃晴译
出 版 者：文娱出版社
出 版 时 间：1951.7
出 版 地：上海
页　　　数：44页
丛　　　书：苏联舞蹈小丛书3
尺　　　寸：15cm
价　　　格：1800.00（旧币）
馆 藏 地 址：北京舞蹈学院图书馆
内 容 提 要：本书主要是对苏联舞蹈-乌拉尔
舞的舞蹈动作做了详细说明。并对此舞蹈的十
二段动作进行了细致介绍和分析。

中图法分类：（索书号）J732.2（512）（J995.
　　　　　　248/163833）
题　　　名：农女舞
责　任　者：［苏］兹·西淑年柯编舞；［苏］
　　　　　　波加柯娃记录
出　版　者：文娱出版社
出版时间：1951.7
出　版　地：上海
丛　　　书：苏联舞蹈小丛书4
页　　　数：28页
尺　　　寸：15cm
价　　　格：1500（旧币）
馆藏地址：上海图书馆
内容提要：本书主要是对当时苏联舞蹈-农
女舞舞蹈动作分几段作了详细说明。并附有详
细的舞蹈场记图和动作分解图解。

中图法分类：（索书号）J722.1/6
题　　　名：新集体舞（影印本）
责　任　者：濮思温，管玉琳合著
出　版　者：生活·读书·新知三联书店
出版时间：1951.8
出　版　地：上海
页　　　数：93页
尺　　　寸：18cm
价　　　格：3400.00（旧币）
馆藏地址：北京舞蹈学院图书馆
内容提要：本书介绍了新集体舞的诞生，自
娱性舞蹈和表演性舞蹈的特征和区别，创作新
集体舞的经验，如何推广发展新集体舞，几个
新集体舞的基本步法和示例等。

0059

中图法分类：（索书号）J7-49（J995.2/7121）
题　　　名：舞蹈：第一集
责　任　者：刘以珍等编
出　版　者：青年出版社
出版时间：1951.8.1
出　版　地：北京
丛　　　书：新体育丛书
页　　　数：90页
尺　　　寸：19cm
价　　　格：3700.00（旧币）
馆藏地址：上海图书馆
内容提要：本书是由北京的青年出版社出版，解放初的舞蹈普及教本。作者刘以珍等编。

0060

中图法分类：（索书号）J732.2
　　　　　　　（512）/16：3
题　　　名：苏联民间舞蹈．第3集
责　任　者：拉斯孟等编作；郑硕人，顾乃晴编译
出　版　者：文娱出版社
出版时间：1951.9
出　版　地：上海
页　　　数：72页
尺　　　寸：21cm
价　　　格：8000.00（旧币）
馆藏地址：北京舞蹈学院图书馆
内容提要：本书主要对苏联民间舞蹈：营火舞、乌兹别克舞、土里雅克、塔什克舞、鹅舞、阿依拉、阿尔明尼亚们七种舞蹈的基本动作做详细的说明。

中图法分类：（索书号）J732.2/2
题　　　名：舞蹈新教本（中小学教师及体育
　　　　　　学校适用）（影印本）
责　任　者：蒋佩英，陈慕兰合编
出　版　者：上海勤奋书局
出版时间：1951.10
出　版　地：上海
丛　　　书：体育丛书
页　　　数：113 页
尺　　　寸：18cm
价　　　格：9000.00（旧币）
馆藏地址：北京舞蹈学院图书馆
内容提要：本书内容分为五大章：第一章为
舞蹈之基本部位，第二章为各种步伐之说明，
第三章为健身操，第四章为土风舞，第五章为
优秀舞。主要讲述舞蹈的基本部位和步法，并
介绍 30 余种舞蹈。

0061

中图法分类：（索书号）J722.1/36：1
题　　　名：舞蹈集．第一集（影印本）
责　任　者：广州市文联舞协编
出　版　者：华南人民出版社
出版时间：1951.7
出　版　地：广州
页　　　数：46 页
尺　　　寸：18cm
价　　　格：2600.00（旧币）
馆藏地址：北京舞蹈学院图书馆
内容提要：本书介绍了"中国人民志愿军战
士歌舞"等 7 个舞蹈的内容、情节、人物、音
乐、布景、动作和场记说明等。

0062

0063

中图法分类：（索书号）J722.1/36：2
题　　名：舞蹈集．第二集（影印本）
责　任　者：广州市文联舞协编
出　版　者：华南人民出版社
出版时间：1951.10
出　版　地：广州
页　　数：17页
尺　　寸：18cm
价　　格：2600.00（旧币）
馆藏地址：北京舞蹈学院图书馆
内容提要：本书介绍了"劳动最光荣"等5个舞蹈的内容、情节、人物、队形、音乐、动作和跳法说明等。

0064

中图法分类：（索书号）J732.2（512）/21
题　　名：双人舞
责　任　者：乌斯季诺娃演出记录；顾乃晴译
出　版　者：文娱出版社
出版时间：1951.11
出　版　地：上海
丛　　书：苏联舞蹈小丛书6
页　　数：38页
尺　　寸：14cm
价　　格：1600.00（旧币）
馆藏地址：北京舞蹈学院图书馆
内容提要：由斯大林奖金获得者芭蕾舞蹈家创作的双人舞，伴奏俄罗斯民歌（我在草原上），具体表现出俄罗斯女郎明晰的形象。舞蹈动作中传达出她优美的、诗意的、同时也表现出壮健和独特的气质来。舞蹈的内容是一个女郎听见所爱好的曲调，手里拿着手帕出来。

脚跟顿足一次，挥动着手帕，轻快地沿着圆圈进行。男伴愉快地接受她的邀请。本书详细记录了舞蹈动作场记和伴奏音乐的总谱。

中图法分类：（索书号）J732.2
　　　　　　　（512）/16/：4
题　　　　名：苏联民间舞蹈．第4集
责　任　者：波加柯娃等编作；郑硕人，顾乃
　　　　　　　晴编译
出　版　者：文娱出版社
出版时间：1951.12
出　版　地：上海
页　　　　数：68页
尺　　　　寸：21cm
价　　　　格：8500.00（旧币）
馆藏地址：北京舞蹈学院图书馆
内容提要：本书主要对苏联民间舞蹈：俄罗斯库尔斯克圆舞、马铃薯舞、莫尔达维亚舞、磨机舞、霍鲁米、卡列里舞、卡尔土里舞七种舞蹈的基本动作和音乐做了详细的说明。

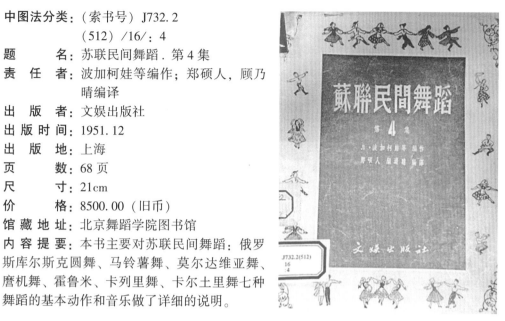

中图法分类：（索书号）J732.2
　　　　　　　（512）/16/：5
题　　　　名：苏联民间舞蹈．第5集
责　任　者：特·乌斯基诺娃编作；郑硕人、
　　　　　　　顾乃晴编译
出　版　者：文娱出版社
出版时间：1951.12
出　版　地：上海
页　　　　数：68页
尺　　　　寸：21cm
价　　　　格：8000.00（旧币）
馆藏地址：北京舞蹈学院图书馆
内容提要：本书主要对苏联民间舞蹈：集体农庄舞、柯洛米卡舞、爱沙尼亚舞、环树圆舞、七姊妹舞、骑士舞、波尔斯卡舞七种舞蹈的基本动作和音乐做了详细的说明。

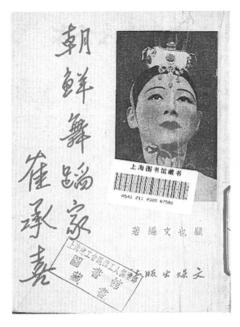

0067

中图法分类：(索书号) J703/5
　　　　　　(783. 218/221434)
题　　　名：朝鲜舞蹈家 崔承喜
责　任　者：顾也文
出　版　者：文娱出版社
出版时间：1951
出　版　地：上海
页　　　数：132 页：图 17
尺　　　寸：17cm
价　　　格：
馆藏地址：上海图书馆
主题标目：崔承喜
内容提要：在 20 世纪 30 到 50 年代之间，崔承喜是享誉世界的舞者。她将学到的西方现代舞蹈技巧和从朝鲜传统舞蹈中吸取的精神主题结合起来。把朝鲜人感情中固有的、隐约可见的奔放激情，同从西方当代舞蹈中移植过来的新鲜的舞台风格成功地结合起来，创作了非常富于艺术性和观赏性的舞蹈作品。1937 年，崔承喜在当时闻名于全世界的表演艺术经理所罗门·胡鲁克主持下访问美国、拉丁美洲和欧洲。她在这次访问中举行了一百多场演出，演出一直进行到 1939 年，在观众和评论家中间博得良好反应。1946 年 9 月在平壤成立崔承喜舞蹈研究所（新中国第一批骨干舞蹈艺术力量开始赴平壤学习），1950 年朝鲜战争爆发。1951 年舞蹈家崔承喜来到中国，在中央戏剧学院又附设了一个崔承喜舞蹈班（新中国成立后，众多中国舞蹈艺术家都曾师从崔承喜），而在 1966 年最后一个舞蹈作品《Tale of a diving woman》公演之后，她就从公众的眼中永远地消失了，这个受欢迎和爱戴的舞蹈家的最终归宿成了一个难解的历史之谜。本书介绍了她的艺术成就、她的成长过程、她的一生。

0068

中图法分类：(索书号) J723.1
　　　　　　(854. 51/4404)
题　　　名：乘风破浪解放海南：六幕八场歌
　　　　　　舞剧
责　任　者：华南文艺工作团
出　版　者：华南人民出版社
出版时间：1951
出　版　地：广州
页　　　数：173 页
尺　　　寸：19cm
价　　　格：
馆藏地址：上海图书馆
内容提要：本书记录了人民解放军解放海南岛的英勇战斗场景。以六幕八场歌舞剧为表演舞蹈。再现了我英勇的人民子弟兵不怕牺牲，勇敢战斗，前仆后继解放海南岛的战役。书中有舞蹈场记，音乐总谱，少数民族舞蹈服装设计图，演出总结，各幕灯光说明，编后小记等。20 世纪 50 年代，华南歌舞团在广州赶排出的歌舞剧《乘风破浪解放海南》，这是新中国第一部歌舞剧。

中图法分类：（索书号）J812.2（512）
　　　　　　（992.3/500132　992.3/500132；7）
题　　　　名：俄罗斯演员论舞台艺术
责　任　者：扎高扬斯基（Загоркий）等著；
　　　　　　梁香译
出　版　者：时代出版社
出版时间：1949.5
出　版　地：上海
版　　　　本：再版
页　　　　数：76页
尺　　　　寸：19cm
价　　　　格：
馆藏地址：上海图书馆
主题标目：管弦乐—舞曲—中国
内容提要：本书译自：《Русские актеры о
сцениеском искусстве》。中文译著《俄罗斯演
员论舞台艺术》节选了俄罗斯几位著名演员根
据自己对舞台艺术的感悟论述以及他们的生平。

中图法分类：（索书号）J723.3
　　　　　　（J859.8/2370）
题　　　　名：儿童歌舞剧集
责　任　者：上海儿童音乐工作者联谊会
出　版　者：上海新儿童书店
出版时间：1951.1
出　版　地：上海
页　　　　数：64页
尺　　　　寸：21cm
价　　　　格：
馆藏地址：上海图书馆
内容提要：本书是由上海儿童音乐工作者联
谊会编撰的解放初期的儿童歌舞剧集。其中有
舞蹈曲谱等。

0071

中图法分类：（索书号）J723.1
　　　　　　　（854.53/1210）
题　　　名：黑心狼：歌舞剧
责　任　者：张乃文
出　版　者：华东人民出版社 版本：再版
出版时间：1951
出　版　地：上海
丛　　　书：通俗演唱丛书
页　　　数：33页：曲谱
尺　　　寸：18cm
价　　　格：
馆藏地址：上海图书馆
主题标目：歌舞剧—剧本—中国—当代
内容提要：此书控诉了农村的恶霸地主对农民的残酷剥削和压榨。揭露了新中国成立前农民过着悲惨的生活。把那些恶霸地主比喻是黑心狼。书中有舞剧曲谱。

0072

中图法分类：（索书号）J655.2
　　　　　　　（917.1/7361-4）
题　　　名：巾舞：三个舞曲之三
责　任　者：马思聪作曲
出　版　者：万叶书店
出版时间：1951
出　版　地：上海
丛　　　书：中央音乐学院创作丛刊；3
价　　　格：
馆藏地址：上海图书馆
主题标目：钢琴—舞曲—中国
内容提要：巾舞得名于舞人的舞具——巾。它的由来可能与周代的《巾舞》有关，《巾舞》是手持五彩缯而舞。汉代祭祀后稷的灵星舞还用这种五彩缯作舞具。

中图法分类：（索书号）J722. 1/57/：2
题　　　名：青年歌舞. 第二辑（影印本）
责　任　者：益智书店编
出　版　者：益智书店
出版时间：1951.8
出　版　地：上海
页　　　数：51 页
尺　　　寸：18cm
价　　　格：
馆藏地址：北京舞蹈学院图书馆
内容提要：本书介绍了 10 个歌曲的曲谱，
10 个集体舞蹈的音乐、队形、动作和跳法说
明，10 个集体游戏的人数、准备、动作、玩法
和注意事项等。

中图法分类：（索书号）J722. 3
　　　　　　　（995. 22/3950）
题　　　名：少年舞蹈（一）
责　任　者：宋杨
出　版　者：青年出版社
出版时间：1951
出　版　地：北京
丛　　　书：少年夏季活动丛书
页　　　数：1 册：图
尺　　　寸：15cm
价　　　格：
馆藏地址：上海图书馆
主题标目：儿童—舞蹈—中国
内容提要：应团中央青少部的要求"将集体
舞整理出书，面向全国推广"，本书作者宋杨
将所教的集体舞汇编成书。

0075

中图法分类：（索书号）J722.7
　　　　　　　（J995.3/4583）
题　　　名：胜利进军舞
责　任　者：华东公安部队十六师四八团一营
　　　　　　机枪连战士集体创作；隆微丘等
　　　　　　修改整理
出　版　者：华东军区第三野战军政治部
出版时间：1951.1
出　版　地：上海
页　　　数：23 页
尺　　　寸：19cm
价　　　格：
馆藏地址：上海图书馆
内容提要：本书是由华东公安部队十六师四
八团一营机枪连战士集体创作的胜利进军舞。
描写了解放战争的伟大战役。

0076

中图法分类：（索书号）J732.6
　　　　　　　（512）/1/：4
题　　　名：水手舞（影印本）
责　任　者：（苏）奥库聂娃编；郑拓人译
出　版　者：文娱出版社
出版时间：1951
出　版　地：上海
丛　　　书：苏联舞蹈小丛书4
页　　　数：32 页
尺　　　寸：15cm
价　　　格：2200.00（旧币）
馆藏地址：北京舞蹈学院图书馆
内容提要：本书分两部分介绍了苏联舞蹈—
水手舞的基本动作，书中并配有动作说明。

中图法分类：（索书号）J732.2
　　　　　　　（512）/20
题　　　名：俄罗斯男舞（影印本）
责　任　者：［苏］戈里柯娃撰；郑硕人译
出　版　者：文娱出版社
出版时间：1951
出　版　地：上海
丛　　　书：苏联舞蹈小丛书15
页　　　数：37页
尺　　　寸：15cm
价　　　格：1600.00（旧币）
馆藏地址：北京舞蹈学院图书馆
内容提要：本书主要是介绍苏联舞蹈-俄罗斯男舞一书。书中有舞蹈动作并配有图表动作，对俄罗斯男舞作了详细说明。

中图法分类：（索书号）J722.2
　　　　　　　（995.11/2301）
题　　　名：舞蹈基本训练（内部资料）
责　任　者：上海市工人歌咏舞蹈推广站干部学习班
出　版　者：北新书局
出版时间：1951
出　版　地：上海
版　　　本：3版
页　　　数：35页：图；曲谱
尺　　　寸：19cm
价　　　格：
馆藏地址：上海图书馆
主题标目：舞蹈—训练
内容提要：本书是由上海市工人歌咏舞蹈推广站干部学习班创作并编写的舞蹈基本训练教材。此教材针对群众文艺推广之用。

0079

中图法分类：（索书号）J712.2
　　　　　　　（995.029/1201）
题　　　名：舞蹈教材
责　任　者：张文霞编
出　版　者：上海通联书店发行
出版时间：1951
出　版　地：上海
版　　　本：3版
页　　　数：36页
尺　　　寸：18cm
价　　　格：2500.00（旧币）
馆藏地址：上海图书馆
主题标目：舞蹈—教材
内容提要：本书主要介绍了以舞蹈的形式来表现抗美援朝题材。本书是由张明霞编撰的，由上海通联书店发行，大明书局出版的舞蹈教材。

0080

中图法分类：（索书号）J722.6/55
题　　　名：现代歌舞集.（1）（影印本）
责　任　者：丁景清作
出　版　者：教育书店
出版时间：1951.11
出　版　地：上海
页　　　数：61页
尺　　　寸：18cm
价　　　格：3300.00（旧币）
馆藏地址：北京舞蹈学院图书馆
内容提要：本书主要收集了《你是灯塔》、《别让他遭灾害》、《垦春坭》、《下台湾》等十首歌曲的曲谱、歌词、舞蹈动作等内容。

中图法分类：（索书号）J723.1（854.53/4932-1）
题　　　名：英雄背后出英雄：歌舞剧
责　任　者：杨润身著
出　版　者：知识书店
出版时间：1951
出　版　地：天津
丛　　　书：大众方向丛书
页　　　数：26页
尺　　　寸：17cm
价　　　格：1400.0（旧币）
馆藏地址：上海图书馆
主题标目：歌舞剧—剧本—中国—当代
内容提要：本书是由杨润身编撰的歌舞剧：英雄背后出英雄。用歌舞剧的形式歌颂了志愿军战士的英勇事迹。

中图法分类：（索书号）J722.1（995.2/7281）
题　　　名：中朝人民胜利舞
责　任　者：陈锏、周行编撰
出　版　者：北新书局
出版时间：1951
出　版　地：上海
丛　　　书：抗美援朝文艺丛书
页　　　数：17页
尺　　　寸：18cm
价　　　格：
馆藏地址：上海图书馆
主题标目：集体舞—世界
内容提要：本书包括：1. 中朝人民胜利舞，陈锏编撰 2. 新花鼓，周行编撰，等歌颂中朝人民胜利的舞蹈内容。

0083

中图法分类：（索书号）J732.6（512）/1：9
题　　名：绸舞（影印本）
责　任　者：萨依柯夫斯卡雅编舞；波加柯娃
　　　　　　记录；郑硕人译
出　版　者：文娱出版社
出版时间：1952.2
出　版　地：上海
丛　　书：苏联舞蹈小丛书9
页　　数：30页
尺　　寸：18cm
价　　格：1900.00（旧币）
馆藏地址：北京舞蹈学院图书馆
内容提要：本书分别介绍了苏联舞蹈—绸舞
的基本动作，场记，动作说明。

0084

中图法分类：（索书号）J732.1（512）/5SW
题　　名：文娱活动的新材料：苏联舞蹈选
责　任　者：［苏］波加特柯娃（Л. Богаткова）
　　　　　　等编；陈登颐编译
出　版　者：上海万叶书店
出版时间：1952.2
出　版　地：上海
页　　数：199页
尺　　寸：18cm
价　　格：10000.00（旧币）
馆藏地址：北京舞蹈学院图书馆
内容提要：本书主要内容包括三大部分，第
一部分为苏联舞蹈的基本知识，第二部分介绍
了几种苏联民间舞蹈的基本步法和舞步，第三
部分为跳几种集体舞的基本方法。

中图法分类：（索书号）J732.1（515）/3
题　　　名：匈牙利集体舞（影印本）
责　任　者：斐也编
出　版　者：文娱出版社
出版时间：1952.6
出　版　地：上海
丛　　　书：国际舞蹈丛书
页　　　数：24 页
尺　　　寸：18cm
价　　　格：2700（旧币）
馆藏地址：北京舞蹈学院图书馆
内容提要：本书主要对匈牙利集体舞蹈的动作及舞步进行详细的说明，其中舞蹈主要包括：圆圈舞、火车舞、土风舞等匈牙利舞蹈以庄严稳重、典雅流畅、精巧细致、情绪炽烈的风格为特点，表现出高傲的骑士精神，强烈地散发出自信心与愉快的心情。其手臂、头和上身的特性姿态、明快的踩步节奏、高难的跳跃技巧、默契的对舞交流、整齐的队形变换等等都赋予了匈牙利性格舞蹈以丰富而独特的艺术表现力。

0085

中图法分类：（索书号）J732.1（542）
　　　　　　　（995.248/731409；3）
题　　　名：罗马尼亚舞
责　任　者：马尔高里斯，E，Марголис 记载；
　　　　　　　E. 许快雪编译
出　版　者：北新书局
出版时间：1952.9
出　版　地：上海
丛　　　书：新舞蹈小丛书之（1）
页　　　数：45 页：图，曲谱
尺　　　寸：11cm
价　　　格：2000.00（旧币）
馆藏地址：上海图书馆
主题标目：民族舞蹈，罗马尼亚
内容提要：本书译自：Мущамая。重点介绍了罗马尼亚民族民间舞蹈。在欢庆重大节日时，罗马尼亚人身着民族服装，跳着民族舞。舞蹈形式一般是男女交叉围成圆圈，舞步简单，但跳起来非常优美、轻捷。代表性的民族群舞有：普鲁鲁、斯鲁巴和卡舒鲁等。演员们脚下不断变换的舞步踏出此起彼伏的节奏，各种手脚配合的高难度舞技更是让观众应接不暇，引起现场阵阵掌声。

0086

0087

中图法分类：（索书号）J722.7/31

题　　　名：庆祝中国人民解放军"八一"建军节二十五周年：火线歌舞集（影印本）（内部资料）

责　任　者：中国人民志愿军政治部编

出　版　者：中国人民志愿军政治部

出版时间：1952

出　版　地：北京

页　　　数：68页

尺　　　寸：26cm

价　　　格：

馆藏地址：北京舞蹈学院图书馆

内容提要：本书主要收集了中国人民解放军八一建军节二十五周年全军文艺会演的部分歌舞节目。其中包括快书、四川评书、独唱、部队歌舞等节目。并收集了部分舞蹈的舞蹈图片。

0088

中图法分类：（索书号）J732.1（512）
　　　　　　　（995.248/274293）

题　　　名：苏联体操舞

责　任　者：波加特柯娃（Л.，Богаткова）编舞；慎之译

出　版　者：教育书店

出版时间：1952

出　版　地：上海

丛　　　书：苏联舞蹈丛书之二

页　　　数：63页：图，曲谱

尺　　　寸：18cm

价　　　格：3800.00（旧币）

馆藏地址：上海图书馆

主题标目：集体舞，苏联

内容提要：本书译自：В Лагере пв щколе。本书介绍了从50年代流行与苏联的体操与舞蹈结合形成舞蹈、跳跃、波浪等动作，最后形成一种叫体操舞蹈的艺术形式。也是后来艺术体操的雏形。

中图法分类：（索书号）J732.2（512）
　　　　　　　（J995.248/314409）
题　　　名：骑士舞
责　任　者：波加特柯娃（Л., Вогаткова），
　　　　　　　巴沙尼娜（А., Басанина）编
　　　　　　　舞；许快雪译
出　版　者：北新书局
出版时间：1953.1
出　版　地：上海
丛　　　书：苏联舞蹈丛书之三
页　　　数：52页
尺　　　寸：11cm
价　　　格：2200.00（旧币）
馆藏地址：上海图书馆

0089

内容提要：本书译自：Мущаmaya。骑士是欧洲中世纪的社会阶层，骑士或称武士，是欧洲中世纪时，受过正规军事训练的骑兵，后来演变为一种荣誉称号，从欧洲的骑士现象而在欧洲演变为歌颂骑士的舞蹈。在俄罗斯骑士舞蹈也有着很广泛的流传。本书记录关于骑士舞的跳法和舞蹈图谱。

中图法分类：（索书号）J732.2（512）/22
题　　　名：乌兹别克舞（影印本）
责　任　者：（苏）伊斯拉莫娃编舞；波加柯
　　　　　　　娃等记录，顾遁晴译
出　版　者：文娱出版社
出版时间：1952
出　版　地：上海
丛　　　书：苏联舞蹈小丛书12
页　　　数：32页
尺　　　寸：15cm
价　　　格：1500.00（旧币）
馆藏地址：北京舞蹈学院图书馆

0090

内容提要：本书主要记录了苏联舞蹈：乌兹别克舞、塔什克舞两种舞蹈的基本动作和舞步说明。

0091

中图法分类：（索书号）J732.1（512）
　　　　　　　（995.248/314409-1；6）
题　　　名：学生舞
责　任　者：波加特柯娃编舞；许快雪编译
出　版　者：北新书局
出版时间：1952
出　版　地：上海
丛　　　书：新舞蹈小丛书之（2）
页　　　数：50页：图，曲谱
尺　　　寸：11cm

价　　　格：2200.00（旧币）
馆藏地址：上海图书馆
主题标目：舞蹈—苏联
内容提要：本书译自：Аэербайджанский щкольный Танец 学生舞 波尔加舞。书内有学生舞的跳法，站位，舞蹈场记等。

0092

中图法分类：（索书号）　　J722.21/40
题　　　名：莲湘
责　任　者：顾也文编撰
出　版　者：文娱出版社
出版时间：1952
出　版　地：上海
丛　　　书：中国舞蹈丛书
页　　　数：84页
尺　　　寸：18cm
价　　　格：4400.00（旧币）
馆藏地址：北京舞蹈学院图书馆
内容提要：本书介绍了舞蹈"莲湘"的来源、考证、新生、制作、基本动作、整套动作和歌词等。

中图法分类：（索书号）J722.1/11
题　　　名：集体舞
责　任　者：济南市总工会文艺辅导队选编
出　版　者：山东人民出版社
出版时间：1953.1
出　版　地：济南
页　　　数：22页
尺　　　寸：18cm
价　　　格：1000.00（旧币）
馆藏地址：北京舞蹈学院图书馆
内容提要：本书包括"邀请舞"、"快乐舞"、
"春耕舞"等8个集体舞的音乐、步法介绍和跳
法说明等。

0093

中图法分类：（索书号）J732.6（512）2/：8
题　　　名：牧童舞（影印本）
责　任　者：[苏]康斯坦基诺夫斯基编；许
　　　　　　快雪译
出　版　者：北新书局
出版时间：1953.1
出　版　地：上海
丛　　　书：新舞蹈小丛书之（8）
页　　　数：58页
尺　　　寸：15cm
价　　　格：1800.00（旧币）
馆藏地址：北京舞蹈学院图书馆
内容提要：本书主要介绍了苏联舞蹈-牧童舞的舞蹈动作，并将五线谱译为简谱一并
附在后面。

0094

0095

中图法分类：（索书号）J732.2（512）/12
题　　名：苏联民间舞（影印本）
责 任 者：波加特柯娃著；慎之译
出 版 者：教育书店
出版时间：1953.2
出 版 地：上海
丛　　书：苏联舞蹈丛书之五
页　　数：103 页
尺　　寸：18cm
价　　格：5500.00（旧币）
馆藏地址：北京舞蹈学院图书馆
内容提要：本书收集了十一个民间舞，介绍
了这十一个舞蹈基本步伐和舞步动作。书中并
配有舞曲例。

0096

中图法分类：（索书号）J732.1（512）
　　　　　　（J915.5/3172）
题　　名：俄罗斯舞
责 任 者：契尔内歇夫演出；波加柯娃、马
　　　　　　尔戈里斯记录；顾乃晴翻译
出 版 者：文娱出版社
出版时间：1951.7（初版）
出 版 地：上海
丛　　书：苏联舞蹈小丛书 1
页　　数：47 页
尺　　寸：14.6×13.7cm
价　　格：2200.00（旧币）
馆藏地址：上海图书馆
内容提要：本书是由契尔内歇夫演出，波加
柯娃、马尔戈里斯记录，顾乃晴翻译的俄罗斯
舞。俄罗斯民族能歌善舞。每逢喜庆之日，或
亲朋相聚之时，他们就拉起手风琴，唱起歌，
跳起舞来。其舞蹈形式有独舞、双人舞、集体舞、踢踏舞、头巾舞和赶马车舞等等。此
书详细记录了俄罗斯舞蹈跳法，舞蹈场记等。俄罗斯舞（里温波莉卡）是俄罗斯沃龙涅
什省，洛西叶区里温卡村的民间舞蹈，整个舞蹈充溢着富有生气的明快情调。

中图法分类：（索书号）J719.3/14
题　　名：舞蹈教材（影印本）
责　任　者：北京市中小学体育教师学习会编
出　版　者：大众出版社
出版时间：1953.2
出　版　地：北京
页　　数：164 页
尺　　寸：20cm
价　　格：7000.00（旧币）
馆藏地址：北京舞蹈学院图书馆
内容提要：本书是北京市小学体育教学参考
材料的舞蹈部分，是根据教育部小学体育课程
标准草案，参考体育教师的教学经验和同学们
的年龄、性别、生理、心理的不同情况，加以
系统地编辑的。开始从"基本步法"和"秧歌
步"讲起，然后再将各种教材适当地分配到各
年级里。其中有韵律活动、唱歌表演、集体舞
蹈、歌舞剧、秧歌舞等。

0097

中图法分类：（索书号）J732.8/21：2
题　　名：晚会舞 第二集（影印本）
责　任　者：波加柯娃·耳记录；杨羽编译
出　版　者：文娱出版社
出版时间：1953.4
出　版　地：上海
丛　　书：国际舞蹈丛书
页　　数：70 页
尺　　寸：20cm
价　　格：3000.00（旧币）
馆藏地址：北京舞蹈学院图书馆
内容提要：本书分别对华尔兹、明昂、苏巴
杰列、波德戈卡、巴格拉斯、滑冰舞等舞蹈的
舞步动作一一进行了说明，并配了舞曲。

0098

0099

中图法分类：（索书号）J732.4（512）
　　　　　　　（J995.248/274209-2）
题　　　名：简明新舞蹈：第二集
责 任 者：波加特柯娃，（Богаткова）编
　　　　　　导；许快雪编译
出 版 者：上海北新书局
出 版 时 间：1953.3
出 版 地：上海
页　　　数：133 页
尺　　　寸：19cm
价　　　格：3200.00（旧币）
馆 藏 地 址：上海图书馆
内 容 提 要：本书是由波加特柯娃（Богатк-
ова）、编导，许快雪编译的苏联时期简明新舞
蹈：第二集。

0100

中图法分类：（索书号）J732.3/3（512）
题　　　名：苏联儿童舞蹈
责 任 者：陈登颐编译
出 版 者：上海北新书局
出 版 时 间：1953.3
出 版 地：上海
页　　　数：96 页
尺　　　寸：15cm
价　　　格：2500.00（旧币）
馆 藏 地 址：北京舞蹈学院图书馆
丛　　　书：影印本
内 容 提 要：本书主要收集了小舞蹈、乌克兰
儿童舞、方木块游戏舞、歌舞节的舞蹈基本剧
情简介、舞蹈动作、舞曲等内容。

中图法分类：（索书号）J722.3/32/：1

题　　　名：新舞蹈．第一集（影印本）

责　任　者：方新等著

出　版　者：上海北新书局

出版时间：1953.3

出　版　地：上海

丛　　　书：新文娱丛书

页　　　数：56页

尺　　　寸：20cm

价　　　格：1600.00（旧币）

馆藏地址：北京舞蹈学院图书馆

内容提要：本书介绍了"邀请舞"等10个舞蹈的音乐乐谱、人数、队形、动作和舞蹈跳法等。

0101

中图法分类：（索书号）J795.15/1（515）

题　　　名：匈牙利：国家人民文工团（影印本）

责　任　者：顾也文编

出　版　者：文娱出版社

出版时间：1953.3

出　版　地：上海

丛　　　书：国际舞蹈丛书

页　　　数：62页

尺　　　寸：19cm

价　　　格：2800.00（旧币）

馆藏地址：北京舞蹈学院图书馆

内容提要：本书介绍了匈牙利国家人民文工团情况、人物、节目、音乐和舞蹈，匈牙利国家人民文艺的成就，匈牙利舞蹈艺术发展等内容。

0102

0103

中图法分类：（索书号）J792.49
（992.62/5502）
题　　　名：第一届全国民间音乐舞蹈会大
会：演出节目说明
责　任　者：文化部
出　版　者：中央人民政府文化部
出版时间：1953.4
出　版　地：北京
页　　　数：1册
尺　　　寸：26cm
价　　　格：
馆藏地址：上海图书馆
主题标目：舞台演出—音乐—中国
内容提要：这是第一届全国民间音乐舞蹈会
大会的演出节目说明。由中央人民政府文化部
组织主办。

0104

中图法分类：（索书号）J722.1/40
题　　　名：集体舞（影印本）
责　任　者：苏南中苏友好协会
出　版　者：苏南中苏友好协会
出版时间：1953.4
出　版　地：上海
页　　　数：18页
尺　　　寸：18cm
价　　　格：1000.00（旧币）
馆藏地址：北京舞蹈学院图书馆
内容提要：本书介绍了中国人民团结舞、邀
请舞、快乐舞（一）快乐舞（二）秧歌集体
舞、狂欢舞、匈牙利三人舞等8个集体舞的舞
蹈音乐、舞蹈人数、舞蹈动作和舞蹈跳法的
说明。

中图法分类：（索书号）J732.2（512）/9
题　　　名：苏联舞蹈
责 任 者：齐国卿，冯和光编译
出 版 者：青年出版社
出 版 时 间：1953.4
出 版 地：上海
页　　　数：209 页
尺　　　寸：18cm
价　　　格：6400.00（旧币）
馆 藏 地 址：北京舞蹈学院图书馆
内 容 提 要：本书主要是介绍了苏联各种舞蹈的基本特点和舞步的走法，主要介绍了"乌克兰舞"和"爱介拉他斯"舞。

0105

0106

中图法分类：（索书号）J732.2（512）/7
题　　　名：卡查赫舞（影印本）
责 任 者：［苏］波加柯娃（Л. Богаткова）记录；顾乃晴译
出 版 者：文娱出版社
出 版 时 间：1953.5
出 版 地：上海
丛　　　书：苏联舞蹈小丛书 16
页　　　数：36 页
尺　　　寸：15cm
价　　　格：0.15
馆 藏 地 址：北京舞蹈学院图书馆
内 容 提 要：本书详细介绍了卡查赫舞蹈的艺术特点、发展情况和基本动作，并记录了此舞蹈具有代表性的舞蹈场记。在十月革命前卡查赫民族没有自己的舞蹈，到了苏维埃政权的年代里，才产生了卡查赫民族舞蹈。卡查赫舞蹈中，很多地方都是用舞蹈手法，反映着卡查赫人民各种快乐又幸福的生活。尤其是卡查赫的女性舞蹈，有些轻快，有些缓慢，有些又急速。舞蹈动作优美动人。

0107

中图法分类：（索书号）J732.2（512）/13
题　　　名：苏联歌舞艺术
责　任　者：[苏联] R. 查哈罗夫等著；李士钊译
出　版　者：文娱出版社
出 版 时 间：1953.7
出　版　地：上海
页　　　数：181 页
尺　　　寸：19cm
价　　　格：1.06
馆 藏 地 址：北京舞蹈学院图书馆
内 容 提 要：本书编辑翻译了有关苏联舞剧、民间舞蹈、合唱团、歌舞团和专业艺术等文章二十六篇。综合介绍了苏联歌舞艺术方面的工作和活动情况。

0108

中图法分类：（索书号）J722.1/45/：2
题　　　名：中国集体舞. 第二集（影印本）
责　任　者：斐也 整理
出　版　者：文娱出版社
出 版 时 间：1953.7
出　版　地：上海
丛　　　书：中国舞蹈丛书
页　　　数：66 页
尺　　　寸：18cm
价　　　格：2.80
馆 藏 地 址：北京舞蹈学院图书馆
内 容 提 要：本书主要论述了怎样开展集体舞蹈，并介绍了 8 支集体舞的音乐、参加人数、排列队形、基本步法和舞蹈做法，最后对舞蹈的基本动作做出了说明。

中图法分类：（索书号）J732.2（512）/4
题　　　名：最新民间舞（影印本）
责　任　者：［苏］波加特柯娃（Л. Богаткова）
　　　　　　 记录；黄达编译
出　版　者：上海北新书局
出　版　时　间：1953.7
出　版　地：上海
页　　　数：91 页
尺　　　寸：20cm
价　　　格：
馆　藏　地　址：北京舞蹈学院图书馆
内　容　提　要：本书包括五个民间舞：搬运工人
舞、保加利亚民间舞、乌克苏民间舞、格鲁吉
亚民间舞、拉脱维亚民间舞。

0109

中图法分类：（索书号）J712.2/1
题　　　名：舞蹈基本训练（影印本）
责　任　者：王克伟
出　版　者：文娱出版社
出　版　时　间：1953.11
出　版　地：上海
丛　　　书：中国舞蹈丛书
页　　　数：31 页
尺　　　寸：18cm
价　　　格：2000（旧币）
馆　藏　地　址：北京舞蹈学院图书馆
内　容　提　要：本书内容包括采用吴晓邦的人体
自然法则编写而成的各关节的训练，集体舞中
常见的几种基本步法的步伐训练。

0110

0111

中图法分类：（索书号）J722.21/39
题　　名：红绸舞（影印本）
责 任 者：王克伟 整理；刘路得插图
出 版 者：上海文化出版社
出版时间：1953.12
出 版 地：上海
页　　数：50页
尺　　寸：18cm
价　　格：2.80
馆藏地址：北京舞蹈学院图书馆
内容提要：本书介绍了红绸舞的舞曲、学习
绸舞基本动作的说明、基本动作和场记说明
等。《红绸舞》是对街头文化的一次完整的加
工、提炼、总结和升华。它从内容到形式上都
充满了那个特定时期的烙印。

0112

中图法分类：（索书号）J722.8/234
　　　　　　　（J995.1/813072）
题　　名：交谊舞
责 任 者：钱宗廉等编著
出 版 者：汇文书局
出版时间：1953.12
出 版 地：上海
页　　数：90页
尺　　寸：15cm
价　　格：4000.00（旧币）
馆藏地址：上海图书馆
内容提要：本书是由汇文书局出版，由钱宗
廉、宗德、宗敏编撰。内容包括快步舞、华尔
兹、慢狐步、探戈、勃罗斯舞蹈等。书中有交
谊舞的行进舞步介绍图解。还有各种交谊舞的
实际跳舞动作分解。

中图法分类：（索书号）J732.1（512）
（995.248/722109）
题　　　名： 采棉舞
责　任　者： 安罗玖诺娃编舞（Арутюнова）；
许快雪编译
出　版　者： 北新书局
出　版　时　间： 1953
出　版　地： 上海
丛　　　书： 新舞蹈小丛书之9
页　　　数： 39页：图，曲谱
尺　　　寸： 11cm
价　　　格： 2200.00（旧币）
馆藏地址： 上海图书馆
主题标目： 舞蹈作品—苏联

内容提要： 本书译自：Сбор хлопка。此书的内容是介绍新舞蹈小丛书之九《采棉舞》
（乌兹别克舞蹈），书中有此舞蹈的跳法，舞蹈场记，舞蹈动作介绍等。

0113

中图法分类：（索书号）J732.2（312）/1
题　　　名： 朝鲜民间舞
责　任　者： 周整鸿著
出　版　者： 上海北新书局
出　版　时　间： 1953
出　版　地： 上海
页　　　数： 115页
尺　　　寸： 18cm
价　　　格： 4200.00（旧币）
馆藏地址： 北京舞蹈学院图书馆
内容提要： 本书包括五章，主要内容为：朝
鲜民间舞蹈的特色、朝鲜民间舞蹈的服装、朝
鲜民间舞蹈的配音、朝鲜集体舞蹈、朝鲜表演
舞蹈。此书介绍的朝鲜民间舞蹈：舞蹈动作精
细典雅，舞步沉稳。翩翩长袖有助于展现潇
洒、飘然若举的轻盈舞姿，具有仙鹤翱翔的风
貌。手腕动作在肩部和上臂的带动下柔美舒
展，随呼吸起伏，绵延不断，舞姿造型充满内在的韵律美，舞蹈队形呈多种几何图形。
本书分目录，前言，第一章：朝鲜民间舞蹈的特色，二章服装，三章配音，四章朝鲜集
体舞蹈（1 欢乐的农村 2. 天安三里街 3 插秧舞 4 梧桐秋夜）第五章朝鲜表演舞蹈。有完
整的舞蹈说明：动作，音乐，节拍等。

0114

0115

中图法分类：（索书号）J722.1
（995.22/3187）
题　　　名：大家来跳舞
责　任　者：江西人民通俗出版社
出　版　者：江西人民通俗出版社
出版时间：1953
出　版　地：南昌
页　　　数：25页：图
尺　　　寸：15cm
价　　　格：800.00（旧币）
馆藏地址：上海图书馆
主题标目：集体舞—舞蹈作品—上海
内容提要：本书是由江西人民通俗出版社编写的舞蹈通识读本详细介绍了舞蹈的基本跳法，是舞蹈通俗教本。

0116

中图法分类：（索书号）J705/47
题　　　名：第一届全国民间音乐舞蹈：会演资料（内部资料）
责　任　者：中央戏剧学院舞运班资料
出　版　者：中央戏剧学院
出版时间：1953
出　版　地：北京
页　　　数：1册
尺　　　寸：26cm
价　　　格：
馆藏地址：北京舞蹈学院图书馆
内容提要：本书是1953年第一届全国民间音乐舞蹈会演资料汇编，包括怎样吸取民间音乐舞蹈的精华、东北民间的音乐和舞蹈、如何进一步发掘和发扬人民固有的艺术创造、学习民间舞蹈的一些问题、在西北区发掘出来的民间音乐舞蹈、挖掘和整理中国民间艺术遗产、第一届全国民间音乐舞蹈会演西南区代表团演出节目介绍、从中南区民间艺术会演的舞蹈节目谈起等9篇文章。

中图法分类：（索书号）J732.1 （995.2/7262
　　　　　　　995.2/7262；10）

题　　　名：各国集体舞

责　任　者：陈显俦编；倪常明绘图

出　版　者：文娱出版社

出版时间：1953

出　版　地：上海

丛　　　书：国际舞蹈丛书

页　　　数：37 页

尺　　　寸：19cm

价　　　格：1800.00（旧币）

馆藏地址：上海图书馆

内容提要：民间舞蹈多为载歌载舞的集体
舞，舞蹈动作千姿百态，各具民族及地方特
色。这些舞蹈表现的内容有古代原始社会的狩
猎生活、战争经历、图腾信仰及生殖崇拜，也
有现代生活中各种传统节日里人们表达欢喜之

情的娱乐活动，有的则渗透了各种民俗、祭祀、礼仪活动的遗风。此书重点介绍了各国
民间舞蹈所具有的鲜明民族风格、浓郁的地方特色，它没有国家地域的界限，能够沟通
世界各国，因此是最社会化、最国际化的舞蹈。

中图法分类：（索书号）J723.1
　　　　　　　（854.53/4785）

题　　　名：给新县长献礼去：庆祝台江苗族
　　　　　　　自治区成立：歌舞剧

责　任　者：葛敏等集体创作；鲁光执笔；激
　　　　　　　流作曲

出　版　者：贵州人民出版社

出版时间：1953

出　版　地：贵阳

页　　　数：23 页：乐谱

尺　　　寸：19 cm

价　　　格：1600.00（旧币）

馆藏地址：上海图书馆

主题标目：歌舞剧—剧本—中国—当代

内容提要：本书是由葛敏等集体创作；鲁光
执笔；激流作曲的歌舞剧：给新县长献礼去·
庆祝台江苗族自治区成立。

0119

中图法分类：（索书号）J722.8（995.1/3240）
题　　　名：国际交谊舞
责　任　者：顾也文编；倪常明绘
出　版　者：文娱出版社
出版时间：1953.5
出　版　地：上海
丛　　　书：国际舞蹈丛书
页　　　数：156页：图
尺　　　寸：19cm
价　　　格：6000.00（旧币）
馆藏地址：上海图书馆
主题标目：舞剧
内容提要：此书的作者顾也文先生是舞蹈编辑出版家、舞蹈理论家、舞蹈作家。书中介绍了国际交谊舞的跳法、姿势、舞步、走位图等。深入浅出、细致入微地介绍了国际交谊舞的基本掌握要领。是学习国际交谊舞的必备教材。

0120

中图法分类：（索书号）J722.21（995.22/5013）
题　　　名：红绸舞
责　任　者：史孟良整理
出　版　者：文娱出版社
出版时间：1953
出　版　地：上海
丛　　　书：中国舞蹈丛书
页　　　数：64页：图
尺　　　寸：19cm
价　　　格：3000.00（旧币）
馆藏地址：上海图书馆
内容提要：本书是由史孟良编撰的中国舞蹈。此舞蹈是特定历史时期的产物。从解放战争捷报频传到新中国的诞生，中国人民的社会地位发生了巨大改变，他们通过各种形式将蓄积已久的喜悦释放出来。群众街头秧歌运动成为新流行文化的生力军，尤其是在陕北和东北地区，炽热的舞蹈革命浪潮通过 这一舞蹈形式的不断丰富和完善持续高涨。可以说《红绸舞》是对街头文化的一次完整的加工、提炼、总结和升华。它从内容到形式上都充满了那个特定时期的烙印。

中图法分类：（索书号）J732.4（512）/14：1
题　　　名：简明新舞蹈：第一集（影印本）
责　任　者：波加特柯娃等编译；许快雪编译
出　版　者：上海北新书局
出版时间：1953
出　版　地：上海
页　　　数：138 页
尺　　　寸：18cm
价　　　格：5400.00（旧币）
馆藏地址：北京舞蹈学院图书馆
内容提要：本书主要介绍了俄罗斯圆舞、小
学生舞、团结舞、乌克兰舞、拉脱维亚舞、友
好舞、联欢舞、捷克牧童舞、西伯利亚晚会舞
等十几种舞的基本舞蹈动作。

0121

中图法分类：（索书号）J732.1（512）
　　　　　　　（995.248/274209；5）
题　　　名：六人舞
责　任　者：波加特柯娃纪录；许快雪编译
出　版　者：北新书局
出版时间：1953
出　版　地：上海
丛　　　书：新舞蹈小丛书之（12）
页　　　数：53 页：图，曲谱
尺　　　寸：11cm
价　　　格：0.15
馆藏地址：上海图书馆
主题标目：集体舞
内容提要：本书详细介绍了苏联六人舞的跳法、舞蹈基本动作解释、舞蹈场记、六人
舞顺序图解等。

0122

0123

中 图 法 分 类：（索书号）J722.7/80：3
　　　　　　　　（995.2/1223＃3　　995.2／
　　　　　　　　1223#3；5）
题　　　　名：青年歌舞：第三辑
责　任　者：张伯清
出　版　者：益智书店
出 版 时 间：1953
出　版　地：天津
页　　　　数：66页：图
尺　　　　寸：18cm
价　　　　格：不详
馆 藏 地 址：上海图书馆
内 容 提 要：本书重点介绍了适合年轻人的舞
蹈，以及这些舞蹈的跳法，还有随着时代的进
步，舞蹈的发展，此系列舞蹈图书针对青年的
特点突出。

0124

中 图 法 分 类：（索书号）J732.1（512）/2
题　　　　名：青年舞选集（影印本）
责　任　者：［苏］波加特柯娃（Л. Богаткова）
　　　　　　　等记录；黄达编译
出　版　者：上海北新书局
出 版 时 间：1953
出　版　地：上海
页　　　　数：139页
尺　　　　寸：22cm
价　　　　格：6000.00（旧币）
馆 藏 地 址：北京舞蹈学院图书馆
内 容 提 要：本书收集了八种青年舞的一些基
本动作和舞步说明。并在每一个舞蹈后都配有
舞曲例。

中图法分类：（索书号）J732.1（512）
　　　　　　（995.248/274209-1；4）
题　　　名：神箭手舞
责　任　者：波加特柯娃纪录；许快雪编译
出　版　者：北新书局
出版时间：1953
出　版　地：上海
丛　　　书：新舞蹈小丛书之（11）
页　　　数：55 页：图，曲谱
尺　　　寸：11cm
价　　　格：1700.00（旧币）
馆藏地址：上海图书馆

内容提要：本书是由波加特柯娃纪录，许快雪编译的舞蹈：神箭手舞。书中介绍了此舞蹈的基本舞步、舞蹈场记、舞蹈动作图解等。

中图法分类：（索书号）J723.1/16
　　　　　　（854.53/2224）
题　　　名：双送粮：湖南地方歌舞剧
责　任　者：徐叔华等编剧
出　版　者：湖南通俗读物出版社
丛　　　书：农村戏剧小丛书
出版时间：1953
出　版　地：长沙
版　　　本：再版
页　　　数：23 页：图；曲谱
尺　　　寸：15cm
价　　　格：800.00（旧币）
馆藏地址：上海图书馆
主题标目：歌舞剧—剧本—湖南—当代

内容提要：本书是由湖南通俗读物出版社出版，徐叔华创作的湖南地方歌舞剧。它吸收了民间文艺的一些优点，把现实生活加以提炼加工而成；它表现了翻身后的农民，热爱自己的祖国的热烈情绪。书中有舞蹈场记和舞蹈曲谱，以及道具的做法。

0127

中图法分类：（索书号）J732（512）

　　　　　　　（J995.248/506644）

题　　　名：苏联的舞蹈艺术

责　任　者：扎哈罗夫，R；（Zhkharov，R）李
　　　　　　　士钊编译

出　版　者：文娱出版社

出版时间：1953.7

页　　　数：86页

丛　　　书：国际舞蹈丛书

页　　　数：86页

尺　　　寸：18cm

价　　　格：4400（旧币）

馆藏地址：上海图书馆

内容提要：此书是由扎哈罗夫编译的知识性
图书，系统阐述了苏联舞蹈艺术展现的艺术高
峰和苏联舞蹈艺术的审美体现。

0128

中图法分类：（索书号）J732.1（512）

　　　　　　　（995.248/7225）

题　　　名：苏联集体舞

责　任　者：周位中编

出　版　者：文娱出版社

出版时间：1953

出　版　地：上海

丛　　　书：国际舞蹈丛书

页　　　数：64页；图，曲谱

尺　　　寸：19cm

价　　　格：2800.00（旧币）

馆藏地址：上海图书馆

主题标目：集体舞—苏联

内容提要：本书是由周位中编撰的国际舞蹈
丛书之一。书中有舞蹈场记、舞蹈动作分析、
舞蹈讲解等。

中图法分类：（索书号）J732.6（512）/2：6
题　　　名：红巾舞（影印本）
责　任　者：［苏］波加特柯娃（Л. Богаткова）
　　　　　　等编；许快雪编译
出　版　者：北新书局
出版时间：1952.12
出　版　地：上海
丛　　　书：新舞蹈小丛书之（6）
页　　　数：43 页
尺　　　寸：15cm
价　　　格：2000.00（旧币）
馆藏地址：北京舞蹈学院图书馆
内容提要：本书对红巾舞的故事情节、舞曲、基本动作、动作说明、舞蹈说明等内容进行了一一说明。内有舞蹈图解。

0129

中图法分类：（索书号）J732.6（512）/2/：5
题　　　名：花环舞
责　任　者：［苏］波加特柯娃（Л. Богатк-
　　　　　　ова）编
出　版　者：上海北新书局
出版时间：1953
出　版　地：上海
丛　　　书：苏联舞蹈小丛书之 5
页　　　数：45 页
尺　　　寸：15cm
价　　　格：2200.00（旧币）
馆藏地址：北京舞蹈学院图书馆
内容提要：本书主要对花环舞的故事情节、舞曲、基本动作、动作说明、舞蹈说明等内容进行了一一说明。

0130

0131

中图法分类：（索书号）J732.1（512）
　　　　　　　（995.248/314481）
题　　　名：六人舞
责　任　者：波加特柯娃记录；郑硕人译
出　版　者：文娱出版社
出版时间：1953
出　版　地：上海
丛　　　书：苏联舞蹈小丛书17
页　　　数：37页：图，曲谱
尺　　　寸：15cm
价　　　格：1500.00（旧币）
馆藏地址：上海图书馆
主题标目：舞蹈—苏联
内容提要：本书是由波加特柯娃纪录，郑硕
人译的苏联舞蹈小丛书（17）：六人舞。书中
有舞蹈场记，舞蹈动作讲解及分析。

0132

中图法分类：（索书号）J722.6/84：2
　　　　　　　（995.22/0209）
题　　　名：新舞蹈：第二集
责　任　者：方新等编
出　版　者：上海北新书局
出版时间：1953
出　版　地：上海
丛　　　书：新文娱丛书
页　　　数：77页：图
尺　　　寸：15cm
价　　　格：2000.00（旧币）
馆藏地址：上海图书馆
主题标目：集体舞—中国
内容提要：本书是由北新书局出版，方新创
作的新舞蹈：第二册。其中有舞蹈走位图，这
是为了在这充满着光辉和胜利的红五月里，为
歌颂伟大的祖国，表现青年一代幸福的成长而
编写的四个舞蹈，其中有广场舞、小型舞台舞《我们是民主青年》等。

中图法分类：（索书号）J732.6/（512）2/：7
题　　　名：集体农庄舞（影印本）
责　任　者：［苏］乌斯金诺娃编；许快雪
　　　　　　编译
出　版　者：上海北新书局
出 版 时 间：1953
出　版　地：上海
页　　　数：47 页
丛　　　书：新舞蹈小丛书之（7）
尺　　　寸：15cm
价　　　格：1600.00（旧币）
馆 藏 地 址：北京舞蹈学院图书馆

0133

内 容 提 要：本书以新颖的编排方法，介绍了苏联和各社会主义国家的最新简明舞蹈。如友好舞、团体舞、联欢舞、小学生舞、捷克牧童舞、乌克兰舞等，详细介细了这几种舞蹈的基本舞步。

中图法分类：（索书号）J723.2/22
　　　　　　（854.53/4883）
题　　　名：一把洋镐：歌舞剧
责　任　者：黄铭宗，佟顶力编剧
出　版　者：中南人民文学艺术出版社
出 版 时 间：1953.4
出　版　地：武汉
页　　　数：30 页：曲谱
尺　　　寸：18cm
价　　　格：1600.00（旧币）
馆 藏 地 址：上海图书馆
主 题 标 目：歌舞剧—剧本—中国—当代

0134

内 容 提 要：本书是由中南人民文学艺术出版社出版，黄铭宗，佟顶力等创作的歌舞剧。

0135

中图法分类：（索书号）J732.2（512）/11
题　　　名：苏联舞蹈集
责　任　者：波加柯娃编；顾乃晴译
出　版　者：文娱出版社
出版时间：1953.4
出　版　地：上海
丛　　　书：国际舞蹈丛书
页　　　数：169页
尺　　　寸：18cm
价　　　格：7200.00（旧币）
馆藏地址：北京舞蹈学院图书馆
内容提要：本书收集了苏联十个民间舞蹈，大部分是苏联国立民间舞蹈团和国立庇亚特尼茨基民歌合唱团演出的节目，这十个民间舞蹈充分表现出苏联人民的活力，愉快和乐观主义的精神性格。

0136

中图法分类：（索书号）J703/270：1
　　　　　　（J995.029/5686）
题　　　名：舞蹈学习资料：第1辑
责　任　者：中国舞蹈艺术研究会筹委会编
出　版　者：中国舞蹈艺术研究会
出版时间：1954.4
出　版　地：上海
页　　　数：21页
尺　　　寸：25cm
价　　　格：
馆藏地址：上海图书馆
内容提要：本书是由上海中国舞蹈艺术研究会编撰的舞蹈学习资料。

中图法分类：（索书号）J722.21/12
题　　　名：中国民间舞蹈选集
责　任　者：中国舞蹈艺术研究会筹委会编
出　版　者：艺术出版社
出　版　时　间：1954
出　版　地：北京
页　　　数：112 页
尺　　　寸：18cm
价　　　格：0.45
馆　藏　地　址：北京舞蹈学院图书馆
内　容　提　要：本书介绍了"荷花舞"、"采茶扑蝶"、"跑驴"三个民间舞蹈的内容简介、音乐、动作说明、场记、服装道具图等。

0137

中图法分类：（索书号）J732.2/245
　　　　　　　　（J995.22/3174）
题　　　名：青春舞与桔梗舞
责　任　者：金元庆等编
出　版　者：文娱出版社
出　版　时　间：1954.7.1
出　版　地：上海
丛　　　书：国际舞蹈丛书
页　　　数：115 页
尺　　　寸：18cm
价　　　格：0.58
馆　藏　地　址：上海图书馆
内　容　提　要：朝鲜的民间舞蹈有着深厚的传统，独特的民族风格和成熟的艺术形式，使广大的人民所爱好和欣赏。本书介绍两个很受欢迎的朝鲜舞，都配有美丽的民谣，内容描写一对青年男女在愉快的劳动过程中，所表现的思想感情，以及真诚朴实的爱情和幸福的生活。书中有舞蹈场记、舞蹈动作详解等。

0138

0139

中图法分类：（索书号）J719.214/1

题　　　名：藏族锅庄 弦子 踢踏舞舞蹈教材
（初稿，教材之二）（内部资料，
油印本）

责 任 者：北京舞蹈学校中国民间舞蹈教研
组编

出 版 者：北京舞蹈学校中国民间舞蹈教
研组

出 版 时 间：1954.8.20

出 版 地：北京

页　　　数：47页

尺　　　寸：26cm

价　　　格：

馆 藏 地 址：北京舞蹈学院图书馆

内 容 提 要：本书介绍了藏族锅庄舞、弦子
舞、踢踏舞三种舞蹈的基本动作、原地动作、
左右移动、转身步伐、节目场记等。

0140

中图法分类：（索书号）J719.219/2

题　　　名：朝鲜族舞蹈教材（初稿，内部教
材）

责 任 者：北京舞蹈学校编

出 版 者：北京舞蹈学校

出 版 时 间：1954.8

出 版 地：北京

页　　　数：1册

尺　　　寸：26cm

价　　　格：

馆 藏 地 址：北京舞蹈学院图书馆

内 容 提 要：本书介绍了朝鲜舞节奏与律动、
舞蹈特征、训练目的和记录方法，叙述了朝鲜
舞应有的基本方法、手脚的基本位置、步法种
类和名称，说明了朝鲜舞八组动作的基本动作
和训练，并记录了"阳山道"、"陈乐舞"的
节目场记。

中图法分类：（索书号）J719.215/1

题　　　名：维吾尔族民间舞教材：中国民间新疆代表舞蹈（内部教材）（油印本）

责　任　者：北京舞蹈学校中国民间舞蹈组编

出　版　者：北京舞蹈学校中国民间舞蹈组教材之二（初稿）

出版时间：1954.8

出　版　地：北京

页　　　数：1册

尺　　　寸：26cm

价　　　格：

馆藏地址：北京舞蹈学院图书馆

内容提要：本书介绍了维吾尔族民间舞手、脚基本位置，基本训练，基本动作，动作组合，及节目场记等。

0141

中图法分类：（索书号）J711.2/11

题　　　名：关于芭蕾舞剧艺术的报告座谈访问录：苏联国立莫斯科坦尼斯拉夫斯基与聂米罗维奇–丹钦科音乐剧院在中国访问演出期间：布尔梅斯杰尔等访谈（影印本）（内部资料）

责　任　者：北京舞蹈学校编

出　版　者：北京舞蹈学校

出版时间：1954.11

出　版　地：北京

页　　　数：50页

尺　　　寸：1册 26cm

价　　　格：

馆藏地址：北京舞蹈学院图书馆

内容提要：本书包括布尔梅斯杰尔访谈录、古赛夫谈芭蕾舞训练问题报告讲演稿、霍尔芬谈"阿伊波利特医生"的创作过程讲话稿、波芙特访谈录、阿·奇契纳则访谈录、莫伊赛耶娃访谈录、列金娜访谈录等。

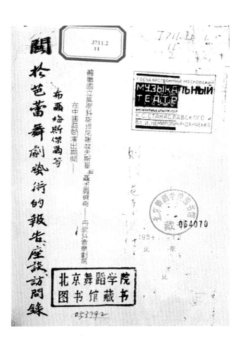

0142

0143

中图法分类：（索书号）J722.1/44/：2
题　　名：舞蹈：第二集（影印本）
责　任　者：喜勋等编
出　版　者：人民体育出版社
出 版 时 间：1954.11
出　版　地：北京
页　　数：57 页
尺　　寸：18cm
价　　格：2000.00（旧币）
馆 藏 地 址：北京舞蹈学院图书馆
内 容 提 要：本书介绍了舞蹈的基本步法和 12
个集体舞的音乐、人数、排列队形、步法和跳
法等。

0144

中图法分类：（索书号）J722.1/225
　　　　　　　（J995.22/0300-1）
题　　名：工人舞蹈选
责　任　者：广州市文学艺术工作者联合会
出　版　者：南方通俗出版社
出 版 时 间：1954.12
出　版　地：广州
页　　数：45 页
尺　　寸：19cm
价　　格：1900.00（旧币）
馆 藏 地 址：上海图书馆
内 容 提 要：工人是现代都市生活中的重要部
分，也是最能体现时代精神的重要群体。因
此，反映现代工人生活，表现现代工人的时代
精神是现代题材舞蹈创作的重要组成部分。现
代工人题材舞蹈作品表现的是现代工人，编导
深入到现代工人中间，去了解他们的生活，体
验他们的生活。要创作就要求我们从浩瀚的生活中发现美，特别是发现工人的思想、精
神和情感上的美，并进行概括提炼，从而塑造出典型人物形象。此书正是在此题材上编
选了这部工人舞蹈选。

中图法分类：（索书号）J733.4（512）
　　　　　　　（992.34/496221）
题　　　名：巴黎圣母院：三幕八场舞剧
责　任　者：格里爱尔，瓦西连科，季霍米罗
　　　　　　　夫，布尔梅斯杰尔
出　版　者：［出版者不祥］
出版时间：1954
出　版　地：北京
页　　　数：5 页：表
尺　　　寸：26cm
价　　　格：
馆藏地址：上海图书馆
主题标目：歌舞剧—苏联
内容提要：此书是苏联国立莫斯科斯坦尼斯
拉夫斯基与聂米罗维奇—丹钦科音乐剧院 1954
年访问中国北京时的演出节目介绍。剧目是芭
蕾舞剧《巴黎圣母院：三幕八场舞剧》。

中图法分类：（索书号）J722.7/8
题　　　名：板车号子：演唱选集
责　任　者：四川人民出版社编辑
出　版　者：四川人民出版社
出版时间：1954
出　版　地：成都
页　　　数：44 页
尺　　　寸：18cm
价　　　格：0.20
馆藏地址：北京舞蹈学院图书馆
内容提要：本舞剧描写了一个四好连队的连
长，带领着战士们，拉着满车的丰收粮食，支
援社会主义建设的情景。本书主要对舞剧的一
些体会、人物说明、音乐、动作说明、场记、
排演说明等内容进行了详细的介绍。

0147

中图法分类：（索书号）J722.3/133
　　　　　　　（996.9/4762）
题　　　名：课间游戏与舞蹈
责　任　者：葛里千编
出　版　者：大陆书局
出版时间：1954
出　版　地：上海
页　　　数：43 页 曲谱
尺　　　寸：15cm
价　　　格：
馆藏地址：上海图书馆
主题标目：游戏课—学前教育
内容提要：本书是由葛里千编撰的，大陆书
局出版的儿童舞蹈教材：课间游戏与舞蹈。本
书记录了儿童舞蹈的场记、舞蹈动作图等。

0148

中图法分类：（索书号）J732.2（512）
　　　　　　　（995.48/4420）
题　　　名：苏联国立民间舞蹈团
责　任　者：莫依谢耶夫等
出　版　者：少年儿童出版社
出版时间：1954
出　版　地：上海
页　　　数：1 册：图，
尺　　　寸：15cm
价　　　格：
馆藏地址：上海图书馆
主题标目：民间舞蹈—歌舞团—苏联
内容提要：这是介绍苏联国立民间舞蹈团概
况、演出剧目情况的书。此团 1954 年来北京
演出。主要剧目有苏联民间舞蹈《林中空地
舞》、《马铃薯舞》、《小白桦树》、《两个小伙
的角斗》，京剧《三岔口》和朝鲜舞蹈《柴郎
与村女》等。

中图法分类：（索书号）J722.1/：1
（995.22/4623）
题　　　名：舞蹈：第一集
责　任　者：喜勋
出　版　者：人民体育出版社
出版时间：1954.4
出　版　地：北京
页　　　数：57 页共 2 册：图，曲谱
尺　　　寸：19cm
价　　　格：2000.00（旧币）
馆藏地址：上海图书馆
主题标目：民间舞蹈—中国
内容提要：本书介绍了群众集体舞的跳法和
舞蹈动作详解等。喜勋教授在学校体育教学和
社会体育教学以及运动训练岗位上奋斗了 50
多年，撰写出版了"艺术体操与美育""体育
与舞蹈"等著作及数十篇文章。

0149

中图法分类：（索书号）J723.3
题　　　名：喜鹊和寒鸟：童话歌舞剧
责　任　者：赵华，嘉鹏；辽宁人民艺术剧院
出　版　者：儿童读物出版社
出版时间：1954
出　版　地：上海
页　　　数：148 页：图表
尺　　　寸：29cm
价　　　格：2300.00（旧币）
馆藏地址：上海图书馆
内容提要：此儿童歌舞剧根据童话故事改编
而成。故事内容：喜鹊爱劳动自己筑巢。而寒
号鸟却懒得筑巢且不听喜鹊劝告，最后冬天来
临因没有筑巢冻死在外面。教育儿童从小要热
爱劳动。

0150

0151

中图法分类：（索书号）J723.2（854.53/1123
-1 854.53/1123-1；4）
题 名：小歌舞剧：双喜临门
责 任 者：王血波著；王莘，云翔曲
出 版 者：北京宝文堂书店
出 版 时 间：1954.4
出 版 地：北京
页 数：44页：曲谱
尺 寸：17cm
价 格：1400.00
馆 藏 地 址：上海图书馆
主 题 标 目：歌舞剧—剧本—中国—当代
内 容 提 要：小歌舞剧内容：1952年8月在田
里劳动的农民庆祝双喜临门的喜悦：一喜，是
解放了农民享受着农业生产现代化带来的幸福
生活。二喜，农民在庆祝着抗美援朝胜利的喜
讯。小歌舞剧表达了解放了的农民感谢党的心

情。附"双喜临门"音乐总谱。

0152

中图法分类：（索书号）J645.2
914 \ 420 \ 1gj \ 书刊保存本库 \
书刊保存本（3052507179）
题 名：舞蹈曲选
责 任 者：马剑华编校
出 版 者：上海文化出版社
出 版 时 间：1955
出 版 地：上海
页 数：157页
尺 寸：14cm
价 格：0.33
馆 藏 地 址：国家图书馆
内 容 提 要：本书选编了50年代流行的舞蹈
曲谱，有中国民族民间舞曲，儿童舞曲，苏联
流行的舞曲，匈牙利舞曲，波兰舞曲等，都是
当时群众喜闻乐见的适合舞蹈的曲谱，书中均
采用简谱曲谱。

中图法分类：（索书号）J705/22
题　　　名：舞剧·乌兰诺娃（影印本）
责 任 者：[苏] 里沃夫–阿诺兴（Б. Львов
　　　　　　–Анохин）等著
出 版 者：文娱出版社
出版时间：1955.2
出 版 地：上海
页　　　数：75 页
尺　　　寸：18cm
价　　　格：4600（旧币）
馆藏地址：北京舞蹈学院图书馆
内容提要：本书包括两部分内容：第一部分
《舞剧》根据苏联大百科全书译出，说明了舞
剧艺术的特点，舞剧的起源和形成，各国舞剧
和苏联舞剧的历史发展过程，以及苏联舞剧艺
术的创造和成绩。第二部分《乌兰诺娃》根据
乌兰诺娃在舞剧中主要的创作，分析了她的表
演才能和技巧。

0153

中图法分类：（索书号）J719/6
题　　　名：舞蹈教材（中级班）（影印本）
（内部资料）
责 任 者：北京业余艺术学校舞蹈系编
出 版 者：北京业余艺术学校舞蹈系
出版时间：1955.4
出 版 地：北京
页　　　数：42 页
尺　　　寸：26cm
价　　　格：
馆藏地址：北京舞蹈学院图书馆
内容提要：本书介绍了鞑靼舞、拉萨踢踏
舞、二人转、双刀舞、云南花灯舞等诸多舞种
的动作说明、做法、场记、音乐等，还选录了
1957 年各省代表队参加节目会演的资料等。

0154

0155

中图法分类：（索书号）J719.5/10
题　　　名：芭蕾课：二、三、四、五、六年级过渡时期：教学大纲（内部教材）（油印本）
责　任　者：文化部北京舞蹈学校芭蕾教研组编
出　版　者：北京舞蹈学校芭蕾教研组
出版时间：1955.6
出　版　地：北京
页　　　数：1 册
尺　　　寸：26cm
价　　　格：
馆藏地址：北京舞蹈学院图书馆
内容提要：本书为芭蕾课二、三、四、五、六年级过渡时期教学大纲。主要讲述了各个年级要完成的课程以及学生学习芭蕾所要达到的要求。

0156

中图法分类：（索书号）J719.4/6
题　　　名：古典舞教学法初稿（影印本）（内部教材）（油印本）
责　任　者：北京舞蹈学院编
出　版　者：北京舞蹈学院
出版时间：1955.9
出　版　地：北京
页　　　数：1 册
尺　　　寸：28cm
价　　　格：
馆藏地址：北京舞蹈学院图书馆
内容提要：本书内容包括李正一教授所讲中国古典舞教材诞生的指导思想和中国古典舞教材的基本建设，唐满城教授所讲中国古典舞的审美意识、民族艺术的审美特点，郜大琨教授所讲中国古典舞基训教材概略的教材与分析等。

中图法分类：（索书号）J722. 1/12
题　　　名：集体舞（影印本）
责　任　者：王克伟编
出　版　者：上海文化出版社
出 版 时 间：1955.9
出　版　地：上海
页　　　数：47 页
尺　　　寸：18cm
价　　　格：0.15
馆 藏 地 址：北京舞蹈学院图书馆
内 容 提 要：本书介绍了"节日联欢舞"、"年轻的朋友"、"迎春舞"等 16 个集体舞蹈的舞曲、参加人数、排练队形、基本动作和舞蹈跳法等。

0157

中图法分类：（索书号）J722. 1/16
题　　　名：青年集体舞（影印本）
责　任　者：萧亮雄 编；斐也 整理
出　版　者：文娱出版社
出 版 时 间：1955.9
出　版　地：上海
丛　　　书：国际舞蹈丛书
页　　　数：25 页
尺　　　寸：19cm
价　　　格：0.38
馆 藏 地 址：北京舞蹈学院图书馆
内 容 提 要：本书介绍了 27 个集体舞的音乐、参加人数、排列队形、基本步法和舞蹈作法。这些舞蹈有的是中苏友好月活动中的资料，有些是上海市人民政府团工委舞蹈班的教材，有些是某些文化馆、学校、团体的文娱活动材料。

0158

0159

中图法分类：（索书号）J732.2
　　　　　　　（J995.493/3202）
题　　　名：南斯拉夫的民间舞蹈
责　任　者：对外文化联络局剧目编审科
出　版　者：对外文化联络局
出版时间：1955.9
出版地：北京
丛　　　刊：文化交流资料丛刊，25
页　　　数：15页
尺　　　寸：21cm
价　　　格：
馆藏地址：上海图书馆
内容提要：本刊是对外文化联络局剧目编审
科编著的《南斯拉夫民间舞蹈》。南斯拉夫最
流行的民间舞蹈形式，类似罗马尼亚的霍拉和
保加利亚的霍罗。科洛舞是一种集体的轮舞，
在马其顿、塞尔维亚、克罗地亚、斯洛文尼亚
等加盟共和国流行。南斯拉夫全国有三大著名的国立民间歌舞团。一是在贝尔格莱德的
"克罗"；二是在马其顿共和国的"达纳斯"；三是在克鲁的亚共和国的"拉多"。这三
个歌舞团在群众中很有威望，是全国民间舞蹈示范的专业团体。

0160

中图法分类：（索书号）J719.4/5
题　　　名：中国古典舞：教学法（初稿，内
　　　　　　　部资料）
责　任　者：北京舞蹈学校中国舞教研组编
出　版　者：北京舞蹈学校
出版时间：1955.9
出版地：北京
页　　　数：1册
尺　　　寸：26cm
价　　　格：
馆藏地址：北京舞蹈学院图书馆
内容提要：本书介绍了中国古典舞教学法中
脚的基本位置、腿的弯直练习、手的基本位
置、手臂的运用、弹腿、跨腿和蹁腿、控制、
压腿和踢腿、腰、翻身、转、跳跃等。

中图法分类：（索书号）J722.1/7/：1
题　　　名：大家跳．第一本（影印本）
责　任　者：上海文化出版社编
出　版　者：上海文化出版社
出 版 时 间：1955.11
出　版　地：上海
页　　　数：42页
尺　　　寸：18cm
价　　　格：0.14
馆 藏 地 址：北京舞蹈学院图书馆
内 容 提 要：本书介绍了"节日狂欢舞"等12个集体舞的舞曲、步伐、人数、队形、动作和跳法说明。

0161

中图法分类：（索书号）J722.1/7/：2
题　　　名：大家跳．第二本（影印本）
责　任　者：上海文化出版社编
出　版　者：上海文化出版社
出 版 时 间：1955.11
出　版　地：上海
页　　　数：39页
尺　　　寸：18cm
价　　　格：0.18
馆 藏 地 址：北京舞蹈学院图书馆
内 容 提 要：本书介绍了"丰收舞"等8个集体舞的舞曲、人数、队形、动作和跳法说明。

0162

0163

中图法分类：（索书号）J722.1/17
题　　　名：集体舞蹈
责　任　者：陈次秋编著
出　版　者：儿童读物出版社
出版时间：1955.12
出　版　地：上海
页　　　数：56 页
尺　　　寸：18cm
价　　　格：0.19
馆藏地址：北京舞蹈学院图书馆
内容提要：本书介绍了 14 个集体舞的说明、
跳法和音乐，其中部分舞蹈是从儿童生活中吸
取来的游戏性舞蹈。

0164

中图法分类：（索书号）J722.1/39
题　　　名：集体舞集（影印本）
责　任　者：北京群众艺术馆筹备处编
出　版　者：北京大众出版社
出版时间：1955.12
出　版　地：北京
丛　　　书：群众艺术丛书之一
页　　　数：35 页
尺　　　寸：18cm
价　　　格：0.14
馆藏地址：北京舞蹈学院图书馆
内容提要：本书介绍了"青年友谊圆舞曲"
10 个集体舞的音乐、动作说明和跳法说明等。

中图法分类：（索书号）J732.2
　　　　　　（910.9492/3202）
题　　　名：保加利亚的音乐舞蹈
责　任　者：对外文化联络局
出　版　者：对外文化联络局
出版时间：1955.12
出　版　地：北京
丛　　　书：文化交流资料丛刊29
页　　　数：18页
尺　　　寸：15cm
价　　　格：
馆藏地址：上海图书馆
主题标目：音乐—保加利亚—舞蹈—保加
　　　　　利亚

内容提要：本刊是对外文化联络局编写的保
加利亚的音乐舞蹈，着重介绍了保加利亚的舞
蹈特点，其特色包含着丰富的舞步以及各式各
样的节奏，大部分属团体舞，较著名的有圆环舞（HORO）与国舞-手帕舞。其舞蹈特
色有：1. 节拍复杂；2. 脚步快速且复杂；3. 配合很多手与手臂的动作。

0165

中图法分类：（索书号）J722.9/6
题　　　名：锻炼小组舞
责　任　者：中华人民共和国文化部艺术事业
　　　　　　管理局，中国舞蹈艺术研究会编
出　版　者：中国青年出版社
出版时间：1955
出　版　地：北京
页　　　数：31页
尺　　　寸：26cm
价　　　格：0.14
馆藏地址：北京舞蹈学院图书馆
内容提要：本书主要对锻炼小组舞的情节、
人物介绍、舞曲、基本动作、舞蹈的场记、服
装及道具做了详细的描述。

0166

0167

中图法分类：（索书号）J732.2/233
　　　　　　　（J995.248/1142）
题　　　名：喀山鞑靼舞
责　任　者：王克伟（整理）
出　版　者：上海文化出版社
出版时间：1955.11
出　版　地：上海
页　　　数：36 页
尺　　　寸：18cm
价　　　格：0.12
馆藏地址：上海图书馆
内容提要：喀山是俄罗斯的鞑靼斯坦自治共
和国首府，是当年蒙古人的后代。此舞蹈就是
当时与苏联友好时期代表苏联的 16 个加盟共
和国之一喀山鞑靼舞蹈，当时也代表了苏联少
数民族的舞蹈。

0168

中图法分类：（索书号）J723.3（859.8/3912）
题　　　名：花儿朵朵开：独幕童话歌舞剧
责　任　者：宋 元编剧，杨继陶作曲
出　版　者：儿童读物出版社
出版时间：1955
出　版　地：上海
页　　　数：20 页
尺　　　寸：15cm
价　　　格：0.12
馆藏地址：上海图书馆

主题标目：独幕剧：儿童剧：歌舞剧—剧本—中国—当代
内容提要：此书是独幕剧：儿童歌舞剧。书中记录了独幕童话歌舞剧的舞蹈场记、故
事情节、舞蹈人物以及歌舞剧的曲谱等。

中图法分类：（索书号）J723.3
　　　　　　　（J854.53/2012）
题　　　名：花姑学舌：昆曲小歌舞剧
责　任　者：白云生著
出　版　者：北京宝文堂书店
出版时间：1955.12
出　版　地：北京
页　　　数：17 页
尺　　　寸：18cm
价　　　格：0.10
馆藏地址：上海图书馆
内容提要：此书是春节演唱材料，昆曲小歌舞剧。本歌舞剧是一个新的尝试，故事情节是写京郊某农村的小学生花姑和小六，在国庆节那天，随着队伍进城去参加游行，天到过午还未回村，老祖父放心不下，到村口看望，正好遇到孙子、孙女从城里回来。两个天真活泼的儿童，把自己看到的一一告诉了年老的祖父。从他们的叙述里，生动地描绘了首都人民和全国人民同自己敬爱的领袖毛主席欢度国庆的情景。表现了人民和领袖欢度国庆六周年的喜悦心情。剧后附有简谱。

0169

中图法分类：（索书号）J709/23
题　　　名：华沙十五天
责　任　者："星火"出版社编
出　版　者：星火出版社
出版时间：1955
出　版　地：北京
页　　　数：453 页
尺　　　寸：28cm
价　　　格：
馆藏地址：北京舞蹈学院图书馆
内容提要：本书是一本画册，是 1955 年世界青年联欢节期间每日的节日和活动情况的汇编。文字说明有中文、英语、波兰语和德语。

0170

0171

中图法分类：（索书号）J732.1
　　　　　　（995.19444/3202）
题　　　名：接待波兰军队歌舞团：参考资料
责　任　者：对外文化联络局
出　版　者：对外文化联络局
出版时间：1955.9
出　版　地：北京
丛　　　书：文化交流资料丛刊27
页　　　数：17页 曲谱
尺　　　寸：18cm
价　　　格：
馆藏地址：上海图书馆
主题标目：舞蹈事业—波兰
内容提要：此刊是由对外文化联络局编撰的
文化交流资料丛刊27，接待波兰军队歌舞团：
参考资料。1955年9月波兰军队歌舞团一行
251人来京访问演出。他们在北京、上海、广
州等中国大城市进行了非常友好而热烈的演出。把波兰民族民间舞蹈和民族歌曲奉献给
中国观众。当时在中南海怀仁堂他们受到了周恩来总理的接见。

0172

中图法分类：（索书号）J722.3/61
题　　　名：拍手舞（影印本）
责　任　者：中华人民共和国文化部艺术事业
　　　　　　管理局，中国舞蹈艺术研究会编
出　版　者：少年儿童出版社
出版时间：1955
出　版　地：上海
页　　　数：30页
尺　　　寸：18cm
价　　　格：0.20
馆藏地址：北京舞蹈学院图书馆
内容提要：这是一九五五年全国群众业余音
乐舞蹈观摩演出中获得优秀奖的剧目。它是北
京市第八女子中学舞蹈团少年组，在北京"少
年之家"帮助下，根据儿童游戏拍花巴掌和秧
歌舞步伐为基础创作的。舞蹈表现了新中国少
年儿童天真、活泼和愉快的情绪，反映她们生
活在毛泽东时代的幸福。中间生动地插入了一个队员，由于骄傲和自私，脱离了集体，
受到了大家善意的批评，说明了新中国的儿童要团结友爱，热爱集体。

中图法分类：（索书号）J722.6/27
题　　　名：小车舞（影印本）
责　任　者：黑龙江省歌舞团整理
出　版　者：中国青年出版社
出版时间：1955
出　版　地：北京
页　　　数：27 页
尺　　　寸：18cm
价　　　格：0.13
馆藏地址：北京舞蹈学院图书馆
内容提要：本舞蹈反映了人民对那些为了保卫祖国的安全，把自己的儿女送到前方的军属家庭的爱戴和关怀，本书对舞蹈的内容介绍、音乐、动作说明、舞蹈场记、服装和道具等内容分别进行了详细的介绍。

0173

中图法分类：（索书号）J722.7/22
题　　　名：云南花灯"十大姐"（影印本）
责　任　者：中华人民共和国文化部艺术事业管理局，中国舞蹈艺术研究会编
出　版　者：中国青年出版社
出版时间：1955
出　版　地：北京
页　　　数：36 页
尺　　　寸：19cm
价　　　格：0.16
馆藏地址：北京舞蹈学院图书馆
内容提要：本舞剧内容描写了云南农村中的十个采茶姑娘，在一天劳动后回家的途中，互相述说自己的心事和蕴藏在心底的爱情等内容。本书主要包括对舞剧的介绍、音乐、场记、动作说明、服装道具说明等内容。

0174

0175

中图法分类：（索书号）J732.2（512）/8
题　　　名：庆丰收舞
责　任　者：[苏联] 阿·格里泽等编著
出　版　者：上海文化出版社
出版时间：1956.1
出　版　地：上海
页　　　数：70 页
尺　　　寸：18cm
价　　　格：0.19
馆藏地址：北京舞蹈学院图书馆
内容提要：本书介绍了苏联的六种适合农村表演的舞蹈：庆丰收舞、农庄联欢舞、小松树舞、鹅舞、瓜果大丰收舞、马铃薯舞。这些舞蹈都表现了集体农庄中愉快的生活和丰收的欢乐。

0176

中图法分类：（索书号）J722.212/14
题　　　名：十大姐（影印本）
责　任　者：田灵记录；以东插图
出　版　者：江西人民出版社
出版时间：1956.1
出　版　地：南昌
页　　　数：32 页
尺　　　寸：18cm
价　　　格：0.12
馆藏地址：北京舞蹈学院图书馆
内容提要：云南舞蹈"十大姐"是一个优美的民间歌舞，曾经在人民群众中间经过长期的流传和考验，为人民群众所热爱。后又经民间艺人和专业文娱工作者的共同努力，加工提炼，在北京举行的"群众业余音乐舞蹈观摩演出会"上得到"优秀奖"。舞蹈的情节并不复杂，表现十个采茶姑娘完成了一天的劳动之后，在回家途中，载歌载舞，颂赞她们愉快的劳动和美好的生活，互相倾吐自己对爱情的理想，真实细致地表现了劳动人民明朗的性格和我国民族勤劳善良的品质。由歌舞音乐总谱和舞蹈动作及场记组成。

中图法分类：（索书号）J722.7/26
题　　　名：民间音乐汇集（影印本）（内部资料）（油印本）
责　任　者：福建省首届群众业余文艺观摩会演龙溪区代表队编
出　版　者：福建省首届群众业余文艺观摩会演龙溪区代表队
出版时间：1956.3
出　版　地：福州
页　　　数：一册
尺　　　寸：26cm
价　　　格：
馆藏地址：北京舞蹈学院图书馆
内容提要：本书主要汇集了福建龙溪区民间舞蹈、音乐。记录了十几种舞蹈的基本队列的排法和曲谱。

0177

中图法分类：（索书号）J709（512）/5
题　　　名：乌兰诺娃（影印本）
责　任　者：［苏］鲍里沃夫-阿诺兴（Б·Львов-Ано）著；吴启元译；中国舞蹈艺术研究会编
出　版　者：艺术出版社
出版时间：1956.3
出　版　地：上海
页　　　数：86页
尺　　　寸：19cm
价　　　格：0.69
馆藏地址：北京舞蹈学院图书馆
内容提要：本书共分为《乌兰诺娃》、《一个舞蹈家的成长》两部分内容。《乌兰诺娃》通过乌兰诺娃二十五年在舞剧中所创造的主要角色的分析，阐述了斯坦尼斯拉夫斯基表演体系在舞剧艺术中的运用，说明了乌兰诺娃在角色创造上的特点和成就。《一个舞蹈家的成长》是乌兰诺娃带有自述性的文章，文中介绍了自己初期的艺术活动、学习和成长过程，特别强调了劳动和学习对自己所获成就的意义。

0178

0179

中图法分类：（索书号）J722.3/57
题　　　名：五朵小红花（影印本）
责　任　者：李嘉评，卢青生编著
出　版　者：儿童读物出版社
出版时间：1956.3
出版地：成都
页　　　数：24 页
尺　　　寸：20cm
价　　　格：0.10
馆藏地址：北京舞蹈学院图书馆
内容提要：本书介绍了表演舞"五朵小红花"的情节内容、服装、音乐、场记和动作说明。

0180

中图法分类：（索书号）J722.1/47
题　　　名：大家跳：集体舞（影印本）
责　任　者：天津群众艺术馆
出　版　者：天津人民出版社
出版时间：1956.5
出版地：天津
页　　　数：46 页
尺　　　寸：18cm
价　　　格：0.08
馆藏地址：北京舞蹈学院图书馆
内容提要：本书介绍了"连环舞"等 5 个集体舞的音乐、人数、队形、基本动作和跳法说明等。

中图法分类：（索书号）J722.3/19
题　　　名：少先队员游戏舞（影印本）
责　任　者：赵明用编
出　版　者：江西人民出版社
出版时间：1956.5
出　版　地：南昌
页　　　数：12 页
尺　　　寸：19cm
价　　　格：0.05
馆藏地址：北京舞蹈学院图书馆
内容提要：本书内容是一小队少先队员，课后在一起做着各种游戏，但有个别队员骄傲自大，游戏过后常给别人难堪，因此大伙离开了他，他感觉了苦恼。后经队长指出错误，他表示坚决改正，于是又和大家愉快地玩在一起。内有"少先队游戏舞"的音乐、动作说明、记号说明和舞蹈场记等。

0181

中图法分类：（索书号）J722.1/35
题　　　名：青年集体舞（影印本）
责　任　者：显德编舞
出　版　者：陕西人民出版社
出版时间：1956.6
出　版　地：西安
页　　　数：25 页
尺　　　寸：19cm
价　　　格：0.12
馆藏地址：北京舞蹈学院图书馆
内容提要：本书介绍了"邀请舞"、"挑担舞"等 13 个集体舞的舞曲、参加人数、排列队形、基本动作和舞蹈作法。

0182

0183

中图法分类：（索书号）J792.4
　　　　　　（992.071/5687）
题　　　名：文化交流资料：中国古典舞剧团
　　　　　　在北欧五国（内部资料）
责　任　者：中国人民对外文化协会，对外文
　　　　　　化联络局
出　版　者：中央文化部
出版时间：1956.6
出　版　地：北京
页　　　数：124页
尺　　　寸：21cm
价　　　格：
馆藏地址：上海图书馆
主题标目：歌舞剧—艺术—中国
内容提要：文化交流资料，记录了中国古典
　　　　　　舞剧团1956.6年在北欧五国演出的情况。此
　　　　　　书极具史料价值。

0184

中图法分类：（索书号）J722.7/16
题　　　名：庆祝黔南布依族苗族自治州成立
　　　　　　文艺会演：民族戏剧音乐舞蹈，
　　　　　　资料搜集（影印本）（内部资料）
　　　　　　（油印本）
责　任　者：黔南布依族、苗族自治州文化局
出　版　者：黔南布依族、苗族自治州文化局
出版时间：1956.8
出　版　地：贵州都匀市
页　　　数：60页
尺　　　寸：26cm
价　　　格：
馆藏地址：北京舞蹈学院图书馆
内容提要：本书收集了为了庆祝黔南布依
　　　　　　族、苗族自治州成立而举行的全州业余文艺会
　　　　　　演部分节目，主要包括两个部分，一是关于戏
　　　　　　剧、舞蹈、音乐的部分资料介绍。二是关于这
些戏剧、舞蹈、音乐的部分乐谱、文字说明。

中图法分类：（索书号）J722.21/29
题　　　名：舞蹈资料 1.（影印本）
　　　　　　（内部资料）
责　任　者：广东省群众艺术馆编
出　版　者：广东省群众艺术馆
出版时间：1956.8
出版地：广州
页　　　数：15 页
尺　　　寸：18cm
价　　　格：
馆藏地址：北京舞蹈学院图书馆
影印本
内容提要：本书介绍了舞蹈"织女穿花"的内容、创作、音乐、场记说明等。

0185

中图法分类：（索书号）J722.21
题　　　名：广西省参加全国专业音乐舞蹈会
　　　　　　演：舞蹈资料（油印本）
责　任　者：桂西僮族自治州歌舞团著
出　版　者：桂西僮族自治州歌舞团著
出版时间：1956
出版地：广西桂西地区
页　　　数：72 页
尺　　　寸：26cm
价　　　格：
馆藏地址：北京舞蹈学院图书馆
内容提要：1956 年由广西省组团参加全国专业音乐舞蹈会演，桂西僮族自治州歌舞团荣幸的参加了这次全国规模的文艺会演。地域文化特色使壮族舞蹈在漫长的发展过程中，不断地借鉴融合其他元素，形成了自己独特的舞蹈艺术风格。壮族民间舞蹈，多模仿劳动动作。据统计，表现劳动和爱情生活的舞蹈多达几十种。著名的有春堂舞、扁担舞、蜂鼓舞、采茶舞、斥斗舞、绣球舞、捞虾舞、桃叶舞、斑鸠舞等。此书虽然是油印本，但它记录了珍贵的广西桂西壮族舞蹈。

0186

0187

中图法分类：（索书号）J732.1（512）/4
题　　　名：1956 年全国青年集体舞创作比
　　　　　　赛：得奖集体舞选集（影印本）
责　任　者：北京群众艺术馆编
出　版　者：中国青年出版社
出版时间：1956.9
出　版　地：北京
页　　　数：47 页
尺　　　寸：18cm
价　　　格：0.15
馆藏地址：北京舞蹈学院图书馆
内容提要：本书是从四百多稿件中选出来的
优秀作品，包括十个得一等奖或二等奖的集体
舞蹈。主要舞蹈包括：青年们跳的"春之舞"、
"小雪花"、"晚会舞"、"阿细跳月"和"欢欣
舞"，还有少年们跳的"快乐舞"、"少年欢乐
舞"和"拍手舞"。

0188

中图法分类：（索书号）J722.21/33
题　　　名：东北民间歌舞：瞧情郎（影印
　　　　　　本）（内部资料）（油印本）
责　任　者：吉林省歌舞团编
出　版　者：吉林省歌舞团
出版时间：1956.10.19
出　版　地：长春
页　　　数：一册
尺　　　寸：26cm
价　　　格：
馆藏地址：北京舞蹈学院图书馆
内容提要：本书记录了吉林省代表团、云南
省代表团、四川省代表团和各歌舞团参加全国
第二届民间音乐舞蹈会演节目资料集，包括舞
蹈节目的起源和传说、内容和形式、整理过
程、场记、动作说明和曲谱等。

中图法分类：（索书号）J722.1/7：3
题　　　名：大家跳．第3本（影印本）
责　任　者：上海文化出版社编
出　版　者：上海文化出版社
出版时间：1956.10
出　版　地：上海
页　　　数：33页
尺　　　寸：18cm
价　　　格：0.12
馆藏地址：北京舞蹈学院图书馆
内容提要：本书介绍了"青年节日联欢舞"
等10个集体舞的舞曲、人数、队形、动作和
跳法说明。

0189

中图法分类：（索书号）J732.2（512）/18
题　　　名：俄罗斯民间舞蹈
责　任　者：［苏］特卡勤科编；顾乃晴译
出　版　者：艺术出版社
出版时间：1956.10
出　版　地：上海
页　　　数：104页
尺　　　寸：21cm
价　　　格：0.44
馆藏地址：北京舞蹈学院图书馆
内容提要：本书介绍了俄罗斯民间舞蹈的发
展情况，并对俄罗斯轮舞、莫斯科的四方舞、
俄罗斯民间舞蹈"兢演舞"三种舞蹈形式和舞
蹈的基本动作做了详细的说明。

0190

0191

中图法分类：（索书号）J722.1/7/：4
题　　　名：大家跳．第四本
责　任　者：上海文化出版社编
出　版　者：上海文化出版社
出版时间：1956.12
出　版　地：上海
页　　　数：40页
尺　　　寸：18cm
价　　　格：0.13
馆藏地址：北京舞蹈学院图书馆
内容提要：本书介绍了"大联欢"等10个集体舞的舞曲、人数、队形、动作和跳法说明。

0192

中图法分类：（索书号）J722.7/25
题　　　名：江苏省代表团参加1957年全国专业歌舞会演：艺术资料（内部资料）（油印本）
责　任　者：江苏省代表团
出　版　者：江苏代表团
出版时间：1956.12
出　版　地：南京
页　　　数：55页
尺　　　寸：26cm
价　　　格：
馆藏地址：北京舞蹈学院图书馆
内容提要：1957年全国专业团体音乐舞蹈会演由全国各地的60余个专业歌舞团体组成的32个代表团参加。带来了358个节目，其中有13个不同题材、不同风格的舞剧。参加会演的20多个民族的2500多位音乐、舞蹈专业工作者，其中江苏代表团就是参加这一盛会的专业团体。江苏代表团带来了江苏有代表性的以江苏地域为代表的舞蹈。给这次会演带来了优秀的舞蹈艺术节目。本书主要介绍了参加1957年全国专业歌舞会演的段龙、花香鼓、花扇舞、闹花灯四种舞蹈的改编说明和舞蹈图解。书中并附有四种舞蹈的伴奏乐谱。

中图法分类：（索书号）J722.211/6

题　　　名：锯缸（河北地秧歌）

责　任　者：杜永昌传授；李澄等纪录（中央群众艺术馆推荐）

出　版　者：上海文化出版社

时　　　间：1956.12

出　版　地：上海

页　　　数：21，24 页

尺　　　寸：18cm

价　　　格：0.10

馆藏地址：北京舞蹈学院图书馆

内容提要：本书记录了河北地秧歌"锯缸"的题材内容、舞蹈情节、改编经过、音乐、基本动作、道具和场记说明等。

0193

中图法分类：（索书号）　J722.21/49

题　　　名：民间歌舞（影印本）（内部资料）（油印本）

责　任　者：甘肃省歌剧团搜集整理

出　版　者：甘肃省歌剧团

出版时间：1956.12

出　版　地：兰州

页　　　数：112 页

尺　　　寸：26cm

价　　　格：

馆藏地址：北京舞蹈学院图书馆

内容提要：本书记录了滚灯舞、太平鼓舞、抢荷包舞、二姐娃做梦、看一趟妹妹来、放风筝和冻冰等舞蹈的整理过程、内容介绍、场记说明、动作说明和曲谱等。

0194

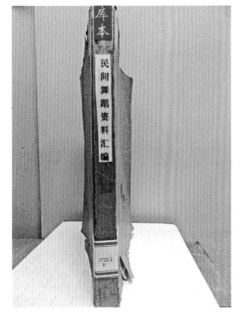

0195

中图法分类：（索书号）J722.2/8

题　　　名：民间舞蹈资料汇编（浙江代表团演出畲族定情舞资料）（内部资料）（油印本）

责　任　者：李炽强等编舞

出　版　者：浙江代表团等

出版时间：1956.12

出　版　地：上海

页　　　数：一册

尺　　　寸：26cm

价　　　格：

馆藏地址：北京舞蹈学院图书馆

内容提要：本书为油印本，为民间舞蹈资料汇编成册，其中汇集了畲族定情舞、闹元宵、陕西省民间舞蹈—五节龙、四川民间舞蹈—龙舞、中央歌舞团—红绸舞、内蒙古东部文艺工作团—丰收鼓舞、达古尔舞、川西北藏族民间舞蹈—山区锅庄、哈尔滨市歌舞团—东郭先生等一批舞蹈场记。此书为了解地方及少数民族舞蹈是非常有价值的资料。

0196

中图法分类：（索书号）J723.3/42

　　　　　　（859.8/4305）

题　　　名：打麻雀：儿童歌舞剧

责　任　者：兰州市东郊小学儿童创作组集体创作

出　版　者：甘肃人民出版社

出版时间：1956.7

出　版　地：兰州

页　　　数：30页：图；曲谱

尺　　　寸：19cm

价　　　格：0.11

馆藏地址：上海图书馆

主题标目：独幕剧：儿童剧：歌舞剧—剧本—中国—当代

内容提要：本书是由兰州市东郊小学儿童创作组创作的儿童歌舞剧：打麻雀。反映了当时的除四害运动。

中图法分类：（索书号）J722.228.1/1
题　　　名： 打盅盘
责　任　者： 邬美珍整理
出　版　者： 上海文化出版社
出版时间： 1956
出　版　地： 上海
页　　　数： 31 页
尺　　　寸： 18cm
价　　　格： 0.09
馆藏地址： 北京舞蹈学院图书馆
内容提要： 本书记录了舞蹈"打盅盘"的参演人数、服装、道具、舞谱、乐器、舞台地位和图形说明、舞蹈做法和动作说明等。

0197

中图法分类：（索书号）J722.7/1
题　　　名： 大茶山（云南花灯歌舞）
责　任　者： 云南省花灯剧团改编
出　版　者： 上海文化出版社
出版时间： 1956
出　版　地： 上海
页　　　数： 14 页
尺　　　寸： 18cm
价　　　格： 0.20
馆藏地址： 北京舞蹈学院图书馆
内容提要： 本书主要对《大茶山》舞剧的剧情介绍、记号说明、基本动作说明、场记、音乐、服装、道具及妆饰进行了详细的说明。

0198

0199

中图法分类：（索书号）J723.2
　　　　　　　（854.53/7481）
题　　　名：大渡江：小型歌舞剧
责　任　者：闻竹雨
出　版　者：通俗文艺出版社
出版时间：1956
出　版　地：北京
页　　　数：23 页
尺　　　寸：14cm
价　　　格：0.05
馆藏地址：上海图书馆
主题标目：歌舞剧—剧本—中国—当代
内容提要：本书是为了纪念我英勇的人民子弟兵进行渡江战役的胜利而改编的小型歌舞剧。

0200

中图法分类：（索书号）J722.21/20
题　　　名：放风筝舞（影印本）
责　任　者：汤教敏，黎善鸣 记录整理
出　版　者：江西人民出版社
出版时间：1956.11
出　版　地：南昌
页　　　数：14 页 插图
尺　　　寸：19cm
价　　　格：0.10
馆藏地址：北京舞蹈学院图书馆
内容提要：一位少女春闲无事，到后花园、五里坡、十里亭放风筝，通过她细致逼真的舞蹈动作，表现了少女的闲适、愉快和对于美好的未来的追求。是一个优秀的民间舞蹈，曾获江西、中南、全国等会演奖。本书根据江西第二届民间艺术会演演出整理而成。本书记录了"放风筝舞"的音乐、基本动作和步法、场记说明等。"放风筝舞"是中国民俗舞蹈的典型代表，全国各地方都有此舞蹈的流传。

中图法分类：（索书号）J722.221.4/1
题　　　名：丰富多采的藏族歌
责　任　者：彦克著
出　版　者：长江文艺出版社
出版时间：1956
出　版　地：武汉
页　　　数：68 页
尺　　　寸：20cm
价　　　格：0.28
馆藏地址：北京舞蹈学院图书馆
内容提要：本书概括了藏族歌舞的整体面貌和风格特点，并介绍了藏族舞"歌谐"、"堆谐（踢踏舞）"、"琅玛"的历史源流、风格内容、表现形式和曲谱等。

中图法分类：（索书号）J722.21/18
题　　　名：湖北民间舞蹈集：湖北省一九五五年群众戏剧、音乐、舞蹈会演节目选辑之二
责　任　者：湖北省文联编
出　版　者：湖北人民出版社
出版时间：1956
出　版　地：武汉
页　　　数：87 页
尺　　　寸：21cm
价　　　格：0.36
馆藏地址：北京舞蹈学院图书馆
内容提要：本书介绍了"滚灯舞"、"彩船舞"等 11 个湖北地区的民间舞蹈的简介、场记、动作说明和曲谱等。

0203

中图法分类：（索书号）J722.6/28
题　　名：挤奶员舞
责　任　者：中央群众艺术馆编；高大编舞；
　　　　　　郑剑华纪录
出　版　者：上海文化出版社
出版时间：1956
出　版　地：上海
页　　数：18 页
尺　　寸：18cm
价　　格：0.10
馆藏地址：北京舞蹈学院图书馆
内容提要：本舞蹈通过挤牛奶的劳动过程和姑娘们愉快的劳动的情景，来具体、真实地反映牧民新中国成立后的新生活。本书对舞蹈的内容介绍、舞蹈情节、音乐、动作说明、记号说明、场记、服装等内容分别进行了详细的介绍。

0204

中图法分类：（索书号）J722.4/22
题　　名：剑舞
责　任　者：田雨等
出　版　者：中国少年儿童出版社
出版时间：1956
出　版　地：北京
页　　数：24 页
尺　　寸：18cm
价　　格：0.58
馆藏地址：北京舞蹈学院图书馆
内容提要：剑舞是以中国古典舞和武术相结合创作的，由女子来表演，舞姿英俊、优美，表现出我国妇女的英雄形象。同时也歌颂了勇敢刚毅的性格。本书主要介绍舞蹈的舞曲、基本动作、记号说明、场记等内容。

中图法分类：（索书号）J722.6/29
题　　　名：江西群众舞蹈创作选集
　　　　　　（内部资料）
责　任　者：江西群众舞蹈创作选集
出　版　者：江西省群众艺术馆
出版时间：1956
出　版　地：南昌
页　　　数：160 页
尺　　　寸：26cm
价　　　格：
馆藏地址：北京舞蹈学院图书馆
内容提要：本书主要汇集了《秧豆》、《雨中曲》、《耘禾歌》、《春雨》、《天女散花》、《红花与绿叶》、《幸福鸟》、《美妙的音符》、《闹新春》等舞蹈作品。分别对每个舞蹈的内容、音乐、动作说明等进行介绍。

中图法分类：（索书号）：J645.2
　　　　　　914 \ 454 \ lgj \ 中文图书基藏库 \ 中文基藏
题　　　名：民间舞曲选集
责　任　者：中国舞蹈艺术研究会
出　版　者：音乐出版社
出版时间：1956.8
出　版　地：北京
页　　　数：144 页
尺　　　寸：26cm
价　　　格：0.85
馆藏地址：国家图书馆
内容提要：本书编选了有代表性的中国民族民间舞曲，如："荷花舞曲"、"采茶扑蝶"、"十大姐"、"绣花舞曲"、"种棉舞曲""鄂尔多斯舞曲"等一批包括汉族和少数民族的民族民间舞曲。还选编了有代表性的苏联舞曲和匈牙利民间歌舞曲等，书中舞曲全部采用简谱谱曲。

0207

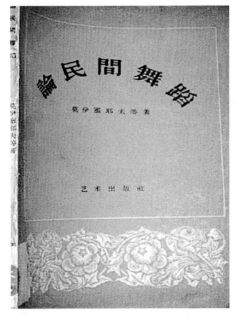

中图法分类：J70（512）/17

题　　　名：论民间舞蹈（影印本）

责　任　者：伊·莫伊塞耶夫等著；陈大维等译，孙景琛等记录；中国舞蹈艺术研究会编

出　版　者：艺术出版社

出版时间：1956

出　版　地：上海

页　　　数：120页，[10]页图版

尺　　　寸：21cm

价　　　格：0.65

馆藏地址：北京舞蹈学院图书馆

内容提要：本书是苏联舞蹈家伊·莫伊塞耶夫、玛尔果里茨、加里别林、乌郭里切夫等对于民间舞蹈的论述，内容涉及苏联艺术上新的道路、国立民间舞蹈团的原则、节目的创作道路和演出问题、培养训练舞蹈演员上的问题等。

0208

中图法分类：（索书号）J723.1

　　　　　　（854.53/1124）

题　　　名：青草坡：歌舞剧

责　任　者：王德芳编剧，宋军作曲

出　版　者：上海音乐出版社

出版时间：1956

出　版　地：上海

页　　　数：54页

尺　　　寸：19cm

价　　　格：0.12

馆藏地址：上海图书馆

主题标目：歌舞剧—剧本—中国—当代

内容提要：此书是由汉中市歌舞剧团1956年创作演出的儿童歌舞剧《青草坡》改编而成。

中图法分类：（索书号）J722.21
题　　　名：舞蹈选集
责　任　者：山西临汾师范学校编
出　版　者：山西临汾师范学校
出版时间：1956
出　版　地：山西临汾
页　　　数：68 页：插图
尺　　　寸：19cm
价　　　格：0.09
馆藏地址：北京舞蹈学院图书馆
内容提要：本书包括：儿童邀请舞、穿龙门、友好舞、苏联集体舞、龙舞、猜拳游戏舞、唐贝特舞、三人集体舞、鄂伦春集体舞、马铃薯舞、陀螺舞、青年圆舞、手绢舞、狂欢舞、野游舞等 34 种舞蹈的场记、位置图、舞蹈插图等。

中图法分类：（索书号）J645.248/496324）
题　　　名：民间舞蹈音乐选集
责　任　者：赵奎英记谱整理
出　版　者：辽宁人民出版社
出版时间：1956.1
出　版　地：沈阳
页　　　数：48 页
尺　　　寸：19cm
价　　　格：0.17
馆藏地址：上海图书馆
内容提要：辽宁省的民间舞蹈非常丰富，它广泛流传在各地农村。作者当时结识了不少鼓乐艺人。向他们学习了不少的民间音乐，并且也记了一部分曲调。作者把这些整理成册，主要是为了给文艺团体和农村俱乐部，作为排练民间舞蹈时来选用，并且向舞蹈曲作者，提供一些创作上的参考材料。

0211

中图法分类：（索书号）J722.21（995.22/3316）
题　　　名：群众舞蹈材料
责　任　者：浙江群众艺术馆
出　版　者：浙江人民出版社
出版时间：1956.4
出　版　地：杭州
页　　　数：52页：图；曲谱
尺　　　寸：15cm
价　　　格：0.09
馆藏地址：上海图书馆
主题标目：集体舞—中国
内容提要：本书是1956年浙江群众艺术馆
编创的群众舞蹈材料。本书有着鲜明的地方和
时代烙印。

0212

中图法分类：（索书号）J723.3（859.8/2211-
　　　　　　103）
题　　　名：森林里的宴会：儿童歌舞剧
责　任　者：乔羽编剧；李贞华作曲
出　版　者：湖北文艺出版社
出版时间：1956
出　版　地：武汉
页　　　数：20页：图谱
尺　　　寸：19cm
价　　　格：0.15
馆藏地址：上海图书馆
主题标目：儿童剧：歌舞剧—剧本—中国—
　　　　　　当代
内容提要：此书是乔羽根据儿童故事《森林
里的宴会》而改编的"儿童歌舞剧：森林里的
宴会"。这部儿童歌舞剧的内容是在森林里：
春天来了，小动物们如：布谷鸟、小白兔、长
颈鹿、小松鼠、小熊、小刺猬、花蝴蝶、小鸭子等都在森林里欢庆春天的喜悦，都在森
林中举行着宴会。作者利用儿童歌舞剧的特点，形象的刻画出儿童舞蹈的特点。

中图法分类：（索书号）J722. 21/6
题　　　名：狮子舞
责　任　者：叶银章记录，戴中绘图
出　版　者：上海文化出版社
时　　　间：1956
出　版　地：上海
页　　　数：46 页
尺　　　寸：18cm
价　　　格：0. 12
馆藏地址：北京舞蹈学院图书馆
内容提要：本书介绍了流行于我国广大地区的"狮子舞"的特点、音乐、动作说明、场记和服装道具等。

0213

中图法分类：（索书号）J722. 215
　　　　　　（995. 22/8969）
题　　　名：耍狮灯（舞蹈类）
责　任　者：余国煜，藉维章，苗明秀
出　版　者：四川人民出版社
出版时间：1956
出　版　地：成都
丛　　　书：农村俱乐部丛书
页　　　数：63 页：图，曲谱
尺　　　寸：19cm
价　　　格：0. 16
馆藏地址：上海图书馆
主题标目：狮子舞—中国
内容提要：本书是农村俱乐部丛书的普及类图书。据说在北魏时期，狮子舞由胡人从塞外传入中原。称为"北魏瑞狮"，至今，演变成为北方狮子舞。四川狮子舞多受南方狮子舞的影响，一般称为"耍狮子"。狮子造型为大头、凸额、钩角，身形色彩斑驳，狮头外壳由竹筐扎成，砂纸贴面，绸布作皮。耍狮子需要三人：一人舞狮头，一人舞狮尾，一人扮大头和尚。耍狮人戴上乐哈哈的大头和尚面具，手拿大蒲扇或彩球逗弄狮子，动作滑稽可笑。

0214

0215

中图法分类：（索书号）J732.1（512）/5BY
题　　　名：苏联舞蹈选
责　任　者：［苏］波加特柯娃（Л. Богатк-
　　　　　　ова）等原编
出　版　者：音乐出版社
出　版　时　间：1956
出　版　地：北京
页　　　数：199 页
尺　　　寸：18cm
价　　　格：0.56
馆　藏　地　址：北京舞蹈学院图书馆
内　容　提　要：本书主要内容包括三大部分，第
一部为苏联舞蹈的基本知识；第二部分为介绍
了几种苏联民间舞蹈的基本步法和舞步；第三
部分为几种集体舞的基本跳法。

0216

中图法分类：（索书号）J732.1（512）/1
题　　　名：晚会集体舞（2）
责　任　者：［苏］波加柯娃编；黄达译
出　版　者：上海文化出版社
出　版　时　间：1956
出　版　地：上海
页　　　数：79 页
尺　　　寸：19cm
价　　　格：0.15
馆　藏　地　址：北京舞蹈学院图书馆
内　容　提　要：本书包括九个比较流行的苏联集
体舞，如小白桦舞、圆圈舞、找朋友舞、拉脱
维亚集体舞、爱沙尼亚集体舞等。

中图法分类：（索书号）J732.1（512）
　　　　　　　（995.22/274243）
题　　　名：晚会集体舞（集体舞）
责　任　者：波加特柯娃著，黄达译
出　版　者：上海文化出版社
出版时间：1956
出　版　地：上海
页　　　数：79页：图，曲谱
尺　　　寸：19cm
价　　　格：0.24
馆藏地址：上海图书馆
内容提要：50年代盛行于苏联的晚会舞，因为当时中苏友好，我们重大节日也学习跳这种集体舞。本书由苏联舞蹈专家波加特柯娃编写，黄达译。书中记录了该舞蹈的跳法、动作详解等。

0217

中图法分类：（索书号）J722.212/19
题　　　名：舞蹈类：耍龙灯（影印本）
责　任　者：四川人民艺术剧院歌舞团舞蹈家
　　　　　　　何德柱、余国煜收集整理加工
出　版　者：四川人民出版社
出版时间：1956.
出　版　地：成都
丛　　　书：农村俱乐部丛书
页　　　数：32页
尺　　　寸：18cm
价　　　格：0.09
馆藏地址：北京舞蹈学院图书馆
内容提要：本书记录了舞蹈"耍龙灯"的道具、场记说明、动作说明，并附有打击乐器伴奏曲谱和双龙舞曲。龙灯起源于汉代，距今两千多年。宋代发展为龙灯，原用于圻雨娱神，后定型为元宵庆典的社火内容之一。龙舞多在夜间表演，场外密布各式灯笼火把，似太空繁星，"苍龙"张牙舞爪，栩栩如生，恰似遨游于银河星海，再加以重型打击乐伴奏，威武雄壮，气势磅礴。

0218

0219

中图法分类：（索书号）J722.1（512）
　　　　　　　（J995.248/2742-109）
题　　　名：现代青年舞
责　任　者：波加特柯娃编舞（Л. Бога-
　　　　　　ткова）；许快雪译
出　版　者：上海文化出版社
出版时间：1956.1
出　版　地：上海
页　　　数：96 页
尺　　　寸：19cm
价　　　格：0.29
馆藏地址：上海图书馆
内容提要：50 年代盛行于苏联的舞蹈，因为
当时中苏友好，青年中广泛的也学习跳这种集
体舞。本书由苏联舞蹈专家波加特柯娃编写，
许快雪译。

0220

中图法分类：（索书号）J723.3/：1：2
　　　　　　　（859.8/812134859.8/812134：2）
题　　　名：最好的东西：儿童歌舞剧
责　任　者：金继武、周谷贞等编
出　版　者：湖南人民出版社
出版时间：1956
出　版　地：长沙
页　　　数：30 页：曲谱
尺　　　寸：19cm
价　　　格：0.11
馆藏地址：上海图书馆
主题标目：儿童剧：歌舞剧—剧本—中国—
　　　　　　当代
内容提要：本书由金继武，周谷贞等编写。
此剧是儿童卡通动物歌舞剧。其中有歌舞剧的
舞剧曲谱，内容编排，故事情节等。

中图法分类：（索书号）J722.3/62
题　　　名：拔萝卜
责　任　者：中国舞蹈艺术研究会编
出　版　者：上海文化出版社
出版时间：1957.1
出版地：上海
页　　　数：52 页
尺　　　寸：20cm
价　　　格：0.22
馆藏地址：北京舞蹈学院图书馆
内容提要：本书介绍了舞蹈"拔萝卜"的创作过程、情节内容、服装、人物性格、基本动作、舞曲、场记说明等。

中图法分类：（索书号）J722.7/33
题　　　名：中央民族歌舞团参加全国专业团体音乐舞蹈会演资料：少数民族民间音乐舞蹈（影印本）（内部资料）（油印本）
责　任　者：中央民族歌舞团创作研究室编
出　版　者：中央民族歌舞团创作研究室
出版时间：1957.1
出版地：北京
页　　　数：1 册
尺　　　寸：26cm
价　　　格：
馆藏地址：北京舞蹈学院图书馆
内容提要：本书主要收集了《春天来到了》、《年青的月亮》、《打阿尔》、《锅庄》、《姑娘追》、《果园姑娘》、《怀念》、《农庄姑娘》等少数民族民间音乐歌舞资料。

0223

中图法分类：（索书号）J722.21/30
题　　名：喜烛舞（舞蹈）（影印本）
　　　　　（内部资料）（油印本）
责　任　者：湖南省代表团
出　版　者：湖南省代表团
出版时间：1957.2
出　版　地：湖南永州
页　　数：1册
尺　　寸：26cm
价　　格：0.14
馆藏地址：北京舞蹈学院图书馆
内容提要：本书介绍了喜烛舞的源流及内容、各节次原有歌词和发掘整理过程，并记录了场记说明和曲谱等。蓝山县民间文艺节目，蓝山县文化馆高奉仁、陈敬贤、黄少葵等整理改编民间《喜烛舞》而成，1956年参加湖南省农村群众艺术会演，获节目一等奖，同年底赴北京参加全国民间艺术调演获奖，被中央新闻纪录电影制片厂拍片，主要演员受到国务院总理周恩来接见。

0224

中图法分类：（索书号）J722.7/28
题　　名：参加第二届全国民间音乐舞蹈会演：广东省演出节目资料（内部资料）
责　任　者：广东省代表团编
出　版　者：广东省代表团
出版时间：1957.3
出　版　地：广州
页　　数：60页
尺　　寸：25cm
价　　格：
馆藏地址：北京舞蹈学院图书馆
内容提要：本书主要收集了《瑶族五朋箫》、《黎族坭哩、坭罗》、《平海渔歌》、《五华山歌》等参加第二届全国民间音乐舞蹈会乐曲和舞蹈动作等内容。

中图法分类：（索书号）J722.21/32
题　　　名：接龙舞（民间舞蹈）（影印本）
责　任　者：湖南群众艺术馆编
出　版　者：湖南人民出版社
出 版 时 间：1957.3
出　版　地：长沙
页　　　数：34页
尺　　　寸：18cm
价　　　格：0.11
馆藏地址：北京舞蹈学院图书馆
内 容 提 要：本书记录了接龙舞、彩球舞、喜烛舞的起源和传说、内容和形式、整理过程、场记、动作说明和曲谱等，陕西省代表团、湖南省代表团、贵州省代表团参加全国第二届民间音乐舞蹈会演节目资料集等。

0225

中图法分类：（索书号）J722.21/23
题　　　名：扑蝶舞：东北民间舞蹈（影印本）
责　任　者：北京群众艺术馆编
出　版　者：北京出版社
出 版 时 间：1957.3
出　版　地：北京
页　　　数：46页
尺　　　寸：18cm
价　　　格：0.15
馆藏地址：北京舞蹈学院图书馆
内 容 提 要：本书介绍了东北民间舞蹈：扑蝶舞的内容、音乐、动作、场记说明、服装和道具等。扑蝶舞是流传在东北地区的传统民间舞蹈。舞蹈展现了当地人民喜欢大自然，喜欢美好生活的真实场景。

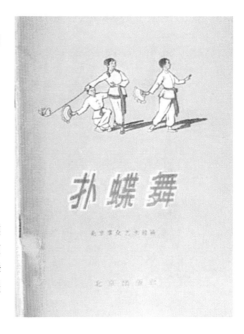

0226

0227

中图法分类: (索书号) J722.7/30
题　　名: 贵州省第一届工农业余艺术会演
得奖优秀节目: 音乐舞蹈选集
(影印本)
责　任　者: 贵州人民出版社编
出　版　者: 贵州人民出版社
出 版 时 间: 1957.5
出　版　地: 贵阳
页　　数: 66 页
尺　　寸: 20cm
价　　格: 0.20
馆 藏 地 址: 北京舞蹈学院图书馆
内 容 提 要: 本书是贵州省第一届工农业余艺
术会演中的得奖节目, 也是代表我省参加 1957
年全国民间艺术会演的节目, 内容分音乐部分
和舞蹈部分; 音乐部分有声调和谐的侗族大
歌、热情、缠绵的侗族小歌等内容。舞蹈部分
有苗族芦笙舞、木鼓舞、夜乐舞以及汉族花灯舞等内容。

0228

中图法分类: (索书号) J712.3
　　　　　　　(J 995.071、5686)
题　　名: 舞蹈丛刊: 第一辑
责　任　者: 中国舞蹈艺术研究会编
出　版　者: 上海文化出版社
出 版 时 间: 1957.5
出　版　地: 上海
页　　数: 131 页
尺　　寸: 21cm
价　　格: 0.65
馆 藏 地 址: 上海图书馆
内 容 提 要: 《舞蹈》丛刊创刊于 1957 年 5
月, 丛刊的第一辑没有标明是创刊号, 但有
"编者的话", 作为创刊词。从创刊号上我们知
道, 该刊是由中国舞蹈艺术研究会主编的、上
海文化出版社出版的、一套舞蹈艺术理论的丛
书。内容包括舞蹈创作 (收集、加工、编导、
表演等方面) 的讨论、舞蹈史的研究、创作经验介绍等。适合专业舞蹈工作者及业余舞
蹈爱好者的需要。该创刊号主要结合全国第一届专业团体音乐舞蹈会演出版的。该期创
刊号共有 131 页, 收入文章 27 篇, 29 幅照片。

中图法分类：（索书号）J722.6/36
题　　　名：军舰上的联欢（影印本）
责　任　者：广州群众艺术馆编
出　版　者：广东人民出版社
出 版 时 间：1957.6
出　版　地：广州
页　　　数：50 页
尺　　　寸：18cm
价　　　格：0.17
馆 藏 地 址：北京舞蹈学院图书馆
内 容 提 要：本书共收集了《军舰上的联欢》、《向日葵终于开了》、《少年们的理想》三个舞蹈作品。本书主要对三个舞蹈的内容、音乐、动作、场记等内容进行了详细的说明。

0229

中图法分类：（索书号）J722.1/7/：5
题　　　名：大家跳. 第五本（影印本）
责　任　者：上海文化出版社编
出　版　者：上海文化出版社
出 版 时 间：1957.7
出　版　地：上海
页　　　数：36 页
尺　　　寸：18cm
价　　　格：0.13
馆 藏 地 址：北京舞蹈学院图书馆
内 容 提 要：本书介绍了"青年三人舞"等10个集体舞的舞曲、人数、队形、动作和跳法说明。

0230

0231

中图法分类：（索书号）J722.3/70
题　　　名：小小画家：滑稽歌舞剧（影印本）
责　任　者：黎锦晖著
出　版　者：上海中华书局
出版时间：1957.7
出　版　地：上海
页　　　数：54 页
尺　　　寸：20cm
价　　　格：不详
馆藏地址：北京舞蹈学院图书馆
内容提要：本书选编了 5 个儿童歌舞剧。我国的音乐剧雏形始于 20 世纪 20 年代，儿童歌舞剧《小小画家》就是其中的一部代表作品。作者就是我国儿童音乐作曲家黎锦晖（1891—1967）。黎锦晖在 1920—1929 年之间创作了大量的儿童歌曲、表演唱和儿童歌舞剧等。这首

《小小画家》就是他创作的 13 部儿童歌舞剧的其中一部，《小小画家》尖锐地讽刺了封建的教育制度，反对死读书，提出了"发挥儿童个性来培养其才能"的主张，宣传了个性解放的思想。这是黎锦晖自己编剧、作词、作曲的 11 首儿童歌舞剧中最成功的一部代表作，写于 1928 年。作品通过丰富、生动的对剧中人物小画家、母亲、老师及其他小孩的音乐刻画，批判了封建、保守教育制度的反科学性，提倡了个性解放的教育思想。《小小画家》（1928 年）是黎锦晖儿童歌舞剧创作中被认为成就最高者，1928 年由中华歌舞团的黎明晖、王人美、李文云等首演于上海。

0232

中图法分类：（索书号）J722.3/37
题　　　名：太平鼓（影印本）
责　任　者：李宗正创作；梁雪冰整理记录；潘江帆绘图
出　版　者：广东人民出版社
出版时间：1957.9
出　版　地：广州
页　　　数：42 页
尺　　　寸：18cm
价　　　格：0.17
馆藏地址：北京舞蹈学院图书馆
内容提要："太平鼓"是潮州市小学教师李宗正等，深刻体验了儿童的生活，并得到一张年画的启发后，以当地民间戏曲中的音乐，舞蹈为基础于 1955 年创作的。它表达出我国南方少年儿童天真活泼的性格和生活在和平、幸福的祖国怀抱中的欢欣心情。它的动作明朗、

形象优美，并富有浓厚的民间色彩，是个优秀的儿童舞蹈。本书还介绍了"太平鼓"表演的演员要求、服装和道具、演员鼓点、场记说明和伴奏曲等。

中图法分类：（索书号）J722. 21/28
题　　　名：中国民间歌舞（影印本）
责　任　者：中国舞蹈艺术研究会编
出　版　者：上海文化出版社
出版时间：1957. 10
出　版　地：上海
页　　　数：115 页
尺　　　寸：20cm
价　　　格：0.48
馆藏地址：北京舞蹈学院图书馆
内容提要：本书是关于中国民间歌舞的论文集，共收录文章 22 篇，内容涉及中国民间舞蹈的整体情况及各省民间舞蹈的特点和分布，傩舞、云南花灯、侗族舞蹈等具体的少数民族舞蹈节目的剧目内容和艺术风格等。

中图法分类：（索书号）J722. 22/1
题　　　名：广东省第一届：少数民族艺术观摩会演，舞蹈资料集（内部资料）
责　任　者：广东省群众艺术馆编
出　版　者：广东省群众艺术馆
出版时间：1957. 12
出　版　地：广州
页　　　数：70 页
尺　　　寸：18cm
价　　　格：
馆藏地址：北京舞蹈学院图书馆
内容提要：本书记录了"婚礼"、"三月三"、"快乐舞"等 13 个舞蹈的内容和风格、音乐、动作说明和场记说明等。

0235

中图法分类：（索书号）J722.221.4/2

题　　　名：友谊舞

责　任　者：中国舞蹈艺术研究会编

出　版　者：上海文化出版社

出版时间：1957.12

出版地：上海

页　　　数：51 页

尺　　　寸：20cm

价　　　格：0.19cm

馆藏地址：北京舞蹈学院图书馆

内容提要：本书叙述了藏族民间踢踏舞的全貌，并记录了友谊舞的创作过程、排练时应注意的要点、动作说明、音乐、记号说明、场记、服装和道具等。

0236

中图法分类：（索书号）J722.221.7/2

题　　　名：阿细跳月：月亮舞（影印本）

责　任　者：梁伦改编

出　版　者：上海文化出版社

出版时间：1957

出版地：上海

页　　　数：37 页

尺　　　寸：18cm

价　　　格：0.16

馆藏地址：北京舞蹈学院图书馆

内容提要：本书介绍了月亮舞"阿细跳月"的风格和内容、记号说明、人物、布景、服装、道具、动作说明、舞曲和场记说明等。

中图法分类：（索书号）J642.2
　　　　　　　（913.2/3291）
题　　　名：安徽省第一届民间音乐舞蹈会
　　　　　　演：民歌选集
责　任　者：安徽省群众艺术馆编
出　版　者：安徽人民出版社
出版时间：1957
出　版　地：合肥
页　　　数：51 页
尺　　　寸：19cm
价　　　格：0.16
馆藏地址：上海图书馆
主题标目：民歌—歌曲—安徽—选集
内容提要：这是安徽省第一届民间音乐舞蹈
会演民歌选集，由安徽省群众艺术馆编撰。此
书汇集了安徽省地方民间音乐舞蹈会演的地方
民歌集。

0237

中图法分类：（索书号）J642.2
　　　　　　　（913.2/5516）
题　　　名：安徽省第二届：音乐舞蹈会演歌
　　　　　　曲选集
责　任　者：中央群众艺术馆
出　版　者：上海文艺出版社
出版时间：1959
出　版　地：上海
页　　　数：40 页
尺　　　寸：19cm
价　　　格：0.16
馆藏地址：上海图书馆
主题标目：民歌—歌曲—中国—选集
内容提要：这是安徽省第二届民间音乐舞蹈
会演民歌选集，由安徽省群众艺术馆编撰。此
书汇集了安徽省地方民间音乐舞蹈会演的地方
民歌集。

0238

0239

中图法分类：（索书号）J722.21

（995.22）书基藏库

题　　　名：迎春：民间歌舞

责　任　者：湖南群众艺术馆编辑

出　版　者：湖南人民出版社

出版时间：1957

出　版　地：长沙

页　　　数：37页：插图

尺　　　寸：18cm

价　　　格：0.12

馆藏地址：国家图书馆

内容提要：本书包括四个民间歌舞节目：
"迎春"和"闹元宵"表现了人民在迎春和元
宵佳节时的欢乐情绪；"三打三"表现了少年
们愉快的劳动生活；"倒采茶"是瑶族人民的
传统歌舞。富有鲜明的民族风格，表现了瑶族
人民对劳动生活的热爱。这些节目，分别获得
了本省1956年农村群众艺术观摩会演的节演出、演员奖，可供农村剧团和专业剧团
采用。

0240

中图法分类：（索书号）J722.4/1

题　　　名：长绸舞：飞天（影印本）

责　任　者：中国舞蹈艺术研究会编

出　版　者：上海文化出版社

出版时间：1957

出　版　地：上海

页　　　数：44页

尺　　　寸：18cm

价　　　格：0.16

馆藏地址：北京舞蹈学院图书馆

内容提要：本舞蹈的动作比较优美，展示了
我国古代人民的智慧和美好的想象。此书共分
为四段。主要对舞蹈的舞蹈情节、舞曲、记号
说明、场记、服装和道具等内容进行介绍。

中图法分类：（索书号）J647
　　　　　　（916/5516-1）
题　　　名：第二届全国民间音乐舞蹈会演：
　　　　　　优秀器乐曲选
责　任　者：中央群众艺术馆
出　版　者：音乐出版社
出版时间：1957.11
出　版　地：北京
页　　　数：22页：图，曲谱
尺　　　寸：26cm
价　　　格：0.22
馆藏地址：上海图书馆
主题标目：民族器乐—器乐曲—中国—选集
内容提要：本书集中了1957年第二届全国
民间音乐舞蹈会演的优秀器乐曲精粹。参加这
次会演的有全国各省、自治区、直辖市一千三
百多个农民、民间艺人、手工业者组成的二十

七个代表团，包括二十多个民族，在十五个晚会上演出三百多个具有各种不同民族风格
和地方色彩的音乐舞蹈节目。

0241

中图法分类：（索书号）J723.1/8
题　　　名：东郭先生（古典舞蹈剧）
责　任　者：栗承廉编
出　版　者：上海文化出版社
出版时间：1957
出　版　地：上海
页　　　数：67页
尺　　　寸：18cm
价　　　格：0.24
馆藏地址：北京舞蹈学院图书馆
内容提要：本舞剧是以中国古典舞为基础而
创作的小型舞剧。本书主要是对舞剧的剧情、
舞蹈的情节、音乐、动作说明、记号说明、场
记做了详细的说明。

0242

0243

中图法分类：（索书号）J722.221.2/4
题　　　名：鄂尔多斯舞（影印本）
责　任　者：中国舞蹈艺术研究会编
出　版　者：上海文化出版社
出版时间：1957
出　版　地：上海
页　　　数：42 页
尺　　　寸：18cm
价　　　格：0.14
馆藏地址：北京舞蹈学院图书馆
内容提要：本书介绍了内蒙古舞蹈"鄂尔多斯"的创造过程、排练时应注意的要点、动作说明、音乐、场记和服装等。《鄂尔多斯舞》由五男五女表演。舞蹈为两段体结构。第一段为铿锵有力的中板，男子五人以大甩手迈步的基本舞步出场，用双手撑腰移动肩部的动作来突出蒙古族舞蹈的风格特点；在舞蹈构图上，以出场的直线、平线队形画面的移动，展示出牧区辽阔的环境和牧民们的性格特征，塑造出鄂尔多斯男子汉剽悍、粗犷、豪迈的舞蹈形象。第二段是活泼的小快板，五个女子以从生活中提炼的挤奶、骑马、梳发辫等舞蹈动作出场，后与男子合舞并穿插着男女领舞，直至全舞终结一气呵成。整个舞蹈热情、活泼、粗犷、有力，表现了鄂尔多斯高原牧民们乐观向上的精神风貌，具有鲜明的时代特色。

0244

中图法分类：（索书号）J723.1/1
题　　　名：群众演唱材料；孤独的小马驹（舞蹈剧）（影印本）
责　任　者：袁春等改编
出　版　者：上海文化出版社
出版时间：1957
出　版　地：上海
页　　　数：58 页
尺　　　寸：18cm
价　　　格：0.22
馆藏地址：北京舞蹈学院图书馆
内容提要：本"舞蹈剧"是内蒙古平地泉行政区察右后旗文化馆吴魁等同志，根据草原上广泛流行的一首民间口头诗歌"温亲敖奴格"创作的。本舞剧主要是对舞蹈的情节、音乐、人物基本姿态和基本动作说明、技巧动作的解释等内容做了详细的说明。

中图法分类：（索书号）J722.21
　　　　　　（995.22/3416-1）
题　　　名：湖南省1956年农村群众艺术观
　　　　　　摩会演得奖节目：观花（民间歌
　　　　　　舞）
责　任　者：湖南群众艺术馆主编
出　版　者：湖南人民出版社
出版时间：1957
出　版　地：长沙
页　　　数：37页；图，曲谱
尺　　　寸：18cm
价　　　格：0.12
馆藏地址：上海图书馆
主题标目：民间歌舞—中国
内容提要：此书是湖南省1956年农村群众
艺术观摩会演得奖节目精粹汇编。本书共有四
个民间歌舞节目。"观花"通过一对青年男女

的载歌载舞，表现了人们在新年观花时的欢乐情景；"十月望郎"通过一对男女叙述幸
福的劳动生活，表达了他们互相爱慕的心情。"喜烛舞"表达了对于新娘子开始新生活
的一种深切的关怀，充满了乐观情绪。"采茶灯"反映了人们祝贺新年的欢乐景象。这
些节目，分别获得了本省1956年农村群众艺术观摩会演的演出，节目演员奖。

中图法分类：（索书号）J722.7/15
题　　　名：贵州省第一届工农业余艺术会演
　　　　　　民间艺术部份节目资料汇刊（影
　　　　　　印本）（内部资料）
责　任　者：贵州省第一届工农业余艺术会演
　　　　　　大会编
出　版　者：贵州省第一届工农业余艺术会演
　　　　　　大会
出版时间：1957
出　版　地：贵阳
页　　　数：161页
尺　　　寸：26cm
价　　　格：
馆藏地址：北京舞蹈学院图书馆
内容提要：本书主要汇集了关于贵州省第一
届工农业余艺术会演民间艺术部份节目，包括
民歌、民间舞蹈、花灯、民间戏曲及舞剧的歌
词、曲谱、舞蹈动作、剧情等内容。

0245

0246

0247

中图法分类：（索书号）J722.7/27
题　　名：贵州省民间艺术代表团演出节目
　　　　　（内部资料）
责　任　者：贵州省民间艺术代表团编
出　版　者：贵州省民间艺术代表团
出版时间：1957
出　版　地：贵阳
页　　数：48 页
尺　　寸：26cm
价　　格：
馆藏地址：北京舞蹈学院图书馆
内容提要：本书主要包括两大部分，音乐部分和舞蹈部分；音乐部分主要包括：侗族大歌、侗族小歌、薅秧号子、游方歌的乐曲；舞蹈部分包括跳脚舞、花场一角、节日的欢乐等舞蹈的剧情和舞曲。

0248

中图法分类：（索书号）J732.2（361）
　　　　　（995.248/2528-222）
题　　名：哈萨克民间舞蹈
责　任　者：特·特卡勤科编著；鲜继平，韩绍淦译；中国舞蹈艺术研究会编
出　版　者：上海文化出版社
出版时间：1957
出　版　地：上海
页　　数：23 页：图，曲谱
尺　　寸：19cm
价　　格：0.13
馆藏地址：上海图书馆
主题标目：民间舞蹈—哈萨克斯坦
内容提要：本书根据原著"民间舞蹈"中的哈萨克部分编译，编辑而成书。哈萨克的民间舞有着悠久的历史，这与他们长期游牧生活密不可分，是一种抒情的肢体语言，哈萨克民族在长期的游牧生活中创造了许多的民间文化和民间舞蹈，此书在编译上很忠实原著。

中图法分类：（索书号）J722.21
　　　　　　（995.22/5686-3）
题　　　名：红绸舞
责　任　者：金明编舞；刘海茹纪录；野蜂绘
　　　　　　图；中国舞蹈艺术研究会编
出　版　者：上海文化出版社
出版时间：1957
出　版　地：上海
页　　　数：50页：图，照，曲谱
尺　　　寸：18cm
价　　　格：0.18
馆藏地址：上海图书馆
主题标目：民间舞剧—中国

内容提要：本书介绍的舞蹈曾荣获1951年
第三届世界青年与学生和平友谊联欢节的集体
一等奖，《红绸舞》是根据汉族民间秧歌舞中
的舞绸动作和传统戏曲中表现仙女御风而行、
轻盈飘逸飞舞的"长绸舞"进行加工发展创作的。著名编导金明又对此舞蹈做了进一步
的加工和改编。在传统的舞绸技法基础上大胆创新，根据作品的情绪，基调创造出了
"大八字花"、"小八字花"、"波浪花"、"左肩圈"、"右肩圈"、"前圈挑"、"大圈"等
绸花样式，从而加强了长绸舞动时的绸花变化。舞台调度和构图也更为讲究，使得整个
作品变得更加丰满和富有艺术感染力。

中图法分类：（索书号）J722.21/21
题　　　名：湖南省1956年农村群众艺术观
　　　　　　摩会演优秀节目；伴嫁舞（民间
　　　　　　歌舞）（影印本）
责　任　者：湖南群众艺术馆主编
出　版　者：湖南人民出版社
出版时间：1957
出　版　地：长沙
页　　　数：34页
尺　　　寸：18cm
价　　　格：0.11
馆藏地址：北京舞蹈学院图书馆
内容提要：本书记录了"伴嫁舞"、"单人鼓
舞"、"调年鼓舞"三个民间歌舞和宗教舞蹈
"碗灯"的内容介绍、曲谱、场记说明等。

0251

中图法分类：（索书号）J732.2（311）/1
题　　　名：牧人舞（蒙古人民共和国舞蹈）
责　任　者：北京群众艺术馆编
出　版　者：北京出版社
出版时间：1957
出　版　地：北京
页　　　数：22页
尺　　　寸：18cm
价　　　格：0.09
馆藏地址：北京舞蹈学院图书馆
内容提要：本书中的舞蹈表现了在那达林大会上，牧人们赶着一群马在草地上游戏，忽然，一匹劣性的马跑了，一个牧人拿起套马杆骑上马追去，一会儿就把马赶回群里来。舞蹈的动作简洁、有力，表现了蒙古人民共和国人民的豪放、爽朗的性格。

0252

中图法分类：（索书号）J614.92
　　　　　　（854.53/444-1）
题　　　名：婆媳之间：歌剧
责　任　者：李娜著
出　版　者：山西人民出版社
出版时间：1957
出　版　地：太原
页　　　数：36页：曲谱
尺　　　寸：19cm
价　　　格：0.12
馆藏地址：上海图书馆
主题标目：歌剧—剧本—中国—当代
内容提要：本书是由山西人民出版社和山西群众艺术馆联合出版，李娜编著的小歌剧。反映了现实生活中农村婆婆与媳妇之间在进步与落后之间产生的矛盾，最后媳妇克服了落后思想向婆婆学习。

中图法分类：（索书号）J722.21
（995.22 \ 270）本库 \ 书刊保
存本
题　　　名： 捶布舞
责　任　者： 杨万富，唐保义，冯秀昌创作
出　版　者： 河北人民出版社
出版时间： 1957
出　版　地： 保定
页　　　数： 24 页：插图；
尺　　　寸： 18cm
价　　　格： 0.09
馆藏地址： 国家图书馆
主题标目： 民间舞蹈—东北地区
内容提要：《捶布舞》源出传统的昌黎地秧
歌表演艺术，又不拘泥于传统的昌黎地秧歌艺
术，借助昌黎地秧歌中舞动棒槌的"武扮"的
表演格式与特点，推出了一个既传统又新颖的
民间舞蹈节目，表现的是 6 个年轻姐妹在河边洗衣捶布的欢快场景与喜悦心情，形象地
刻画了生活在新中国的农村少女热爱劳动、热爱生活的质朴品质和淳朴、天真的性格。

0253

中图法分类：（索书号）J722.21/5
题　　　名： 抢手绢：花鼓灯中小花场
责　任　者： 中央群众艺术馆编
出　版　者： 上海文化出版社
出版时间： 1957
出　版　地： 上海
页　　　数： 49 页
尺　　　寸： 18cm
价　　　格： 0.16
馆藏地址： 北京舞蹈学院图书馆
内容提要： 本书介绍了双人舞"抢手绢"的
特点、情节、音乐、动作说明、场记、服装道
具和排练说明等。

0254

0255

中图法分类：（索书号）J722.7/13
题　　　名：娶新娘：（民间风俗歌舞）（影印本）
责　任　者：陈韫仪，梁伦编舞
出　版　者：广东人民出版社
出版时间：1957
出　版　地：广州
页　　　数：58 页
尺　　　寸：18cm
价　　　格：0.22
馆藏地址：北京舞蹈学院图书馆
内容提要：本歌舞是广东渔区的渔民的结婚风俗歌舞，反映了渔民在解放翻身后的欢乐情绪。本书主要包括《娶新娘》的创作经过、首饰、头饰、服饰说明、歌曲和伴奏音乐、人物记号、舞蹈说明等内容。

0256

中图法分类：（索书号）J722.2
　　　　　　　（995.22）
题　　　名：阿细跳乐（云南民族民间舞蹈之一）
责　任　者：中国人民解放军零九二四部队文工团编舞；周凯记录；王挥春插图
出　版　者：云南人民出版社
出版时间：1957.2
出　版　地：北京
页　　　数：27 页：插图，照片
尺　　　寸：18cm
价　　　格：0.17
馆藏地址：国家图书馆
内容提要：阿细跳月亦称阿细跳乐。据流传于民间的阿细跳月的由来说，先民们为了扑灭一场山火，在青年酋长阿峨的带领下，赤膊赤足上阵扑火，大火把山场烧得炙热，打火的人只得不断交换左右脚，躲闪跳跃身子进行扑打。这一扑火过程，就成了阿细人战胜火灾的舞蹈。本书记录了歌舞剧的舞蹈场记、动作、舞蹈创作脚本，富有云南民族民间舞蹈的特色。1953 年云南军区歌舞队深入到云南圭山阿细人地区搜集了一些舞蹈素材，研究了阿细人的历史发展和传统的风俗习惯，并根据云南省民族学院表演的舞蹈"阿细跳乐"进行了加工整理，在进行这一工作时，特别注意保持了原民族舞蹈的风格和特点。

中图法分类：（索书号）J722. 221. 2/5
题　　名：群众演唱材料：擀毡舞（影印
　　　　　本）
责　任　者：那仁格勒牧业生产合作社业余舞
　　　　　蹈队编舞
出　版　者：上海文化出版社
出版时间：1957
出　版　地：上海
页　　数：21 页
尺　　寸：19cm
价　　格：0.12
馆藏地址：北京舞蹈学院图书馆
内容提要：本书介绍了擀毡舞的风格和内
容、舞蹈情节、音乐、符号说明、舞蹈说明和
服装等。擀毡舞形象地表现了哈萨克族妇女擀
毡劳动的全过程，可以一人独舞，也可以集体
群舞。表演地不受限制，可以在大草原上跳，
也可以在毡房里表演。

中图法分类：（索书号）J722. 21
　　　　　（914/2102）
题　　名：山西省第三次民间音乐舞蹈会演
　　　　　会刊 1957（内部资料）
责　任　者：山西省文化局编
出　版　者：山西省文化局
出版时间：1957
出　版　地：太原
丛　　书：春节文艺小丛书
页　　数：89 页：曲谱
尺　　寸：19cm
价　　格：
馆藏地址：上海图书馆
主题标目：民间歌舞—会演—山西
内容提要：这是 1957 年出版的山西省第三
次民间音乐舞蹈会演会刊，记录了当时第三次
民间音乐舞蹈会演的情况。

0259

中图法分类：（索书号）J733（512）
　　　　　　（995/2489）
题　　　名：什么是舞剧（舞剧）
责　任　者：吴钧燮
出　版　者：音乐出版社
出 版 时 间：1957
出　版　地：北京
页　　　数：25 页
丛　　　书：苏联大百科全书选译
尺　　　寸：19cm
价　　　格：
馆 藏 地 址：上海图书馆
内 容 提 要：本书译自：Валет。由苏联大百科全书选译。音乐出版社出版。此书介绍了舞剧的历史、定义、发展情况等。

0260

中图法分类：（索书号）J712.21/2
题　　　名：苏联民间舞蹈基本训练
责　任　者：［苏］特卡勤科编著
出　版　者：艺术出版社
出 版 时 间：1957
出　版　地：北京
页　　　数：96 页
尺　　　寸：20cm
价　　　格：0.45
馆 藏 地 址：北京舞蹈学院图书馆
内 容 提 要：本书是苏联特·特卡勤科编著的"民间舞蹈"中的基本训练部分，内容包括苏联各民族民间舞蹈的发展情况；舞蹈和动作的记录方法；舞蹈动作的把杆练习；教员的任务；课程进度等。

中图法分类：（索书号）J709.512/3
题　　　名：苏联舞蹈家瓦冈诺娃
责　任　者：［苏］波格丹诺夫–别里卓夫斯基
　　　　　　（В. М. Богдан）
出　版　者：艺术出版社
出版时间：1957
出　版　地：北京
页　　　数：100 页
尺　　　寸：20cm
价　　　格：0.55
馆藏地址：北京舞蹈学院图书馆
内容提要：本书内容包括瓦岗诺娃的舞台生涯、教学体系以及她的学生们学习情况和演技特色等。

0261

中图法分类：（索书号）J732.2（512）/2
题　　　名：乌克兰、白俄罗斯民间舞蹈
责　任　者：［苏］特卡勤科编著
出　版　者：艺术出版社
出版时间：1957
出　版　地：北京
页　　　数：102 页
尺　　　寸：22cm
价　　　格：0.50
馆藏地址：北京舞蹈学院图书馆
内容提要：本书介绍了乌克兰和白俄罗斯民间舞蹈的发展情况，几种主要的舞蹈形式和舞蹈的基本动作，并记录了具有代表性的乌克兰"哥巴克"舞、"风雪"舞和白俄罗斯"略沃尼哈"舞、"小圆舞"的场记。

0262

0263

中图法分类：（索书号）J732.2（512）/23
题　　　名：乌兹别克民间舞蹈（影印本）
责　任　者：[苏] 特·特卡勤科编著；鲜继
　　　　　　平，韩绍淦译
出　版　者：上海文化出版社
出版时间：1957
出　版　地：上海
页　　　数：69 页
尺　　　寸：20cm
价　　　格：0.28
馆藏地址：北京舞蹈学院图书馆
内容提要：本书详细介绍了乌兹别克民间舞
蹈艺术的特点、发展情况和舞蹈的基本动作，
并记录了两个具有代表性的舞蹈场记。

0264

中图法分类：（索书号）J722.21
　　　　　　（915.341/2116）
题　　　名：五女观灯：山西民间戏曲选辑
责　任　者：山西群众艺术馆编
出　版　者：山西人民出版社
出版时间：1957
出　版　地：太原
页　　　数：32 页：图，曲谱
尺　　　寸：15cm
价　　　格：0.09
馆藏地址：上海图书馆
主题标目：地方戏—戏曲音乐—乐曲—山西
内容提要：本书是山西民间戏曲选辑。《五
女观灯》是山西民间戏曲的优秀曲目。这本书
里搜集了六个流传在山西的民间小型歌舞剧。
有《五女观灯》（山西民间歌舞），《倒卷帘》
（河曲二人台），《表花》（鄙鄂），《送四门》
（河曲二人台），《等连成》（河曲二人台），《仙花颂》（山西民间舞蹈）。这些小剧载歌
载舞，欢乐明快，演出时一片喜庆气象，极为活泼，充分表现了劳动人民的高尚情操和
乐观情绪。

中图法分类：（索书号）J722.1/：3
（995.22/4623）

题　　　名：舞蹈：第三集

责 任 者：喜勋

出 版 者：人民体育出版社

出 版 时 间：1957.10

出 版 地：北京

页　　　数：73页：图，曲谱

尺　　　寸：19cm

价　　　格：0.22

馆 藏 地 址：上海图书馆

主 题 标 目：民间舞蹈—中国

内 容 提 要：本书作者喜勋教授曾任全国体操协会委员、北京市体操协会副主席，全国大学生健美操、艺术体操协会副会长兼秘书长，北京市大学生体协健美操、艺术体操分会会长，北京大学学术委员会委员，上海体育学院客座教授，郑州大学兼职教授，享有"20世纪中国女性"及"艺术体操、健美操奶奶"等美誉。这部书是她几十年总结的体育舞蹈经验汇集。

中图法分类：（索书号）J722.1（995.071/
5686#2）

题　　　名：舞蹈丛刊：第二辑

责 任 者：中国舞蹈艺术研究会

出 版 者：上海文化出版社

出 版 时 间：1957

出 版 地：上海

页　　　数：130页：照片

尺　　　寸：22cm

价　　　格：0.50

馆 藏 地 址：上海图书馆

主 题 标 目：舞蹈

内 容 提 要：本刊是由在上海的中国舞蹈艺术研究会出版的舞蹈丛刊。本刊的内容有对于发掘、整理、改编民间舞蹈的问题，有关宋代民间舞蹈、印度民间舞蹈等问题的看法，关于舞蹈、舞剧以及舞蹈艺术教育的讨论，关于舞蹈服装、服饰的探讨。

0267

中图法分类：（索书号）J722.1（995.071/
　　　　　　　5686#2）
题　　　名：舞蹈丛刊．第三辑
责　任　者：中国舞蹈艺术研究会
出　版　者：上海文化出版社
出版时间：1957
出　版　地：上海
丛　　　书：中国舞蹈丛书
页　　　数：118页：照片
尺　　　寸：22cm
价　　　格：0.50
馆藏地址：上海图书馆
主题标目：舞蹈
内容提要：本刊是由在上海的中国舞蹈艺术
研究会出版的舞蹈丛刊。本刊内容：对发展民
族舞剧的看法，谈舞剧创作问题，舞剧音乐问
题，舞蹈创作漫谈，以及介绍亚洲各国舞蹈的
文章。

0268

中图法分类：（索书号）J721/5
题　　　名：中国民间舞蹈图片选集
责　任　者：中国舞蹈艺术研究会编
出　版　者：上海人民美术出版社
出版时间：1957
出　版　地：上海
页　　　数：35页
尺　　　寸：19cm
价　　　格：3.60
馆藏地址：北京舞蹈学院图书馆
内容提要：本书选录了《红绸舞》、《荷花
舞》、《拍手舞》等35幅舞蹈作品的照片和内容介绍及舞蹈成就等。

中图法分类：J70

题　　　名：舞蹈基础知识

责 任 者：吴晓邦著

出 版 者：工人出版社

出版时间：1957.4.1

出 版 地：上海

页　　　数：74 页

尺　　　寸：21cm

价　　　格：0.22

馆 藏 地 址：上海图书馆

内 容 提 要：本书主要谈到了中国舞蹈艺术的特点：一、什么是舞蹈，二、舞蹈动作的特点和构图法则，三、舞蹈和其他艺术的关系，四、舞蹈作品的戏剧性，五、演员、编舞者、作曲家和舞蹈作品的关系，六、舞蹈创作活动的范围及其相互关系等内容。七、职工业余舞蹈活动：怎样组织舞蹈活动；怎样取材；树立正确的态度等。

中图法分类：（索书号）J723.3

　　　　　　（J859.8/2186）

题　　　名：喜鹊与小孩：儿童舞剧

责 任 者：黎锦晖著

出 版 者：北京出版社

出 版 地：1957

页　　　数：28 页

尺　　　寸：19cm

价　　　格：0.13

馆 藏 地 址：上海图书馆

内 容 提 要：此书是我国儿童歌舞剧的鼻祖——黎锦辉创编的。黎锦晖是湖南湘潭人，青少年时代广泛接触戏曲音乐和民间音乐，1916年开始学习西洋音乐，五四运动之后，致力于改革音乐教育和推广普通话，专门从事儿童歌舞剧和儿童歌舞音乐的创作。此歌舞剧也是他的代表作之一。

0271

中图法分类：（索书号）J722.3/63
题　　　名：小马灯舞（影印本）
责　任　者：高益明编
出　版　者：少年儿童出版社
出 版 时 间：1957
出　版　地：上海
页　　　数：28 页
尺　　　寸：15cm
价　　　格：0.10
馆 藏 地 址：北京舞蹈学院图书馆
内 容 提 要：本书介绍了表演舞"小马灯舞"
的情节内容、服装和道具、音乐、记号说明、
动作说明和舞蹈过程。这是一个富有民间舞蹈
风格的表演舞，它表现了小朋友们热爱领袖的
心情。整个舞蹈充满了欢乐的情绪，适合中年
级儿童表演。

0272

中图法分类：（索书号）J722.1/38
题　　　名：学生集体舞创作选（影印本）
责　任　者：广州群众艺术馆编
出　版　者：广东人民出版社
出 版 时 间：1957
出　版　地：广州
页　　　数：31 页
尺　　　寸：18cm
价　　　格：0.11
馆 藏 地 址：北京舞蹈学院图书馆
内 容 提 要：本书介绍了"快乐舞"等 7 个学
生集体舞的说明、舞曲、基本步法和跳法说
明等。

中图法分类：（索书号）J722.1
　　　　　　（995.071/5686#4）
题　　　名：舞蹈丛刊：第四辑
责　任　者：中国舞蹈艺术研究会编
出　版　者：上海文化出版社
出版时间：1958
出　版　地：上海
页　　　数：108页：照片
尺　　　寸：21cm
价　　　格：0.48
馆藏地址：上海图书馆
主题标目：舞蹈
内容提要：本刊是由在上海的中国舞蹈艺术
研究会出版的舞蹈丛刊。刊中有孙景琛老师舞
蹈论文；《桂北跳神》（7千字），以及有关舞
蹈方面的论文多篇。

中图法分类：（索书号）J723.3
　　　　　　（915.5/3172）
题　　　名：对花：歌舞剧《打猪草》曲选
责　任　者：海鹏改编
出　版　者：上海音乐出版社
出版时间：1958.1
出　版　地：上海
页　　　数：16页
尺　　　寸：21cm
价　　　格：0.36
馆藏地址：上海图书馆
内容提要：本书是安徽黄梅戏《打猪草》对
花曲词、曲选。黄梅戏是地道的来自民间的艺
术。她的表演质朴细腻，真实活泼；她的语言
朴实无华，通俗易懂；她的曲调优美流畅，明
快抒情。加以道白多用安庆官话，地方生活气
息浓郁，更显黄梅戏特色。

0275

中图法分类：（索书号）J722.21
　　　　　　（J995.22/3128-01）
题　　　名：剑舞
责　任　者：汪传铃、舒巧、钟宛文编舞；管
　　　　　　荫深作曲
出　版　者：上海文化出版社
出版时间：1958.4
出　版　地：上海
页　　　数：66页
尺　　　寸：18cm
价　　　格：0.24
馆藏地址：上海图书馆
内容提要：剑舞是以中国古典舞和武术为基
础创作的，它由八个女子来表演，舞姿英俊、
优美，表现出我国古代妇女的英雄形象；同时
也歌颂了勇敢刚毅的性格。这个舞蹈结构多
样，形式丰富，其中有独舞、二人对舞、集体
舞等。这舞曾在1957年全国专业团体音乐舞蹈会演中得到一致好评，并被选为参加在
莫斯科举行的世界青年联欢节的演出，得到铜质奖章。本书有舞蹈动作、舞蹈场记
介绍。

0276

中图法分类：（索书号）J722.7/12
题　　　名：四季花儿开：民间歌舞（影印
　　　　　　本）
责　任　者：湖南群众艺术馆编
出　版　者：湖南人民出版社
出版时间：1958.2
出　版　地：长沙
页　　　数：26页
尺　　　寸：18cm
价　　　格：0.09
馆藏地址：北京舞蹈学院图书馆
内容提要：本书收集了湖南民间歌舞花鼓、
花灯中的三个节目，内容分别是：《四季花儿
开》、《十杯酒》《乌龟讨亲》。

中图法分类：（索书号）J722.1/7：6
题　　　名：大家跳.第六本
责　任　者：上海文化出版社编
出　版　者：上海文化出版社
出版时间：1958.3
出　版　地：上海
页　　　数：46页
尺　　　寸：18cm
价　　　格：0.15
馆藏地址：北京舞蹈学院图书馆
内容提要：本书介绍了"和平、友谊"等
10个集体舞的舞曲、人数、队形、动作和跳法
说明。

0277

中图法分类：（索书号）J732.2（512）/5
题　　　名：摩尔达维亚、拉脱维亚民间舞蹈
责　任　者：［苏］特·特卡勤科编著
出　版　者：上海文化出版社
出版时间：1958.3
出　版　地：上海
页　　　数：96页
尺　　　寸：18cm
价　　　格：0.36
馆藏地址：北京舞蹈学院图书馆
内容提要：本书详细介绍了亚摩尔达维亚、
拉脱维亚民间舞蹈的艺术特点、发展情况和基
本动作，并记录了具有代表性的摩尔达维亚的
"摩尔达维亚"、"布库里亚"舞蹈和拉脱维亚
的"鲁察维耶季斯"、"齐姆杜·巴利斯"舞
蹈的场记。

0278

0279

中图法分类：（索书号）J722.214/1
题　　　名：段龙：舞蹈（影印本）
责　任　者：中央群众艺术馆编；郑左文整理；石昭则记录；章士礼编曲
出　版　者：上海文化出版社
出版时间：1958.5
出　版　地：上海
页　　　数：20 页
尺　　　寸：19cm
价　　　格：0.10
馆藏地址：北京舞蹈学院图书馆
内容提要：本书叙述了舞蹈"段龙"的内容和风格，记录了"段龙"的舞蹈情节、排练说明、基本步法、基本动作、舞曲、场记说明、服装和道具等。50 年代，江苏省文化主管部门数次举办全省性的"民间音乐舞蹈会演"，选拔优秀节目参加 1953 年、1957 年两次大规模的全国民间音乐舞蹈会演和 1957 年全国歌舞会演，江苏省歌舞团演出的民间舞蹈《段龙》，在全国歌舞会演中受到全国歌舞界一致好评。龙舞流传上千年，各地区舞龙风格不同。由于不同地理环境，龙的表现各不同，把龙体分为若干"段"或"节"的叫《段龙》。

0280

中图法分类：（索书号）J722.6/54
题　　　名：炸碉堡（影印本）
责　任　者：白水 编舞记录
出　版　者：上海文化出版社
出版时间：1958.5
出　版　地：上海
页　　　数：43 页
尺　　　寸：18cm
价　　　格：0.15
馆藏地址：北京舞蹈学院图书馆
内容提要：本书介绍了舞蹈剧《炸碉堡》的故事。描写了一个英勇的人民解放军，为了战役的胜利，不惜牺牲一切，去完成炸毁敌人碉堡的任务。本书主要是对舞剧的情节、动作、舞曲、场记、服装和道具进行了详细的描述和介绍。

中图法分类：（索书号）J722.1/7/：7
题　　　名：大家跳．第七本
责　任　者：上海文化出版社编
出　版　者：上海文化出版社
出版时间：1958.6
出　版　地：上海
页　　　数：34 页
尺　　　寸：18cm
价　　　格：0.12
馆藏地址：北京舞蹈学院图书馆
内容提要：本书介绍了"新疆集体舞"等
10 个集体舞的舞曲、人数、队形、动作和跳法
说明。

中图法分类：（索书号）J733.4（512）/1
题　　　名：阿萨菲耶夫的舞剧《巴黎的火
　　　　　　焰》和《喷泉》
责　任　者：［苏］雷勃尼科娃（M. Рыбни-
　　　　　　кова）著；丰陈宝等译
出　版　者：音乐出版社
出版时间：1958.7.1
出　版　地：北京
丛　　　书：音乐欣赏丛书
页　　　数：30 页
尺　　　寸：15cm
价　　　格：0.26
馆藏地址：北京舞蹈学院图书馆
内容提要：本书介绍了苏联著名音乐学家兼
作曲家阿萨菲耶夫的舞剧《巴黎的火焰》和
《巴赫萨拉伊契喷泉》的内容，并对音乐作了
简单的分析。

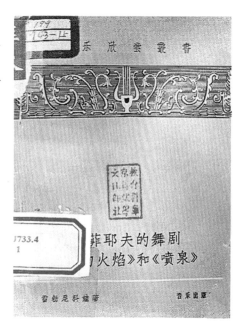

0283

中图法分类：（索书号）J722.1/7：8
题　　　名：大家跳．第八本（影印本）
责　任　者：上海文艺出版社编
出　版　者：上海文艺出版社
出 版 时 间：1958.9
出　版　地：上海
丛　　　书：国庆集体舞专辑
页　　　数：52页
尺　　　寸：19cm；图
价　　　格：0.17
馆藏地址：北京舞蹈学院图书馆
内 容 提 要：为了配合国庆大联欢，本辑选编
了十三个适合节日推广的群众性的集体舞，其
中有边歌边舞的"国庆跃进舞"、"跃进秧歌
舞"、"总路线象红太阳"等，也有"快乐的
节日"等情绪热烈，形式多样，适合广场联欢
时跳的集体舞。为了向集体舞爱好者提供有关
的学习资料，本辑发表了一篇辅导文章—"漫谈集体舞创作的一些体会"，同时介绍了
十六首新创作的集体舞曲，以便于进一步展开集体舞的创作活动。本书介绍了"国庆跃
进舞"等13个集体舞的舞曲、人数、队形、动作和跳法说明。

0284

中图法分类：（索书号）J722.21
　　　　　　　（J995.22/3491-2）
题　　　名：治山舞
责　任　者：河南省群众艺术馆编
出　版　者：河南人民出版社
出 版 时 间：1958.10
出　版　地：郑州
页　　　数：10页
尺　　　寸：19cm
价　　　格：0.07
馆藏地址：上海图书馆
内 容 提 要：此舞表现了群众在治理荒山中进
行的两种工程—"鱼鳞坑"和"沟头防护二
莲坑"中的战斗工程。青年们以坚强的意志和
毅力战胜了截流和困难，又以愉快欢乐的心情
歌唱着自己的辛勤劳动。此舞可供基建工人、
农村青年和舞蹈团体排演。

中图法分类：（索书号）J711.2/10
题　　　名：舞蹈：（创作资料）（内部资料）
　　　　　　（油印本）
责　任　者：本社编
出　版　者：山西艺校第一期民间舞蹈研究所
出版时间：1958.11.1
出　版　地：太原
页　　　数：50页
尺　　　寸：25cm
价　　　格：
馆藏地址：北京舞蹈学院图书馆
内容提要：本书为舞蹈的创作资料，主要收
录了"炼钢之夜"、"报喜"、"在台湾"、"车
子舞"、"集体舞"、"歌唱人民公社"等舞蹈
的人物、主要内容、说明、曲谱、主题歌及场
记等内容。

0285

中图法分类：（索书号）J722.212/1
题　　　名：安徽地区民间舞蹈教材（安徽花
　　　　　　鼓灯）（内部资料）（油印本）
责　任　者：北京舞蹈学校编
出　版　者：北京舞蹈学校
出版时间：1958.11
出　版　地：北京
页　　　数：58页
尺　　　寸：26cm
价　　　格：0.26
馆藏地址：北京舞蹈学院图书馆
内容提要：本书记述了安徽地区民间舞蹈的
代表性舞蹈安徽花鼓灯，花鼓灯是我国淮河流
域，特别是淮北一带农村十分盛行的歌舞形
式。相传，最早的花鼓灯只是跑跑队形，做几
个简单的动作，扭两下身段。到了后来，淮河
的水灾消退，庄稼丰收，人们便开始大闹花鼓
灯。于是花鼓灯从自娱性向表演性方向发展，丰富了舞蹈动作和表现力。新中国成立
后，优美多彩的花鼓灯再次受到舞蹈工作者的重视，通过不断的交流提高，使花鼓灯从
原来的民间广场演出形式发展成为舞台表演艺术，并加以完善。

0286

0287

中图法分类：（索书号）J719.219/1
题　　　名：朝鲜舞蹈教材（内部教材）（油
　　　　　　印本）
责　任　者：北京舞蹈学校编
出　版　者：北京舞蹈学校
出版时间：1958.11
出　版　地：北京
页　　　数：42页
尺　　　寸：26cm
价　　　格：0.21
馆藏地址：北京舞蹈学院图书馆
内容提要：本书介绍了朝鲜舞蹈鹤步的准备
练习和鹤舞的基本训练，包括准备姿态、准备
动作、步法、手姿、身姿、身体的位置、要
领、做法等。

0288

中图法分类：（索书号）J719.1/3
题　　　名：内蒙地区民间舞蹈教材（内部教
　　　　　　材）（油印本）
责　任　者：北京舞蹈学校编
出　版　者：北京舞蹈学校
出版时间：1958.11
出　版　地：北京
页　　　数：77页
尺　　　寸：26cm
价　　　格：0.36
馆藏地址：北京舞蹈学院图书馆
内容提要：本书分为单一部分动作和基训两
部分：单一部分动作中包含一般性的舞蹈动
作、表现劳动与日常生活的舞姿与动作、单一
动作的技巧等；基训中介绍了基本动作与基本
训练，以及一些内蒙地区民间舞蹈的要领和
跳法。

中图法分类：（索书号）J719.1/5
题　　　名：中国民间舞教材（内部教材）
　　　　　　（油印本）
责　任　者：北京舞蹈学校编
出　版　者：北京舞蹈学校
出版时间：1958.11
出　版　地：北京
页　　　数：39页
尺　　　寸：26cm
价　　　格：0.35
馆藏地址：北京舞蹈学院图书馆
内容提要：本书将一九五七年，各班级出现的较完整的需要很好进行交流的组合（包括各个民族的舞蹈）记录了下来，另一部分是汉族花鼓灯教材的整理，是过去把所有到民间访问后的材料综合起来的教材。

0289

中图法分类：（索书号）J732.2（512）
　　　　　　（995.248/2528-520）
题　　　名：阿塞拜疆、立陶宛民间舞蹈
责　任　者：特·特卡勤科编著；朱立人译
出　版　者：上海文化出版社
出版时间：1958.12
出　版　地：上海
页　　　数：106页：图，曲谱
尺　　　寸：18cm
价　　　格：0.38
馆藏地址：上海图书馆
主题标目：民间舞蹈—苏联
内容提要：此书介绍了苏联加盟共和国的舞蹈，这是阿塞拜疆、立陶宛民间舞蹈（插图本）。他们通过舞蹈等艺术手段来表达自身感情。这两个民族的民间舞蹈非常古老，他们在表演舞蹈的时候，舞者们围成半圆或者圆形。而领舞通常扮演着特殊的角色，通过挥舞手中的方巾做出各种信号和变化来指导整个团体移动舞步、动作和方向。

0290

0291

中图法分类：（索书号）J732.2
　　　　　　（914/1151.1）
题　　　名：大揪什锦汤（歌舞表演剧）
责　任　者：王春元，王金陵编剧；刘炽作曲
出　版　者：音乐出版社
出版时间：1958.12
出　版　地：北京
丛　　　书：春节文娱小丛书
页　　　数：12页：曲谱
尺　　　寸：18cm
价　　　格：0.07
馆藏地址：上海图书馆
主题标目：歌舞剧—戏剧音乐—乐曲—中国
内容提要：本书是个歌舞剧，剧本用歌舞表演的形式，表现了全国人民为了实现农业发展纲要，提高农作物亩产量积极施肥的情绪。适合职业及农村业余文艺团体表演用。

0292

中图法分类：（索书号）J723.2
　　　　　　（J915.5/4911）
题　　　名：赶河湾
责　任　者：杨琦编剧 李向一编曲
出　版　者：上海文艺出版社
出版时间：1958.12
出　版　地：上海
页　　　数：29页
尺　　　寸：18cm
价　　　格：0.10
馆藏地址：上海图书馆
内容提要：此书介绍了农业生产"大跃进"劳动场面的歌舞剧"赶河湾"。有着浓厚的时代气息。

中图法分类：（索书号）J722.1/10
题　　　名：集体舞
责　任　者：重庆群众艺术馆编
出　版　者：重庆人民出版社
出版时间：1958.12
出　版　地：重庆
页　　　数：19页
尺　　　寸：18cm
价　　　格：0.09
馆藏地址：北京舞蹈学院图书馆
内容提要：本书内容包括"踏进大跃进"、
"望蜂子"等五个集体舞的歌曲、音乐、基本
动作、动作说明、跳法等。

0293

中图法分类：（索书号）J722.6/12
题　　　名：群众文艺创作丛书：献礼（舞蹈）
责　任　者：重庆群众艺术馆编
出　版　者：重庆人民出版社
出版时间：1958.12
出　版　地：重庆
丛　　　书：群众文艺创作丛书
页　　　数：22页
尺　　　寸：18cm
价　　　格：0.09
馆藏地址：北京舞蹈学院图书馆
内容提要：本舞蹈共分六场，本书主要对舞
蹈的情节简介、幕前朗诵诗、舞曲、基本动
作、场记符号、场记说明进行了详细的描述。

0294

中图法分类：（索书号）J722.7/7
题　　名：跃进歌舞
责 任 者：肖辉编剧，上海建新歌舞剧团集
　　　　　　体编舞
出 版 者：上海文艺出版社
出版时间：1958.12
出 版 地：上海
页　　数：29页
尺　　寸：18cm
价　　格：0.08
馆藏地址：北京舞蹈学院图书馆
内容提要：本歌舞反映了农村人民公社建立
后的生产跃进和欢乐情绪。本书对歌舞的故事
情节、舞曲、舞步动作等内容进行了详细的
说明。

0295

中图法分类：（索书号）J722.22/3
题　　名：1958年：少数民族文艺调查资料
　　　　　　汇编选（影印本）（内部资料）
　　　　　　（油印本）
责 任 者：民族文化指导委员会．办公室
出 版 者：民族文化指导委员会．办公室
出版时间：1958
出 版 地：北京
页　　数：1060页
尺　　寸：20cm
价　　格：2.50
馆藏地址：北京舞蹈学院图书馆
内容提要：本书辑录了鄂尔多斯的民间舞
蹈、鄂温克族的民间舞蹈、达斡尔族的“达
奥”和“哈哼具”、朝鲜族的民间舞蹈、赫哲
族的舞蹈、维吾尔族的音乐和舞蹈、哈萨克族
的民间舞蹈、柯尔克孜族族的舞蹈、撒拉族的

0296

民间歌舞、玉树藏族舞蹈、藏戏等。

中图法分类：（索书号）J722.228.1/3
题　　　名：半边裙子（影印本）
责　任　者：中国舞蹈艺术研究会编；刘选亮
　　　　　　等编舞；陈元浦编曲；野蜂插图
出　版　者：上海文艺出版社
出版时间：1958
出　版　地：上海
页　　　数：52 页
尺　　　寸：18cm
价　　　格：0.18
馆藏地址：北京舞蹈学院图书馆
内容提要：本书记录了舞蹈"半边裙子"的
情节内容、导演设计、舞曲、基本动作、场记
和服装说明等。

中图法分类：（索书号）J712.21/1
题　　　名：表演教材（男角）第一辑（影印
　　　　　　本）（内部资料）（油印本）
责　任　者：四川省川剧实验学校编
出　版　者：四川省川剧实验学校
出版时间：1958
出　版　地：成都
页　　　数：43 页
尺　　　寸：18cm
价　　　格：
馆藏地址：北京舞蹈学院图书馆
内容提要：本书内容包括翎子、口条、香汗
衣、袍带、朝笏的基本动作，团扇、水袖的基
本动作，把子的基本动作，楷扇、手巾、蚊
帚、针线治的基本动作，关扇、开扇，基本功
的要求和训练，身段组合八套，男角基本动
作，推衫子步法等。川剧是西南地区影响很大
的一个剧种，流行于四川、云南、贵州等省. 中国古典舞的很多元素借鉴了戏剧、地方
戏的表演程式。

0299

中图法分类：（索书号）J722.227.1/1
题　　名：踩姑娘（影印本）
责　任　者：中央群众艺术馆编；卯洛，阿略
　　　　　　　编舞、纪录
出　版　者：上海文化出版社
出 版 时 间：1958
出　版　地：上海
页　　数：29页
尺　　寸：19cm
价　　格：0.13
馆 藏 地 址：北京舞蹈学院图书馆
内 容 提 要：本书介绍了舞蹈"踩姑娘"的风
格内容、舞蹈情节、音乐、动作说明、符号说
明、场记、服装和道具等。

0300

中图法分类：（索书号）J722.7/18
题　　名：茶花担（影印本）
责　任　者：江苏省群众艺术馆编
出　版　者：上海文化出版社
出 版 时 间：1958
出　版　地：上海
页　　数：40页
尺　　寸：19cm
价　　格：0.15
馆 藏 地 址：北京舞蹈学院图书馆
内 容 提 要：本舞剧介绍了金花姑娘亲手做好
点心，烧好茶，去送给情郎的一段生动情节。
有歌有舞。描绘出江南富丽的景象。本书主要
对茶花担介绍、舞蹈情节、主要人物介绍、动
作说明、音乐、场记、服饰和道具进行了
概述。

中图法分类：（索书号）J722.21（995.5 \ 264）
题　　　名：石岩底下牡丹开（云南花灯舞
　　　　　　蹈）
责　任　者：楚励勤等编；祖蒸绘图
出　版　者：云南人民出版社
出版时间：1958.2
出版地：昆明
页　　　数：24页：图，
尺　　　寸：18cm
价　　　格：0.10
馆藏地址：国家图书馆
内容提要：本书是云南花灯舞蹈，极具云南
少数民族舞蹈特色。有舞蹈动作图，舞蹈位置
图，舞蹈场记等。

0301

中图法分类：（索书号）J723.3/：1
　　　　　　（J915.5/7002）
题　　　名：儿童歌舞剧选：第1集
责　任　者：儿童音乐编辑部
出　版　者：音乐出版社
出版时间：1958.4
出版地：北京
丛　　　书：儿童音乐丛书之一
页　　　数：51页
尺　　　寸：19cm
价　　　格：0.22
馆藏地址：上海图书馆
内容提要：音乐出版社编撰的儿童音乐丛
书：儿童歌舞剧选：第1集。本书内容把三个
小歌舞编在一起，"我们爱向日葵"、"小公
鸡"、"雪地上的故事"（根据苏联寓言改编）。

0302

0303

中图法分类：（索书号）J723.1（854.53/1234）
题　　　名：风雨共伞：小型歌舞剧
责　任　者：张永枚编剧；张定和作曲
出　版　者：宝文堂书店
丛　　　书：农村戏剧小丛书
出版时间：1958
出　版　地：北京
页　　　数：54页：乐谱
尺　　　寸：14cm
价　　　格：0.10
馆藏地址：上海图书馆
主题标目：歌舞剧—剧本—中国—当代
内容提要：农村戏剧小丛书，小型歌舞剧：
风雨共伞，由著名作家张永枚编剧。书中有舞
蹈曲谱、小舞剧编排场记等。

0304

中图法分类：（索书号）J732.2（512）/6
题　　　名：格鲁吉亚民间舞蹈
责　任　者：［苏］特·特卡勤科编著；鲜继
　　　　　　平，韩绍淦译
出　版　者：上海文化出版社
出版时间：1958
出　版　地：上海
页　　　数：96页
尺　　　寸：18cm
价　　　格：0.28
馆藏地址：北京舞蹈学院图书馆
内容提要：本书详细介绍了格鲁吉亚民间舞
蹈的艺术特点、发展情况和基本动作，并记录
了具有格鲁吉亚代表性的舞蹈场记。格鲁吉亚
民间舞蹈的特点是热情奔放、节奏明快，腿、
脚的动作难度较大。

中图法分类：（索书号）J723.1/3
题　　　名：姑嫂鸟：小型舞剧
责　任　者：广东省群众艺术馆编；林夫、张
　　　　　　应亮、陈少麟编舞；张放整理
出　版　者：上海文化出版社
出版时间：1958
出　版　地：上海
页　　　数：40页
尺　　　寸：19cm
价　　　格：0.16
馆藏地址：北京舞蹈学院图书馆
内容提要：本舞剧是流传在潮汕地区的民间
故事。表现二人追求真知、热爱艺术的精神。
本书主要对舞剧的创作经过、整理说明、舞
曲、基本步法、基本动作、场记、排练要点作
了比较详细的说明。

0305

中图法分类：（索书号）J722.21/25
题　　　名：广西民间舞蹈
责　任　者：广西壮族自治区群众艺术馆编
出　版　者：广西人民出版社
出版时间：1958
出　版　地：南宁
页　　　数：56页
尺　　　寸：19cm
价　　　格：0.18
馆藏地址：北京舞蹈学院图书馆
内容提要：本书记录了壮族、汉族、瑶族、
苗族、侗族、仫佬族、毛南族、京族、彝族、
水族舞蹈。广西是一个多民族聚集的以壮族为
主的民族自治区。少数民族舞蹈形式和特点风
格鲜明、为广大群众喜闻乐见的舞蹈。它反映
人民的劳动、斗争、交际和爱情生活。不同民
族和地区的民间舞蹈受生活方式、历史传统、
风俗习惯、民族性格、宗教信仰甚至地理和气候等自然环境的影响而显现出风格特色的
明显差异。

0306

0307

中图法分类：（索书号）J733.47（512）/1
题　　　名：哈恰图良的舞剧《斯巴达克》
　　　　　　（影印本）
责　任　者：［苏］日托米尔斯基（Д.
　　　　　　Житомирский）著；陈复君译
出　版　者：音乐出版社
出版时间：1958
出　版　地：北京
丛　　　书：音乐欣赏丛书
页　　　数：19 页
尺　　　寸：15cm
价　　　格：0.08
馆藏地址：北京舞蹈学院图书馆
内容提要：本书主要介绍了舞剧《斯巴达克》。这是著名的苏联作曲家，A. 哈恰图良战后年代的重要作品，是他创作中最卓越最富有思想性的作品。作曲家研究了过去时代的形象，写出了在主题和气质上有着深刻现代意义、渗透了人道主义思想的作品，小册子介绍了这部舞剧的创作过程，并对舞剧音乐作了详细的分析。

0308

中图法分类：（索书号）J722.21/15
题　　　名：对花灯 板凳龙（河南省第三届
　　　　　　民间音乐舞蹈观摩会演得奖节
　　　　　　目）（3）
责　任　者：河南省群众艺术馆编辑
出　版　者：河南人民出版社
出版时间：1958
出　版　地：郑州
页　　　数：26 页
尺　　　寸：20cm
价　　　格：0.10
馆藏地址：北京舞蹈学院图书馆
内容提要：本书介绍了会演节目"对花灯"、"板凳龙"两个舞蹈的简介、场记、动作和服装、道具说明、音乐等。

中图法分类：（索书号）J722.6/40

题　　　名：红色保钢宣传队：舞蹈（影印本）

责　任　者：重庆钢铁公司钢花业余文工团编舞编曲

出　版　者：重庆人民出版社

出版时间：1958

出　版　地：重庆

页　　　数：32 页

尺　　　寸：19cm

价　　　格：0.12

馆藏地址：北京舞蹈学院图书馆

内容提要：本书主要内容包括：作者是怎样创作《红色保钢宣传队》舞蹈的，并对舞蹈的音乐、动作、场记说明等内容进行了详细的介绍。

0309

中图法分类：（索书号）J722.212/20

题　　　名：花钹大鼓（北京昌平区民间舞蹈）（影印本）

责　任　者：北京群众艺术馆编

出　版　者：少年儿童出版社

出版时间：1958

出　版　地：上海

页　　　数：46 页

尺　　　寸：19cm

价　　　格：0.11

馆藏地址：北京舞蹈学院图书馆

内容提要：这是一个民间舞蹈，流传在北京郊区，表演者每人拿一副小钹，在大鼓的伴奏下对钹，变换各种舞蹈队形，整个舞蹈气氛热烈，适合中高年级小朋友表演。本书还记录了"花钹大鼓"的起源和艺术风格、服装、道具及其用法，并对鼓谱、动作说明和场记作了详细说明。

0310

0311

中图法分类：（索书号）J722.7/20
题　　　名：花儿与少年（影印本）
责　任　者：中国舞蹈艺术研究会编
出　版　者：上海文艺出版社
出　版　时　间：1958
出　版　地：上海
页　　　数：60 页
尺　　　寸：18cm
价　　　格：0.19
馆　藏　地　址：北京舞蹈学院图书馆
内　容　提　要：本舞剧描绘出青藏高原美丽的春天，和青年们像春天一般的爱情。本书主要对舞剧的音乐、动作说明、场记、服装道具说明等内容做了详细的描述。

0312

中图法分类：（索书号）J722 995.5 \ 782 \ lgj
　　　　　　中文基藏 \ 闭架库房
题　　　名：献礼（舞蹈）
责　任　者：重庆群众艺术馆编
出　版　者：重庆群众艺术馆
出　版　时　间：1958.9
出　版　地：重庆
丛　　　书：群众文艺创作丛书
页　　　数：22 页：照片
尺　　　寸：19cm
价　　　格：0.09
馆　藏　地　址：国家图书馆
内　容　提　要：本书是 1958 年出版，我们伟大的祖国十周年生日即将来临，那什么庆祝祖国生日，重庆群众艺术馆在群众艺术的基础上编排了舞蹈，向祖国献礼。向国庆节献礼。书中有舞蹈场记，舞蹈位置图，还有舞蹈节目的图片。

中图法分类：（索书号）J722. 227. 8/1

题　　　名：基诺族民族民间舞蹈（试记稿）
　　　　　　（内部资料）（油印本）

责　任　者：李金印编

出　版　者：云南省民族舞蹈工作室

出版时间：1958

出　版　地：昆明

页　　　数：49页

尺　　　寸：26cm

价　　　格：

馆藏地址：北京舞蹈学院图书馆

内容提要：本书介绍了基诺族民族概况、民族服饰和民族舞蹈的风貌，并记录了大鼓舞、祭祀舞、儿歌、芦笙舞、竹谷能、开路舞六种舞蹈的技术说明，包括舞曲、基本动作、场记说明、服饰和道具等，并附有民间舞蹈普查表和舞蹈艺人登记表等。

0313

中图法分类：（索书号）J732. 2（512）/3

题　　　名：吉尔吉斯、塔吉克民间舞蹈

责　任　者：［苏］特·特卡勤科编著；韩绍淦译

出　版　者：上海文化出版社

出版时间：1958

出　版　地：上海

页　　　数：90页

尺　　　寸：18cm

价　　　格：0. 34

馆藏地址：北京舞蹈学院图书馆

内容提要：本书详细介绍了吉尔吉斯和塔吉克民间舞蹈的特点、发展情况和基本动作，并记录了较有代表性的"吉伊兹"、舞、"桑格"舞和"拉克西-丘庞"舞的场记。

0314

0315

中图法分类：（索书号）J722.21
　　　　　　　（914/6039）
题　　　名：拣棉花（歌舞）
责 任 者：黑龙江省群众艺术馆
出 版 者：黑龙江人民出版社
出 版 时 间：1958
出 版 地：哈尔滨
页　　　数：22 页：图，曲谱
尺　　　寸：19cm
价　　　格：0.07
馆 藏 地 址：上海图书馆
主 题 标 目：歌舞音乐—乐曲—中国
内 容 提 要：此书记录了歌舞《拣棉花》的舞曲和场记。此舞蹈曾获 1957 年黑龙江省民间音乐舞蹈会演大会甲等节目奖

0316

中图法分类：（索书号）　　J722.211/11
题　　　名：胶州秧歌（影印本）
责 任 者：张朝群整理
出 版 者：山东人民出版社
时　　　间：1958
出 版 地：济南
页　　　数：107 页
尺　　　寸：19cm
价　　　格：0.34
馆 藏 地 址：北京舞蹈学院图书馆
内 容 提 要：本书记录了"胶州秧歌"和"伞舞"的内容，并对胶州秧歌做了说明，其中介绍了音乐、舞蹈动作情况，并且还对舞蹈场记和服装与道具做了详细描述。

中图法分类：（索书号）J722.1
　　　　　　　（995.32/5686-1）
题　　　名：节日集体舞
责　任　者：中国舞蹈艺术研究会编；王泽南
　　　　　　　作曲；王连成记录
出　版　者：上海文艺出版社
出版时间：1958
出　版　地：上海
页　　　数：35页：图，曲谱
尺　　　寸：19cm
价　　　格：0.13
馆藏地址：上海图书馆
主题标目：集体舞—中国
内容提要：此书是为了庆祝中华人民共和国
成立十周年时编创的舞蹈，主要是针对广场集
体舞而创作。体现了节日集体舞的表现形式。

0317

中图法分类：（索书号）J722.1
　　　　　　　（995.32/2337）
题　　　名：快马加鞭：集体舞选
责　任　者：上海实验歌剧院
出　版　者：上海文化出版社
出版时间：1958.8
出　版　地：上海
页　　　数：40页：图，曲谱
尺　　　寸：19cm
价　　　格：0.14
馆藏地址：上海图书馆
主题标目：集体舞—中国
内容提要：本书记录了即将迎来国庆十周年
的美好日子，我国社会主义建设在"大跃进"
的热潮中快马加鞭的完成工业建设的情况。此
书是在此时代背景下编创的集体舞选。

0318

0319

中图法分类：（索书号）J722.21/7
题　　　名：腊花舞
责　　　任：北京群众艺术馆编
出　版　者：北京出版社
时　　　间：1958
出　版　地：北京
页　　　数：13 页
尺　　　寸：19cm
价　　　格：0.07
馆 藏 地 址：北京舞蹈学院图书馆
内 容 提 要：本书介绍了"腊花舞"的音乐、动作说明、舞蹈场记和服装道具等。腊花舞：由四至八个巧妆打扮的小姑娘演出，每人左手托着绚丽夺目、点燃蜡烛的纸糊腊花盆，右手提着丝绸彩帕，踏着十字舞步，随着伴唱人所唱的民歌小调和各种民族器乐的伴奏节拍，翩翩起舞。

0320

中图法分类：（索书号）J723.1
　　　　　　（915.5/0649）
题　　　名：柳叶儿青青：歌舞剧
责　　　任：谭权创作；中国戏剧家协会编
出　版　者：北京宝文堂书店
出 版 时 间：1958.12
出　版　地：北京
丛　　　书：群众演唱剧本
页　　　数：23 页：曲谱
尺　　　寸：19cm
价　　　格：0.14
馆 藏 地 址：上海图书馆
主 题 标 目：歌舞剧—戏剧音乐—乐曲—中国
内 容 提 要：本书是群众边舞边演唱的剧本。附：舞蹈曲谱、舞蹈场记、人物关系唱词脚本等。是当时群众喜闻乐见的表演形式。

中图法分类：（索书号）J722.6/4
题　　　名： 全民皆兵：舞蹈
责　任　者： 白水，高明杰编舞；商易作曲
出　版　者： 上海文艺出版社
出版时间： 1958
出　版　地： 上海
页　　　数： 61 页
尺　　　寸： 19c
价　　　格： 0.14
馆藏地址： 北京舞蹈学院图书馆
内容提要： 本舞蹈描写了全民皆兵，炼钢工人、农村姑娘、纺织女工、商业工作者、学生等如何在一起进行操练。舞中包括劈刺、射击、投弹等动作。本书主要对舞蹈的情节、音乐、场记、服装和道具等内容进行介绍。

0321

中图法分类：（索书号）J722.22/5
题　　　名： 少数民族舞蹈画册（影印本）
责　任　者： 民族出版社编辑
出　版　者： 民族出版社
出版时间： 1958
出　版　地： 北京
页　　　数： 40 页
尺　　　寸： 24cm
价　　　格： 0.40
馆藏地址： 北京舞蹈学院图书馆
内容提要： 本画册记述了中国少数民族舞蹈的多个场景。其中涵盖了 56 个少数民族的大多数。作者以摄影作品的形式，记录了生活在中国的少数民族的精神状态。他们婀娜的舞姿，非常有民族艺术特色的舞蹈表演，确实高度概况了少数民族舞蹈的艺术成就。也诠释了中华民族大家庭的团结。

0322

0323

中图法分类：（索书号）J722.221.9/1
题　　　名：扇舞
责　任　者：杨相镐编舞；安西民编曲
出　版　者：上海文艺出版社
出版时间：1958
出　版　地：上海
页　　　数：46页：图
尺　　　寸：19cm
价　　　格：0.18
馆藏地址：北京舞蹈学院图书馆
内容提要：本书是延边歌舞团记录的《扇舞》。书前面是音乐简谱，后面是作者编《扇舞》的舞蹈场记。持花扇表演的女性道具舞蹈。源于古代巫女活动及民俗活动中的扇子表演，后发展成为单扇舞、双扇舞两种形式。扇舞动作细腻，节奏变化多，它以朝鲜族女性舞蹈活泼、优美的特点表现纯朴、善良的民族精神。

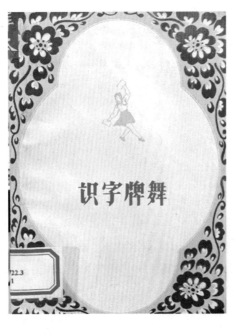

0324

中图法分类：（索书号）J722.3/51
题　　　名：识字牌舞
责　任　者：于少平、张凤铭编舞；张祖迪
　　　　　　编曲
出　版　者：江西人民出版社
出版时间：1958
出　版　地：南昌
页　　　数：13页
尺　　　寸：19cm
价　　　格：0.06
馆藏地址：北京舞蹈学院图书馆
内容提要：本书介绍了"识字牌舞"的音乐、道具、动作说明和场记。音乐简谱等。

中图法分类：（索书号）J723.1

（J854.53/4444.1）

题　　　名： 四姐妹夸夫：歌舞剧，第二集

责　任　者： 李梓森，刘佩亚著

出　版　者： 戏剧出版社

出版时间： 1958

出　版　地： 北京

丛　　　书： 戏曲演唱材料

页　　　数： 10页

尺　　　寸： 13cm

价　　　格： 0.04

馆藏地址： 上海图书馆

内容提要： 本书是地方戏改编的歌舞剧。这个小型剧本，反映的是，四个姐妹的爱人们在"大跃进"中在工厂、农村、部队、机关里生产进步，立功受奖的情况。此书时代感强，形式在当时很新颖。

中图法分类：（索书号）J722.3/42

题　　　名： 踢球舞

责　任　者： 丽水县文化馆加工整理；浙江群众艺术馆整理编辑

出　版　者： 上海文艺出版社

出版时间： 1958

出　版　地： 上海

页　　　数： 34页

尺　　　寸： 19cm

价　　　格： 0.16

馆藏地址： 北京舞蹈学院图书馆

内容提要： 本书介绍了"踢球舞"的改编体会、情节说明、舞曲、动作说明、记号说明、场记、服装和道具等。

0327

中图法分类：（索书号）J722.212/9
题　　　名：围灯舞 莲花灯：河南省第三届民间音乐舞蹈观摩会演得奖节目.2（影印本）
责　任　者：河南省群众艺术馆编
出　版　者：河南人民出版社
出版时间：1958
出　版　地：郑州
页　　　数：36 页
尺　　　寸：19cm
价　　　格：0.12
馆藏地址：北京舞蹈学院图书馆
内容提要：本书记录了河南省音乐舞蹈"围灯舞"、"莲花灯"的情节内容、场记说明、基本动作和音乐等。

0328

中图法分类：（索书号）J722.7/19
题　　　名：文茶灯（民间歌舞）（影印本）
责　任　者：湖南群众艺术馆编
出　版　者：湖南人民出版社
出版时间：1958
出　版　地：长沙
页　　　数：34 页
尺　　　寸：18cm
价　　　格：0.11
馆藏地址：北京舞蹈学院图书馆
内容提要：本书包括三个民间舞蹈，分别是：《文茶灯》、《跳粉墙》、《梳妆台》，舞剧生动地表现了青年男女一年四季在茶山上采茶、种茶、护茶的劳动生活和彼此的爱慕心情等内容。本书对三个舞蹈的基本动作和舞曲做了详细的说明。

中图法分类：J70/4
题　　　名：舞蹈讲座
责　任　者：孙景琛著
出　版　者：北京出版社
出版时间：1958
出　版　地：北京
页　　　数：79 页
尺　　　寸：18cm
价　　　格：0.34
馆藏地址：北京舞蹈学院图书馆
内容提要：本书主要内容包括：舞蹈的基本常识，我国舞蹈艺术的发展，舞蹈欣赏，舞蹈的表演和导演，业余舞蹈创作中的几个问题，苏联的舞蹈艺术。

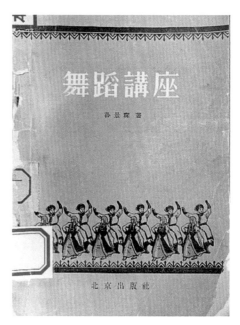

0329

中图法分类：J70/7
题　　　名：舞蹈论文选
责　任　者：中国舞蹈艺术研究会编
出　版　者：上海文化出版社
出版时间：1958
出　版　地：上海
页　　　数：146 页
尺　　　寸：23cm
价　　　格：0.50
馆藏地址：北京舞蹈学院图书馆
内容提要：本书收集了从 1949 年到 1956 年间有关我国舞蹈艺术的 23 篇论文。包括年度总结性的文章，民间舞、古典舞等发展问题的研究，历届会演的学习心得，创作经验，舞蹈教学问题的研究，创作评论，以及有关战士舞蹈、儿童舞蹈等内容。

0330

0331

中图法分类：（索书号）J722.21/13
题　　名：绣荷包：民间歌舞
责　任　者：湖南群众艺术馆编辑
出　版　者：湖南人民出版社
出　版　时　间：1958
出　版　地：长沙
页　　数：26页
尺　　寸：18cm
价　　格：0.09
馆藏地址：北京舞蹈学院图书馆
内　容　提　要：本书介绍了凤凰花灯"绣荷包"、
汉寿花鼓"卖杂货"、常德花鼓"捡菜苔"三
个节目的音乐、场记、动作说明和服装道
具等。

0332

中图法分类：（索书号）J722.6/57
题　　名：绣花舞（影印本）
责　任　者：梁伦编舞
出　版　者：上海文化出版社
出　版　时　间：1958
出　版　地：上海
页　　数：39页
尺　　寸：18cm
价　　格：0.16
馆藏地址：北京舞蹈学院图书馆
内　容　提　要：本舞剧主要通过生活的细节，充
分表现出粤东地区的妇女那种温柔含蓄的性格
及美丽的绣花生活。本书主要内容为"绣花
舞"简介、动作说明、音乐、场记、服装道具
及视幕设计等。

中图法分类：（索书号）J732.2（512）/4
题　　名： 亚美尼亚民间舞蹈
责　任　者：［苏］特·特卡勤科编著；韩绍
　　　　　　淦译
出　版　者： 上海文化出版社
出版时间： 1958
出　版　地： 上海
页　　数： 84页
尺　　寸： 19cm
价　　格： 0.28
馆藏地址： 北京舞蹈学院图书馆
内容提要： 本书详细介绍了亚美尼亚民间舞
蹈的艺术特点、发展情况和基本动作，并记录
了两个有代表的舞蹈场记。

0333

中图法分类：（索书号）J722.221.7/3
题　　名： 彝族舞
责　任　者： 周整鸿整理
出　版　者： 上海文化出版社
出版时间： 1958
出　版　地： 上海
页　　数： 89页
尺　　寸： 19cm
价　　格： 0.26
馆藏地址： 北京舞蹈学院图书馆
内容提要： 本书介绍了中国西南川康彝族舞
蹈的特色、服饰和配乐，并记录了大凉山区彝
族舞蹈、萨尼族舞蹈"跳鼓"、舞蹈"彝族庆
翻身"的风格内容、音乐、人数、服饰和道
具、动作说明。

0334

0335

中图法分类：（索书号）J722.212/7
题　　　名：赠金钗：民间歌舞（影印本）
责　任　者：湖南群众艺术馆编辑
出　版　者：湖南人民出版社
出版时间：1958
出　版　地：长沙
页　　　数：29页
尺　　　寸：18cm
价　　　格：0.10
馆藏地址：北京舞蹈学院图书馆
内容提要：本书记录了"赠金钗"、"比古"、"卖花"三个湖南省舞蹈节目的音乐、场记、动作说明和服装道具等。

0336

中图法分类：（索书号）J722.1/4/：2
题　　　名：集体舞选（二）
责　任　者：北京群众艺术馆编
出　版　者：上海文艺出版社
出版时间：1959.1
出　版　地：上海
页　　　数：20页
尺　　　寸：18cm
价　　　格：0.07
馆藏地址：北京舞蹈学院图书馆
内容提要：本书介绍了"人民公社好"等7个集体舞的音乐、人数、动作和跳法说明。

中图法分类：（索书号）J722.6/13
题　　　名：五千吨海轮乘风破浪（舞蹈）
责　任　者：上海青年宫编
出　版　者：上海文艺出版社
出版时间：1959.1
出　版　地：上海
页　　　数：22 页
尺　　　寸：16cm
价　　　格：0.07
馆藏地址：北京舞蹈学院图书馆
内容提要：本舞蹈是关于直接产生于政治运动和劳动斗争的舞蹈。本书主要介绍舞蹈的情节、舞曲、基本动作、场记说明等。

0337

中图法分类：（索书号）J722.6/14
题　　　名：舞蹈：去民校的路上
责　任　者：舒巧编舞；商易作曲；戴中绘图
出　版　者：上海文艺出版社
出版时间：1959.1
出　版　地：上海
页　　　数：83 页
尺　　　寸：19cm
价　　　格：0.18
馆藏地址：北京舞蹈学院图书馆
内容提要：本舞蹈表现姑嫂四人在风雨中赶去上课的情景，本书主要介绍舞蹈的情节、人物、基本动作、音乐、场记、服装和道具等。

0338

0339

中图法分类：（索书号）J722.21
　　　　　　（995.22/5686-6）
题　　　名：绣花舞
责　任　者：中国舞蹈艺术研究会编；梁伦编舞；胡均编曲；李祥芳记录；赵善富绘图
出　版　者：上海文化出版社
出版时间：1959.1
出　版　地：上海
页　　　数：39页：图，照，曲谱
尺　　　寸：19cm
价　　　格：0.16
馆藏地址：上海图书馆
主题标目：民间歌舞—中国
内容提要：本书介绍的"绣花舞"是一段内容健康、美而不艳、风格朴实的原始舞蹈，它把劳动生产和生活加以艺术化处理。使其更具有观赏性。书中有舞蹈场记、舞蹈表演位置图、舞蹈曲谱等。

0340

中图法分类：（索书号）J722.2/1
题　　　名：群众文艺：节目脚本（二）（内部资料）（油印本）
责　任　者：晋江县赴考区会演文艺演出队编
出　版　者：晋江县赴考区会演文艺演出队
出版时间：1959.2.9
出　版　地：福建省泉州市晋江县
页　　　数：76页
尺　　　寸：18cm
价　　　格：
馆藏地址：北京舞蹈学院图书馆
内容提要：本书为晋江县赴考区会议群众文艺节目脚本，包括了节目脚本一、节目脚本二、节目脚本三等部分，内容包括小歌剧"慰问篮"、曲艺"花生大王游太空"等内容。

中图法分类：（索书号）J722.1/13
题　　　名：欢乐的食堂：舞蹈（影印本）
责　任　者：何敏士编舞；何干选曲
出　版　者：广州文化出版社
出版时间：1959.3
出　版　地：广州
页　　　数：24 页
尺　　　寸：19cm
价　　　格：0.10
馆藏地址：北京舞蹈学院图书馆
内容提要：本书介绍了集体舞"欢乐的食堂"的剧情介绍、动作说明、场记和舞曲。

0341

中图法分类：（索书号）J7-49/2
题　　　名：舞蹈基本知识
责　任　者：江西省群众艺术馆编
出　版　者：江西人民出版社
出版时间：1959.3
出　版　地：南昌
丛　　　书：工农实用戏剧歌舞知识丛书
页　　　数：47 页
尺　　　寸：18cm
价　　　格：0.14
馆藏地址：北京舞蹈学院图书馆
内容提要：本书是一本介绍舞蹈基本知识、舞蹈基本训练方法、基本舞蹈理论和舞蹈特性的通俗读物。

0342

0343

中图法分类：（索书号）J722.1/53

题　　　名：丰收舞

责　任　者：河南省群众艺术馆编

出　版　者：河南人民出版社

出版时间：1959.4.1

出　版　地：郑州

页　　　数：32 页

尺　　　寸：19cm

价　　　格：0.11

馆藏地址：北京舞蹈学院图书馆

内容提要：本书介绍了"丰收舞"、"淘铁沙舞"的内容简介、动作说明、步法说明和场记、道具说明和音乐等。

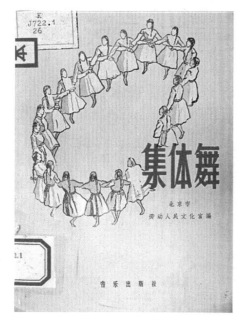

0344

中图法分类：（索书号）J722.1/58

题　　　名：集体舞

责　任　者：劳动人民文化宫编

出　版　者：音乐出版社

出版时间：1959.4

出　版　地：北京

页　　　数：14 页

尺　　　寸：18cm

价　　　格：0.07

馆藏地址：北京舞蹈学院图书馆

内容提要：本书介绍了"欢乐的节日"等 6 个集体舞的音乐、基本动作和跳法说明。

中图法分类：（索书号）J722.6/5
题　　　名：钢铁舞
责　任　者：河南省群众艺术馆
出　版　者：河南人民出版社
出 版 时 间：1959.5
出　版　地：郑州
页　　　数：28 页
尺　　　寸：26cm
价　　　格：0.10
馆 藏 地 址：北京舞蹈学院图书馆
内 容 提 要：本舞蹈主要表现在党的领导下，全民大办钢铁的冲天干劲和人们乐观情绪。全舞共分四段。本书主要介绍了舞蹈的内容、步法说明、音乐、动作说明、服装及道具等。

0345

中图法分类：（索书号）J719.4/2
题　　　名：中国古典舞（内部教材）（油印本）
责　任　者：北京舞蹈学校干训三班编
出　版　者：北京舞蹈学校干训三班
出 版 时 间：1959.6
出　版　地：北京
页　　　数：112 页
尺　　　寸：23cm
价　　　格：
馆 藏 地 址：北京舞蹈学院图书馆
内 容 提 要：本书介绍了中国古典舞的勾蹦、小踢腿、吸弹腿、跨蹁、披腿、蹲、腰、控制、耗压腿、踢腿、跳跃、手位、转、翻身的准备姿态、要领、做法等。本书是舞蹈学校当时古典舞的主要教材。

0346

0347

中图法分类：（索书号）J722.4/2SY
题　　　名：剑舞
责　任　者：汪传铃等编舞；管荫深作曲
出　版　者：上海文艺出版社
出版时间：1959.9
出　版　地：上海
页　　　数：100页：图片
尺　　　寸：19cm
价　　　格：0.58
馆藏地址：北京舞蹈学院图书馆
内容提要：剑舞是以中国古典舞和武术为基础创作的，它由八个女子来表演，舞姿英俊、优美，表现出我国古代妇女的英雄形象。同时也歌颂了勇敢刚毅的性格。本书主要对舞蹈的舞曲、基本动作、记号说明、场记等内容进行了介绍。本舞蹈富有中国民族风格，表演的是一个古代巾帼英雄路见不平、拔剑相助的情景。

0348

中图法分类：（索书号）J722.1/3
题　　　名：国庆集体舞：1959
责　任　者：上海文艺出版社编
出　版　者：上海文艺出版社
出版时间：1959.9
出　版　地：上海
页　　　数：48页
尺　　　寸：18cm
价　　　格：0.15
馆藏地址：北京舞蹈学院图书馆
内容提要：本书介绍了"社会主义好"、"祖国之春"等12个集体舞的舞曲、人数与队形、舞蹈跳法等。

中图法分类：（索书号）J722.228.1/2
题　　　名：三月三（黎族舞）
责　任　者：刘选亮等 编舞
出　版　者：上海文艺出版社
出版时间：1959.9
出　版　地：上海
页　　　数：33页
尺　　　寸：18cm
价　　　格：0.15
馆藏地址：北京舞蹈学院图书馆
内容提要：本书记录了舞蹈"三月三"的情
节内容、排练时应注意的要点、舞曲、动作说
明、场记、服装和道具等。

中图法分类：（索书号）J7-67/1
题　　　名：1960-1964 音乐舞蹈出版物选题
　　　　　　规则（草案）（内部资料）（油
　　　　　　印本）
责　任　者：上海文艺出版社
出　版　者：上海文艺出版社
出版时间：1959.9
出　版　地：上海
页　　　数：48页
尺　　　寸：16cm
价　　　格：
馆藏地址：北京舞蹈学院图书馆
内容提要：这是 1959 年上海文艺出版社根
据当时担负华东和上海的出版任务的需要制定
的今后 4 年规划草案。包括 6 个规划部分：1.
著作部分、2. 表演舞方面、3. 集体舞方面、
4. 舞剧方面、5. 儿童歌舞方面、6. 翻译外国
舞方面，为了配合音乐、舞蹈文化事业的发展制定了这个长远选题计划。对促进文化事
业的繁荣起到了积极的作用。

0351

中图法分类：（索书号）J722.3/46
题　　　名：吉庆有余：儿童民间舞蹈
责　任　者：中国福利会儿童艺术剧院创作
出　版　者：上海文艺出版社
出版时间：1959.10
出　版　地：上海
页　　　数：36页
尺　　　寸：19cm
价　　　格：0.18
馆藏地址：北京舞蹈学院图书馆
内容提要：本书记录了儿童民间舞蹈"吉庆有余"的情节内容、音乐、动作说明、场记、服装和道具说明等。

0352

中图法分类：（索书号）J722.21/19
题　　　名：九莲灯
责　任　者：福建省仙游县文化馆发掘；岳开铸整理记录
出　版　者：上海文艺出版社
出版时间：1959.10
出　版　地：上海
页　　　数：34页
尺　　　寸：18cm
价　　　格：0.15
馆藏地址：北京舞蹈学院图书馆
内容提要：本书介绍了舞蹈"九莲灯"的发掘和整理过程、情节说明、动作说明、场记、音乐、服装道具和发辫的说明等。

中图法分类：（索书号）J722.1/4
题　　　名：集体舞选
责　任　者：长春市群众艺术馆编
出　版　者：吉林人民出版社
出版时间：1959.11
出　版　地：长春
页　　　数：22页
尺　　　寸：15cm
价　　　格：0.10
馆藏地址：北京舞蹈学院图书馆
内容提要：本书内容包括七个由群众创作的集体舞，其中部分是新创作的，部分是根据民间歌舞加工整理改编而成。这些舞蹈编写的简明易学，有活泼优美的特点，对活跃青少年业（课）余生活和开展群众性的文娱活动是很好的舞蹈材料。

0353

中图法分类：（索书号）J722.221.2/1
题　　　名：筷子舞：1959
责　任　者：甘珠尔扎布，王宪忠 改编
出　版　者：上海文艺出版社
出版时间：1959.12
出　版　地：上海
页　　　数：33页
尺　　　寸：18cm
价　　　格：0.15
馆藏地址：北京舞蹈学院图书馆
内容提要：本书介绍了蒙古族代表性舞蹈"筷子舞"的基本动作、场记、舞曲、服装和道具等。

0354

0355

中图法分类：（索书号）J702（J995/2591-1）
题　　　名：舞蹈理论基本知识
责　任　者：山东省群众艺术馆编著
出　版　者：山东人民出版社
出版时间：1959.12
出　版　地：济南
页　　　数：22页
尺　　　寸：15cm
价　　　格：0.06
馆藏地址：上海图书馆
内容提要：本书内容包括：一、舞蹈的一般基本知识，二、舞蹈创作基本知识。是一部舞蹈知识普及型的书。

0356

中图法分类：（索书号）J645.2（918/1282）
题　　　名：第一新疆舞曲：管弦乐总谱
责　任　者：丁善德
出　版　者：上海文艺出版社
出版时间：1959
出　版　地：上海
丛　　　书：中央音乐学院创作丛刊；3
页　　　数：25页：图，曲谱
尺　　　寸：26cm
价　　　格：0.58
馆藏地址：上海图书馆
主题标目：管弦乐—舞曲—中国
内容提要：本总谱是管弦乐总谱。以浓郁的新疆风格舞曲为创作基调，突出表现了鲜明的新疆民族舞曲特点。

中图法分类：（索书号）J722.221.9/2
题　　　名：顶水姑娘：朝鲜族舞蹈
责　任　者：吉林省群众艺术馆编
出　版　者：上海文艺出版社
出版时间：1959
出　版　地：上海
页　　　数：22页
尺　　　寸：18cm
价　　　格：0.12
馆藏地址：北京舞蹈学院图书馆
内容提要：本书介绍了朝鲜族舞蹈"顶水姑娘"的舞曲、基本步法、场记和服装道具等内容。

0357

中图法分类：（索书号）J722.1
　　　　　　　（995.32/9870）
题　　　名：飞奔吧，小火车：集体舞
责　任　者：少年儿童出版社
出　版　者：少年儿童出版社
出版时间：1959
出　版　地：上海
页　　　数：16页：图，
尺　　　寸：15cm
价　　　格：0.05
馆藏地址：上海图书馆
主题标目：儿童—集体舞—舞蹈—中国
内容提要：本书选辑了三个儿童集体舞，有步法说明。针对儿童编排的舞蹈，时代感鲜明。

0358

0359

中图法分类：（索书号）J723.1
　　　　　　　（J854.51/1231）
题　　　名：妇女运输兵：歌舞剧
责　任　者：丁沙、钱松清、赵鼎元著
出　版　者：湖北人民出版社
出版时间：1959
出版地：武汉
页　　数：44页
尺　　寸：14cm
价　　格：0.07
馆藏地址：上海图书馆
内容提要：本书介绍了歌舞剧：妇女运输兵。以舞蹈的艺术形式歌颂了战争年代为了支援前线的妇女运输兵的英雄事迹。

0360

中图法分类：（索书号）J723.2
　　　　　　　（854.53/2591）
题　　　名：姑嫂送砖：歌舞剧
责　任　者：山东省群众艺术馆
出　版　者：山东人民出版社
出版时间：1959.3
出版地：济南
页　　数：21页
尺　　寸：19cm
价　　格：0.09
馆藏地址：上海图书馆
主题标目：歌舞剧—剧本—中国—当代
内容提要：此书是反映农村男女老少在炼铁过程中、农业生产当中的革命干劲的小歌剧。书中有场记，唱词等。

中图法分类：（索书号）J712.24/2
题　　　名：古典舞训练常识
责　任　者：王静野著
出　版　者：上海文艺出版社
出版时间：1959
出　版　地：上海
页　　　数：49页
尺　　　寸：15cm
价　　　格：0.14
馆藏地址：北京舞蹈学院图书馆
内容提要：本书介绍了古典舞中上肢、下肢、形体姿态的身体训练和道具训练的各种方法，阐述了舞蹈技术训练中的常识和舞蹈训练的初步理论知识。

0361

中图法分类：（索书号）J723.2
　　　　　　（854.53/7280）
题　　　名：河堤的早晨：歌舞剧
责　任　者：陆人，金西
出　版　者：山东人民出版社
出版时间：1959
出　版　地：济南
页　　　数：16页：乐谱
尺　　　寸：19cm
价　　　格：0.07
馆藏地址：上海图书馆
主题标目：歌舞剧—剧本—山东—当代
内容提要：一个早晨，在修筑河堤的工地上，男女社员们愉快地劳动着，他们歌唱劳动，歌唱美好的生活。此舞蹈反映了农村社员冲天的劳动干劲和社会主义主人翁精神。

0362

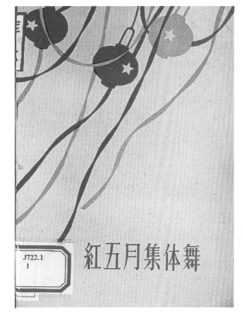

0363

中图法分类：（索书号）J722.1/1
题　　　名：红五月集体舞
责　任　者：上海文艺出版社编辑
出　版　者：上海文艺出版社
出版时间：1959
出　版　地：上海
页　　　数：38页
尺　　　寸：18cm
价　　　格：0.11
馆藏地址：北京舞蹈学院图书馆
内容提要：本书选录了"庆祝五一喜洋洋"、
"欢庆五一"、"少儿欢乐舞"等10个舞蹈的舞
曲、人数和队形、动作、跳法和说明等。

0364

中图法分类：（索书号）J723.2
　　　　　　（J854.53/2249）
题　　　名：群众演唱剧本：湖上歌声：歌
　　　　　　舞剧
责　任　者：任梅编剧，郑律成作曲
出　版　者：北京宝文堂书店
出版时间：1959.9
出　版　地：北京
页　　　数：21页
尺　　　寸：19cm
价　　　格：0.12
馆藏地址：上海图书馆
内容提要：本歌舞剧描写江南某人民公社社
员挖湖泥的故事。书中有舞蹈场记，舞蹈剧情
和曲谱等。

中图法分类：(索书号) J722.212/18

题　　　名：花篮灯舞

责 任 者：薛肇南编舞；丰登岗改编

出 版 者：上海文艺出版社

出版时间：1959

出 版 地：上海

页　　　数：46 页

尺　　　寸：18cm

价　　　格：0.17

馆藏地址：北京舞蹈学院图书馆

内容提要：本书记录了舞蹈"花篮灯舞"的曲目、基本步伐、场记说明和服装道具等。

0365

中图法分类：(索书号) J722.21

　　　　　　(995.22/2284-01)

题　　　名：花扇舞

责 任 者：何士敏编舞；胡均作曲；广州群众艺术馆编

出 版 者：上海文艺出版社

出版时间：1959

出 版 地：上海

版　　　本：新 1 版

页　　　数：24 页：图

尺　　　寸：19cm

价　　　格：0.10

馆藏地址：上海图书馆

主题标目：民间舞蹈—舞蹈作品—中国

内容提要：表现"仙女下凡"来人间采花、游玩的情节，形式上以汉族民间中的"马灯"、"跑云龙"等的基本步伐为主，阵法上又吸收

0366

了"挑花篮"、"花灯鼓"等民间歌舞小戏的"身"、"手"技巧，加之羽扇、花簇等道具的使用，整个舞蹈的动作组合严整，跑阵新颖合理，舞姿柔和健美，成为一种接近于现代生活并独具特色的民间舞蹈。尤其是舞者手中"花"、"扇"的巧妙使用，起到了"烘云托月"、"形具神生"之妙用。因此，可称"花"和"扇"是该舞之"魂"。

0367

中图法分类：（索书号）J722.21
（J995.32/7111）
题　　名：花扇舞（歌舞）
责 任 者：刘霁云等编
出 版 者：湖南人民出版社
出版时间：1959
出 版 地：长沙
页　　数：24 页：图
尺　　寸：15cm
价　　格：0.06
馆藏地址：上海图书馆
内容提要：本书的花扇舞以模拟蝴蝶在花丛中的翻飞，以及表现姑娘们的采花、嬉戏。以小跑步、小碎步、弹颤步、圆场为基本步伐，穿插一些队形和"扇"与"花"的交替表现，使人仿佛置身于清雾缭绕、宛若仙境的花海之中，它的风格特色为"扇之舞，形似花、身柔

如蝶飞，步轻疾而碎"。

0368

中图法分类：（索书号）J722.3/69
题　　名：欢庆人民公社舞
责 任 者：邬美珍编舞
出 版 者：上海文艺出版社
出版时间：1959
出 版 地：上海
页　　数：19 页
尺　　寸：19cm
价　　格：0.10
馆藏地址：北京舞蹈学院图书馆
内容提要：本书介绍了表演舞"欢庆人民公社"的情节内容、舞曲、人物和服饰、道具和场记说明。

中图法分类：（索书号）J722.21
（995.22/2358.1）
题　　　名：建筑工人舞：表演舞
责　任　者：上海青年宫编，上海学生课余艺
术团创作
出　版　者：上海文艺出版社
出版时间：1959
出　版　地：上海
页　　　数：27页：图
尺　　　寸：19cm
价　　　格：0.08
馆藏地址：上海图书馆
主题标目：集体舞—舞蹈作品—上海
内容提要：本书的建筑工人舞以建筑工人劳
动的原始动作素材为基础，吸收街舞舞蹈语汇
为基调，辅以当代审美元素。工人舞者们手持
各种建筑工具，随着音乐摆动舞蹈动作，将舞
台变成一个"工地"此表演舞蹈有着独特的舞蹈风格。

0369

中图法分类：（索书号）J722.6/11
题　　　名：老两口比干劲
责　任　者：中国舞蹈艺术研究会编
出　版　者：音乐出版社
出版时间：1959
出　版　地：北京
丛　　　书：群众舞蹈活动材料
页　　　数：24页
尺　　　寸：19cm
价　　　格：0.09
馆藏地址：北京舞蹈学院图书馆
内容提要：本书主要对舞蹈"老两口比干
劲"的主要内容、音乐、动作说明、场记等内
容进行了详细的介绍。

0370

0371

中图法分类：（索书号）J723.3
　　　　　（859.8/2211-3　859.8/2211-201）
题　　　名：鲤鱼上山：儿童歌舞剧
责　任　者：乔羽编剧，梁克祥作曲
出　版　者：中国戏剧出版社
出版时间：1959
出　版　地：北京
丛　　　书：农村通俗文库
页　　　数：34页
尺　　　寸：18cm
价　　　格：0.15
馆藏地址：上海图书馆
内容提要：此书的基本内容是山区修水库，鲤鱼都上山进水库了，鲤鱼上山时一路上遇到准备下山的野猪、青蛙、玉米、冬瓜等等所发生的故事。这是一个儿童歌舞剧。

0372

中图法分类：（索书号）J723.1
　　　　　（854.53/2281.1）
题　　　名：莲花湾探亲：歌舞剧
责　任　者：侯铮编
出　版　者：北京宝文堂书店
出版时间：1959.11
出　版　地：北京
页　　　数：17页
尺　　　寸：19cm
价　　　格：0.11
馆藏地址：上海图书馆
主题标目：歌舞剧—剧本—中国—当代
内容提要：这本小册子选编了两个小歌舞剧：《莲花湾探亲》，《风雨追舟》。书中有舞蹈动作图解，场记等。

中图法分类：（索书号）J723.1
　　　　　　　（854.53/7243-3）
题　　　名：两个女红军：十四场歌舞剧
责　任　者：陈其通编剧；时乐濛作曲
出　版　者：中国戏剧出版社
出版时间：1959
出　版　地：北京
页　　　数：246 页：图，剧照，乐谱
尺　　　寸：19cm
价　　　格：0.71
馆藏地址：上海图书馆
主题标目：多幕剧：歌舞剧—剧本—中国—
　　　　　　当代
内容提要：本剧讲述红军长征时，有两个女
红军和部队失掉了联系，他们虽然在艰难困苦
的险恶环境里，却战胜困难，发动群众武装，
建立党的组织，与国民党民团展开了英勇顽
强、灵活机动的斗争，狠狠地打击了敌人的英勇事迹。书中有每场舞蹈动作、场记、曲
谱等。

中图法分类：（索书号）J722.3/60
题　　　名：绿化：儿童舞蹈
责　任　者：陈丽娟等编舞；张伟才作曲；戴
　　　　　　中绘图
出　版　者：上海文艺出版社
出版时间：1959
出　版　地：上海
页　　　数：54 页
尺　　　寸：19cm
价　　　格：0.20
馆藏地址：北京舞蹈学院图书馆
内容提要：本书介绍了舞蹈"绿化"的情节
内容、音乐、动作、记号说明和场记等。

0375

中图法分类：（索书号）J723.2
　　　　　　（854.51/3487-2　854.51/3487：2）
题　　　名：民间歌舞剧：卖杂货
责　任　者：粟云
出　版　者：湖南人民出版社
出版时间：1959
出　版　地：长沙
页　　　数：30 页
尺　　　寸：15cm
价　　　格：0.07
馆藏地址：上海图书馆
主题标目：歌舞剧—剧本—中国—当代
内容提要：本书创作的民间歌舞剧剧情内容
主要有：1. 卖杂货 2. 姑嫂采茶的歌舞片段。
"卖货郎"运用民间流传的艺术形式，唱出了
农业合作化以后农村新的面貌和农民们生活上
升的情景。"姑嫂采茶"表现了姑嫂二人上山
采茶时的劳动热情和对工业化的向往。

0376

中图法分类：（索书号）J723.3
　　　　　　（J859.8/4961）
题　　　名：牛司令和猪公主：儿童歌舞剧
责　任　者：杨日编
出　版　者：长安书店
出版时间：1959
出　版　地：西安
页　　　数：26 页
尺　　　寸：13cm
价　　　格：0.05
馆藏地址：上海图书馆
内容提要：本书是一部儿童歌舞剧。本剧围
绕着牛司令和猪公主在劳动中以歌舞的表现形
式，运用拟人的手法，突出表现了主人公的
勤劳。

中图法分类：（索书号）J722.21
　　　　　　（995.22/8644）
题　　　名：人民公社十支花：（歌舞）
责　任　者：谷志社，傅泽淳等编；湖南群众
　　　　　　艺术馆推荐
出　版　者：湖南人民出版社
出 版 时 间：1959
出　版　地：长沙
页　　　数：41页：图，曲谱
尺　　　寸：15cm
价　　　格：0.08
馆藏地址：上海图书馆
主题标目：民间歌舞—中国
内容提要：本书共有两个民间歌舞节目。
"人民公社十支花"是以花灯形式，载歌载舞
的歌唱了人民公社的优越性。"绣花舞"表现
了一群少女对人民领袖的热爱，反映了她们欢
乐的劳动情绪。

0377

中图法分类：（索书号）J722.1
　　　　　　（995.32/3491）
题　　　名：人民公社真正好：集体舞
责　任　者：河南省群众艺术馆
出　版　者：河南人民出版社
出 版 时 间：1959
出　版　地：郑州
页　　　数：14页：图
尺　　　寸：19cm
价　　　格：0.07
馆藏地址：上海图书馆
主题标目：集体舞—中国
内容提要：本书是集体舞，从正面歌颂了走
人民公社道路的正确，有着强烈的时代烙印。

0378

0379

中图法分类：（索书号）J723.3
　　　　　　（J854.53/1234-101）
题　　　名：三个饲养员
责　任　者：张永枚著
出　版　者：北京宝文堂书店
出版时间：1959
出　版　地：北京
丛　　　书：群众演唱读本
页　　　数：20页
尺　　　寸：19cm
价　　　格：0.11
馆藏地址：上海图书馆
内容提要：本书是小歌舞剧。表现三个农村饲养员的劳动热情。书中有舞蹈场记、舞蹈动作介绍、曲谱等。

0380

中图法分类：（索书号）J723.2
　　　　　　（854.53/1234-1）
题　　　名：三个饲养员：歌舞剧集
责　任　者：张永枚
出　版　者：长江文艺出版社
丛　　　书：农村戏剧小丛书
出版时间：1959
出　版　地：武汉
页　　　数：43页
尺　　　寸：19cm
价　　　格：0.13
馆藏地址：上海图书馆
主题标目：歌舞剧—剧本—中国—当代
内容提要：本书是小歌舞剧集"三个饲养员"的不同版本，作者张永枚。

中图法分类：（索书号）J722.4/3
题　　　名：谈戏曲的舞蹈艺术
责　任　者：白云生著
出　版　者：北京市文学书店
出版时间：1959
出　版　地：北京
页　　　数：16 页
尺　　　寸：20cm
价　　　格：0.08
馆藏地址：北京舞蹈学院图书馆
内容提要：本书介绍了昆曲老艺人白云生，根据几十年舞台经验，谈到舞蹈同戏曲艺术相结合，舞蹈在戏曲里的特点和作用；也谈到了中国舞蹈的起源和发展等内容。

0381

中图法分类：（索书号）J722.21
　　　　　　（854.51/1917）
题　　　名：我送情哥去炼铁：（小演唱）
责　任　者：粟云等编舞
出　版　者：湖南人民出版社
出版时间：1959
出　版　地：长沙
页　　　数：28 页：曲谱
尺　　　寸：15cm
价　　　格：0.06
馆藏地址：上海图书馆
主题标目：歌剧—剧本—中国
内容提要：本书的小歌舞表现了人民公社妇女参加集体劳动的喜悦心情。歌舞内容主要有一、公社妇女乐，二、我送情哥去炼铁，三、溪边洗衣等。

0382

0383

中图法分类：（索书号）J7-55
　　　　　　（2666 1959，no. 1-no. 6）
题　　　名： 舞蹈副刊
责　任　者： 中国舞蹈艺术研究会
出　版　者： 中国舞蹈艺术研究会
出 版 时 间： 1959.2
出　版　地： 上海
丛　　　书： 文化交流资料丛刊
页　　　数： 17 页：曲谱
尺　　　寸： 26cm
价　　　格： 不详
馆藏地址： 上海图书馆
内 容 提 要： 本舞蹈副刊由在上海的中国舞蹈
艺术研究会编撰。此刊是文化交流资料丛刊，
中国舞蹈理论刊物的重点期刊。

0384

中图法分类：（索书号）J722. 21/3
题　　　名： 湘西民间舞蹈选
责　任　者： 湘西土家族苗族自治州歌舞团编
出　版　者： 湖南人民出版社：
出 版 时 间： 1959
出　版　地： 长沙
页　　　数： 48 页
尺　　　寸： 19cm
价　　　格： 0. 14
馆藏地址： 北京舞蹈学院图书馆
内 容 提 要： 本书记录了湖南地区"战斗在断
龙山"、"接龙舞"、"团圆鼓灯"、"采茶歌"
等四个舞蹈的内容简介、音乐、动作说明和场
记等。

中图法分类：（索书号）J723.3/5
题　　　名：小公鸡：儿童歌舞剧
责　任　者：姚易非，陈友罕编剧
出　版　者：上海文艺出版社
出版时间：1959
出　版　地：上海
页　　　数：16 页
尺　　　寸：17cm
价　　　格：0.07
馆藏地址：北京舞蹈学院图书馆
内容提要：本书为儿童歌舞剧《小公鸡》的曲谱和对白。此舞蹈当时是儿童歌舞的代表性舞蹈。

0385

中图法分类：（索书号）J722.3/21
题　　　名：小伙伴的舞
责　任　者：上海文艺出版社编
出　版　者：上海文艺出版社
出版时间：1959
出　版　地：上海
页　　　数：79 页
尺　　　寸：20cm
价　　　格：0.22
馆藏地址：北京舞蹈学院图书馆
内容提要：本书介绍了"欢乐舞"、"从小爱劳动"、"儿童游戏舞"、"翻花花"等四个集体舞和"捉麻雀"、"课间休息舞"2 个表演舞的音乐、人数、队形、动作说明和跳法等。

0386

0387

中图法分类：（索书号）J722.1/20
题　　名：行军路上（舞蹈）
责 任 者：章明著
出 版 者：人民文学出版社
出版时间：1959
出 版 地：北京
页　　数：20页
尺　　寸：19cm
价　　格：0.30
馆藏地址：北京舞蹈学院图书馆
内容提要：本书介绍了舞蹈"行军路上"的内容简介、主旋律谱、舞蹈动作和场记说明。

0388

中图法分类：（索书号）J722.3
　　　　　　　（J523.2/3394）
题　　名：幼儿园教材：歌曲、音乐、游戏和舞蹈
责 任 者：辽宁省教师进修学院编
出 版 者：辽宁人民出版社
出版时间：1959
出 版 地：沈阳
页　　数：70页
尺　　寸：19cm
价　　格：0.17
馆藏地址：上海图书馆
内容提要：此书由辽宁省教师进修学院编，针对性强，适合作为普及儿童舞蹈的专业进修教材。

中图法分类：（索书号）J712/6
题　　　名：怎样排练和记录舞蹈（影印本）
责　任　者：山东省群众艺术馆编著
出　版　者：山东人民出版社
出版时间：1959
出　版　地：济南
页　　　数：30 页
尺　　　寸：17cm
价　　　格：0.08
馆藏地址：北京舞蹈学院图书馆
内容提要：本书讲解了排练舞蹈过程中什么是导演、导演的职责和作用、对导演的要求、导演工作程序，记录舞蹈过程中常见的几种符号、方法和步骤等。

0389

中图法分类：（索书号）J722.1/54
题　　　名：摘杨桃：舞蹈
责　任　者：何敏士编舞
出　版　者：广州文化出版社
出版时间：1959
出　版　地：广州
页　　　数：27 页
尺　　　寸：19cm
价　　　格：0.11
馆藏地址：北京舞蹈学院图书馆
内容提要：该舞蹈通过一群姑娘在果园中采摘杨桃的情景，表现了珠江河畔杨桃丰收的景象和姑娘们勤劳欢乐的劳动。舞蹈的动作是从姑娘们采摘杨桃和划船的姿态提炼出来的，具有柔和、优美的特点；调子轻松明快。

0390

0391

中图法分类：（索书号）J722.3/65

题　　名：织纲舞

责　任　者：上海青年宫编

出　版　者：上海文艺出版社

出版时间：1959

出　版　地：上海

页　　数：28 页

尺　　寸：19cm

价　　格：0.08

馆藏地址：北京舞蹈学院图书馆

内容提要：本书介绍了舞蹈"织纲舞"的创作体会、舞曲、基本动作、基本步法、场记和服装道具。

0392

中图法分类：（索书号）J722.3/49

题　　名：群众舞蹈活动资料：走马灯

责　任　者：中国舞蹈艺术研究会编

出　版　者：音乐出版社

出版时间：1959

出　版　地：北京

页　　数：35 页

尺　　寸：19cm

价　　格：0.12

馆藏地址：北京舞蹈学院图书馆

内容提要：本书记录了舞蹈"走马灯"的情节内容、音乐、动作说明、场记和服装道具说明等。

中图法分类：（索书号）J722.1/4/：1
题　　　名：集体舞选．（一）
责　任　者：中国舞蹈艺术研究会编
出　版　者：上海文艺出版社
出版时间：1960.1
出　版　地：上海
页　　　数：26 页
尺　　　寸：18cm
价　　　格：0.08
馆藏地址：北京舞蹈学院图书馆
内容提要：本书介绍了"红旗歌"等 7 个集体舞的音乐、人数、动作和跳法说明。其中的"红旗歌"是建国早期的集体舞蹈保留剧目。

中图法分类：（索书号）J722.221.4/3
题　　　名：西藏古典歌舞–囊玛
责　任　者：中国音乐研究所编
出　版　者：音乐出版社
出版时间：1960.1
出　版　地：北京
丛　　　书：中国音乐研究所丛刊
页　　　数：183，187 页
尺　　　寸：20cm
价　　　格：1.10
馆藏地址：北京舞蹈学院图书馆
内容提要：本书分为文字和音乐两部分。文字部分介绍了囊玛的历史渊源、演变情况和音乐特点等；音乐部分记录了目前西藏流行的囊玛乐曲，有曲谱、原文、汉文译音和译意。

0395

中图法分类：（索书号）J722.7/2

题　　　名：茉莉花（河北民间歌舞）（影印本）

责　任　者：天津人民歌舞剧院编

出　版　者：上海文艺出版社

出版时间：1960.2

出　版　地：上海

页　　　数：49页

尺　　　寸：18cm

价　　　格：0.24

馆藏地址：北京舞蹈学院图书馆

内容提要：本歌舞是根据河北省流传的民间歌舞改编的，叙述了一群少女，在春天的花园里载歌载舞，扮演着古代青年张生和崔莺莺的爱情故事，借以抒发他们对生活的热情和幸福的向往。本书主要对歌舞的舞曲、服饰道具、动作说明、场记等内容进行了详细的介绍。

0396

中图法分类：（索书号）J723.3

　　　　　　（859.8/2211-3）

题　　　名：鲤鱼妈妈：儿童歌舞剧集

责　任　者：乔羽著

出　版　者：中国戏剧出版社

出版时间：1960.5

出　版　地：北京

页　　　数：108页

尺　　　寸：19cm

价　　　格：0.32

馆藏地址：上海图书馆

内容提要：故事情节：一群小鲤鱼经过，恼怒的鸭子不管三七二十一，伸进头就一条一条地提起来。虽然小鲤鱼们逃得快，还是有四五条成了鸭子嘴里的零食儿。小鲤鱼妈妈知道了，痛哭着找到尾尾的妈妈。尾尾的妈妈连连向鲤鱼妈妈道歉，并严肃地对尾尾说：我们射水鱼的本领是为鱼类的生存谋取幸福的，如果你用它去欺侮别人，惹是生非，给别人带来灾祸，是绝对不允许的。尾尾也深为自己的行为痛心，他决心牢记妈妈的话，改正错误。本书记录了舞蹈动作、舞蹈场记、曲谱等。

中图法分类：（索书号）J721/7
题　　　名：内蒙古歌舞团舞蹈服装集（汉、蒙文）
责　任　者：内蒙古自治区文化局编
出　版　者：内蒙古人民出版社
出版时间：1960.5
出　版　地：呼和浩特
页　　　数：1套（24幅活页）
尺　　　寸：26cm
价　　　格：0.90
馆藏地址：北京舞蹈学院图书馆
内容提要：本书收录了蒙古、汉、达翰尔、鄂伦春、鄂温克等民族较有代表性的舞蹈服装、服饰图片。

0397

中图法分类：（索书号）J711/1
题　　　名：舞蹈基本知识（影印本）
责　任　者：河南省群众艺术馆编
出　版　者：河南人民出版社
出版时间：1960.5
出　版　地：郑州
页　　　数：47页
尺　　　寸：19cm
价　　　格：0.16
馆藏地址：北京舞蹈学院图书馆
内容提要：本书内容包括舞蹈的主要特点及常见的几种类型，怎样创作舞蹈，舞蹈的排演与表演，怎样记录舞蹈，舞蹈中常见的几种基本步法等。

0398

0399

中图法分类：（索书号）J719.4/3
题　　　名：中国古典舞教学法
责　任　者：北京舞蹈学校编著
出　版　者：北京舞蹈学校
出版时间：1960.5
出　版　地：北京
页　　　数：327 页
尺　　　寸：28cm
价　　　格：1.50
馆藏地址：北京舞蹈学院图书馆
内容提要：本书主要讲述了中国古典舞中腿的基本训练、腰的基本训练、技巧动作的训练、手臂的训练、步伐的训练、怎样组织课、组合的方法及其他、中国古典舞钢琴伴奏经验点滴等内容。

0400

中图法分类：（索书号）J723.1
　　　　　　（J854.53、4371-02）
题　　　名：刘三姐：七场歌舞剧：修订本
责　任　者：柳州"刘三姐"剧本创作小组，广西壮族自治区"刘三姐"会演大会
出　版　者：广西壮族自治区人民出版社
出版时间：1960.7
出　版　地：南宁
页　　　数：140 页：图表
尺　　　寸：19cm
价　　　格：0.32
馆藏地址：上海图书馆
内容提要：刘三姐，是民间传说的壮族人物。聪慧机敏，歌如泉涌，优美动人，有"歌仙"之誉。人们对其无比喜爱，有关她的故事与记载很多，更是在每年的三月三当成节日来纪念她。本书是刘三姐的七场歌舞剧的修订本。本书有舞蹈演出剧照。

中图法分类：（索书号）J722. 212
　　　　　　（J995. 22/3174）
题　　　名：牵驴花鼓
责　任　者：沈学志编舞；江阳编词；曹声编
　　　　　　曲；中国音乐家协会江苏分会编
出　版　者：江苏人民出版社
出版时间：1960. 10
出　版　地：南京
页　　　数：28 页
尺　　　寸：18cm
价　　　格：0. 08
馆藏地址：上海图书馆
内容提要："牵驴花鼓"是江苏民间优秀舞
蹈，它流传于江苏北部泰兴、泰州、海安一
带。每逢节日，当地人民群众就积极排练它，
用这个民间舞蹈歌颂社会主义农村的新面貌，
歌颂祖国的社会主义建设。因它简练易学，舞

蹈人物不多，在苏北农村是经常演出的民间舞蹈。本书的情节：朝阳初升，金鸡高叫，
今天是人民公社的假日。新婚不久的丈夫伴送妻子回娘家探望。他们一路载歌载舞，观
看三面红旗给农村带来的新的变化。《牵驴花鼓》系二人表演，也算两人花鼓。男演员
模拟牵驴，女演员左手持手帕，右手握一把小折扇。舞步以前脚掌为重心做小碎步，身
体左右随胯扭动，表现男女在爱情的道路上克服重重困难的历程。流传于江苏苏北地
区，明代以前，属于歌舞相随的戏曲表演节目。

中图法分类：（索书号）J722. 7/9
题　　　名：高歌欢舞颂苗岭：歌舞集（影印
　　　　　　本）
责　任　者：贵州省第三次艺术会演大会编
出　版　者：贵州人民出版社
出版时间：1960
出　版　地：贵阳
页　　　数：150 页
尺　　　寸：19cm
价　　　格：0. 46
馆藏地址：北京舞蹈学院图书馆
内容提要：本书汇集了贵州省第三次艺术会
演大会部分较优秀的文艺节目，按照艺术形式
分为音乐和舞蹈两部分。这些作品大都具有贵
州省民族艺术的风格与特点。此歌舞集表现了
在贵州的苗族同胞的幸福生活。

0403

中图法分类：（索书号）J722.6/3
题　　　名：公社的早晨
责　任　者：上海群众艺术馆编
出　版　者：上海文艺出版社
出 版 时 间：1960
出　版　地：上海
页　　　数：53 页
尺　　　寸：19cm
价　　　格：0.16
馆 藏 地 址：北京舞蹈学院图书馆
内 容 提 要：本舞蹈通过欢腾的公社早晨，反映了农村美好的生活和人们新的精神面貌。本书对舞蹈的情节、舞曲、人物、服装、道具及舞台位置、场记等内容分别进行了详细的介绍。

0404

中图法分类：（索书号）J712.24/3
题　　　名：古典舞基本训练（影印本）
责　任　者：山东省群众艺术馆编
出　版　者：山东人民出版社
出 版 时 间：1960
出　版　地：济南
页　　　数：57 页
尺　　　寸：15cm
价　　　格：0.12
馆 藏 地 址：北京舞蹈学院图书馆
内 容 提 要：本书选择中国古典舞中部分动作，介绍了人体各个部位名称和手脚的位置，把上动作，中间动作，身段技巧组合，舞蹈基本训练伴奏选曲，练舞前后应当注意的事项等。

中图法分类：（索书号）J722.1/5
题　　　名：国庆三十五周年晚会集体舞专辑
责　任　者：段世学，丁良欣编
出　版　者：中华人民共和国成立三十五周年晚会指挥部
出版时间：1960
出　版　地：北京
页　　　数：62 页
尺　　　寸：18cm
价　　　格：0.29
馆藏地址：北京舞蹈学院图书馆
内容提要：本书介绍了"弦子"、"金梭和银梭"等 16 个集体舞的音乐、基本动作和跳法说明等。这些集体舞就是国庆节晚会的精选舞蹈。

中图法分类：（索书号）J722.3／：1
　　　　　　　（995.22/2304#1 #2 #3 #4）
题　　　名：好孩子歌舞．第一册（1-4 册，共 4 册）
责　任　者：上海文艺出版社
出　版　者：上海文艺出版社
出版时间：1960
出　版　地：上海
页　　　数：52 页：曲谱，图
尺　　　寸：19cm
价　　　格：0.20
馆藏地址：上海图书馆
主题标目：儿童—舞蹈
内容提要：本系列书共 4 册。第 1 册 52 页，第 2 册 50 页，第 3 册 56 页，第 4 册 52 页。此书是"好孩子歌舞"第一册。此书是儿童歌舞专辑。

0407

中图法分类：（索书号）J722.3/27：2
题　　　名：好孩子歌舞．第二册
责　任　者：上海文艺出版社编
出　版　者：上海文艺出版社
出版时间：1960
出　版　地：上海
页　　　数：52 页
尺　　　寸：19cm
价　　　格：0.22
馆藏地址：北京舞蹈学院图书馆
内容提要：本书介绍了"庆祝节日喜洋洋"等13个儿童歌舞的音乐、参加人数、排列队形和动作说明等。此书是"好孩子歌舞"第二册。此书是儿童歌舞专辑。

0408

中图法分类：（索书号）J722.3/27：3
题　　　名：好孩子歌舞．第三册
责　任　者：上海文艺出版社编
出　版　者：上海文艺出版社
出版时间：1960
出　版　地：上海
页　　　数：52 页
尺　　　寸：19cm
价　　　格：0.24
馆藏地址：北京舞蹈学院图书馆
内容提要：本书介绍了"五彩桥"等10个儿童歌舞的音乐、人数、队形、动作说明和舞蹈作法等。此书是"好孩子歌舞"第三册。此书是儿童歌舞专辑。

中图法分类：（索书号）J722.3/27/：4
题　　　名：好孩子歌舞．第四册
责　任　者：上海文艺出版社编
出　版　者：上海文艺出版社
出版时间：1960
出　版　地：上海
页　　　数：56 页
尺　　　寸：19cm
价　　　格：0.22
馆藏地址：北京舞蹈学院图书馆
内容提要：本书介绍了"小红花"等 9 个儿童歌舞的音乐、人数、基本动作和表演说明等。此书是"好孩子歌舞"第四册。此书是儿童歌舞专辑。

0409

中图法分类：（索书号）J723.1
　　　　　　　（854.53/7129）
题　　　名：红桔缘：歌舞剧
责　任　者：刘稚 编剧
出　版　者：长安书店
出版时间：1960
出　版　地：西安
页　　　数：12 页：曲谱
尺　　　寸：13cm
价　　　格：0.08
馆藏地址：上海图书馆
主题标目：歌舞剧—剧本—中国—当代
内容提要：本书歌舞剧表现了一对男女孤儿面对苦难的生活相依为命。以红桔为缘最终战胜苦难的命运，过上幸福生活的故事。

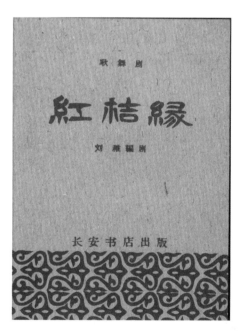

0410

0411

中图法分类：（索书号）J722.1/49
题　　　名：红旗飘飘：集体舞（影印本）
责　任　者：上海工人文化宫等编
出　版　者：上海文艺出版社
出版时间：1960
出　版　地：上海
页　　　数：30 页
尺　　　寸：14cm
价　　　格：0.06
馆藏地址：北京舞蹈学院图书馆
内容提要：为了迎接六十年代第一个红五月的到来，上海工人文化宫、上海青年宫和上海市群众艺术馆联合举办了"迎接红五月集体舞创作比赛"，出现了大量优秀的集体舞蹈，我们从中选出了"红旗飘飘"、"革新一条龙"、"人民公社万万岁"和"大扫除舞"四个舞蹈，编成这本小册子，在红五月向全市推荐。

本书还介绍了"红旗飘飘"等 4 个集体舞的音乐、人数、队形、基本动作和跳法说明等。

0412

中图法分类：（索书号）J722.1
　　　　　　（995.32/2304-3）
题　　　名：集体舞选
责　任　者：上海文艺出版社编
出　版　者：上海文艺出版社
出版时间：1960
出　版　地：上海
丛　　　书：通俗文艺丛书
页　　　数：52 页：图
尺　　　寸：18cm
价　　　格：0.11
馆藏地址：上海图书馆
主题标目：集体舞—中国—选集
内容提要：由上海文艺出版社编撰的集体舞选。集体舞是由人民大众集体表演的舞蹈。集体舞作为一种都市的大众性舞蹈，带有强烈的自娱性，舞步简单，队形变化也不复杂，是一

种比较容易开展的舞蹈形式。

中图法分类：（索书号）J722.4
　　　　　　（914/3216）
题　　　名：春节文娱材料：节日欢乐舞
责　任　者：安徽群众文化社
出　版　者：安徽人民出版社
出版时间：1960
出　版　地：合肥
丛　　　书：春节文娱资料
页　　　数：23 页：曲谱
尺　　　寸：18cm
价　　　格：0.09
馆藏地址：上海图书馆
主题标目：歌舞音乐—乐曲—中国
内容提要：本书介绍了节日欢乐舞的跳法、舞蹈场记图等。这是一本以欢庆春节文娱活动为主的集体舞材料本。

0413

中图法分类：（索书号）J722.225.3/4
题　　　名：孔雀舞
责　任　者：中央歌舞团编；金明编舞；罗忠熔编曲
出　版　者：上海文艺出版社
出版时间：1960
出　版　地：上海
页　　　数：112 页
尺　　　寸：19cm：图
价　　　格：0.56
馆藏地址：北京舞蹈学院图书馆
内容提要：本书记载了中央歌舞团创作的《孔雀舞》的音乐总谱、舞蹈场记及创作孔雀舞的舞美设计等的整个艺术创作过程。本身的舞蹈是根据傣族民间《孔雀舞》改编的，通过描绘孔雀的生活和动态—孔雀下山、喝水、洗澡、飞翔等等，表现了傣族人民在解放以后自由幸福的心情。舞蹈图形优美，由十二个少女表演。本舞在第六届世界青年联欢节上曾获得金质奖章。

0414

中国舞蹈图书总书目

0415

中图法分类：（索书号）J723.1
　　　　　　　（854.53/4371-02）
题　　　名：歌舞剧：刘三姐：唱腔集
责　任　者：柳州"刘三姐"剧本创作小组
出　版　者：人民音乐出版社
出版时间：1978.10
出　版　地：北京
页　　　数：102页：照片，乐谱
尺　　　寸：19cm
价　　　格：0.24
馆藏地址：上海图书馆
主题标目：歌舞剧—剧本—中国—当代
内容提要：本书为歌舞剧"刘三姐"的唱腔集，由柳州《刘三姐》剧本创作组创编，书中有歌舞剧总曲谱等。地方特色鲜明，并吸收了广西地方戏的成分。

0416

中图法分类：（索书号）J722.6/44
题　　　名：抢扁担（舞蹈）（影印本）
责　任　者：重庆群众艺术馆
出　版　者：重庆人民出版社
出版时间：1960
出　版　地：重庆
丛　　　书：群众文艺创作丛书
页　　　数：50页
尺　　　寸：19cm
价　　　格：0.09
馆藏地址：北京舞蹈学院图书馆
内容提要：本书主要对舞蹈《抢扁担》的舞蹈故事情节、音乐、人物及道具符号等内容进行介绍。

中图法分类：（索书号）J723.3

（J995.5/3922）

题　　　名：讲卫生：小型舞剧

责　任　者：梁伦编导；胡均，蔡余文作曲

出　版　者：广东人民出版社

出版时间：1960

出　版　地：广州

丛　　　书：群众演唱小丛书

页　　　数：125 页

尺　　　寸：14cm

价　　　格：0.16

馆藏地址：上海图书馆

内容提要：本书介绍了以配合当时开展的全国爱国卫生运动为创作题材的小舞剧"讲卫生"。以生动的舞蹈形式宣传了讲卫生的积极意义。此小舞剧的特点是短小精悍。

0417

中图法分类：（索书号）J645.2

题　　　名：民族舞蹈音乐选集（内部资料）

责　任　者：北京舞蹈学校资料室整理

出　版　者：北京舞蹈学校资料室

出版时间：1960.3

出　版　地：北京

页　　　数：185 页

尺　　　寸：25cm

价　　　格：

馆藏地址：上海图书馆

内容提要：本书是北京舞蹈学校资料室为教学服务而整理的"民族舞蹈音乐选集"，古典舞、民间舞都需要用民间传统音乐伴奏来加强对舞蹈教学的针对性。所以当时的从事民乐的老师编辑、创作了这部民族音乐教材。

0418

0419

中图法分类：（索书号）J723.2
　　　　　　　（854.53/1234.1-1）
题　　　名：社日：小型歌舞剧
责　任　者：张福林著
出　版　者：江西人民出版社 版本：修订本
出版时间：1960
出　版　地：南昌
页　　　数：20 页
尺　　　寸：15cm
价　　　格：0.05
馆藏地址：上海图书馆
主题标目：舞歌舞剧—剧本—中国—当代
内容提要：社日是古代农民祭祀土地神的节
日。汉以前只有春社，汉以后开始有秋社。自
宋代起，以立春、立秋后的第五个戊日为社
日。唐代诗人王驾有《社日》一诗，主要是描
绘社日的欢乐场面。本书的小型歌舞剧主要表

现了春天的农民欢庆新春的到来。

0420

中图法分类：（索书号）J722.4
　　　　　　　（J995.22、4164）
题　　　名：万年青：舞蹈
责　任　者：太平县机关业余文工团创作；芜
　　　　　　　湖专区文工团整理改编
出　版　者：安徽人民出版社
出版时间：1960
出　版　地：合肥
页　　　数：25 页
尺　　　寸：19cm
价　　　格：0.08
馆藏地址：上海图书馆
内容提要：流行于安徽的舞蹈"万年青"，
有着浓厚的地方色彩。此书详细介绍了舞蹈的
动作、曲谱，此舞蹈还改编成其他形式如万年
青广场舞、集体舞蹈等。

中图法分类：(索书号) J722.212/6
题　　　名：舞蹈：鼓会（影印本）
责　任　者：山东省群众艺术馆编
出　版　者：山东人民出版社
出版时间：1960
出　版　地：济南
页　　　数：37 页：图
尺　　　寸：19cm
价　　　格：0.14
馆藏地址：北京舞蹈学院图书馆

内容提要："鼓会"是山东民间舞蹈，它以强悍有力的动作，和热情奔放的情绪，刻画了山东人民勤劳勇敢的豪迈性格。这个舞蹈主要是根据山东省惠民、商河的手鼓，广饶的花鼓，烟台、荣成的对子鼓，以及流传在各地的大鼓等汇编而成。本书还叙述了舞蹈"鼓会"的起源和艺术特点，并记录了"鼓会"的音乐、动作说明、场记说明和服装道具等。

0421

中图法分类：(索书号) J722.212/15
题　　　名：舞蹈：绣球灯（影印本）
责　任　者：山东省群众艺术馆编
出　版　者：山东人民出版社
出版时间：1960
出　版　地：济南
页　　　数：36 页
尺　　　寸：19cm
价　　　格：0.13
馆藏地址：北京舞蹈学院图书馆

内容提要：绣球灯舞是从古代的社火中演变而来，是人们表达祈求风调雨顺、安居乐业愿望的，集武术、舞蹈为一体的自娱自乐的民间艺术活动。起源发展于山东省齐河县祝阿镇官庄村并流传至济南市长清、北园一带。本书记录了此舞蹈的音乐总谱和舞蹈动作场记。在正式表演时，舞灯者全部是武生的装束。头戴英雄鬓，腰系丝带，脚登皂靴，在表演时融入武术、舞蹈动作，如蹲步、跨步、跳跃、旋转、搭人梯等造型，表演起来威武雄壮、豪放优美、气势恢宏。官庄村自古就有练武的传统，表演者结合武术动作还不时能要一些高难度的花样。但不管舞灯人怎样表演，绣球里的蜡烛始终朝上，烛光不熄。

0422

0423

中图法分类：（索书号）J722. 6/15
题　　　名：舞蹈：渔民乐
责 任 者：上海实验歌剧院编
出 版 者：上海文艺出版社
出 版 时 间：1960
出 版 地：上海
页　　　数：88 页
尺　　　寸：19cm
价　　　格：0. 28
馆 藏 地 址：北京舞蹈学院图书馆
内 容 提 要：本书主要对舞蹈《渔民乐》的诞生、情节、人物、关于《渔民乐》的音乐、舞曲、动作说明、场记、服饰道具等内容进行了介绍。

0424

中图法分类：（索书号）J709. 242
题　　　名：唐代舞蹈（初稿）（内部资料）
责 任 者：欧阳予倩主编；中国舞蹈艺术研究会舞蹈史研究组编写
出 版 者：中国舞蹈艺术研究会舞蹈史研究组
出 版 时 间：1960
出 版 地：上海
页　　　数：124 页
尺　　　寸：25cm
价　　　格：
馆 藏 地 址：上海图书馆
内 容 提 要：本书内容分为；第一章：概论，第二章：唐代各种舞蹈简介，介绍唐代舞蹈的分类：第一类. 九部伎、十部伎，第二类. 立部伎、坐部伎，第三类. 健舞等，第四类. 兰陵王入阵曲等，第五类. 巫舞等，第六类. 雅乐，第三章：结论等。欧阳予倩的唐代舞蹈（初稿）奠定了他在中国舞蹈界著名舞蹈理论家的地位。这是一部重要的舞蹈史著作。

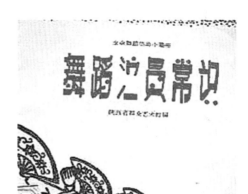

中图法分类：（索书号）J71/1
题　　　名：舞蹈演员常识：工具书
责　任　者：陕西省群众艺术馆编
出　版　者：长安书店
出版时间：1960
出　版　地：西安
页　　　数：13 页
尺　　　寸：18cm
价　　　格：0.07
馆藏地址：北京舞蹈学院图书馆
内容提要：本书介绍了成为一个好的业余舞蹈演员的三个常识：会跳、会唱、会演。书中浅显易懂地介绍了成为舞蹈演员的基本素质和对舞蹈演员的基本要求。

中图法分类：（索书号）J722.3/85
题　　　名：献桃舞：儿童表演舞（影印本）
责　任　者：孙鞠娟编舞
出　版　者：上海文艺出版社
出版时间：1960
出　版　地：上海
页　　　数：28 页
尺　　　寸：18cm
价　　　格：0.13
馆藏地址：北京舞蹈学院图书馆
内容提要：为了庆祝伟大的建国十周年，孩子们决定向党、向毛主席、向祖国献上最大最好的寿桃来表达自己的心态，准备工作做好了，孩子们围着大寿桃兴高采烈地举起"上北京"的小红旗出发了。本舞蹈主题积极，形象鲜明，气氛热烈欢腾，动作轻快活跃，并具有儿童的特点，是一个短小精悍的优秀儿童舞蹈，1959 年上海市群众文艺会演时获得优秀创作奖和优秀演出奖。本书还介绍了舞蹈的情节、基本动作说明、舞曲、场记、服装和道具等内容。

0427

中图法分类：（索书号）J719.5/6
题　　　名：匈牙利舞蹈学校：九年制大纲教
　　　　　　材，教学笔记（内部资料）
责　任　者：北京舞蹈学校舞剧专业组编
出　版　者：北京舞蹈学校
出版时间：1960
出　版　地：北京
页　　　数：176页
尺　　　寸：26cm
价　　　格：
馆藏地址：北京舞蹈学院图书馆
内容提要：本书介绍了匈牙利舞蹈学校中专
一年级至九年级舞蹈学校的教学内容，包括扶
把练习、中间练习，脚尖练习、跳跃练习等。

0428

中图法分类：（索书号）J723.2/1
题　　　名：哑姑泉：四场歌舞剧（影印本）
责　任　者：张万一，张沛编剧
出　版　者：山西人民出版社
出版时间：1960
出　版　地：太原
页　　　数：124页
尺　　　寸：19cm
价　　　格：0.78
馆藏地址：北京舞蹈学院图书馆
内容提要：本书舞剧是根据山西运城盐池一
带流传的一个民间故事编写的四场歌舞剧。剧
中描写了一个美丽的姑娘——甜姑和盐民为了
取得甜水晒盐，与妖魔进行的殊死斗争等内
容。书中包括对舞剧的内容、场记、舞曲等
内容。

中图法分类：（索书号）J723.1

　　　　　　　　　（854.53/3494）

题　　　　名：夜战莲花江（歌舞剧）

责　任　者：湖南省花鼓戏剧团

出　版　者：湖南人民出版社

出版时间：1960.4

出　版　地：长沙

页　　　　数：11 页

尺　　　　寸：15cm

价　　　　格：0.03

馆藏地址：上海图书馆

主题标目：歌舞剧—剧本—中国—当代

内容提要：剧中表现共产主义精神和冲天的
干劲，但同时指出：花鼓戏中父女二人干活干
到夜晚不睡觉，争先恐后搞大跃进，妇女挑灯
夜战、奋勇争先可以，但要想个办法，不能不
睡觉，要注意劳逸结合。这既是对人民生活的
关怀，又是对盲目蛮干的一种善意的批评，同时也指出了反映现实生活的文艺节目如何
提炼正确的符合实际的主题思想的问题。

0429

中图法分类：（索书号）J722.1/14

题　　　　名：跃进集体舞（影印本）

责　任　者：上海文艺出版社编辑

出　版　者：上海文艺出版社

出版时间：1960.4

出　版　地：上海

页　　　　数：36 页

尺　　　　寸：19cm

价　　　　格：0.13

馆藏地址：北京舞蹈学院图书馆

内容提要：本书选辑了"跃进集体舞"、"快
乐的节日"、"春之圆舞"等 10 个集体舞的舞
曲、人数和队形、动作说明和跳法等。

0430

0431

中图法分类：（索书号）J722.212/11
题　　　名：万盏红灯（花灯歌舞）（影印本）
责　任　者：昆明市职工业余文艺会演代表队
出　版　者：云南人民出版社
出 版 时 间：1961.1
出　版　地：昆明
丛　　　书：文娱演唱材料
页　　　数：28页
尺　　　寸：16cm
价　　　格：0.08
馆藏地址：北京舞蹈学院图书馆
内容提要：本书记录了花灯歌舞"万盏红
灯"的歌舞曲调、基本舞步和场记说明等。

0432

中图法分类：（索书号）J721/6
题　　　名：舞蹈速写（影印本）
责　任　者：李克瑜作
出　版　者：上海人民美术出版社
出 版 时 间：1961.9.1
出　版　地：上海
页　　　数：47页
尺　　　寸：23cm
价　　　格：0.90
馆藏地址：北京舞蹈学院图书馆
内容提要：本书选录了李克瑜女士的47幅
关于舞蹈的舞姿、戏曲人物形象的舞蹈速写作
品。在舞蹈学校作美术教师的时候，李克瑜女
士就开始接触服装设计，以后她成为中央芭蕾
舞团首屈一指的服装设计大师。团里的舞蹈演
员都知道，许多沿用至今的演出服装，都是她
亲手设计的。她的舞蹈人物速写也非常好，她
是一位在艺术历史上留下了美的光彩的设计者。

中图法分类：（索书号）J723.1/4
题　　　名：抢亲
责　任　者：中国舞蹈工作者协会编辑
出　版　者：上海文艺出版社
出版时间：1961.12
出　版　地：上海
页　　　数：76页
尺　　　寸：18cm
价　　　格：0.38
馆藏地址：北京舞蹈学院图书馆
内容提要：本舞剧歌颂了劳动人民的智慧和
勇敢，揭露了地主阶级的贪婪、愚昧和怯弱的
本质。情节风趣，演出生动，像一幅大快人心
的讽刺画。本书是对舞剧的创作过程和体会、
剧情简介、舞曲、动作说明、场记、服装和道
具做了详细的说明。

中图法分类：（索书号）J722.3/48
题　　　名：丰收乐
责　任　者：江西省歌舞团，于少平，梁绮华
　　　　　　编舞
出　版　者：上海文艺出版社
出版时间：1961
出　版　地：上海
页　　　数：31，［1］页图版
尺　　　寸：19cm
价　　　格：0.10
馆藏地址：北京舞蹈学院图书馆
内容提要：本书记录了舞蹈"丰收乐"的情
节内容、音乐、人物、记号、道具说明、动作
说明、场记和设计说明等。

0435

中图法分类：（索书号）J723.3
　　　　　　　（915.5/1402）
题　　　名：公鸡会生蛋吗：儿童歌舞剧
责　任　者：孙毅，杜锡文编剧，箫黄作曲
出　版　者：上海文艺出版社
出版时间：1961.11
出　版　地：上海
页　　　数：29页：图
尺　　　寸：18cm
价　　　格：0.14
馆藏地址：上海图书馆
主题标目：歌舞剧：儿童剧—戏剧音乐—乐曲—中国
内容提要：小明是十岁少先队员，王大妈五十岁，小明的邻居小花，小明家的花公鸡小白，小明家的白母鸡小黑，王大妈家的黑母鸡。"六一"国际儿童节的早晨，地点农家的院子。中间有个童话风格的大鸡屋，一边住着花公鸡，一边住着白母鸡。故事通过小朋友不要撒谎，并及时把别人家的鸡生的蛋还给人家。表现了少先队员拾金不昧的高尚情操。

0436

中图法分类：（索书号）J712.25/6
题　　　名：古典舞蹈基础：芭蕾（内部资料）
责　任　者：瓦冈诺娃著；北京舞蹈学校编
出　版　者：北京舞蹈学校
出版时间：1961
出　版　地：北京
页　　　数：169页
尺　　　寸：20cm
价　　　格：
馆藏地址：北京舞蹈学院图书馆
内容提要：本书叙述了作者舞蹈专业教育活动的经验、成就和教学方法，包括古典舞蹈的基本概念、各种舞姿、各种动作、常用的动作组合，并附有带音乐伴奏的教案示例。

中图法分类：（索书号）J723.1
　　　　　　　（854.53／4371-01）
题　　　名：刘三姐：八场歌舞剧
责　任　者：广西僮族自治区《刘三姐》会演
　　　　　　大会改编本
出　版　者：中国戏剧出版社
出版时间：1961.4
出　版　地：北京
页　　　数：160 页：照片，乐谱
尺　　　寸：19cm
价　　　格：0.50
馆藏地址：上海图书馆
主题标目：歌舞剧—剧本—中国—当代
内容提要：此书是"刘三姐"八场歌舞剧。
由柳州市《刘三姐》剧本创作组广西僮族自治
区《刘三姐》会演大会改编。此剧本有歌舞
剧的音乐曲谱，故事人物情节等。

中图法分类：（索书号）J732.2（512）/1
题　　　名：土库曼、爱沙尼亚、卡累利民间
　　　　　　舞蹈
责　任　者：［苏］特·特卡勤科编著
出　版　者：上海文艺出版社
出版时间：1961
出　版　地：上海
页　　　数：124 页
尺　　　寸：19cm
价　　　格：0.48
馆藏地址：北京舞蹈学院图书馆
内容提要：本书详细介绍了土库曼和爱沙尼
亚苏维埃社会主义共和国及卡累利苏维埃社会
主义自治共和国民间舞蹈的特点、发展情况和
基本动作；并记录了六个具有代表性的舞蹈
场记。

0439

中图法分类：（索书号）J722.212/10
题　　　名：闹元宵：舞蹈（影印本）
责　任　者：四川人民出版社编
出　版　者：四川人民出版社
出版时间：1961
出　版　地：成都
丛　　　书：文娱演唱材料
页　　　数：15 页
尺　　　寸：19cm
价　　　格：0.04
馆藏地址：北京舞蹈学院图书馆
内容提要：本书记录了舞蹈"闹元宵"的剧情内容、舞曲、场记和动作说明等。此书非常有地方舞蹈特色。

0440

中图法分类：（索书号）J722.6/39
题　　　名：下乡裁衣（舞蹈）（影印本）
责　任　者：四川省文学艺术工作者联合会等编
出　版　者：四川人民出版社
出版时间：1961
出　版　地：成都
丛　　　书：文娱演唱材料
页　　　数：12 页
尺　　　寸：17cm
价　　　格：0.04
馆藏地址：北京舞蹈学院图书馆
内容提要：本舞剧反映了在"大跃进"中服务行业的精神面貌。歌颂了平凡的劳务，进一步体现了工农联盟和城乡之间的亲密关系。本书主要对舞蹈的内容、音乐、动作等内容进行了详细的说明。

中图法分类：（索书号）J703/3
题　　　名：舞蹈散论
责　任　者：叶林著
出　版　者：上海文艺出版社
出版时间：1961
出　版　地：上海
页　　　数：106 页
尺　　　寸：21cm
价　　　格：0.46
馆藏地址：北京舞蹈学院图书馆
内容提要：本书是作者关于舞蹈艺术方面文章的选集。内容包括舞蹈艺术的相关资料，对舞蹈创作、演出和各类歌舞团的工作的分析研究。

0441

中图法分类：（索书号）J722.6/8
题　　　名：洗衣舞：舞蹈
责　任　者：温州市铜头人民公社元觉大队业余文工团编
出　版　者：上海文艺出版社
出版时间：1961
出　版　地：上海
页　　　数：41 页
尺　　　寸：19cm
价　　　格：0.13
馆藏地址：北京舞蹈学院图书馆
内容提要：本舞蹈介绍了解放军不辞艰苦坚守在海防前哨。随时准备打击胆敢来侵犯的敌人，军民鱼水情藏汉一家亲。《洗衣舞》是一个很好的舞蹈。非常深刻地表现了军民情同手足、亲如鱼水的关系。本书主要介绍舞蹈的舞曲、动作说明、舞蹈说明、舞蹈场记等内容。

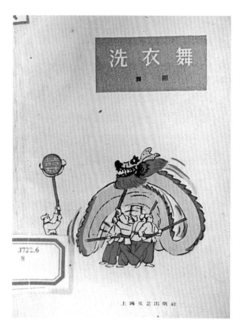

0442

0443

中图法分类：（索书号）J712.21/3
题　　　名：云南花灯舞蹈基训教材（影印本）
责　任　者：云南省文化艺术干部学校编
出　版　者：云南人民出版社
出版时间：1961
出　版　地：昆明
页　　　数：42页
尺　　　寸：19cm
价　　　格：0.15
馆藏地址：北京舞蹈学院图书馆
内容提要：本书着重介绍了云南花灯舞蹈的基本知识和基本动作，包括花灯舞蹈基训的初步常识、单一扇法、花灯舞蹈中常用的基本"舞蹈词汇"，综合训练等。大部分舞蹈动作采用了传统剧目中的舞蹈动作，小部分取材于古典舞蹈。

0444

中图法分类：（索书号）J712/5
题　　　名：业余舞蹈基本训练
责　任　者：中国舞蹈工作者协会编
出　版　者：上海文艺出版社
出版时间：1961
出　版　地：上海
页　　　数：186页
尺　　　寸：21cm
价　　　格：0.70
馆藏地址：北京舞蹈学院图书馆
内容提要：本书根据业余舞蹈爱好者的需要，选择了部分古典舞动作为基础，以民间舞动作为补充，编写而成。主要对身体各部由浅入深地加以训练，使身体灵活，逐步提高和掌握舞蹈表演技能。

中图法分类：（索书号）J719.1/4
题　　　名： 中国民间舞：男班笔记（内部教材）（油印本）
责　任　者： 北京舞蹈学校教员训练班编
出　版　者： 北京舞蹈学校教员训练班
出 版 时 间： 1961
出　版　地： 北京
页　　　数： 121 页
尺　　　寸： 26cm
价　　　格：
馆藏地址： 北京舞蹈学院图书馆
内 容 提 要： 本书主要讲述了东北秧歌、安徽花鼓灯、藏族舞、蒙古舞、朝鲜舞、维吾尔族舞等几部分内容。针对男班的舞蹈训练教材。

0445

中图法分类：（索书号）J7-55
题　　　名： 舞蹈
责　任　者： 中国舞蹈艺术研究会编；陆静主编
出　版　者： 北京邮电局
出 版 时 间： 1961.1
出　版　地： 北京
页　　　数： 33 页
尺　　　寸： 26cm
价　　　格：
馆藏地址： 北京舞蹈学院图书馆
内 容 提 要： 本刊是由中国舞蹈艺术研究会于1961年第1期出版的舞蹈杂志。中国舞蹈家协会的前身就是此研究会。出版物有《舞蹈》月刊（国内外发行），是中国舞蹈家协会的理论刊物。此刊是1958年1月中国舞蹈界第一本定期公开刊物《舞蹈》双月刊创刊发行，主编陆静。

0446

0447

中图法分类：（索书号）J722.6/9
题　　　名：在果园里：舞蹈
责　任　者：中国舞蹈工作者协会编
出　版　者：上海文化出版社
出版时间：1961
出　版　地：上海
页　　　数：50页
尺　　　寸：19cm
价　　　格：0.19
馆藏地址：北京舞蹈学院图书馆
内容提要：本舞蹈表现了北方果园姑娘对劳动的热爱，和她们开朗豪爽的性格。本书介绍了舞蹈内容、音乐、动作说明、场记、服装和道具说明等。

0448

中图法分类：（索书号）J722.7/17
题　　　名：1960年全国职工文艺会演：舞蹈选
责　任　者：上海文艺出版社编
出　版　者：上海文艺出版社
出版时间：1961
出　版　地：上海
页　　　数：258页
尺　　　寸：19cm
价　　　格：0.84
馆藏地址：北京舞蹈学院图书馆
内容提要：本书编选了1960年全国职工文艺会演中的七个优秀的舞蹈作品，分别是《钢铁红旗班》、《英雄矿工》、《巧姑娘》、《英雄大闹开门红》、《红色妇女》、《双刀舞》、《霸王鞭》。对七个舞蹈的基本舞蹈动作做了详细的说明。

中图法分类：（索书号）J722.6/7
题　　　名：打靶
责　任　者：中国舞蹈艺术研究会编
出　版　者：音乐出版社
出版时间：1962.1
出　版　地：北京
页　　　数：24 页
尺　　　寸：18cm
价　　　格：0.09
馆藏地址：北京舞蹈学院图书馆
内容提要：本舞蹈告诉人们，如果在工作中刚有一些成绩就骄傲自满，不虚心再求上进，就不但不会再进步，而且会落在别人的后面。本书主要介绍舞蹈的内容、音乐、动作说明、场记、服装道具说明等。

0449

中图法分类：（索书号）J722.21/14
题　　　名：傩舞资料（内部资料）（油印本）
责　任　者：江西省文化局，中国舞蹈工作者协会江西分会筹委会合编
出　版　者：江西省文化局，中国舞蹈工作者协会江西分会
出版时间：1962.7
出　版　地：南昌
页　　　数：86 页
尺　　　寸：20cm
价　　　格：
馆藏地址：北京舞蹈学院图书馆
内容提要：本书内容包括：傩舞流传及表演节目的内容和形式，节目特点和有关"傩"风俗习惯等方面的文字部分；傩舞节目《开山》、《雷震子》场记介绍；面具摄影选载；音乐及两篇关于傩舞收集的文章。

0450

0451

中图法分类：（索书号）J722.212/3/：1
题　　　名：花鼓灯舞蹈艺术资料，上集（内部资料）（油印本）
责　任　者：安徽省文化局，花鼓灯舞蹈艺术研究班编
出　版　者：花鼓灯舞蹈艺术研究班
出版时间：1962.12
出　版　地：合肥
页　　　数：179 页
尺　　　寸：28cm
价　　　格：
馆藏地址：北京舞蹈学院图书馆
内容提要：本书叙述了花鼓灯的起源、发展和艺术风格，并记录了兰花部分、鼓架部分、盘鼓、双人舞组合、小花场场记、"抢板凳"场记、大场场记的舞蹈动作及其结构。

0452

中图法分类：（索书号）J722.21/24
题　　　名：民间舞蹈：倒花篮（影印本）
责　任　者：李惠珍记录整理
出　版　者：江苏人民出版社
出版时间：1962.12
出　版　地：南京
页　　　数：17 页
尺　　　寸：16cm
价　　　格：0.06
馆藏地址：北京舞蹈学院图书馆
内容提要：本书介绍了舞蹈"倒花篮"的内容、音乐、动作说明、场记说明、服装道具和排练时的注意事项等。

中图法分类：（索书号）J722.22
　　　　　　（915.74/3492）
题　　名： 湖南省职工文艺代表团参加全国职工文艺会演优秀节目汇编：昂扬愉快的歌舞
责　任　者： 湖南省总工会宣传部
出　版　者： 湖南人民出版社
出版时间： 1962
出　版　地： 长沙
页　　数： 58页：曲谱
尺　　寸： 21cm
价　　格： 0.22
馆藏地址： 上海图书馆
主题标目： 歌舞音乐—乐曲—中国
内容提要： 本书是湖南省职工文艺代表团参加全国职工文艺会演优秀节目汇编。此舞蹈"昂扬愉快的歌舞"被评为优秀奖。书中有歌舞场记，歌舞动作介绍、歌舞人物情节等。

0453

中图法分类：（索书号）J722.3/55
题　　名： 鞭炮舞
责　任　者： 王萍编舞；中国舞蹈工作者协会编
出　版　者： 上海文化出版社
出版时间： 1962
出　版　地： 上海
页　　数： 22页
尺　　寸： 19cm
价　　格： 0.12
馆藏地址： 北京舞蹈学院图书馆
内容提要： 本书介绍了鞭炮舞的音乐、动作说明和场记。本书包括舞曲、动作说明、场记等。

0454

0455

中图法分类：（索书号）J722.21/9
题　　　名：花伞舞
责　任　者：中国舞蹈艺术研究会编
出　版　者：音乐出版社
时　　　间：1962
出　版　地：北京
丛　　　书：群众舞蹈活动材料
页　　　数：15 页
尺　　　寸：19cm
价　　　格：0.07
馆藏地址：北京舞蹈学院图书馆
内容提要：本书介绍了花伞舞的特点和情节、音乐、动作说明、场记、服装道具说明等。

0456

中图法分类：（索书号）J722.2217/4
题　　　名：快乐的罗苏
责　任　者：中国舞蹈艺术研究会编
出　版　者：音乐出版社
出版时间：1962
出　版　地：北京
丛　　　书：群众舞蹈活动材料
页　　　数：20 页
尺　　　寸：18cm
价　　　格：0.08
馆藏地址：北京舞蹈学院图书馆
内容提要：本书介绍了彝族舞蹈“快乐的罗苏”的音乐、动作说明、场记和服饰道具说明等。

中图法分类：（索书号）J722.6/17
题　　　名：披毡献给毛主席：舞蹈集
责　任　者：四川省歌舞团编
出　版　者：四川民族出版社
出版时间：1962
出　版　地：成都
页　　　数：81页
尺　　　寸：20cm
价　　　格：0.38
馆藏地址：北京舞蹈学院图书馆
内容提要：本书主要包括《披毡献给毛主席》和《凉山酒舞》两种舞蹈，分别对舞蹈情节介绍、乐曲、动作说明、场记说明、服饰道具设计、制作说明等内容进行了介绍。

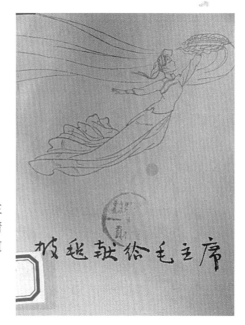

0457

中图法分类：（索书号）J723.2
　　　　　　　（915.5/1241-1）
题　　　名：哑姑泉（四场歌舞剧）
责　任　者：张万一，张沛
出　版　者：音乐出版社
出版时间：1962.8
出　版　地：北京
页　　　数：258页：图
尺　　　寸：20cm
价　　　格：1.45
馆藏地址：上海图书馆
内容提要：本书是同种图书的另一版本。哑姑泉：四场歌舞剧的简谱本。（相关内容请参看0428）《哑姑泉》：是根据山西运城盐池一带的民间传说编写的四场歌舞剧，剧本描写一个美丽姑娘——甜姑和盐民们为了取得甜水，与妖魔们进行殊死斗争的故事。甜姑：相传很早以前，盐池有甜水泉眼，被中条山上的妖魔刺牛怪封锁。甜姑为了给盐池周边人民找到甜水，在盐民们的护卫下，深入魔洞，同刺牛怪进行了艰苦斗争，盗出"乾坤金针"，挖水100天，最后泉水喷涌而本人被浊气冲瞎双眼，冲哑喉咙，是一个舍己为人的姑娘。《哑姑泉》，张万一、张沛编剧，山西人民歌舞团演出，受到全国各地观众好评。

0458

0459

中图法分类：（索书号）J722.21/10
题　　　名：走雨
责　任　者：陈金标，孙培德编舞
出　版　者：上海文艺出版社
出版时间：1962
出　版　地：上海
页　　　数：71 页
尺　　　寸：19cm
价　　　格：0.30
馆藏地址：北京舞蹈学院图书馆
内容提要：本书介绍了"走雨"的创作简介、音乐、动作说明、场记、服装、头饰和道具。

0460

中图法分类：（索书号）J722.212/3／：2
题　　　名：花鼓灯舞蹈艺术资料，下集（影印本）（内部资料）
责　任　者：安徽省文化局，花鼓灯舞蹈艺术研究班编
出　版　者：花鼓灯舞蹈艺术研究班
出版时间：1963.5
出　版　地：合肥
页　　　数：130 页
尺　　　寸：28cm
价　　　格：
馆藏地址：北京舞蹈学院图书馆
内容提要：本书叙述了花鼓灯音乐的特点和艺术风格，选录了部分花鼓歌曲谱和舞蹈锣鼓伴奏谱，辑录了部分花鼓歌唱词，并记录了花鼓灯艺人录和著名人物生平简介，描述了花鼓灯舞蹈服装和道具等。

中图法分类：（索书号）J701/6
题　　　名：戏曲舞蹈美学理论资料（内部资
　　　　　　料）（油印本）
责　任　者：舞蹈工作者协会编
出　版　者：中国舞蹈工作者协会
出版时间：1963.5
出　版　地：北京
页　　　数：232 页
尺　　　寸：26cm
价　　　格：
馆藏地址：北京舞蹈学院图书馆
内容提要：本书是戏曲艺术家的艺术经验、
分析、评介的汇编。内容包括戏曲舞蹈的特
点，戏曲艺术与生活的关系，戏曲艺术形体动
作美的一般规律，舞台调度的美，戏曲舞蹈的
塑型美，戏曲各类行当的风采与动作特征，戏
曲流派与风格、戏曲基本功与表演、戏曲表演
与技巧，戏曲的创造传承与创新、戏曲的舞蹈与音乐等。

0461

中图法分类：（索书号）J722.212/5
题　　　名：花鼓灯（影印本）
责　任　者：顾群，马振铨编著
出　版　者：安徽人民出版社
出版时间：1963.7
出　版　地：合肥
页　　　数：102 页
尺　　　寸：20cm
价　　　格：0.32
馆藏地址：北京舞蹈学院图书馆
内容提要：本书叙述了花鼓灯的演出形式，
花鼓灯音乐的伴奏、歌词、歌曲、演唱形式，
花鼓灯舞蹈"花伞舞"、"鼓架子舞"、"兰花
舞"，花鼓灯的场次说明等。

0462

0463

中图法分类：（索书号）J723.1/7
题　　　名：五朵红云：四幕七场舞剧（影印本）
责　任　者：中国人民解放军战士歌舞团编
出　版　者：上海文艺出版社
出版时间：1963.8
出版地：上海
页　　　数：1 册
尺　　　寸：26cm
价　　　格：1.25
馆藏地址：北京舞蹈学院图书馆
内容提要：本书共分为三个部分：文字部分包括剧本和有关舞剧创作的文章；音乐部分具有代表性的十二段乐曲，并编成钢琴曲谱。图片部分包括剧照、速写、舞台设计图和服饰图等。

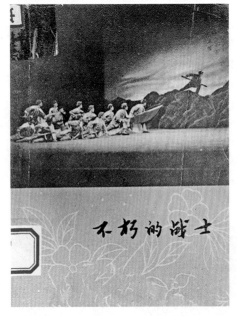

0464

中图法分类：（索书号）J723.1/6
题　　　名：不朽的战士：独幕舞剧
责　任　者：中国人民解放军总政治部文工团歌舞团编
出　版　者：上海文艺出版社
出版时间：1963
出版地：上海
页　　　数：174，［7］页图版
尺　　　寸：19cm
价　　　格：0.92
馆藏地址：北京舞蹈学院图书馆
内容提要：本舞剧表现了志愿军顽强不怕牺牲的革命主义的精神，歌颂了人民英雄高贵的共产主义品质。本书主是对舞剧的舞曲、记号说明、场记、舞台设计及灯光说明进行详细的描述。

中图法分类：（索书号）J733.42（512）/1
题　　　名：柴科夫斯基的舞剧
责　任　者：〔苏〕瑞托米尔斯基著
出　版　者：音乐出版社
出版时间：1963
出　版　地：北京
页　　　数：127，〔6〕页图版
尺　　　寸：21cm
价　　　格：0.76
馆藏地址：北京舞蹈学院图书馆
内容提要：本书分章对三部舞剧的创作过
程、主题构思、音乐形象、音乐与剧情发展的
联系作了详细的探讨。绪论部分着重说明柴科
夫斯基舞剧音乐的历史意义和风格特征。

中图法分类：（索书号）J723.1/
　　　　　　　（G854.53/1156）
题　　　名：摸花轿：歌舞剧
责　任　者：王拓明
出　版　者：安徽人民出版社
出版时间：1963
出　版　地：合肥
丛　　　书：安徽戏剧丛书
页　　　数：32页
尺　　　寸：14cm
价　　　格：0.10
馆藏地址：上海图书馆
主题标目：歌舞剧—剧本—中国—当代
内容提要：花鼓灯是流传在淮河流域著名的
汉族舞蹈，历史悠久，源远流长，是盛开的民
间艺术之花。故事通过两个爱恋的年青人因财
主的破坏，不能相爱。糊涂的县官提出利用灯
节时用摸花轿的方法来相认。聪明、机智的男主人公终于胜利。有情人终成眷属。此书
具有浓郁的地方特色。

0467

中图法分类：（索书号）J719.5/1：1
题　　　名：舞蹈学习（内部资料）.1（油印本）
责　任　者：北京舞蹈学校研究室编
出　版　者：北京舞蹈学校
出版时间：1963
出　版　地：北京
页　　　数：70页
尺　　　寸：26cm
价　　　格：0.65
馆藏地址：北京舞蹈学院图书馆
内容提要：本书包括两篇译文和一篇讲话记录，即苏联戏剧百科全书芭蕾舞片段选译、切凯蒂古典芭蕾教学法、费尔南多·阿隆索论芭蕾舞派。

0468

中图法分类：（索书号）J719.5/1：2
题　　　名：舞蹈学习（内部参考资料）.2（油印本）
责　任　者：北京舞蹈学校研究室编
出　版　者：北京舞蹈学校研究室
出版时间：1963
出　版　地：北京
页　　　数：76页
尺　　　寸：26cm
价　　　格：0.56
馆藏地址：北京舞蹈学院图书馆
内容提要：本书内容包括《舞蹈书信集》中"舞蹈与哑剧"、"舞剧"、"舞剧编导的工作"三个片段选译，美国《舞蹈百科全书》中的条目"古典芭蕾"、"浪漫主义芭蕾"，彼·古谢夫的《回忆瓦岗诺娃》，安东·多林的《双人舞–伴舞的艺术》。

中图法分类：（索书号）J722.1/19

题　　　名：跃进舞（舞蹈）

责　任　者：叶祖润等编舞

出　版　者：重庆群众艺术馆编

出版时间：1963（2版）

出　版　地：重庆

页　　　数：28页

尺　　　寸：18cm

价　　　格：0.08

馆藏地址：北京舞蹈学院图书馆

内容提要：本书介绍了舞蹈"跃进舞"、"矿工舞"的舞曲、基本动作、场记和跳法说明等。

0469

中图法分类：（索书号）J723.3

　　　　　　（854.53/1234.201）

题　　　名：友谊船：农村小剧本（小歌舞剧）

责　任　者：张良苏创作；剧本月刊社编选

出　版　者：农村读物出版社

丛　　　书：农村戏剧小丛书

出版时间：1963

出　版　地：北京

页　　　数：22页

尺　　　寸：19cm

价　　　格：0.09

馆藏地址：上海图书馆

主题标目：歌舞剧—剧本—中国—当代

内容提要：本书是农村戏剧小丛书中的小歌舞剧《友谊船》。书中有歌舞剧插图，歌舞剧人物情节、歌舞剧场记等。

0470

中图法分类：（索书号）J712.25/9：1
题　　　名：芭蕾舞蹈参考资料．第一辑（内部资料）（油印本）
责　任　者：北京芭蕾舞蹈学校编
出　版　者：北京舞蹈学校资料室
出版时间：1964.5
出版　地：北京
页　　　数：1册
尺　　　寸：26cm
价　　　格：0.35
馆藏地址：北京舞蹈学院图书馆
内容提要：本书主要介绍了芭蕾教学法，共包含两篇译文：《芭蕾舞基本理论与实践》、《我的古典舞低班教学的经验》。

中图法分类：（索书号）J712.25/9：2
题　　　名：芭蕾舞蹈参考资料：第二辑（内部资料）（油印本）
责　任　者：北京舞蹈学校资料室
出　版　者：北京芭蕾舞蹈学校资料室
出版时间：1964.
出版　地：北京
页　　　数：1册
尺　　　寸：26cm
价　　　格：0.35
馆藏地址：上海市图书馆
内容提要：本书从动作与音乐联系的观点出发，分析芭蕾舞基训的动作，帮助舞蹈教员和钢琴伴奏者在芭蕾舞剧基训课的伴奏中建立必不可少的相互了解和创作联系。第一章对问题做了理论上的分析和研究。第二章分析了芭蕾舞基训动作，说明了课堂伴奏音乐的原则，书后还附有《关于芭蕾舞形式和术语的基本知识》等。

中图法分类：（索书号）J712.25/25
题　　　名：古典芭蕾双人舞教学法
责　任　者：北京舞蹈学校芭蕾舞教研组编
出　版　者：上海文化出版社
出版时间：1964.5
出　版　地：上海
页　　　数：149 页
尺　　　寸：20cm
价　　　格：0.68
馆藏地址：北京舞蹈学院图书馆
内容提要：本书分地面和空中两个部分介绍
了古典芭蕾双人舞的基本训练步骤，包括托举
的技巧、男女舞伴的舞姿的协调性与塑造性、
表演、舞台调度等，并附有教学大纲、示例
课、示例曲等。

0473

中图法分类：J70/53
题　　　名：舞蹈艺术论
责　任　者：李天民著
出　版　者：正中书局
出版时间：1964.5
出　版　地：台北市
页　　　数：176 页
尺　　　寸：21cm
价　　　格：1.00
馆藏地址：北京舞蹈学院图书馆
内容提要：本书主要内容包括：原始舞蹈，
上古的生活和舞蹈，舞蹈的观念暨演变，舞蹈
动作的根本和形式，体操动作与身体振动，足
部动作，腕部动作的均衡对照，腕的动作等。

0474

0475

中图法分类：（索书号）J712.25/9/：3
题　　　名：芭蕾舞蹈参考资料．第三辑（内
　　　　　　部资料）（油印本）
责　任　者：北京芭蕾舞蹈学校资料室编
出　版　者：北京芭蕾舞蹈学校资料室
出版时间：1964.10
出　版　地：北京
页　　　数：208页
尺　　　寸：26cm
价　　　格：1.42
馆藏地址：北京舞蹈学院图书馆
内容提要：本书主要介绍了芭蕾教学法，共
包含两篇译文：《芭蕾舞基本理论与实践》、
《我的古典舞低班教学的经验》。

0476

中图法分类：（索书号）J714.4/4
题　　　名：东方红，音乐舞蹈史诗：灯光工
　　　　　　作资料（内部资料）（油印本）
责　任　者：音乐舞蹈史诗《东方红》舞台美
　　　　　　术组
出　版　者：音乐舞蹈史诗《东方红》舞台美
　　　　　　术组
出版时间：1964.10
出　版　地：北京
页　　　数：69页
尺　　　寸：26cm
价　　　格：
馆藏地址：北京舞蹈学院图书馆
内容提要：本书主要讲述了参加舞蹈史诗
"东方红"舞美工作体会、"东方红"灯光文
字构思、"东方红"灯光工作总结、关于幻灯
问题、关于灯光特技工作、几项幻灯光学计算
资料等内容。此大歌舞的总导演是周恩来总理。

中图法分类：（索书号）J722.7/34

题　　名：参加全国少数民族群众业余艺术观摩演出会：节目资料（内部资料）（油印本）

责　任　者：湖南代表团参加全国少数民族群众业余艺术观摩演出会节目资料会演办公室翻印

出　版　者：湖南代表团参加全国少数民族群众业余艺术观摩演出会节目资料会演办公室

出版时间：1964.10

出　版　地：长沙

页　　数：1册

尺　　寸：26cm

馆藏地址：北京舞蹈学院图书馆

0477

内容提要：本书主要收集了《欢送劳模上北京》、《苗族女民兵》、《汽车开到荆竹寨》、《在田间》、《油茶献给毛主席》、《苗歌》、《瑶歌》、《咚咚哇》八个歌舞作品，并对舞蹈的音乐、剧情、舞蹈动作等内容进行了描述。

中图法分类：（索书号）J714.4/1

题　　名：十五周年国庆大型歌舞：灯具制作资料（内部资料）（油印本）

责　任　者：中国舞蹈学校

出　版　者：中国舞蹈学校

出版时间：1964.10

出　版　地：北京

页　　数：30页

尺　　寸：32×26cm

价　　格：38.00（精装48.00）

馆藏地址：北京舞蹈学院图书馆

0478

内容提要：音乐舞蹈史诗"东方红"的灯光工作，从1964年8月9日开始筹备，到10月2日正式演出开始，共历时54天。为了更好地总结经验，丰富灯光专业的技术资料，我们将这次工作中制作的10格技术项目集成这本资料。此大歌舞的总导演是周恩来总理。

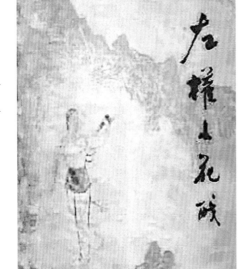

0479

中图法分类：（索书号）J722.212/2
题　　　名：左权小花戏（影印本）（内部资料）
责　任　者：晋中文工团整理，晋中文教局编
出　版　者：晋中文教局
出　版　时　间：1964.10
出　版　地：山西省晋中地区
页　　　数：77 页
尺　　　寸：20cm
价　　　格：
馆藏地址：北京舞蹈学院图书馆
内　容　提　要：本书叙述了"左权小花戏"的发展概况，叙述了基本步法、扇子的技巧、基本舞姿和动作组合，记录了剧目"摘花椒"的场记说明、曲谱、剧照和剧目"打秋千"的剧照。左权小花戏：小花戏的前身叫"文社火"。古辽州民间流行的艺术形式统称"辽州社火"。除"文社火"外，还有"武社火"、"小秧歌"、"喊大腔"以及"耍龙灯"、"舞狮子"、"跑竹马"等。"小花戏"不属戏曲形式，而是流传在左权、和顺一带的一种轻盈、活泼的民间歌舞，因它产生于左权县，因而称"左权小花戏"。

0480

中图法分类：（索书号）J722.7/5
题　　　名：送货下乡：小歌舞剧：第五届"上海之春"音乐会作品选（影印本）
责　任　者：何全成编剧
出　版　者：上海文化出版社
出　版　时　间：1964.11.1
出　版　地：上海
页　　　数：31 页
尺　　　寸：14cm
价　　　格：0.07
馆藏地址：北京舞蹈学院图书馆
内　容　提　要：本舞剧描写的一个商业工作者——某县供销社主任老王，为了支援农业第一线，翻山越岭，送货下乡。在路上遇到小冯庄冯大嫂，老王热忱地帮助挑选生产队嘱咐冯大嫂给队里买奖品的故事。书中主要对舞剧的舞曲、歌词、排演提示等内容进行了详细的介绍。

中图法分类：（索书号）J712.25/19/：4
题　　　名：芭蕾舞参考资料．第四期（内部资料）（油印本）
责　任　者：北京芭蕾舞蹈学校资料室编
出　版　者：北京舞蹈学校资料室
出版时间：1964.11
出　版　地：北京
页　　　数：1册
尺　　　寸：26cm
价　　　格：10.00
馆藏地址：北京舞蹈学院图书馆
内容提要：本文从动作与音乐联系的关点出发，分析芭蕾舞基训的动作，帮助舞蹈教员和钢琴伴奏者在芭蕾舞剧基训课的伴奏中建立必不可少的相互了解和创作联系。第一章对问题做了理论上的分析和研究。第二章分析了芭蕾舞基训动作，说明了课堂伴奏音乐的原则，书后还附有《关于芭蕾舞形式和术语的基本知识》等。本书还共包含两篇译文：《芭蕾舞基本理论与实践》、《我的古典舞低班教学的经验》。

中图法分类：（索书号）J722.7/32
题　　　名：云南代表团参加全国少数民族群众业余艺术观摩演出会：节目资料（内部资料）（油印本）
责　任　者：云南代表团参加全国少数民族群众业余艺术观摩演出会节目资料会演办公室
出　版　者：云南代表团参加全国少数民族群众业余艺术观摩演出会节目资料会演办公室
出版时间：1964.11
出　版　地：昆明
页　　　数：120页
尺　　　寸：26cm
价　　　格：
馆藏地址：北京舞蹈学院图书馆
内容提要：本书主要收集了参加全国少数民族群众业余艺术观摩演出会，关于歌舞、曲艺、戏剧三大部分节目的资料汇编。

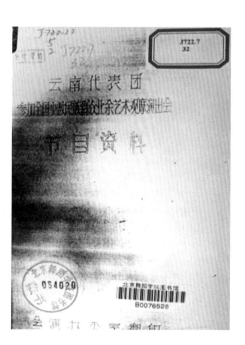

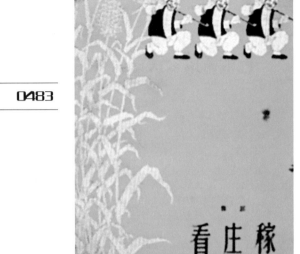

0483

中图法分类：（索书号）J722.6/24
题　　　名：看庄稼：舞剧（影印本）
责　任　者：丽隆英等编舞
出　版　者：山东人民出版社
出　版　时　间：1964.12
出　版　地：济南
页　　　数：54 页
尺　　　寸：20cm
价　　　格：0.17
馆藏地址：北京舞蹈学院图书馆
内容提要：本书通过三个老汉在秋收之前来到地边，看到庄稼丰收的景象，个个喜笑颜开，表现了社员对人民公社的赞扬和喜悦的心情。本书对舞蹈的内容介绍、音乐、场记、服装道具等内容分别进行了详细的介绍。

0484

中图法分类：（索书号）J722.1/24
题　　　名：草笠舞（影印本）
责　任　者：广东民族歌舞团编
出　版　者：上海文化出版社
出　版　时　间：1964
出　版　地：上海
页　　　数：38 页
尺　　　寸：19cm
价　　　格：0.18
馆藏地址：北京舞蹈学院图书馆
内容提要：本书介绍了舞蹈"草笠舞"的创作过程、音乐、动作说明、场记和服饰说明等。

中图法分类：（索书号）J722.7/4
题　　　名：福建省第五届农村业余文艺会演
　　　　　　节目选：崇武民兵（歌舞选集之
　　　　　　二）（影印本）
责　任　者：福建人民出版社编辑
出　版　者：福建人民出版社
出 版 时 间：1964.12
出　版　地：福州
页　　　数：33 页
尺　　　寸：19cm
价　　　格：0.12
馆 藏 地 址：北京舞蹈学院图书馆
内 容 提 要：本书是福建省农村业余文艺会演
节目选集之一，书中共包括《崇武民兵》、《我
们是个女民兵》、《民兵队长》、《渔家女》、《送
郎参军》等节目。在一定程度上体现了毛主席
英武结合，全民皆兵的思想，反映了我省沿海

人民保卫祖国的英勇斗争，其中，《崇武民兵》这个歌舞有新的创造，富有战斗气息，炽
热，激昂，充分展示了前线人民的英勇气概。《民兵队长》是锣鼓唱，形式简便，三人登
场，敲锣打鼓，又说又唱，十分朴实、活泼，其他二个节目中的《渔家女》从一个侧面描
写了海防前线亲如一家的军民关系，《送郎参军》通过一个有觉悟的农村姑娘在临别时对
亲人的鼓励，表现了青年一代积极向上的精神面貌。这几个节目的音乐、舞蹈，都有比较
强烈的地方色彩，优美动听。

中图法分类：（索书号）J722.6/2
题　　　名：歌舞：公社好姑娘（影印本）
责　任　者：周国平等编舞
出　版　者：上海文化出版社
出 版 时 间：1964
出　版　地：上海
页　　　数：28 页
尺　　　寸：14cm
价　　　格：0.08
馆 藏 地 址：北京舞蹈学院图书馆
内 容 提 要：本歌舞表现了姑娘们热爱农业，
心灵手巧，为争取生产"满堂红"而紧张欢快
的劳动生活等故事。本书对舞蹈音乐、动作说
明、场记等内容分别进行了详细的介绍。

0487

中图法分类：（索书号）J722.2274
　　　　　　　（858.61/2604）
题　　　名：傣族舞词、唱词：泼水节之歌
责　任　者：岩敦
出　版　者：云南人民出版社
出版时间：1964
出　版　地：昆明
丛　　　书：群众演唱材料
页　　　数：65 页
尺　　　寸：15 cm
价　　　格：0.13
馆藏地址：上海图书馆
主题标目：群众文化—文艺演唱—中国—作品演唱集
内容提要：当泼水节来到，人们兴高采烈，到处充满欢声笑语。一段水的洗礼过后，人们便围成圆圈，在锣和象脚鼓的伴奏下，不分民族，不分年龄，不分职业，翩翩起舞。激动时，人们还爆发出"水、水、水"的欢呼声。有的男子边跳边饮酒，如醉如痴，通宵达旦。本书记载了泼水节之歌的傣族舞词、唱词。

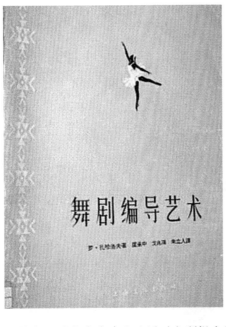

0488

中图法分类：（索书号）J711.3/5
题　　　名：舞剧编导艺术（影印本）
责　任　者：［苏］扎哈洛夫，P.B. 著；朱立人译
出　版　者：上海文化出版社
出版时间：1964
出　版　地：上海
页　　　数：326 页
尺　　　寸：20cm
价　　　格：1.70
馆藏地址：北京舞蹈学院图书馆
内容提要：本书介绍了俄罗斯古典芭蕾舞传统的继承性以及苏维埃大师们对这些传统的发展，阐述了"舞蹈编导"的概念、专业实质以及它与其他创作专业的不同和相似的地方，叙述了编舞的工作过程，其中不仅揭示了形体的、技术的方面，还包括创作的心理，它的专业特点以及艺术本身和生活对它所提出的要求，分析了舞剧编导的创作方法以及体现在舞蹈作品中的舞剧编导的艺术原则，也涉及了作为音乐戏剧艺术综合形式的舞剧演出的艺术完整性，提到了关于过去遗产以及苏维埃时代出现的一些新的观点等。

中图法分类：（索书号）J722.7/23
题　　　名：向山垅田进军：歌舞选集之一
　　　　　　（影印本）
责　任　者：福建人民出版社编辑
出　版　者：福建人民出版社
出版时间：1964
出　版　地：福州
页　　　数：90 页
尺　　　寸：18cm
价　　　格：0.21
馆藏地址：北京舞蹈学院图书馆
内容提要：本书是第五届农村业余文艺歌舞
选集之一，包括七个节目，分别是：《向山垅
低产田进军》、《山里红》、《五赞徐凤姬》、
《田间休息唱模范》、《春灯谜》、《织裙带》、
《歌唱管垄》。它们在思想内容方面的共同特
色，是反映当前现实斗争，热情歌颂农村中的

新人新事、新思想，如《向山垅田进军》，反映了山区人民奋发图强。改造自然，在山
垅低产田里夺得高产的斗争。又如《山里红》和《田间休息唱模范》都是歌唱热爱集
体的先进人物和模范事迹。这些节目在艺术形式上，也很多样。《春灯谜》是游仙地区
流传很广的一种民间歌舞，十分热闹，在经过加工，加进了新内容以后，就很好地表现
了当前农村欣欣向荣的生产建设面貌。《五赞徐凤姬》是流传在沙县一带的南河小调，
用民间花鼓形式表演。由于曲调委婉动听，使得对模范人物的赞颂带上了强烈的抒情色
彩。《织裙带》是闽东畲族的歌舞，也很有特色。

中图法分类：（索书号）J722.6/22
题　　　名：渔民号子：表演舞
责　任　者：上海群众艺术馆编
出　版　者：上海文化出版社
出版时间：1964
出　版　地：上海
页　　　数：53 页
尺　　　寸：14cm
价　　　格：0.11
馆藏地址：北京舞蹈学院图书馆
内容提要：本舞蹈集中描写了一群渔民，有
富有经验的老渔民带领下，团结一致，战胜风
暴、最后取得丰收的喜悦情景。本书主要对其
舞蹈的音乐、场记等内容进行了介绍。

0491

中图法分类：（索书号）J642.53（995.22 \
　　　　　486.68／：1 \ lgj \ 中文基藏 \
　　　　　闭架库房）
题　　　名：纳鞋底：群众歌舞女声表演唱
责　任　者：毛迅作词作曲；王熙动作设计；
　　　　　金国华记录
出　版　者：上海文化出版社
出版时间：1964
出　版　地：北京
页　　　数：25 页
尺　　　寸：14cm
价　　　格：0.07
馆藏地址：国家图书馆
内容提要：本书是女声表演唱，书中有舞蹈
场记和表演唱简谱。表现了当时的社会生活的
场景。时代感强。

0492

中图法分类：（索书号）J709.2/41：1
题　　　名：中国古代舞蹈史长编（初稿）第
　　　　　一册（内部资料）
责　任　者：中国舞蹈史教材编写组
出　版　者：北京舞蹈学院
出版时间：1964
出　版　地：北京
页　　　数：100 页
尺　　　寸：26cm
价　　　格：
馆藏地址：北京舞蹈学院图书馆
内容提要：本书主要内容包括：神话传说中
的原始舞蹈，原始舞蹈的内容和形式之探索，
传说中的夏代舞蹈，商代的舞蹈，巫和乐舞奴
隶的活动，"六代舞"的确立，宫廷乐舞机构
和舞蹈教育等。

中图法分类：（索书号）J709.2/41：2
题　　　名：中国古代舞蹈史长编（初稿）第
　　　　　　二册（内部教材）
责　任　者：中国舞蹈史教材编写组
出　版　者：北京舞蹈学院
出版时间：1964
出　版　地：北京
页　　　数：90页
尺　　　寸：26cm
价　　　格：
馆藏地址：北京舞蹈学院图书馆
内容提要：本书内容包括秦汉三国和魏晋南
北朝时期中国古代舞蹈的概括、舞种、特征及
与其他艺术和社会生活的关系等。

中图法分类：（索书号）J709.2/41：3
题　　　名：中国古代舞蹈史长编（初稿）第
　　　　　　三册（内部教材）
责　任　者：中国舞蹈史教材编写组
出　版　者：北京舞蹈学院
出版时间：1964
出　版　地：北京
页　　　数：70页
尺　　　寸：26cm
价　　　格：
馆藏地址：北京舞蹈学院图书馆
内容提要：本书内容包括隋、唐、五代时期
中国古代舞蹈的概况、燕乐舞蹈、群众性的歌
舞活动和歌舞戏、乐舞机构和歌舞伎等。

0495

中图法分类：（索书号）J709.2/41：4
题　　　名：中国古代舞蹈史长编（初稿）第四册（内部资料）
责　任　者：中国舞蹈史教材编写组
出　版　者：北京舞蹈学院
出版时间：1964
出　版　地：北京
页　　　数：141 页
尺　　　寸：26cm
价　　　格：
馆藏地址：北京舞蹈学院图书馆
内容提要：本书主要内容包括：队舞，民间舞，舞谱，宫廷舞，宗教舞和民间舞，元杂剧中的舞蹈，民间舞蹈，歌舞小戏中的发展，戏曲中的舞蹈，宴乐中的舞蹈，少数民族舞蹈等。

0496

中图法分类：（索书号）J722.21/42
题　　　名：青年活动编导丛书第二辑：土风舞选
责　任　者：陈骥编著
出　版　者：幼狮文化事业公司
出版时间：1965.1［民54.1］
出　版　地：台北市
页　　　数：107 页
尺　　　寸：20cm
价　　　格：15.00
馆藏地址：北京舞蹈学院图书馆
内容提要：国际土风舞专家李凯·荷顿先生、凯蒂小姐、罗伯逊先生等先后为台湾带来了各国土风舞。因为它是一种正当而大众化的休闲活动，具备了简单、容易学、姿态优美等特点，在很短期间，受到青年们的热烈欢迎和普遍爱好。本书特精选目前比较流行的土风舞，连同上述这一本书的原有内容，合编为 101 支，介绍方式力求简明、正确，供练教土风舞参考之用。

中图法分类：（索书号）J722.1/52
题　　　名：丰收歌（歌舞）（影印本）
责　任　者：中国舞蹈工作者协会编
出　版　者：上海文化出版社
出版时间：1965.6
出　版　地：上海
页　　　数：60页
尺　　　寸：21cm
价　　　格：0.24
馆藏地址：北京舞蹈学院图书馆
内容提要：本书介绍了舞蹈"丰收歌"的创
作札记、音乐、动作说明、场记、服装和道具
说明等。

中图法分类：（索书号）J714.4/3
题　　　名：歌舞：椰林怒火、舞剧：刚果河
　　　　　　在怒吼：灯光资料（内部资料）
　　　　　　（油印本）
责　任　者：音乐舞蹈史诗《东方红》舞台美
　　　　　　术组
出　版　者：音乐舞蹈史诗《东方红》舞台美
　　　　　　术组
出版时间：1965.7
出　版　地：北京
页　　　数：40页
尺　　　寸：32×26cm
价　　　格：38.00（精装48.00）
馆藏地址：北京舞蹈学院图书馆
内容提要：本书为了总结经验，提高认识，丰富灯光专业的技术资料这一部分图表，
是实际工作的记录。

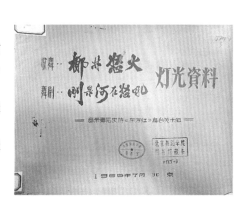

0499

中图法分类：（索书号）J722.6/25
题　　　名：洗衣歌
责　任　者：中国舞蹈工作者协会编
出　版　者：上海文化出版社
出 版 时 间：1965.9
出　版　地：上海
页　　　数：68 页
尺　　　寸：20cm
价　　　格：0.24
馆 藏 地 址：北京舞蹈学院图书馆
内 容 提 要：本舞蹈通过藏族姑娘帮战士洗衣，班长帮姑娘们挑水的故事，表现了解放军和藏胞亲如一家的鱼水深情。本书对舞蹈的内容介绍、音乐、动作说明、舞蹈场记、服装、道具、化装、排练的要求等内容分别进行了详细的介绍。

0500

中图法分类：（索书号）J714.4/2
题　　　名：大歌舞灯光特技资料（内部资料）（油印本）
责　任　者：东方红舞台美术组
出　版　者：东方红舞台美术组
出 版 时 间：1965.10
出　版　地：北京
页　　　数：38 页
尺　　　寸：32×26cm
价　　　格：38.00（精装48.00）

馆 藏 地 址：北京舞蹈学院图书馆
内 容 提 要：本书根据舞蹈史诗"东方红"1965年2月演出和9月3日演出用灯情况绘制。在平台上部增加了吊板，是拍摄电影时利用吊板幻灯投射天空部分的。绘制的目的是为了配合灯光特技资料说明灯位布置情况。

中图法分类：（索书号）J722.6/16
题　　　名：丰收舞
责　任　者：中国舞蹈工作者协会编
出　版　者：上海文化出版社
出版时间：1965.11
出　版　地：上海
页　　　数：42 页
尺　　　寸：18cm
价　　　格：0.18
馆藏地址：北京舞蹈学院图书馆
内容提要：本书主要表现了西藏的翻身农奴在民主改革以后连年获得丰收的喜悦心情等内容。本书关于《丰收舞》的诞生、情节介绍、音乐、动作、场记、服饰道具等内容进行了介绍。

0501

中图法分类：（索书号）J722.6/46
题　　　名：舞蹈：向阳花（影印本）
责　任　者：邢志汶等编
出　版　者：四川人民出版社
出版时间：1965.11
页　　　数：62 页
出　版　地：成都
尺　　　寸：20cm
价　　　格：0.10
馆藏地址：北京舞蹈学院图书馆
内容提要：本书介绍了舞蹈"向阳花"的音乐、场记说明、服装和道具等内容。

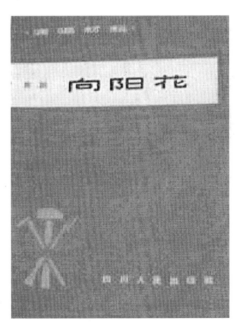

0502

0503

中图法分类：（索书号）J722.3/74
题　　　名：北京有个金太阳：儿童歌舞（影印本）
责　任　者：禾雨词曲，王克伟编舞
出　版　者：少年儿童出版社
出版时间：1965.12
出　版　地：上海
页　　　数：9页
尺　　　寸：19cm
价　　　格：0.02
馆藏地址：北京舞蹈学院图书馆
内容提要：本书介绍了歌舞"北京有个金太阳"的舞蹈音乐、舞蹈基本动作和舞蹈场记说明等。

0504

中图法分类：（索书号）J722.1/2
题　　　名：读报组老人们：舞蹈
责　任　者：中国舞蹈工作者协会编
出　版　者：上海文化出版社
出版时间：1965
出　版　地：上海
页　　　数：45页
尺　　　寸：19cm
价　　　格：0.20
馆藏地址：北京舞蹈学院图书馆
内容提要：本书介绍了舞蹈"读报组老人们"的赏析、情节介绍、音乐、动作、场记、服装和道具等。

中图法分类：（索书号）J723.3/8
题　　　名：公社一少年：舞剧（影印本）
责　任　者：何仕荣编导
出　版　者：广东人民出版社
出版时间：1965
出　版　地：广州
丛　　　书：演唱作品丛书
页　　　数：30 页
尺　　　寸：13cm
价　　　格：0.08
馆藏地址：北京舞蹈学院图书馆
内容提要：本书舞剧主要是描写一个在毛泽东思想教育下成长起来的黎族少年，为维护公社生产，坚决和地主分子的破坏进行一场斗争。书中配有舞蹈曲谱和动作说明等。

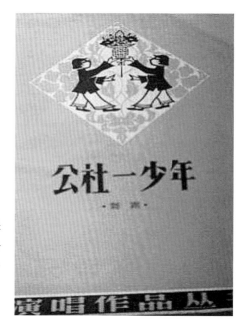

0505

中图法分类：（索书号）J722.6/50
题　　　名：歌舞：装卸号子（影印本）
责　任　者：中国舞蹈工作者协会编；衡阳铁路车站装卸工集体创作 怡明记谱 刘霁云记录
出　版　者：上海文化出版社
出版时间：1965
出　版　地：上海
页　　　数：43 页
尺　　　寸：14cm
价　　　格：0.09
馆藏地址：北京舞蹈学院图书馆
内容提要：本舞蹈表现了装卸工人紧张愉快的新的劳动生活，突出的表现他们在劳动中乐观主义的思想感情。本书介绍了对歌舞"装卸号子"的舞蹈音乐、动作说明、场记等内容。

0506

0507

中图法分类：（索书号）J722. 3/23
题　　　名：哈达献给解放军叔叔：儿童歌舞
　　　　　　（影印本）
责　任　者：北京群众艺术馆编
出　版　者：上海文化出版社
出 版 时 间：1965
出　版　地：上海
页　　　数：26 页
尺　　　寸：19cm
价　　　格：0. 11
馆 藏 地 址：北京舞蹈学院图书馆
内 容 提 要：本书介绍了歌舞"哈达献给解放
军叔叔"的创作过程、音乐、动作说明、场记
和服装等。

0508

中图法分类：（索书号）J722. 2212/2/：1
题　　　名：内蒙古舞蹈选集
责　任　者：内蒙古民间艺术研究室编
出　版　者：内蒙古人民出版社
出 版 时 间：1965
出　版　地：呼和浩特
页　　　数：273 页
尺　　　寸：20cm
价　　　格：0. 90
馆 藏 地 址：北京舞蹈学院图书馆
内 容 提 要：本书记录了"鄂伦春舞"、"马刀
舞"、"牧马舞"、"鄂尔多斯舞"、"挤奶员"、
"筷子舞"、"哈库麦舞"、"太平鼓舞"、"布谷
鸟舞"、"毕拉尔的节日舞"、"打秋千"、"摔跤
舞"、"第一次训练"等舞蹈的音乐、动作说明、
场记和服装道具说明等。还有"牧马舞"、"鄂
尔多斯舞"的创作过程以及"哈库麦舞"简介。

中图法分类：（索书号）J723.2
　　　　　　（J854.53/2034）
题　　　名：双送礼：小歌舞剧
责　任　者：于彬编
出　版　者：甘肃人民出版社
出版时间：1965.9
出　版　地：兰州
丛　　　书：工农兵演唱丛书
页　　　数：22 页
尺　　　寸：19cm
价　　　格：0.05
馆藏地址：上海图书馆

内容提要：本书是工农兵演唱丛书之一《小歌舞剧：双送礼》。这个小歌舞表现了新疆维吾尔族的两个生产队长买买提和吐拉洪两位老汉怀着感激的心情给驻地解放军送礼的感人场面。因为其一：解放军同志救了他们落水的小孩。其二：今年夏天公社库房着大火，又是解放军同志救火使老百姓的财产保住了。所以他们用双送礼的方式感谢亲人解放军。

0509

中图法分类：（索书号）J722.2212/6
题　　　名：乌兰牧骑之歌（影印本）
责　任　者：内蒙古自治区文化局编
出　版　者：音乐出版社
出版时间：1965
出　版　地：北京
页　　　数：208 页
尺　　　寸：19cm
价　　　格：0.60
馆藏地址：北京舞蹈学院图书馆

内容提要：本书辑录了《人民日报》关于乌兰牧骑代表团的相关报道，并记录了乌兰牧骑代表团的演出节目，包括 35 首歌曲、5 首歌舞曲、5 首器乐曲和 8 首说唱，选载了相关文章和图片，介绍了乌兰牧骑的性质、特点和活动概貌等。乌兰牧骑蒙语的意思是文艺轻骑兵。

0510

0511

中图法分类：（索书号）J722.1/22

题　　　名：我们走在大路上：集体舞

责　任　者：上海文化出版社编

出　版　者：上海文化出版社

出版时间：1965

出　版　地：上海

页　　　数：15页

尺　　　寸：14cm

价　　　格：0.05

馆藏地址：北京舞蹈学院图书馆

内容提要：本书介绍了集体舞"我们走在大路上"、"打靶归来"的舞蹈音乐、人数、队形、舞蹈基本动作和跳法。

0512

中图法分类：（索书号）J722.3/53

题　　　名：小民兵：儿童歌舞

责　任　者：杨书明编舞

出　版　者：上海文化出版社

出版时间：1965

出　版　地：上海

页　　　数：32页

尺　　　寸：19cm

价　　　格：0.13

馆藏地址：北京舞蹈学院图书馆

内容提要：本书介绍了歌舞"小民兵"的情节内容、舞蹈音乐、动作说明、场记、服装和道具。

中图法分类：（索书号）J722.3/54
题　　　名：儿童歌舞：小社员
责　任　者：杨书明编舞
出　版　者：上海文化出版社
出版时间：1965
出　版　地：上海
页　　　数：22 页
尺　　　寸：19cm
价　　　格：0.10
馆藏地址：北京舞蹈学院图书馆
内容提要：本书介绍了歌舞"小社员"的情节内容、舞蹈音乐、动作说明、场记、服装和道具。

0513

中图法分类：（索书号）J722.7/6
题　　　名：秧歌剧：红苗
责　任　者：沈阳市曲艺团创作组作词，董广生编曲
出　版　者：春风文艺出版社
出版时间：1965
出　版　地：沈阳
页　　　数：45 页
尺　　　寸：19cm
价　　　格：0.12
馆藏地址：北京舞蹈学院图书馆
内容提要：本歌剧主要是秧歌剧：红苗，包括歌剧曲谱、剧情对白等内容、舞蹈音乐、动作说明、场记、服装和道具。

0514

0515

中图法分类：（索书号）J723.1
　　　　　　　　（915.5/0286）
题　　　名：椰林怒火：四场歌舞
责　任　者：音乐舞蹈史诗《东方红》导演团
出　版　者：音乐出版社
出版时间：1965.5
出　版　地：北京
页　　　数：30 页
尺　　　寸：19cm
价　　　格：0.13
馆藏地址：上海图书馆
主题标目：歌舞剧—戏剧音乐—乐曲—中国
内容提要：《椰林怒火》是八一电影制片厂
于 1965 年出品的舞蹈片。该片由五场歌舞组
成。此歌舞的内容梗概是：越南人民在美国侵
略者的屠刀下，被赶进了"战略村"，失去了
自由。他们怀念北方，盼望早日赶走侵略者，
实现祖国统一。在越南南方民族解放阵线的领导下，人民组织起来和美伪军进行斗争，
地下武装杀死了敌哨兵，扯下了敌伪军的旗子，挂上了民族解放阵线红蓝金星旗。

0516

中图法分类：（索书号）J702
　　　　　　　　（995.029/1201）
题　　　名：复印报刊专题资料：舞蹈（内部
　　　　　　资料）
责　任　者：上海图书馆
出　版　者：上海图书馆
出版时间：1966.1
出　版　地：上海
页　　　数：36 页
尺　　　寸：18cm
价　　　格：
馆藏地址：上海图书馆
主题标目：舞蹈—教材
内容提要：此资料是由中国人民大学书报资
料社做的舞蹈专题报刊。

中图法分类：（索书号）J723.1/9
题　　　名：刚果河在怒吼：歌曲集，六场
　　　　　　舞剧
责　任　者：音乐舞蹈史诗《东方红》导演
　　　　　　团编
出　版　者：音乐出版社
出 版 时 间：1966.2
出　版　地：北京
页　　　数：60 页
尺　　　寸：20cm
价　　　格：0.26
馆 藏 地 址：北京舞蹈学院图书馆
内 容 提 要：本书主要内容包括欢庆独立、灾
难深重、橄榄枝下、黑人之歌、擂起战鼓、冲
出牢笼六场舞剧。主要对每场舞剧内容进行了
概述，并配有舞曲。

0517

中图法分类：（索书号）J722.1/18
题　　　名：集体舞选（影印本）
责　任　者：陈次秋编著
出　版　者：音乐出版社
出 版 时 间：1966.4
出　版　地：北京
页　　　数：28 页
尺　　　寸：18cm
价　　　格：0.11
馆 藏 地 址：北京舞蹈学院图书馆
内 容 提 要：本书介绍了舞蹈"毛主席，祝你
万寿无疆"等 7 个集体舞的音乐、动作和
跳法。

0518

0519

中图法分类：（索书号）J643.3
　　　　　　　　（914/2308）
题　　　名：芭蕾舞剧《白毛女》歌曲选
责　任　者：上海市舞蹈学校编
出　版　者：上海文化出版社
出版时间：1966
出　版　地：上海
页　　　数：30页：图
尺　　　寸：19cm
价　　　格：0.14
馆藏地址：上海图书馆
主题标目：芭蕾舞—歌曲—中国—选集
内容提要：这是八个样板戏之一革命现代芭蕾舞剧"白毛女"的歌曲选。有喜儿和杨白劳的对唱，有喜儿被黄世仁逼迫在大山上的控诉，有喜儿与大春的对唱。其歌唱艺术水平是很高的。确实是芭蕾舞洋为中用的样板。也是浪漫主义与现实主义结合的范例。但是在创作上有当时"左"的"三突出"痕迹。

0520

中图法分类：（索书号）J722.7/11
题　　　名：送咱队长上北京（民间舞蹈）
　　　　　　　　（影印本）
责　任　者：姚绿野作词
出　版　者：吉林人民出版社
出版时间：1966
出　版　地：长春
页　　　数：32页
尺　　　寸：18cm
价　　　格：0.08
馆藏地址：北京舞蹈学院图书馆
内容提要：本舞剧包括两个小节目，分别是《送咱队长上北京》民间歌舞、《踩格子谣》民歌等。

中图法分类：（索书号）J719/2

题　　　名：舞蹈基本功教材（广西艺术学院
艺术师范系试用）（内部资料）
（油印本）

责　任　者：广西艺术学院艺术师范专业社来
社去试点班编

出　版　者：广西艺术学院艺术师范专业社来
社去试点班

出版时间：1966

出　版　地：南宁

页　　　数：41 页

尺　　　寸：28cm

价　　　格：

馆藏地址：北京舞蹈学院图书馆

内容提要：本书内容包括人体各部位的名
称、表演、方向，舞蹈基本功训练中常用术语
和手、脚的位置，舞蹈基本功动作训练的分
类，组合性训练，舞蹈基本功训练的步骤和课堂的组织以及训练中应当注意的问题等。

中图法分类：（索书号）J723.47/5

题　　　名：革命现代芭蕾舞剧：白毛女

责　任　者：上海市舞蹈学校集体创作

出　版　者：北京出版社

出版时间：1967.8

出　版　地：北京

页　　　数：60 页

尺　　　寸：18cm

价　　　格：0.22

馆藏地址：北京舞蹈学院图书馆

内容提要：本书为纪念毛主席《在延安文艺
座谈会上的讲话》发表二十五周年，在首都舞
台上演出的革命现代芭蕾舞剧——白毛女的剧
情进行简介，选取了 20 多首歌曲对唱曲谱等。

0523

中图法分类：（索书号）J723.47/6
题　　　名：红色娘子军（革命现代芭蕾舞剧）
责　任　者：工农兵芭蕾舞剧团集体创作
出　版　者：北京出版社
出版时间：1967.8
出　版　地：北京
页　　　数：41 页
尺　　　寸：18cm
价　　　格：0.18
馆藏地址：北京舞蹈学院图书馆
内容提要：本剧本是当时八个革命样板戏之一。革命现代舞剧《红色娘子军》。她是外国古典芭蕾洋为中用的样板，她较好地体现了革命现代舞剧的主题。本书主要包括革命舞剧——红色娘子军舞剧剧本。对剧中的主要人物、剧照、舞蹈的场记等内容——做了详细的描述。

0524

中图法分类：（索书号）J645.2
题　　　名：音乐舞蹈专辑：彻底砸烂反革命修正主义文艺路线
责　任　者：《音乐舞蹈专辑》编辑组
出　版　者：上海合唱团"东方红""红旗""一反到底"战斗队
出版时间：1967.7
出　版　地：上海
页　　　数：32 页
尺　　　寸：18cm
价　　　格：0.16
馆藏地址：北京舞蹈学院（个人收藏）
内容提要：在那万马齐喑的年代，此书成书的背景文化大革命 1967 年在张春桥、姚文元策划下，上海市的造反派组织夺取了上海市的党政领导大权。这场夺权斗争得到充分肯定。各地掀起由造反派夺取党和政府各级领导权的夺权狂潮一经引发便不可收拾，很快发展成"打倒一切"的全面内乱。此书开始出笼，内容是对上海音乐界的知名人士进行残酷斗争，对中国合唱事业的开拓者及奠基人之一，著名指挥家、作曲家司徒汉，对著名音乐教育家周晓燕，对上海音乐家协会等个人及单位进行迫害和批判。我们现在看到这部臭名昭著的书就更加应该珍惜、爱护现在来之不易的大好局面。此书能够在此收录就是要把它作为反面教材来警醒我们。提醒我们不能忘记过去！这也是一部不可多得的反面教材。

中图法分类：（索书号）J643.3
　　　　　　　（913.2/2308）
题　　　　名：《白毛女》伴唱歌曲：革命现代
　　　　　　　芭蕾舞剧
责　任　者：上海市舞蹈学校集体创作
出　版　者：上海文化出版社
出版时间：1968
出　版　地：上海
页　　　数：42 页：照片
尺　　　寸：17cm
价　　　格：0.15
馆藏地址：上海图书馆
主题标目：歌曲—芭蕾舞—中国
内容提要：本书是革命现代芭蕾舞剧《白毛
女》的伴唱歌曲。有喜儿和杨白劳的对唱，有
喜儿被黄世仁逼迫在大山上的控诉，有喜儿与
大春的对唱。其歌唱艺术水平是高的。确实是
芭蕾舞洋为中用的样板。也是浪漫主义与现实主义结合的范例。（此书与 0519 "白毛
女" 歌曲内容选相似）

中图法分类：J70/50
题　　　　名：舞蹈知识（影印本）　（内部资
　　　　　　　料）（油印本）
责　任　者：湖南省文艺干校编
出　版　者：湖南省文艺干校
出版时间：1969
出　版　地：长沙
页　　　数：164 页
尺　　　寸：21cm
价　　　格：
馆藏地址：北京舞蹈学院图书馆
内容提要：本书主要包括舞蹈理论课，如何
记舞蹈场记，民间舞蹈及如何收集、整理民间
舞蹈，歌舞剧《大茶山》和《花儿与少年》
的剧情介绍、动作说明、场记、音乐及服装道
具等。

0527

中图法分类：J723.47

题　　　名：革命现代舞剧《红色娘子军》评
论集：毛泽东思想照耀着舞剧革
命的胜利前程

责　任　者：江苏人民出版社编辑

出　版　者：江苏人民出版社

出版时间：1970.12

出　版　地：长沙

页　　　数：68 页

尺　　　寸：21cm

价　　　格：0.16

馆藏地址：上海图书馆

内容提要：本书是中央芭蕾舞团在周总理的
要求下，将影片改为芭蕾舞，上演后又一次产
生了轰动效应。不断涌起的掌声，撞击着江青
的心。为了迎合毛主席的艺术趣味，从 1964
年底起，江青开始着手芭蕾舞《红色娘子军》

的重新排演，作了许多具体指示。此后，她又将芭蕾舞改编成京剧，并于 1970 年和
1972 年把芭蕾舞和京剧《红色娘子军》分别拍成影片，在全国上映。"文革"结束后，
芭蕾舞《红色娘子军》一度停演。此评论集就是在"文化革命"的背景下写就的。我
们不能全面否定舞剧的艺术价值，但在其他方面也应该反思。

0528

中图法分类：（索书号）J723.47/3/：1

题　　　名：红色娘子军：革命现代舞剧，上
（影印本）

责　任　者：中国舞剧团集体改编及演出（一
九七〇年五月演出本）

出　版　者：人民出版社

出版时间：1970.5

出　版　地：北京

页　　　数：349 页

尺　　　寸：20cm

价　　　格：4.00

馆藏地址：北京舞蹈学院图书馆

内容提要：本剧本是当时八个革命样板戏之
一。革命现代舞剧《红色娘子军》。她是外国
古典芭蕾洋为中用的样板，她较好地体现了革
命现代舞剧的主题。本书主要包括革命舞剧
——红色娘子军舞剧剧本。对剧中的主要人
物、剧照、舞蹈的场记、舞台的美术等内容一一做了详细的描述。本书内容还包括毛主
席在延安看了《逼上梁山》后写给延安评剧院的信、还选取了革命现代芭蕾舞剧：《鞭
痕满身仇难忘》女声齐唱、《红色娘子军队歌》女声合唱、《红色娘子军队歌》混声合
唱三个舞曲等。这本书正是文化大革命八个革命样板戏最盛行的时期，所以"左"的影
响在这本书中看得非常清楚。

中图法分类：（索书号）J723.47/3/：2
题　　　名：红色娘子军：革命现代舞剧，下
　　　　　　（影印本）
责　任　者：中国舞剧团集体改编及演出（一
　　　　　　九七零年五月演出本）
出　版　者：人民出版社
出版时间：1970.5
出　版　地：北京
页　　　数：350-684 页
尺　　　寸：20cm
价　　　格：　4.00
馆藏地址：北京舞蹈学院图书馆
内容提要：本剧本是当时八个革命样板戏之
一。革命现代舞剧《红色娘子军》。她是外国
古典芭蕾洋为中用的样板，她较好地体现了革
命现代舞剧的主题。本书主要包括革命舞剧
——红色娘子军舞剧剧本。对剧中的主要人

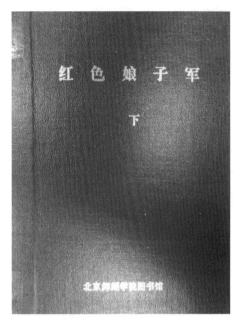

物、剧照、舞蹈的场记、舞台的美术等内容一一做了详细的描述。本书内容还包括毛主
席在延安看了《逼上梁山》后写给延安评剧院的信、还选取了革命现代芭蕾舞剧：《鞭
痕满身仇难忘》女声齐唱、《红色娘子军队歌》女声合唱、《红色娘子军队歌》混声合
唱三个舞曲等。这本书正是文化大革命八个革命样板戏最盛行的时期，所以"左"的影
响在这本书中看得非常清楚。

中图法分类：（索书号）J723.47/4
题　　　名：红色娘子军：革命现代舞剧
责　任　者：中国舞剧团集体改编
出　版　者：人民出版社
出版时间：1970
出　版　地：北京
页　　　数：684 页
尺　　　寸：22cm
价　　　格：4.00
馆藏地址：北京舞蹈学院图书馆
内容提要：本剧本是当时八个革命样板戏之
一。革命现代舞剧《红色娘子军》。她是外国
古典芭蕾洋为中用的样板，她较好地体现了革
命现代舞剧的主题。本书主要包括革命舞剧
——红色娘子军舞剧剧本。对剧中的主要人
物、剧照、舞蹈的场记、舞台的美术等内容一
一做了详细的描述。

0531

中图法分类：（索书号）J722.4/4
题　　　名：中国古典舞参考资料
（内部资料）试用（油印本）
责　任　者：湖南省文艺干校翻印
出　版　者：湖南省文艺干校
出版时间：1970
出　版　地：长沙
页　　　数：65 页
尺　　　寸：18cm
价　　　格：
馆藏地址：北京舞蹈学院图书馆
内容提要：本书是古典舞的教学资料。主要
对中国舞蹈的肢体锻炼法和中国古典舞的基本
训练做了比较详细的介绍。

0532

中图法分类：（索书号）J722.211/18／：1
题　　　名：定县秧歌选（第一辑）
责　任　者：李景汉，张世文编
出　版　者：中华平民教育促进会
出版时间：1971. 春季（原版 1933.4）
出　版　地：香港
页　　　数：1049，[18] 页
尺　　　寸：19cm
价　　　格：25.00
馆藏地址：北京舞蹈学院图书馆
内容提要：要书内容分两部分：一、绪论，
论述秧歌的沿革、现状和分类；二、秧歌选
录，分爱情、孝节、夫妻关系、婆媳关系、谐
谑和杂类 6 类，共收 48 个剧本。定县秧歌以
象征叙事的方式将中国传统家庭伦理的一些抽
象观念如"孝道"置于具体的生活情境中来讨
论，指出抽象的伦理原则在进入具体情境时所
遭遇的种种难题。是中国北方民俗舞蹈之一。

中图法分类：（索书号）J722. 211/18／：2
题　　　名：定县秧歌选．（第二辑）
责 任 者：李景汉，张世文编
出 版 者：东方文化书局
时　　　间：1971. 春季（1933.4）
出 版 地：香港
页　　　数：221 页
尺　　　寸：26cm
价　　　格：25.00
馆 藏 地 址：北京舞蹈学院图书馆
内 容 提 要：本书内容分两部分：一、绪论，论述秧歌的沿革、现状和分类；二、秧歌选录，分爱情、孝节、夫妻关系、婆媳关系、谐谑和杂类 6 类，共收 48 个剧本。定县秧歌以象征叙事的方式将中国传统家庭伦理的一些抽象观念如"孝道"置于具体的生活情境中来讨论，指出抽象的伦理原则在进入具体情境时所遭遇的种种难题。是中国北方民俗舞蹈之一。

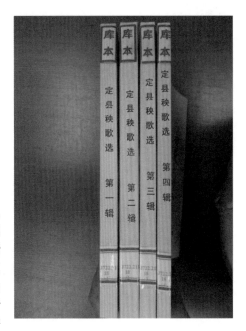

0533

中图法分类：（索书号）J722. 211/18／：3
题　　　名：定县秧歌选．（第三辑）
责 任 者：李景汉，张世文编
出 版 者：东方文化书局
时　　　间：1971. 春季（1933.4）
出 版 地：香港
页　　　数：221 页
尺　　　寸：26cm
价　　　格：25.00
馆 藏 地 址：北京舞蹈学院图书馆
内 容 提 要：本书内容分两部分：一、绪论，论述秧歌的沿革、现状和分类；二、秧歌选录，分爱情、孝节、夫妻关系、婆媳关系、谐谑和杂类 6 类，共收 48 个剧本。定县秧歌以象征叙事的方式将中国传统家庭伦理的一些抽象观念如"孝道"置于具体的生活情境中来讨论，指出抽象的伦理原则在进入具体情境时所遭遇的种种难题。是中国北方民俗舞蹈之一。

0534

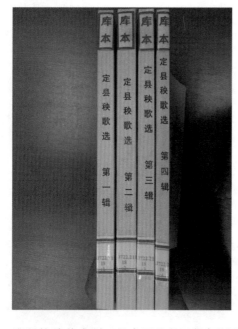

0535

中图法分类：（索书号）J722.211/18/：4
题　　　名：定县秧歌选．（第四辑）
责　任　者：李景汉，张世文编
出　版　者：东方文化书局
时　　　间：1971.春季（1933.4）
出　版　地：香港
页　　　数：221页
尺　　　寸：26cm
价　　　格：25.00
馆藏地址：北京舞蹈学院图书馆
内容提要：本书内容分两部分：一、绪论，论述秧歌的沿革、现状和分类；二、秧歌选录，分爱情、孝节、夫妻关系、婆媳关系、谐谑和杂类6类，共收48个剧本。定县秧歌以象征叙事的方式将中国传统家庭伦理的一些抽象观念如"孝道"置于具体的生活情境中来讨论，指出抽象的伦理原则在进入具体情境时所遭遇的种种难题。是中国北方民俗舞蹈之一。

0536

中图法分类：（索书号）J722.3/79
题　　　名：爱劳动（幼儿歌舞）（影印本）
责　任　者：上海市徐汇区机关建国幼儿园创作
出　版　者：上海人民出版社
出版时间：1972
出　版　地：上海
页　　　数：21页
尺　　　寸：15（20）cm
价　　　格：0.05
馆藏地址：北京舞蹈学院图书馆
内容提要：本书介绍了歌舞"爱劳动"的音乐、动作说明、场记、服装道具。此歌舞很适合幼儿园小朋友对培养爱劳动观念的认识。

中图法分类：（索书号）J722.3/78
题　　　名：红小兵歌舞：小炮兵（影印本）
责　任　者：上海市普陀区中山北路第五小学
　　　　　　创作
出　版　者：上海人民出版社
出版时间：1972
出　版　地：上海
页　　　数：14页
尺　　　寸：17（20）cm
价　　　格：0.06
馆藏地址：北京舞蹈学院图书馆
内容提要：本书介绍了歌舞表演"小炮兵"
的音乐、人数、服装和道具、跳法和动作图。

0537

中图法分类：（索书号）J712.25/22
题　　　名：芭蕾舞蹈基本训练：足尖教材
　　　　　　（影印本）（内部资料）
责　任　者：吉林省艺术学校编
出　版　者：吉林省艺术学校
出版时间：1973.2
出　版　地：长春
页　　　数：82页
尺　　　寸：26cm
价　　　格：
馆藏地址：北京舞蹈学院图书馆
内容提要：本书介绍了五年制舞蹈专业学生
每一学年脚尖课的教学任务、内容和教材，着
重提出了脚尖教学的一般规律，并说明了动作
（包括节拍处理和范围）的做法。

0538

0539

中图法分类：（索书号）J722.3/20
题　　　名：草原红小兵：舞蹈
责　任　者：崇文区手帕胡同小学文艺宣传队
　　　　　　编舞
出　版　者：北京人民出版社
出版时间：1973.6
出　版　地：北京
页　　　数：30页
尺　　　寸：14cm
价　　　格：0.05
馆藏地址：北京舞蹈学院图书馆
内容提要：本书介绍了舞蹈"草原红小兵"
的故事梗概、音乐、动作说明、场记说明和服
装道具等。

0540

中图法分类：（索书号）J722.3/15
题　　　名：火车向着韶山跑（红小兵歌舞）
责　任　者：上海市长宁区少年宫，孙鞠娟
　　　　　　编舞
出　版　者：上海人民出版社
出版时间：1973.9
出　版　地：上海
页　　　数：30页
尺　　　寸：14cm
价　　　格：0.07
馆藏地址：北京舞蹈学院图书馆
内容提要：本书记录了歌舞"火车向着韶山
跑"的音乐、说明、动作和场记等。

中图法分类：（索书号）J722.3/1
题　　　名：红小兵歌舞：风雪小红花
责　任　者：上海市少年宫编
出　版　者：上海人民出版社
出版时间：1973.10
出　版　地：上海
页　　　数：59页
尺　　　寸：16cm
价　　　格：0.17
馆藏地址：北京舞蹈学院图书馆
内容提要：本书记录了歌舞"风雪小红花"
的创作体会、情节内容、主旋律乐谱、舞蹈场
记、主要舞蹈动作说明和布景制作示意图等。

0541

中图法分类：（索书号）J722.6/30
题　　　名：草原女民兵：舞蹈
责　任　者：伯寿等编舞
出　版　者：人民音乐出版社
出版时间：1973
出　版　地：北京
页　　　数：42页
尺　　　寸：26cm
价　　　格：0.08
馆藏地址：北京舞蹈学院图书馆
内容提要：本书对"草原女民兵"舞蹈的内
容、音乐、说明、舞蹈动作及场记等分别进行
了详细的介绍。

0542

0543

中图法分类：（索书号）J722.6/31

题　　　名：工农兵歌舞：战"三秋"（影印本）

责　任　者：上海市东风农场业余文艺宣传队创作

出　版　者：上海人民出版社

出 版 时 间：1973

出　版　地：上海

页　　　数：43 页

尺　　　寸：18cm

价　　　格：0.13

馆 藏 地 址：北京舞蹈学院图书馆

内 容 提 要：本歌舞通过"三秋"劳动的几个侧面的描述，生动地反映了农场青年战天斗地的革命干劲。本书主要对舞蹈的台本、音乐、动作、场记等内容进行了详细的说明。

0544

中图法分类：（索书号）J722.3/22

题　　　名：红小兵歌舞：送饲料

责　任　者：上海市肇周路小学编

出　版　者：上海人民出版社

出 版 时 间：1973

出　版　地：上海

页　　　数：20 页

尺　　　寸：14cm

价　　　格：0.05

馆 藏 地 址：北京舞蹈学院图书馆

内 容 提 要：本书介绍了歌舞"送饲料"的创作过程、音乐总旋律、舞蹈动作说明和舞蹈场记等。

中图法分类：(索书号) J709/9
题　　　名：舞蹈摘译：芭蕾简史
责　任　者：里利安·莫尔著；叶念先、朱立
　　　　　　人译
出　版　者：中国舞蹈工作者协会广东分会
出版时间：1973
出　版　地：广州
页　　　数：160 页
尺　　　寸：19cm
价　　　格：0.33
馆藏地址：北京舞蹈学院图书馆
内容提要：本书是 1973 年版《大英百科全
书》中的"芭蕾舞史"部分的中文选译。目的
是供专业读者在研究国外舞蹈动态方面时做
参考。

中图法分类：(索书号) J722.6/26
题　　　名：喜晒战备粮：舞蹈
责　任　者：北京大兴县业余文艺宣传队创作
出　版　者：人民文学出版社
出版时间：1973
出　版　地：北京
页　　　数：19 页
尺　　　寸：26cm
价　　　格：0.17
馆藏地址：北京舞蹈学院图书馆
内容提要：本舞蹈通过社员们在场院上富有
生活气息的晒粮情节，反映了广大贫下中农喜
庆丰收的愉快心情和爱国家、爱集体的高尚风
格。本书对舞蹈的内容介绍、音乐、动作说明
等内容分别进行了详细的介绍。

0547

中图法分类：（索书号）J722. 3/12

题　　名：迎着太阳做早操：儿童小歌舞

责　任　者：人民文学出版社编

出　版　者：人民文学出版社

出版时间：1973

出　版　地：北京

页　　数：27 页

尺　　寸：18cm

价　　格：0. 10

馆藏地址：北京舞蹈学院图书馆

内容提要：本书由两部分组成：一部分是红小兵歌舞的表演舞蹈，这部小歌舞记述了天真烂漫的红小兵早晨在初升的太阳下欢蹦乱跳的在做着早操。小歌舞表现了少年儿童从小就要锻炼身体的好品德。另一部分是小歌舞太阳照亮放牧场。小歌舞表现了牧童在牧场上放牧的场景。本书前面是本歌舞的主旋律谱，后面是舞蹈动作及场记说明。

0548

中图法分类：（索书号）J723. 1/10

题　　名：鱼水情（小舞剧）（影印本）

责　任　者：汪兆雄，力凯丰编舞；夏康，袁至刚作曲；焦乃积作词

出　版　者：人民音乐出版社

出版时间：1973

出　版　地：北京

页　　数：62 页

尺　　寸：26cm

价　　格：0. 11

馆藏地址：北京舞蹈学院图书馆

内容提要：本舞剧主要介绍了部队野营途中，张大娘下为战士做鞋；战士月下为张大娘做扁担的事迹，表现军爱民，民拥军，军民团结的深情厚谊。本书内容主要对舞剧的剧本、舞曲、基本动作进行了详细的说明。

中国舞蹈图书总书目

中图法分类：（索书号）J722.3/83
题　　　名：朝鲜族舞蹈：积肥舞（影印本）
责　任　者：沈阳市文化局整理
出　版　者：辽宁人民出版社
出版时间：1974.1
出　版　地：沈阳
页　　　数：49页
尺　　　寸：19cm
价　　　格：0.11
馆藏地址：北京舞蹈学院图书馆
内容提要：本舞蹈是一个朝鲜族儿童舞蹈，全舞共分为三段，本书主要是对舞蹈的音乐部分、步法说明、场记等内容作了详细的说明。

0549

中图法分类：（索书号）J722.3/30
题　　　名：我们是小骑兵
责　任　者：郭学慧编舞
出　版　者：上海人民出版社
出版时间：1974.1
出　版　地：上海
页　　　数：20页
尺　　　寸：19cm
价　　　格：0.10
馆藏地址：北京舞蹈学院图书馆
内容提要：本书介绍了歌舞"我们是小骑兵"的创作体会、音乐、动作、场记、服装和道具等。

0550

0651

中图法分类：（索书号）J722.1/41
题　　　名：送粮路上（舞蹈）
责　任　者：中央民族学院艺术系创作组创作
出　版　者：人民音乐出版社
出　版　时　间：1974.3
出　版　地：北京
页　　　数：38 页
尺　　　寸：26cm
价　　　格：0.07
馆　藏　地　址：北京舞蹈学院图书馆
内　容　提　要：本书介绍了舞蹈"送粮路上"的内容简介、音乐、动作说明、场记说明、服装和道具。

0652

中图法分类：（索书号）J722.3/18
题　　　名：红小兵歌舞：赛跑
责　任　者：上海市北京西路小学，秦连生创作
出　版　者：上海人民出版社
出　版　时　间：1974.4
出　版　地：上海
页　　　数：20 页
尺　　　寸：14cm
价　　　格：0.05
馆　藏　地　址：北京舞蹈学院图书馆
内　容　提　要：本书介绍了红小兵歌舞"赛跑"的音乐、动作说明和表演说明等。

中图法分类：（索书号）J712.25/18
题　　　名：芭蕾舞蹈参考资料（内部资料）
　　　　　　（油印本）
责　任　者：北京舞蹈学校资料室编
出　版　者：北京芭蕾舞学校
出版时间：1974.5
出　版　地：北京
页　　　数：208 页
尺　　　寸：26cm
价　　　格：
馆藏地址：北京舞蹈学院图书馆
内容提要：本书介绍了古典芭蕾基本训练中
身体的各个部分的姿势，古典芭蕾基本训练，
Adagio，Allegro 与打脚，辅助动作，旋转动作，
脚尖练习和古典芭蕾基训大纲等。

中图法分类：（索书号）J711.3
　　　　　711（I207.302 \ 6 \ 中文图书基
　　　　　藏库 \ 中文基藏）
题　　　名：赞革命样板戏舞蹈设计
责　任　者：上海人民出版社编辑部
出　版　者：上海人民出版社
出版时间：1974.10
出　版　地：上海
页　　　数：62 页
尺　　　寸：19cm
价　　　格：0.15
馆藏地址：国家图书馆
内容提要：本书重点介绍了"文革"时期革
命样板戏，重点对革命现代舞剧《红色娘子
军》的舞蹈设计进行了评价。在当时极左思想
影响下三突出原则泛滥。三突出原则的内容
是：在所有人物中突出正面人物，在正面人物
始终突出英雄人物，在英雄人物的时候始终突出主要英雄人物。书中的文章：《挺拔舒
展 一望无前—赞洪常青的舞蹈语汇和造型》进行赞扬。我们在此书中看到在极"左"
思潮影响下的舞蹈设计。

0555

中图法分类：（索书号）J705/17

题　　　名：中国革命历史的壮丽画卷—谈革命样板戏的成就和意义（内部资料）（油印本）

责　任　者：国务院文化组文艺调演办公室

出　版　者：国务院文化组文艺调演办公室

出版时间：1974.6

出　版　地：北京

页　　　数：1册

尺　　　寸：18cm

价　　　格：9.80

馆藏地址：北京舞蹈学院图书馆

内容提要：本书是学习革命样板戏经验材料汇总，内容包括：革命样板戏的成就和意义，北京京剧团《红灯记》剧组关于塑造李玉和英雄形象的体会，上海京剧团《智取威虎山》、《海港》剧组的体会，北京京剧团《沙家浜》剧组的创作体会，上海市《龙江颂》剧组的创作体会等。此书留下了当时"左"的痕迹。

0556

中图法分类：（索书号）J722.3/34

题　　　名：宝塔山上育新苗：歌舞（影印本）

责　任　者：陕西省工农兵艺术馆艺术组，陕西省铜川市歌舞剧团编舞

出　版　者：上海人民出版社

出版时间：1974

出　版　地：上海

页　　　数：44页

尺　　　寸：19cm

价　　　格：0.13

馆藏地址：北京舞蹈学院图书馆

内容提要：本书介绍了歌舞"宝塔山上育新苗"的创作体会、音乐、动作、场记、服装和道具、舞台美术等。这个小歌舞，通过校外辅导员——一位老红军，在假日里带领红小兵在宝塔山栽树的情节，在欢快明朗的旋律和活泼淳朴的动作中，生动地表现老一辈革命者热情地培养革命接班人，育苗又育人的主题思想，充分抒发了延安儿女想念毛主席的深厚阶级感情，和永远沿着毛主席革命路线干革命的决心。

中图法分类：（索书号）J722.3/76

题　　　名：红小兵歌舞：颗粒归仓（影印本）

责　任　者：上海市松江县城厢镇东方红小学
　　　　　　创作

出　版　者：上海人民出版社

出版时间：1974

出　版　地：上海

页　　　数：43 页

尺　　　寸：14cm

价　　　格：0.08

馆藏地址：北京舞蹈学院图书馆

内容提要：本书介绍了舞蹈"颗粒归仓"的
情节内容、音乐、基本动作、场记、服装和
道具。

0557

中图法分类：（索书号）J721.7/5

题　　　名：革命现代舞剧《沂蒙颂》：场面
　　　　　　调度（内部资料）（油印本）

责　任　者：中国舞剧团编

出　版　者：中国舞剧团

出版时间：1974

出　版　地：北京

页　　　数：115 页

尺　　　寸：26cm

价　　　格：

馆藏地址：北京舞蹈学院图书馆

内容提要：此书是当时中国舞剧团排练革命
现代舞剧《沂蒙颂》的场面调度本。有着珍贵
的保留价值。

0558

0559

中图法分类：（索书号）J722.3/82
题　　　名：看画报：幼儿歌舞（影印本）
责　任　者：上海市普陀区曹杨新村第五幼儿
　　　　　　园创作
出　版　者：上海人民出版社
出版时间：1974
出　版　地：上海
页　　　数：23页
尺　　　寸：14cm
价　　　格：0.05
馆藏地址：北京舞蹈学院图书馆
内容提要：全书主要介绍了幼儿歌舞《看画
报》舞蹈的曲谱和场记、舞蹈动作等内容。

0560

中图法分类：（索书号）J722.6/6
题　　　名：抗旱歌（小舞蹈）
责　任　者：朝阳区业余文艺创作学习班作词
　　　　　　编舞
出　版　者：北京人民出版社
出版时间：1974
出　版　地：北京
页　　　数：60页
尺　　　寸：19cm
价　　　格：0.14
馆藏地址：北京舞蹈学院图书馆
内容提要：本舞剧描写了人民公社的社员们
在抗旱斗争中举红旗，发扬一不怕苦，二不怕
死的革命精神等内容。本书主要介绍了舞蹈的
内容、音乐、美术等。

中图法分类：（索书号）J722.3/36
题　　　名：上山下乡就是好：幼儿歌舞（影
　　　　　　印本）
责　任　者：上海市襄阳南路第二幼儿园创作
出　版　者：上海人民出版社
出版时间：1974
出　版　地：上海
页　　　数：16 页
尺　　　寸：14cm
价　　　格：0.05
馆藏地址：北京舞蹈学院图书馆
内容提要：本书介绍了歌舞"上山下乡就是
好"的音乐、场记和道具制作。

中图法分类：（索书号）J732.3/1
题　　　名：音乐舞蹈史诗：献给爸爸元帅的
　　　　　　光荣之歌（儿童史诗）
责　任　者：朝鲜外国文出版社
出　版　者：朝鲜外国文出版社（朝鲜画报，
　　　　　　外文画册）
出版时间：1974（中文版）
出　版　地：平壤
页　　　数：49 页
尺　　　寸：19cm
价　　　格：
馆藏地址：北京舞蹈学院图书馆
内容提要：本书主要介绍了音乐舞蹈史诗：
献给爸爸元帅的光荣之歌：包括：《金日成将
军之歌》、《我们用领袖送来的乐器弹唱幸福》
等多个朝鲜少年儿童歌舞。表现了朝鲜小朋友
对革命领袖金日成的无限崇敬和热爱。也反映
了朝鲜领导人金日成对少年儿童的关心。封面上是《儿童史诗》，里面的标题是；音乐
舞蹈史诗《献给爸爸元帅的光荣之歌》，朝鲜平壤外国文出版社 1974 年发行的中文版。
朝鲜外国文出版社 1974 年发行（中文版）整册共 22 页图文并茂，此歌舞剧是歌颂金日成
的献礼，朝鲜音乐舞蹈最高水平作品之一，被赞誉为"纪念碑式的杰作"。

0563

中图法分类：（索书号）J722.3/77
题　　　名：幼儿歌舞：打乒乓（影印本）
责　任　者：上海市荷花池幼儿园创作
出　版　者：上海人民出版社
出版时间：1974
出　版　地：上海
页　　　数：16 页
尺　　　寸：17cm
价　　　格：0.05
馆藏地址：北京舞蹈学院图书馆
内容提要：本书介绍了幼儿歌舞"打乒乓"的歌舞音乐、歌舞的基本动作和歌舞场记等。

0564

中图法分类：（索书号）J722.3/29
题　　　名：幼儿歌舞：让工人叔叔阿姨好好
　　　　　　休息（影印本）
责　任　者：上海市长宁区兴国路幼儿园创作
出　版　者：上海人民出版社
出版时间：1974
出　版　地：上海
页　　　数：28 页
尺　　　寸：14cm
价　　　格：0.06
馆藏地址：北京舞蹈学院图书馆
内容提要：本书介绍了幼儿歌舞"让工人叔叔阿姨好好休息"的音乐、基本动作、场记说明和布景道具等。

中图法分类：（索书号）J722.3/16
题　　　名：扫雪（幼儿歌舞）（影印本）
责　任　者：外交部幼儿园等编
出　版　者：北京人民出版社
出版时间：1975.6
出　版　地：北京
页　　　数：104 页
尺　　　寸：19cm
价　　　格：0.22
馆藏地址：北京舞蹈学院图书馆
内容提要：本书介绍了"长大我也去炼钢"、
"扫雪"等 8 个幼儿表演唱和舞蹈的内容简介、
人物、服装、道具、舞蹈说明、乐曲和场记说
明等。

0565

中图法分类：（索书号）J722.6/51
题　　　名：部分省、市、自治区文艺调演：
　　　　　　舞蹈（内部资料）（油印本）
责　任　者：宁夏回族自治区代表团歌舞演
　　　　　　出队
出　版　者：宁夏回族自治区代表团
出版时间：1975.9
出　版　地：北京
页　　　数：45 页
尺　　　寸：26cm
价　　　格：
馆藏地址：北京舞蹈学院图书馆
内容提要：本书收集了部分省、市、自治区
舞蹈文艺调演作品。由宁夏回族自治区代表团
歌舞演出队演出。其中包括《麦场新歌》、《矿
山新兵》、《新苗》、《选军马》、《果园小哨兵》
舞蹈作品的内容介绍和曲谱。

0566

0567

中图法分类：（索书号）J719.5/11

题　　　名：芭蕾舞教学法（内部教材）（油印本）

责　任　者：文化部北京舞蹈学校芭蕾教研组编

出　版　者：北京舞蹈学校芭蕾教研组

出版时间：1975.

出　版　地：北京

页　　　数：163页

尺　　　寸：26cm

价　　　格：

馆藏地址：北京舞蹈学院图书馆

内容提要：本书内容包括芭蕾舞中的脚尖动作、腿击动作、各种转的动作、跳跃动作、其他动作等。

0568

中图法分类：（索书号）J722.3/67

题　　　名：风雨上学：儿童歌舞（影印本）

责　任　者：湖南人民出版社编辑

出　版　者：湖南人民出版社

出版时间：1975

出　版　地：长沙

页　　　数：61页

尺　　　寸：19cm

价　　　格：0.15

馆藏地址：北京舞蹈学院图书馆

内容提要：本书介绍了儿童歌舞"做颗永不生锈的螺丝钉"、"风雨上学"的舞蹈情节内容、人数、服装道具、音乐、动作说明和场记说明。

中图法分类：（索书号）J722.6/52
题　　　名：舞蹈作品简介（内部资料）（油
　　　　　　印本）
责　任　者：云南省代表团歌舞演出队
出　版　者：云南省代表团歌舞演出队
出版时间：1975.
出　版　地：昆明
页　　　数：10页
尺　　　寸：26cm
价　　　格：
馆藏地址：北京舞蹈学院图书馆
内容提要：本舞蹈作品内容包括《知识青年
下乡来》，《做军鞋》《石雷新歌》《战山河》
等，并对其舞蹈作品的内容和主题歌曲进行了
介绍。

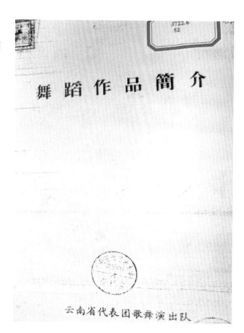

中图法分类：（索书号）J722.7/37
题　　　名：新木卡姆（乌夏克）大歌舞：人
　　　　　　民公社好（第六稿）（影印本）
　　　　　　（内部资料）
责　任　者：新疆歌舞团编
出　版　者：新疆歌舞团
出版时间：1975
出　版　地：乌鲁木齐
页　　　数：30页
尺　　　寸：26cm
价　　　格：
馆藏地址：北京舞蹈学院图书馆
内容提要：本书主要收集了关于新疆新木卡
姆大歌舞《人民公社好》歌剧的剧本和新疆少
数民族舞蹈的一些获奖节目的画册等内容

0571

中图法分类：（索书号）J722.3/75
题　　　名：长大要把祖国保：儿童歌舞（影印本）
责　任　者：湖南人民出版社编辑
出　版　者：湖南人民出版社
出版时间：1975
出　版　地：长沙
页　　　数：52 页
尺　　　寸：19cm
价　　　格：0.02
馆藏地址：北京舞蹈学院图书馆
内容提要：本书介绍了歌舞"长大要把祖国保"、"送饲料"的情节内容、人物、服装道具、音乐、动作说明和场记说明。

0572

中图法分类：（索书号）J722.1/30
题　　　名：金色种子（三人舞）主旋律谱（内部资料）（油印本）
责　任　者：谢谢等
出　版　者：吉林市歌舞团
出版时间：1976.3.15
出　版　地：吉林市
页　　　数：43 页
尺　　　寸：26cm
价　　　格：0.08
馆藏地址：北京舞蹈学院图书馆
内容提要：本书是舞蹈《金色种子》（三人舞）的主旋律谱。此舞蹈通过红小兵机智地保护良种，勇敢地和敌人的破坏活动做斗争。反映了"农业学大寨"中存在着尖锐的阶级斗争，歌颂了毛泽东思想哺育下的红小兵在阶级斗争的风浪中茁壮成长。

中图法分类：（索书号）J705/69
题　　　名：云门舞集（影印本）
责　任　者：林怀民创办
出　版　者：台北社教馆
出 版 时 间：1976.3
出　版　地：台北市
页　　　数：56 页
尺　　　寸：28cm
价　　　格：
馆 藏 地 址：北京舞蹈学院图书馆
内 容 提 要：本书是台湾云门舞集的创办者林怀民先生创作的舞剧。主要内容包括：我的乡愁，我的歌（序幕），风景中的"一丝残照"；奇冤报；盲；小鼓手（序幕），白蛇传，廖添丁（序幕），新传中的"渡海"，星宿等。

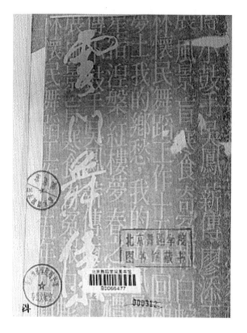

中图法分类：（索书号）J722.1/32
题　　　名：支农船歌（舞蹈）
责　任　者：武汉歌舞剧院《支农船歌》创作组编舞
出　版　者：人民音乐出版社
出 版 时 间：1976.3
出　版　地：北京
页　　　数：43 页
尺　　　寸：26cm
价　　　格：0.08
馆 藏 地 址：北京舞蹈学院图书馆
内 容 提 要：本书介绍了舞蹈"支农船歌"的内容简介、音乐、动作说明、场记说明、布景、服装和道具。

0575

中图法分类：（索书号）J722.6/33
题　　　名：阿妹上大学：舞蹈
责　任　者：荣培羽，邹影焰创作；湖南省歌
　　　　　　舞团改编
出　版　者：湖南人民出版社
出版时间：1976.5
出　版　地：长沙
页　　　数：59页
尺　　　寸：26cm
价　　　格：0.33
馆藏地址：北京舞蹈学院图书馆
内容提要：本舞剧热情歌颂了毛主席的无产
阶级教育路线、歌颂了新时代中涌现出的新生
事物。书中介绍了本舞剧的舞曲、基本动作说
明、服装、道具等内容。

0576

中图法分类：（索书号）J723.47/2
题　　　名：革命现代芭蕾舞剧《沂蒙颂》
责　任　者：新华社供稿
出　版　者：上海人民出版社
出版时间：1976.5
出　版　地：上海
页　　　数：22页
尺　　　寸：7.87x10.92cm
价　　　格：0.63
馆藏地址：北京舞蹈学院图书馆
内容提要：此舞剧由中央芭蕾舞团演出。本
剧是洋为中用的典范。是用外国古典芭蕾表现
革命现实主义题材的代表作之一。讴歌了解放
战争时期，山东沂蒙山区贫农妇女英嫂为了解
救子弟兵舍生忘死的英雄品质。英嫂用自己的
乳汁抢救伤员的拥军革命精神。本剧情主要介
绍了农村妇女英嫂的英雄壮举，英嫂坚贞不
屈，巧妙地避开了敌人的监视，忍着伤痛把干粮和鸡汤送上去武工队，武工队全歼了恶
霸地主还乡团等故事。书中记录舞剧部分场景。

中图法分类：（索书号）J723.1/11
题　　　名：夜练：小舞剧（影印本）
责　任　者：中国人民解放军广州部队歌舞团
出　版　者：上海文艺出版社
出 版 时 间：1976.5
出　版　地：上海
页　　　数：72 页
尺　　　寸：19cm
价　　　格：0.22
馆 藏 地 址：北京舞蹈学院图书馆
内 容 提 要：本书主要描写了步兵进行夜战、近战的一次战术演习，反映了我军常备不懈、苦练杀敌本领的战斗生活，歌颂了人民解放军这支攻无不克、战无不胜的天下劲旅。本书主要对舞剧的内容、音乐、场记、舞台美术作了详细的说明。

0577

中图法分类：（索书号）J722.6/23
题　　　名：台湾同胞我的骨肉兄弟，（双人舞）
责　任　者：业余文艺宣传队编舞
出　版　者：上海人民出版社
出 版 时 间：1976.7
出　版　地：上海
页　　　数：73 页
尺　　　寸：15×10cm
价　　　格：0.11
馆 藏 地 址：北京舞蹈学院图书馆
内 容 提 要：本舞蹈通过解放军战士和民兵的挺拔、抒情的舞蹈语汇，表达了全国人民对台湾同胞的深情怀念，和一定要统一祖国的坚定不移的决心。本书对舞蹈音乐、舞蹈场记等内容分别进行了详细的介绍。

0578

0579

中图法分类：（索书号）J709.712/15
　　　　　　（J709.712/1　J709.712/11）
题　　　名：美国的舞蹈：（上卷，中卷，下
　　　　　　卷）（影印本）
责 任 者：［美］沃尔特·特里著；田景遥译
出 版 者：今日世界出版社
出 版 时 间：1976.8（再版1986.5）
出 版 地：香港（台北）
页　　　数：212页
尺　　　寸：19cm
价　　　格：29.80
馆 藏 地 址：北京舞蹈学院图书馆
内 容 提 要：本书上卷讲述美国舞蹈概况，从
古代舞蹈到十九世纪的美国舞蹈历史；中卷讲
述美国舞蹈的改革。介绍了邓肯等九位舞蹈家
的贡献；下卷讲述美国舞蹈的现状，介绍了现
代舞、黑人舞蹈、地区芭蕾舞等。

0580

中图法分类：（索书号）J722.6/48
题　　　名：妈妈就要来了（舞蹈）（影印本）
责 任 者：潘运云等编舞
出 版 者：湖南人民出版社
出 版 时 间：1976.11
出 版 地：长沙
页　　　数：28页
尺　　　寸：28cm
价　　　格：0.17
馆 藏 地 址：北京舞蹈学院图书馆
内 容 提 要：本书主要介绍儿童舞蹈"妈妈就
要回来了"内容、音乐、动作说明、服装及道
具等。

中图法分类：（索书号）J722. 3/47
题　　　名：大院盛开向阳花：儿童歌舞（影印本）
责　任　者：崇文区手帕胡同小学文艺宣传队
出　版　者：北京人民出版社
出 版 时 间：1976
出　版　地：北京
页　　　数：79 页
尺　　　寸：19cm
价　　　格：0. 18
馆 藏 地 址：北京舞蹈学院图书馆
内 容 提 要：本书介绍了"大院盛开太阳花"、"喜看高原丰收麦"等六个儿童歌舞的内容简介、人物对白、服装、舞曲、基本动作和场记说明等。

0581

中图法分类：（索书号）J711. 2/8
题　　　名：儿童歌舞创作浅谈
责　任　者：上海市师范学校教材编写组编
出　版　者：上海人民出版社
出 版 时 间：1976
出　版　地：上海
页　　　数：90 页
尺　　　寸：19cm
价　　　格：0. 20
馆 藏 地 址：北京舞蹈学院图书馆
内 容 提 要：本书介绍了革命现代舞剧《草原儿女》的舞台形象和创作经验，上海地区部分单位在儿童歌舞的创作活动中，学习革命样板戏创作经验的体会等。

0582

0583

中图法分类：（索书号）J723.47/1
题　　名：革命现代舞剧：草原儿女（影印本）
责　任　者：上海人民出版社编
出　版　者：上海人民出版社
出版时间：1976
出　版　地：上海
页　　数：22页
尺　　寸：19cm
价　　格：0.63
馆藏地址：北京舞蹈学院图书馆
内容提要：本舞剧剧情主要介绍了内蒙古图大队反动牧主巴彦不甘心失去"天堂"，怀着刻骨仇恨，恶毒鞭打羊群，少先队员特木耳、斯琴率众狠斗巴彦。在党支部书记苏和的支持和关怀下，他俩从巴彦手中夺回羊鞭，实现了为革命放牧掌鞭的心愿。书中记录舞剧部分场景。

0584

中图法分类：（索书号）J732.3
题　　名：音乐舞蹈（北京市幼儿园试用教材）
责　任　者：北京教育局幼儿教材编写组
出　版　者：北京人民出版社
出版时间：1976.3
出　版　地：北京
页　　数：86页
尺　　寸：23cm
价　　格：0.63
馆藏地址：上海图书馆
内容提要：本书是"文化革命"将要结束前由北京教育局幼儿教材编写组为了针对当时情况编写的幼儿园教材，内有语录及适合儿童的音乐舞蹈跳法和简谱。

中图法分类：（索书号）J722.3/35
题　　　名：红小兵歌舞：海防线上：（小舞剧）（影印本）
责　任　者：中国人民解放军 83312 部队，上海市宝山县横沙公社军民联合编辑
出　版　者：上海人民出版社
出版时间：1976
出　版　地：上海
页　　　数：36 页
尺　　　寸：19cm
价　　　格：0.10
馆藏地址：北京舞蹈学院图书馆
内容提要：本书介绍了小舞剧"海防线上"的创作体会、剧情介绍、舞剧音乐等。

中图法分类：（索书号）J722.6/32
题　　　名：拉木歌：舞蹈
责　任　者：广西壮族自治区歌舞团《拉木歌》创作小组编
出　版　者：人民音乐出版社
出版时间：1976
出　版　地：北京
页　　　数：30 页
尺　　　寸：26cm
价　　　格：0.20
馆藏地址：北京舞蹈学院图书馆
内容提要：本舞蹈通过拉木、放排两个劳动侧面，表现了瑶族伐木工人学大庆的坚定信心和多为社会主义做贡献的冲天干劲和革命乐观主义的精神。本书主要对舞蹈的内容、音乐、动作、服装道具等内容进行了详细的说明。

0587

中图法分类：（索书号）J712.22/3
题　　　名：蒙古族舞蹈基本训练
责　任　者：赵淑霞，斯琴高娃记录
出　版　者：内蒙古人民出版社
出版时间：1976
出　版　地：呼和浩特
页　　　数：70页
尺　　　寸：19cm
价　　　格：0.16
馆藏地址：北京舞蹈学院图书馆
内容提要：本书内容包括蒙古族舞蹈手的方
向、抬腿的角度、常用的方向，脚的基本位
置，手的基本位置，基本步法，把杆上的基本
动作训练，把杆下的基本动作训练，伴奏音
乐等。

0588

中图法分类：（索书号）J722.3/43
题　　　名：信儿捎给台湾小朋友：红小兵歌
　　　　　　舞（影印本）
责　任　者：《信儿捎给台湾小朋友》编写组
　　　　　　编舞
出　版　者：上海人民出版社
出版时间：1976
出　版　地：上海
页　　　数：57页
尺　　　寸：14cm

价　　　格：0.10
馆藏地址：北京舞蹈学院图书馆
内容提要：本书记录了"信儿捎给台湾小朋友"的舞蹈音乐和舞蹈场记。

中图法分类：（索书号）J722.6/20
题　　　名：军鞋曲：三人舞（影印本）
责　任　者：江西省井冈山地区文艺工作团
　　　　　　创作
出　版　者：上海人民出版社
出版时间：1977.6
出　版　地：上海
页　　　数：62页
尺　　　寸：19cm
价　　　格：0.15
馆藏地址：北京舞蹈学院图书馆
内容提要：本舞蹈通过一位老大娘精心为毛
委员做军鞋的情节，体现了当年红区人民对伟
大领袖毛主席的无限热爱，和对工农红军的阶
级深情等内容。本书对舞蹈的内容介绍、音
乐、动作说明、舞蹈场记、舞台美术等内容分
别进行了详细的介绍。

中图法分类：（索书号）J722.6/42
题　　　名：永不下岗：三人舞（影印本）
责　任　者：兰州部队政治部歌舞团创作
出　版　者：上海人民出版社
出版时间：1977.6
出　版　地：上海
页　　　数：92页
尺　　　寸：19cm
价　　　格：0.21
馆藏地址：北京舞蹈学院图书馆
内容提要：本书介绍了小舞蹈"永不下岗"
的主要内容、音乐、场记、舞台美术、创作小
舞蹈的体会等。

0591

中图法分类：（索书号）J721.7/4
题　　　名：怎样记和看舞蹈场记
责　任　者：文化部文学艺术研究所编
出　版　者：上海人民出版社
出版时间：1977.7
出　版　地：上海
页　　　数：58 页
尺　　　寸：19cm
价　　　格：0.14
馆藏地址：北京舞蹈学院图书馆
内容提要：本书内容分为"内容简介"、"怎样记和看舞蹈场记"、"舞蹈音乐"、"基本动作"、"场记"、"舞台美术"五个部分。

0592

中图法分类：（索书号）J722.1/33
题　　　名：聋哑妹上学了：双人舞（影印本）
责　任　者：贵州铜仁地区文艺工作团集体创作
出　版　者：人民音乐出版社
出版时间：1977.8
出　版　地：北京
页　　　数：37 页
尺　　　寸：26cm
价　　　格：0.07
馆藏地址：北京舞蹈学院图书馆
内容提要：本书介绍了双人舞"聋哑妹上学了"的内容简介、音乐、动作说明、场记说明、服装和布景。

中图法分类：（索书号）J722.1/34
题　　　名：火车飞来大凉山：舞蹈（影印本）
责　任　者：四川省歌舞团创作、演出
出　版　者：人民音乐出版社
出版时间：1977.10
出　版　地：北京
页　　　数：37 页
尺　　　寸：26cm
价　　　格：0.23
馆藏地址：北京舞蹈学院图书馆
内容提要：本书介绍了舞蹈"火车飞来大凉山"的内容简介、音乐、动作说明、场记说明和服装。

中图法分类：（索书号）J722.6/21
题　　　名：台湾同胞我的骨肉兄弟（独舞）
　　　　　　（影印本）
责　任　者：郭子徽编舞
出　版　者：上海人民出版社
出版时间：1977.10
出　版　地：上海
页　　　数：56 页
尺　　　寸：18cm
价　　　格：0.09
馆藏地址：北京舞蹈学院图书馆
内容提要：本书是根据同名歌曲编的独舞，表现了全国人民对台湾同胞的深切怀念。本书采用歌舞连环画的形式，通过看图可学会舞蹈，适合在小型联欢会上边歌边舞。

0595

中图法分类：（索书号）J722.6/56
题　　　名：纺织机旁炼红心：工农兵歌舞
　　　　　　（影印本）
责　任　者：上海第二十二棉纺织厂业余文艺
　　　　　　宣传队创作
出　版　者：上海人民出版社
出版时间：1977
出　版　地：上海
页　　　数：57 页
尺　　　寸：19cm
价　　　格：0.14
馆藏地址：北京舞蹈学院图书馆
内容提要：本舞蹈通过描述某纺织厂一个青
年红专小组向雷锋同志学习，以高标准、严要
求开展操作练兵活动的场面。本书主要对舞剧
的内容介绍、主旋律乐谱、动作、场记、服装
道具等作了详细的说明。

0596

中图法分类：（索书号）J722.1/28
题　　　名：公社女民兵（舞蹈）
责　任　者：黑龙江省歌舞团创作演出
出　版　者：人民音乐出版社
出版时间：1977
出　版　地：北京
页　　　数：36 页
尺　　　寸：26cm
价　　　格：0.23
馆藏地址：北京舞蹈学院图书馆
内容提要：本书介绍了舞蹈"公社女民兵"
的内容简介、音乐、动作说明、场记说明、布
景、服装和道具。

中图法分类：（索书号）J722.6/38
题　　　名：老矿工登讲台：独舞（影印本）
责　任　者：山东省淄博市文艺工作团创作
出　版　者：上海人民出版社
出版时间：1977
出　版　地：上海
页　　　数：50页
尺　　　寸：19cm
价　　　格：0.14
馆藏地址：北京舞蹈学院图书馆
内容提要：本书主要对《老矿工登讲台》舞蹈的内容、音乐、动作、舞台美术等进行了详细的说明。

0597

中图法分类：（索书号）J722.6/10
题　　　名：女锻工：工农兵歌舞（影印本）
责　任　者：上海市群众业余文艺会演办公室编
出　版　者：上海人民出版社
出版时间：1977
出　版　地：上海
页　　　数：36页
尺　　　寸：19cm
价　　　格：0.10
馆藏地址：北京舞蹈学院图书馆
内容提要：本舞蹈热情歌颂了当时经受无产阶级文化大革命战斗的洗礼，勇与旧的传统观念彻底决裂，乐为革命当锻工的青年女工等内容。本书内容主要包括：创作舞蹈的体会、音乐、动作说明、场记等。

0598

0599

中图法分类：（索书号）J722.3/218
题　　　名：水莲咱为铁牛洗个澡：红小兵
　　　　　　歌舞
责　任　者：上海市群众文艺调演办公室
出　版　者：上海人民出版社
出 版 时 间：1977
出　版　地：上海
页　　　数：61 页
尺　　　寸：19cm
价　　　格：0.16
馆 藏 地 址：浙江图书馆
内 容 提 要：本书选编了《水莲》和《咱为铁
牛洗个澡》两个红小兵歌舞。《水莲》以阶级
斗争为题材，通过水莲在渡口擒敌的动人情
节，塑造了一个机智的红小兵形象。《咱为铁
牛洗个澡》描述了红小兵在学农劳动中，主动
为公社擦洗拖拉机，认真负责，一丝不苟，展
示了在毛泽东思想哺育下革命新一代的精神面貌。

0600

中图法分类：（索书号）J722.6/58
题　　　名：我爱这一行：独舞（影印本）
责　任　者：吉林省歌舞团创作
出　版　者：上海人民出版社
出 版 时 间：1977
出　版　地：上海
页　　　数：71 页
尺　　　寸：19cm
价　　　格：0.17
馆 藏 地 址：北京舞蹈学院图书馆
内 容 提 要：本独舞描述了一个饭店服务员热
爱本职工作，热心为工农兵群众服务的事迹。
本书主要对舞剧的内容、音乐、动作、舞蹈场
记、舞台美术进行了详细的介绍。

中图法分类：（索书号）J722.6/19
题　　　名：养猪姑娘：独舞（影印本）
责　任　者：吉林省延边朝鲜族自治州歌舞团
　　　　　　创作
出　版　者：上海人民出版社
出版时间：1977
出　版　地：上海
页　　　数：56页
尺　　　寸：19cm
价　　　格：0.16
馆藏地址：北京舞蹈学院图书馆
内容提要：本舞蹈通过一位女饲养员为集体
精心养猪的情节，表现了年青一代响应毛主席
关于"农业学大寨"的号召等故事。本书对舞
蹈的内容、音乐、动作说明、舞蹈场记、舞台
美术等分别进行了详细的介绍。

中图法分类：（索书号）J722.3/72
题　　　名：鱼儿献给解放军：红小兵歌舞
　　　　　　（影印本）
责　任　者：上海市文化局群众文艺组编
出　版　者：上海人民出版社
出版时间：1977
出　版　地：上海
页　　　数：26页
尺　　　寸：19cm
价　　　格：0.09
馆藏地址：北京舞蹈学院图书馆
内容提要：本书介绍了歌舞"鱼儿献给解放
军"的音乐、基本动作、场记、服装、布景和
道具。表现了拥军爱民的感人场面。

0603

中图法分类：（索书号）J709.2/53：1
题　　　名：中国舞蹈史，上
责　任　者：何志浩著
出　版　者：东方文化书局
出 版 时 间：1977
出　版　地：台北市
页　　　数：2册（443页）
尺　　　寸：20cm
价　　　格：55.00 TWD220.00
馆 藏 地 址：北京舞蹈学院图书馆
内 容 提 要：本书介绍了从远古的传说时期到清代我国的舞蹈通史。叙述了各个时代的舞蹈文化现象和发展趋势，涉及了有代表性的舞蹈作品、舞蹈人物、舞蹈事件、舞蹈习俗和舞蹈理论、舞蹈图谱等，并对戏曲舞蹈做了专门的叙述。上卷四章包括从远古的传说时期到魏晋南北朝的公元292年这段历史。

0604

中图法分类：（索书号）J709.2/53：2
题　　　名：中国舞蹈史，下
责　任　者：何志浩著
出　版　者：东方文化书局
出 版 时 间：1977
出　版　地：台北市
页　　　数：2册（443页）
尺　　　寸：20cm
价　　　格：55.00 TWD220.00
馆 藏 地 址：北京舞蹈学院图书馆
内 容 提 要：本书介绍了从远古的传说时期到清代我国的舞蹈通史。叙述了各个时代的舞蹈文化现象和发展趋势，涉及了有代表性的舞蹈作品、舞蹈人物、舞蹈事件、舞蹈习俗和舞蹈理论、舞蹈图谱等，并对戏曲舞蹈做了专门的叙述。下卷五到九章包括从隋唐五代到清朝的1911年的这段历史。

中图法分类：（索书号）J719.5/4

题　　　名：1977年苏联舞蹈学校：统一教学
　　　　　　大纲（内部资料）（油印本）

责　任　者：北京舞蹈学校资料室编

出　版　者：北京舞蹈学校资料室

出版时间：1977

出　版　地：北京

页　　　数：41页

尺　　　寸：26cm

价　　　格：

馆藏地址：北京舞蹈学院图书馆

内容提要：本书介绍了苏联舞蹈学校统一大
纲的课程内容，包括第一、二、三学年古典舞
蹈的基本动作，第四、五、六学年的技术性技
巧和个人能力，第七、八学年的表演技术和艺
术表现力。按照从易到难逐步升级的原则，叙
述了基训、脚尖技术和各种转的基本要素。

0605

中图法分类：（索书号）J722.6/18

题　　　名：幸福光：彝族双人舞（影印本）

责　任　者：成都市歌舞剧团创作

出　版　者：上海文艺出版社

出版时间：1978.1

出　版　地：上海

页　　　数：81页

尺　　　寸：19cm

价　　　格：0.22

馆藏地址：北京舞蹈学院图书馆

内容提要：本舞剧热情地歌颂了社会主义建
设，抒发了黎族人民感谢党和毛主席带来幸福
和光明的深厚感情。本书对舞蹈的内容、音
乐、动作、场记、舞台美术等进行了介绍。

0606

0607

中图法分类：（索书号）J722.1/43
题　　　名：双人舞：格斗（影印本）
责　任　者：周少三、李华编导
出　版　者：人民音乐出版社
出版时间：1978.2
出　版　地：北京
页　　　数：39 页
尺　　　寸：26cm
价　　　格：0.25
馆藏地址：北京舞蹈学院图书馆
内容提要：本书介绍了双人舞"格斗"的内容简介、音乐、动作说明、场记说明、服装、道具和布景。

0608

中图法分类：（索书号）J705/66
题　　　名：舞蹈世界
责　任　者：杜蘅之（撰文）；何恭上（发行人）
出　版　者：艺术图书公司
出版时间：1978.2
出　版　地：台北市
页　　　数：176 页
尺　　　寸：20cm
价　　　格：12.50 TWD50.00
馆藏地址：北京舞蹈学院图书馆
内容提要：本书主要内容包括："舞蹈艺术的本质与发展"，"舞蹈与生活"，"舞蹈与音乐"，"舞蹈与人体美"，"编舞术"，"希腊的舞蹈"，"西洋古典舞蹈的发展"，"关于舞蹈的书"，"芭蕾舞"，"芭蕾舞的几种形式"等。

中图法分类：（索书号）J712.25/9/：2

题　　　名：芭蕾舞蹈参考资料：第二册（内部资料）（油印本）

责　任　者：中央五七艺术大学舞蹈学校资料室编

出　版　者：北京舞蹈学校资料室

出版时间：1978.3

出　版　地：北京

页　　　数：1册

尺　　　寸：26cm

价　　　格：10.00

馆藏地址：北京舞蹈学院图书馆

内容提要：本书共包含四篇文章：《试谈基本动作分析》，译文《我在低年级教授古典舞的经验》、《古典舞的技巧》、《被遗忘的名称》。

中图法分类：（索书号）J712.25/9/：3

题　　　名：芭蕾舞蹈参考资料：第三册（内部资料）（油印本）

责　任　者：中央五七艺术大学北京舞蹈学校资料室编

出　版　者：北京舞蹈学校资料室

出版时间：1978.3

出　版　地：北京

页　　　数：1册

尺　　　寸：26cm

价　　　格：10.00

馆藏地址：北京舞蹈学院图书馆

内容提要：本书介绍了古典芭蕾基本训练中身体各个部分的姿势，古典芭蕾基本训练，Adagio，Allegro与打脚，辅助动作，旋转动作，脚尖练习和古典芭蕾基训大纲等。

0611

中图法分类：（索书号）J722.6/44（Sw）
题　　名：工农兵歌舞：抢扁担（舞蹈）
　　　　　（影印本）
责　任　者：上海市新海农场业余文艺宣传队
　　　　　创作
出　版　者：上海文艺出版社
出版时间：1978.3
出版地：上海
页　　数：50页
尺　　寸：19cm
价　　格：0.13
馆藏地址：北京舞蹈学院图书馆
内容提要：双人舞《抢扁担》通过老炊事员
和女卫生员争上农业生产第一线，互相争夺一
根扁担的情节，表现了广大农场职工为把被
"四人帮"破坏所造成的损失夺回来，实现华
主席提出的抓纲治国战略决策而奋战的战斗风
貌。舞蹈主题鲜明，动作节奏明快，人物性格较为活泼、风趣，富有生活气息。

0612

中图法分类：（索书号）J723.1/14
题　　名：金凤花开：小舞剧
责　任　者：中国人民解放军广州部队歌舞团
　　　　　创作
出　版　者：上海文艺出版社
出版时间：1978.5
出版地：上海
页　　数：32页
尺　　寸：787X1092mm
价　　格：0.30
馆藏地址：北京舞蹈学院图书馆
内容提要：本舞剧描述了部队女军医遵照伟
大领袖毛主席光辉的指示，深入瑶乡，为瑶族
小姑娘金凤治愈瘫痪的腿而高歌欢舞的动人事
迹，表现了我军医务工作者全心全意为人民服
务的精神。本书主要对文学剧本、音乐、舞台
美术、创作体会等内容进行了详细的描述。

中图法分类：（索书号）J722.1/42
题　　　名：交城山：集体舞选（影印本）
责　任　者：上海文艺出版社
出　版　者：上海文艺出版社
出版时间：1978.8
出　版　地：上海
页　　　数：46 页
尺　　　寸：20cm
价　　　格：0.15
馆藏地址：北京舞蹈学院图书馆
内容提要：本书辑选了北京、上海两地在
1977 年国庆节创作和推广的 9 个集体舞，包括
音乐、动作和跳法说明等。

0613

中图法分类：（索书号）J722.1/29
题　　　名：伟大战士：双人舞
责　任　者：李秋汉等编导
出　版　者：人民音乐出版社
出版时间：1978.8
出　版　地：北京
页　　　数：23 页
尺　　　寸：26cm
价　　　格：0.18
馆藏地址：北京舞蹈学院图书馆
内容提要：本书介绍了双人舞"伟大战士"
的内容简介、音乐、动作说明、场记说明、布
景、服装和道具。

0614

0615

中图法分类：（索书号）J722/13
\ J722 \ 13 \ 中文图书基藏库 \
中文基藏
题　　　名：《农业学大寨》舞蹈选集
责　任　者：张正豪 李更新 协助整理
出　版　者：人民音乐出版社
出版时间：1978.1
出　版　地：北京
丛　　　书：农村文艺演唱丛书
页　　　数：65 页
尺　　　寸：19cm
价　　　格：0.16
馆藏地址：国家图书馆
内容提要：当时的时代背景是我们国家掀起
农业学大寨的高潮，你追我赶学大寨。本书就
是在这种情况下创作的此舞蹈选集。其中内容
有小歌舞动作、舞蹈场记、曲谱等。

0616

中图法分类：J70/10／：1
题　　　名：当代舞剧．（上）（内部资料）
（油印本）
责　任　者：〔英国〕伊沃·盖斯特著，尧登
佛译
出　版　者：舞协广东分会
出版时间：1978.11
出　版　地：广州
页　　　数：1-22 页
尺　　　寸：26cm
价　　　格：
馆藏地址：北京舞蹈学院图书馆
内容提要：本书分上下两册，共 46 页，内
容为尧登佛先生译自伦敦一九七七年出版的
《舞蹈者的遗产——舞剧简史》一书第十章。

中图法分类：J70/10/：2
题　　　名：当代舞剧．（下）（内部资料）（油印本）
责　任　者：［英国］伊沃·盖斯特著；尧登佛译
出　版　者：舞协广东分会
出版时间：1978.12
出　版　地：广州
页　　　数：23—46 页
尺　　　寸：26cm
价　　　格：
馆藏地址：北京舞蹈学院图书馆
内容提要：本书分上下两册，共 46 页，内容为尧登佛先生译自伦敦 1977 年出版的《舞蹈者的遗产——舞剧简史》一书第十章。

0617

中图法分类：（索书号）J719.5/8
题　　　名：一年级芭蕾舞教学法（内部资料）（油印本）
责　任　者：［苏联］雅尔莫洛维奇执笔；朱立人译
出　版　者：北京舞蹈学院资料室
出版时间：1978.12
出　版　地：北京
页　　　数：36 页
尺　　　寸：26cm
价　　　格：
馆藏地址：北京舞蹈学院图书馆
内容提要：本书叙述了如何正确组织第一学年的古典芭蕾舞的课堂教学，介绍了古典舞蹈教学的初级阶段中肌肉系统必须遵守的原则，提出了全学年内各个学季大纲材料的安排顺序，讲解了如何预防教学中常犯的各种属于教学法性质的错误等。

0618

0619

中图法分类：（索书号）J722.1/37
题　　名：风雪采油工：双人舞（影印本）
责　任　者：中国煤矿文工团歌舞团创作；胡
　　　　　葆琳等演出
出　版　者：人民音乐出版社
出版时间：1978
出　版　地：北京
页　　数：30页
尺　　寸：26cm
价　　格：0.06
馆藏地址：北京舞蹈学院图书馆
内容提要：本书包括双人舞"风雪采油工"
的内容简介、音乐、动作说明、场记说明、服
装、道具和布景。

0620

中图法分类：（索书号）J722.21/27
题　　名：广西舞蹈选：1958～1978（影印
　　　　　本）
责　任　者：广西壮族自治区文化局编
出　版　者：上海文艺出版社
出版时间：1978
出　版　地：上海
页　　数：34页
尺　　寸：19cm
价　　格：0.94
馆藏地址：北京舞蹈学院图书馆
内容提要：本书收录了"拉木歌"、"情满茶
社"、"春暖壮乡"、"壮山飞泉"、"侗林飘
香"、"红箭"、"花竹帽献北京"、"高山渔
歌"、"又是一个丰收年"等9个广西地区民族
舞蹈的内容简介、音乐、动作、场记说明和服
装道具等。

中图法分类：（索书号）J712.25/19/：4
题　　　名：芭蕾舞参考资料．第四册（内部
　　　　　　学习资料）（油印本）
责　任　者：北京舞蹈学校资料室编
出　版　者：北京舞蹈学校
出版时间：1978.3.1
出　版　地：北京
页　　　数：1 册
尺　　　寸：26cm
价　　　格：10.00
馆藏地址：北京舞蹈学院图书馆
内容提要：本资料包含三篇文章，前两篇论
述了关于舞蹈与外伤、芭蕾舞蹈的开放性问
题，后一篇是对瓦岗诺娃体系的评介。

中图法分类：（索书号）J722.1/27
题　　　名：艰苦岁月：舞蹈
责　任　者：中国人民解放军广州部队歌舞团
　　　　　　创作演出
出　版　者：人民音乐出版社
出版时间：1978
出　版　地：北京
页　　　数：33 页
尺　　　寸：26cm
价　　　格：0.22
馆藏地址：北京舞蹈学院图书馆
内容提要：本书包括舞蹈"艰苦岁月"的内
容简介、音乐、动作说明、场记说明、布景、
服装和道具。

0623

中图法分类：（索书号）J722.1/46
题　　　名：美好的心愿：舞蹈
责　任　者：罗俊生编导
出　版　者：人民音乐出版社
出版时间：1978
出　版　地：北京
页　　　数：46 页
尺　　　寸：26cm
价　　　格：0.24
馆藏地址：北京舞蹈学院图书馆
内容提要：本书包括舞蹈"美好的心愿"的内容简介、音乐、动作说明、场记说明、服装、道具和布景。

0624

中图法分类：（索书号）J722.3/4
题　　　名：前沿小八路：小舞剧
责　任　者：袁荣昌编舞；吴宏才作曲
出　版　者：人民音乐出版社
出版时间：1978
出　版　地：北京
页　　　数：40 页
尺　　　寸：26cm
价　　　格：0.25
馆藏地址：北京舞蹈学院图书馆
内容提要：本书包括小舞剧"前沿小八路"的内容、音乐、舞蹈情节及艺术处理说明、服装、道具和布景等。

中图法分类：（索书号）J722.6/45
题　　　名：群众演唱：鱼水情深：（舞蹈）
　　　　　　（影印本）
责　任　者：河口瑶族自治县文艺宣传队集体
　　　　　　创作
出　版　者：云南人民出版社
出版时间：1978
出　版　地：昆明
页　　　数：76 页
尺　　　寸：14cm
价　　　格：0.09
馆藏地址：北京舞蹈学院图书馆
内容提要：本舞蹈表现了"人民军队爱人
民"的崇高品质，歌颂了人民战士与人民群众
之间的鱼水深情。本书主要对舞蹈的情节、音
乐、场记说明、服装和道具等内容进行了
介绍。

0625

中图法分类：（索书号）J722.1/21
题　　　名：水乡送粮：舞蹈
责　任　者：陶思耀，张慕鲁作曲
出　版　者：人民音乐出版社
出版时间：1978
出　版　地：北京
页　　　数：52 页
尺　　　寸：26cm
价　　　格：0.30
馆藏地址：北京舞蹈学院图书馆
内容提要：本书包括舞蹈"水乡送粮"的内
容简介、音乐、动作说明、场记说明、布景、
道具和服装。

0626

0627

中图法分类：J70/56
题　　　名：舞剧与古典舞蹈
责　任　者：［日］芦原英了著；李哲洋译
出　版　者：全音乐谱出版社
出版时间：1978
出　版　地：台北市
页　　　数：286页
尺　　　寸：20cm
价　　　格：30.00 TWD120.00
馆藏地址：北京舞蹈学院图书馆
内容提要：本书以叙述古典舞蹈的技巧为主，以古典舞剧的形式为内容和依据，介绍了舞剧的历史源流、古典舞蹈的基本原理、古典舞蹈的技法、舞乐、舞剧的构成和舞蹈团的组织等。

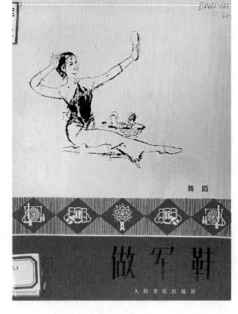

0628

中图法分类：（索书号）J722.1/25
题　　　名：舞蹈：做军鞋
责　任　者：赵河曲
出　版　者：人民音乐出版社
出版时间：1978
出　版　地：北京
页　　　数：36页
尺　　　寸：26cm
价　　　格：0.25
馆藏地址：北京舞蹈学院图书馆
内容提要：本书包括舞蹈"做军鞋"的内容简介、音乐、动作说明、场记说明、布景、服装和道具。

中图法分类：（索书号）J722.6/47
题　　　名：我为祖国采油忙：独舞（影印本）
责　任　者：天津市歌舞团创作
出　版　者：上海文艺出版社
出版时间：1978
出　版　地：上海
页　　　数：62 页
尺　　　寸：9cm
价　　　格：0.18
馆藏地址：北京舞蹈学院图书馆
内容提要：本舞蹈描述了我国广大石油工人响应伟大领袖毛主席关于"工业学大庆"的号召，学习大庆工人"三老四严"的革命作风等内容，本书主要包括舞蹈的内容简介、音乐、动作说明、舞蹈说明、舞蹈场记、舞蹈美术等。

中图法分类：（索书号）J722.1/9
题　　　名：喜送粮：舞蹈
责　任　者：海南歌舞团创作演出
出　版　者：人民音乐出版社
出版时间：1978
出　版　地：北京
页　　　数：148 页
尺　　　寸：26cm
价　　　格：0.26
馆藏地址：北京舞蹈学院图书馆
内容提要：本书包括舞蹈"喜送粮"的内容简介、音乐、动作说明、场记说明、布景、服装和道具等。

0631

中图法分类：（索书号）J722.221.4/4
题　　　名：藏族民间舞蹈概论（内部资料）
责　任　者：曲萌生编著
出　版　者：北京舞蹈学院资料室
出 版 时 间：1978
出　版　地：北京
页　　　数：63 页
尺　　　寸：26cm
价　　　格：
馆 藏 地 址：北京舞蹈学院图书馆
内 容 提 要：本书概述了藏族民间舞蹈的舞蹈形式和类型，描述了藏舞的共同规律及其风格的变化、藏族舞蹈的基本步伐、基本手式、藏舞中的技巧，说明了藏族民间舞蹈的构图、藏舞服装与舞蹈的关系，介绍了藏汉歌舞艺术的交流，并附有藏舞的曲谱和照片等。

0632

中图法分类：（索书号）J721/18
题　　　名：舞蹈画典
责　任　者：谢卿编绘
出　版　者：万里书店有限公司
出 版 时 间：1979.1
出　版　地：香港
页　　　数：80 页
尺　　　寸：20cm
价　　　格：6.60 HKD7.00
馆 藏 地 址：北京舞蹈学院图书馆
内 容 提 要：本书为舞蹈画典，由谢卿编绘，用图画的形式表述各种舞蹈形态及动作。

中图法分类：（索书号）J712.25/5
题　　　名：古典芭蕾：男子表演教程（内部
　　　　　　教材）
责　任　者：［苏联］尼古拉·塔拉索夫著；
　　　　　　朱立人译
出　版　者：北京舞蹈学院
出版时间：1979.4
出　版　地：北京
页　　　数：563 页
尺　　　寸：20cm
价　　　格：36.00
馆藏地址：北京舞蹈学院图书馆
内容提要：本书从教学法上论证了古典舞男
班教师的工作，分为上、下两编。上编研讨古
典芭蕾教学的目的、任务、实质、方针和基本
要素，下编阐述古典芭蕾教学通常采用的各种
手段和动作极其教学方法。

0633

中图法分类：（索书号）J712.25/4
题　　　名：古典芭蕾舞蹈教学（内部资料）
责　任　者：琼·劳逊著；尧登佛译
出　版　者：北京舞蹈学院资料室
出版时间：1979.4
出　版　地：北京
页　　　数：97 页
尺　　　寸：26cm
价　　　格：
馆藏地址：北京舞蹈学院图书馆
内容提要：本书介绍了学习古典舞蹈的儿童
经常发生的一般性错误，以及针对这些错误进
行的准备训练和纠正练习，包括直立姿势以及
两臂和两手的位置，物理因素，外开的各种程
度，四肢的成长和控制，对男孩班教学的进一
步说明，古典舞蹈的程式，幼嫩骨骼型儿童的
培训，女孩例假期间的工作，背部和呼吸的训
练，促成完全的外开，课程的安排和扶把基本训练的分析，舞步间区别的说明。

0634

0635

中图法分类：（索书号）J723.1/12
题　　名：红缨（舞剧）（影印本）
责　任　者：湖南省歌舞团
出　版　者：上海文艺出版社
出版时间：1979.4
出　版　地：上海
页　　数：169页
尺　　寸：20cm
价　　格：0.51
馆藏地址：北京舞蹈学院图书馆
内容提要：本书收集了舞剧《红缨》中的剧照、剧本的内容，书中并对剧本的内容作了详细说明，并附有舞剧曲谱。

0636

中图法分类：（索书号）J723.3/7
题　　名：群雁高飞：童话小舞剧
责　任　者：慕寅，陈新光作曲
出　版　者：人民音乐出版社
出版时间：1979.4
出　版　地：北京
页　　数：71页
尺　　寸：19cm
价　　格：0.20
馆藏地址：北京舞蹈学院图书馆
内容提要：本书主要是对童话小舞剧"群雁高飞"歌舞剧的故事情节、曲谱、动作说明、场记说明、布景服装进行了详细的说明。

中图法分类：（索书号）J722.1/23
题　　名：红云：舞蹈
责　任　者：张苛作词
出　版　者：人民音乐出版社
出版时间：1979.6
出　版　地：北京
页　　数：50 页
尺　　寸：26cm
价　　格：0.31
馆藏地址：北京舞蹈学院图书馆
内容提要：本书包括朝鲜族舞蹈"红云"的内容简介、音乐、手的基本姿态、动作说明、场记说明、布景、服装和道具。

0637

中图法分类：（索书号）J722.1/48
题　　名：青年集体舞（影印本）
责　任　者：宗凡作曲
出　版　者：四川人民出版社
出版时间：1979.6
出　版　地：成都
页　　数：25 页
尺　　寸：19cm
价　　格：0.09
馆藏地址：北京舞蹈学院图书馆
内容提要：本书介绍了"联欢舞"等 6 个集体舞的音乐和跳法说明。详细介绍了集体舞的跳法和记录集体舞的动作要领。通过画图的方法展现了各种集体舞的走位以及男女配合方法。

0638

0639

中图法分类：（索书号）J712.25/2
题　　　名：古典芭蕾：关于动作的流畅（内部资料）
责　任　者：塔麦拉卡尔萨文娜著
出　版　者：北京舞蹈学院资料室
出版时间：1979.7
出　版　地：北京
页　　　数：68页
尺　　　寸：26cm
价　　　格：
馆藏地址：北京舞蹈学院图书馆
内容提要：本书共有关于芭蕾舞的论点和经验的文章三十一篇，并附有相应的芭蕾照片130幅，同时还包括一些组合练习，内容涉及扶把练习、中间练习、如何安排练习、跳跃练习、从教室到舞台等。

0640

中图法分类：（索书号）J709.2/51
题　　　名：中国舞蹈发展史
责　任　者：余国芳著
出　版　者：大圣书局
出版时间：1979.7
出　版　地：台北市
丛　　　书：艺术丛书
页　　　数：184页
尺　　　寸：22cm
价　　　格：34.56　TWD130.00
馆藏地址：北京舞蹈学院图书馆
内容提要：本书用文字和图表的方式，说明了中国舞蹈的脉络、源流以及在历代舞蹈的成长与演变。

中图法分类：（索书号）J721/15
题　　　名：芭蕾舞儿童画册—和少年儿童谈
　　　　　　　谈芭蕾舞（内部资料）（油印本）
责　任　者：菲利西蒂·格雷著；王月石译
出　版　者：北京舞蹈学院资料室
出版时间：1979.10
出　版　地：北京
页　　　数：50 页
尺　　　寸：26cm
价　　　格：
馆藏地址：北京舞蹈学院图书馆
内容提要：本书介绍了"芭蕾舞是怎样形成
的"、"舞蹈专业的基本概念和范畴"、"男子
舞和女子舞的区别和特点"、什么叫"芭蕾"、
"芭蕾舞术语"等，并绘制了 48 幅芭蕾舞资料
的图片。

中图法分类：（索书号）J722.212/8
题　　　名：地花鼓：湖南民间舞蹈（影印本）
责　任　者：傅泽淳编著
出　版　者：上海文艺出版社
出版时间：1979
出　版　地：上海
页　　　数：99 页
尺　　　寸：19cm
价　　　格：0.27
馆藏地址：北京舞蹈学院图书馆
内容提要：本书叙述了地花鼓的历史渊源、
表演形式和内容、表演规律和动作特点，介绍
了地花鼓的基本手式、步法和花扇的动作，还
整理了若干动作组合，并附有部分较有代表性
的音乐资料等。

0643

中图法分类：（索书号）J712.25/10
题　　　名：古典芭蕾：基本技巧和术语（内部资料）
责　任　者：[美] 斯图亚特著
出　版　者：北京舞蹈学院资料室译印
出版时间：1979
出　版　地：北京
页　　　数：224 页
尺　　　寸：25×35cm
价　　　格：

馆藏地址：北京舞蹈学院图书馆
内容提要：本书阐述了古典芭蕾中 118 个动作的基本技巧、动作分析、动作图解和动态学原理等。

0644

中图法分类：（索书号）J712.25/15
题　　　名：古典芭蕾双人舞（内部资料）（油印本）
责　任　者：谢列布列尼柯夫著；北京舞蹈学院编
出　版　者：北京舞蹈学院
出版时间：1979
出　版　地：北京
页　　　数：76 页
尺　　　寸：26cm
价　　　格：
馆藏地址：北京舞蹈学院图书馆
内容提要：本书包括古典芭蕾双人舞的基本动作、舞姿、跳跃和旋转的步法，空中托举的方法，以及三学年每一学年的教案示例。

中图法分类：（索书号）J722.21/36
题　　　名：湖北民间舞蹈素材汇编（影印本）（内部资料）
责　任　者：中国舞蹈家协会武汉分会编
出　版　者：中国舞蹈家协会武汉分会
出版时间：1979
出　版　地：武汉
页　　　数：132页
尺　　　寸：20cm
价　　　格：
馆藏地址：北京舞蹈学院图书馆
内容提要：本书介绍了湖北民间舞蹈收集、整理的过程，记录了双人要要、男子集体要要、地盘子、喜花鼓、闹年歌、五峰跳桑鼓、长阳跳桑鼓、花鼓子的形式简介、风格特点、动作说明和场记说明等。

0645

中图法分类：（索书号）J722.3/45
题　　　名：少年儿童集体舞选（影印本）
责　任　者：上海人民出版社编辑
出　版　者：上海人民出版社
出版时间：1979
出　版　地：上海
页　　　数：49页
尺　　　寸：14cm
价　　　格：0.08
馆藏地址：北京舞蹈学院图书馆
内容提要：本书选辑了以歌颂党、歌颂领袖、歌颂新生事物和反映工农业跃进形势、反映红小兵在三大革命实践中苗壮成长为主题的集体舞，共七个。主题鲜明，情绪热烈，形成生动活泼，动作简单易学，适合小学和幼儿园开展课余文艺活动用。

0646

0647

中图法分类：（索书号）J705/49

题　　　名：舞蹈学习资料.4（影印本）

责　任　者：中国舞蹈工作者协会武汉分会编

出　版　者：中国舞蹈工作者协会武汉分会

出版时间：1979

出　版　地：武汉

页　　　数：1册

尺　　　寸：26cm

价　　　格：

馆藏地址：北京舞蹈学院图书馆

内容提要：本资料包括"舞蹈需要诗情-看延边歌舞"、"育功有味和传情带戏"、"舞剧是不是什么都能表达"、"舞蹈小品中的戏、诗、舞"等论文。

0648

中图法分类：（索书号）J722.7/36

题　　　名：幸福水：畲族歌舞（影印本）

责　任　者：浙江省歌舞团创作、演出；孙红木编导、作词；葛顺中作曲

出　版　者：人民音乐出版社

出版时间：1979

出　版　地：北京

页　　　数：54页

尺　　　寸：26cm

价　　　格：0.30

馆藏地址：北京舞蹈学院图书馆

内容提要：本书主要介绍舞蹈《幸福水》的"舞蹈音乐"、"舞蹈动作说明"、"舞蹈场记说明"、"布景"、"服装"、"道具"等。

中图法分类：（索书号）J722.3/44
题　　　名：长大我也造卫星：幼儿舞蹈（影
　　　　　　印本）
责　任　者：中国人民解放军总后勤部六一幼
　　　　　　儿园创作
出　版　者：上海文艺出版社
出版时间：1979
出　版　地：上海
页　　　数：85 页
尺　　　寸：850×1168mm
价　　　格：0.16
馆藏地址：北京舞蹈学院图书馆
内容提要：本书记录了幼儿舞蹈"长大我也
造卫星"、"多么幸福多么甜"的舞蹈音乐、动
作、场记、服装和道具说明等。

0649

中图法分类：（索书号）J792.3/4
题　　　名：中国舞蹈家协会第四次会员代表
　　　　　　大会资料汇编（内部资料）（油
　　　　　　印本）
责　任　者：中国舞蹈家协会编
出　版　者：中国舞蹈家协会
出版时间：1979
出　版　地：北京
页　　　数：218 页
尺　　　寸：18cm
价　　　格：
馆藏地址：北京舞蹈学院图书馆
内容提要：本书内容主要包括中国文学艺术
工作者第四次代表大会舞代会审查工作报告、
章程、决议以及大会各代表名单等。

0650